과학기술의
경영과 정책

송성수

이 과제는 부산대학교 기본연구지원사업(2년)에 의해 연구되었음.

머리말

오늘날에는 몇 개의 학문이 있을까? 종합대학을 기준으로 하나의 학문에 하나의 학과가 대응한다고 하면, 학문의 개수는 100개가 넘을 것이다. 요즘에는 한 학과에도 무척 다양한 전공을 가진 교수들이 있다는 점을 감안하여 교수 한 명에 하나의 학문을 연결시키면 학문의 개수는 1,000개 이상으로 확장된다. 이처럼 많은 학문이 존재하기 때문에 이를 적절히 분류하는 작업이 필요하다. 분류의 원칙으로는 상호배제(mutually exclusive)와 전체포괄(collectively exhaustive)이 거론되고 있으며, 영문 앞 글자를 따 'MECE'로 불린다. 그러나 세상에 완벽한 분류는 없고, 분류는 기본적으로 정치적 성격을 띤다.

우리나라에서는 학문을 분류하는 기준으로 한국연구재단의 '학술연구분야 분류표'가 널리 사용되고 있다. 그것은 대분류, 중분류, 소분류, 세분류의 네 단계로 구성되어 있으며, 대분류는 8개, 중분류는 152개, 소분류는 1,551개, 세분류는 2,468개의 분야를 포괄하고 있다. 대분류에는 A(인문학), B(사회과학), C(자연과학), D(공학), E(의약학), F(농수해양), G(예술체육), H(복합학)가 있는데, 여기서 주목하고자 하는 것은 복합학(interdisciplinary science)이다.

복합학은 다시 과학기술학(science and technology studies, STS), 기술정책, 문헌정보학, 여성학, 인지과학, 뇌과학, 감성과학 등으로 나뉜다. 이 중에서 과학기술학은 과학기술에 관한 인문사회과학으로 과학기술사, 과학기술철학, 과학기술사회학, 과학기술인류학, 과학기술정책학 등을 포함한다. 기술정책이란 중분류는 기술혁신이론, 기술경제, 기술기획 및 전략, 연구개발 및 기술관리, 과학기술 법과 정책 등으로 이루어져 있는데, 관련 학계에서는 기술경영, 기술경제, 과학기술정책을 포괄하는 분야로 기술혁신연구 혹은 기술혁신학(innovation studies)이라는 범주가 널리 사용되고 있다.

이 책은 과학기술학과 기술혁신학을 다루고 있으며, 기술혁신학을 중심으로 삼으면서 과학기술학을 접목한 성격을 띠고 있다. 특히 과학기술정책(science and technology policy, STP)과 기술경영(management of technology, MOT)에 초점을 두고 있는데, 기술경영의 경우에는 이미 훌륭한 저작들이 다수 발간되었다는 점을 감안하여 과학기술정책에 관한 논의에 더 많은 지면을 할애했다.

돌이켜 보면, 필자는 I자형 인간에서 T자형 인간을 거쳐 Π자형 인간으로 진화해 온 것 같다. 과학기술사를 전공하면서 과학기술사회학과 과학기술정책학으로 뻗어나가 T자형 인간이 되었고, 과학기술정책에 대한 공부가 깊어지면서 과학기술사와 과학기술정책을 기반으로 과학기술사회학과 기술경영도 다루는 Π자형 인간이 된 셈이다. 학위는 과학기술사로 받았지만, 과학기술정책이 부전공이라고 스스로 평가한다. 필자가 과학기술정책 연구에 투입한 시간이 1만 시간을 훌쩍 넘기 때문이다.

이 책을 관통하는 화두는 '혁신'이다. 혁신은 우리나라의 장래를 걱정할 때 자주 등장하는 용어이다. "혁신만이 살 길이다" 혹은 "이제는 혁신주도형 성장이다"라는 식이다. 하지만 정말 혁신이 무엇인지, 그것이 어떤 의미를 가지는지에 대해 답하기는 쉽지 않다. 이 책에서 필자는 혁신이라는 코끼리에 도전하고자 한다. 마치 장님이 코끼리를 만지면서 코끼리에 대해 논하는 것처럼.

이 책은 혁신에 관한 인문사회과학적 논의를 적절히 종합한 것에 불과하지만, 필자 나름대로의 노력을 기울인 것도 사실이다. 필자는 혁신과 관련된 주요 개념이나 이론을 가급적 쉽게 풀어 쓰면서도 정확한 의미를 놓치지 않으려고 애썼다. 이와 함께 해당 개념이나 이론이 제기되는 맥락을 고려하고 그것의 실무적 의미를 드러내고자 했다. 물론 이러한 의도가 잘 실현되었는지에 대한 판단은 전적으로 독자의 몫이다. 다만 이 책을 꼼꼼히 읽은 독자라면, 필자의 논의에도 약간의 혁신(?)이 있다는 점을 발견할 수 있을 것이다.

이 책은 필자의 강의를 정리하고 보완한 것이기도 하다. 부산대학교에는 대학원 계약학과의 형태로 2006년에 기술사업정책 전공이 설치되었고, 필자는 2007~2021년에 '기술정책'이란 과목을 담당했다. 또한 2023년부터는 부산대학교 대학원 융합학부의 과학기술혁신 전공에서 '과학기술혁신론'과 '과학기술정책론'을 가르치고 있다. 그러던 중 2014년에는 4개의 장으로 이루어진 『기술혁신이란 무엇인가』라는 문고판을 발간했고, 이를 대폭 보완하고 확장하는 작업을 꾸준히 진행하여 이번에 제법 묵직한 단행본을 내놓게 되었다.

책의 제목을 무엇으로 할까 고민을 하다가 『과학기술의 경영과 정책』으로 정했다. 경영의 주요 주체는 기업이고 정책의 주체는 정부이지만, '기업정책'이나 '국가경영'의 용례처럼 경영과 정책은 서로 호환되기도 한다. 관리 활동의 단계에 관한 통상적인 개념으로는 기획(plan), 집행(do), 평가(see)로 이어지는 'PDS 사이클'을 들 수 있는데, 그것은 기업경영과 정부정책에 모두 적용될 수 있다. 가령 경영전략의 과정은 전략의 기획(수립), 집행, 평가로 구분할 수 있고, 정책과정의 단계는 정책기획(정책형성), 정책집행, 정책평가로 대별할 수 있는 것이다. 그러나 정부정책의 경우에는 기업경영에 비해 이해관계자들이 복잡다기하기 때문에 정책의제설정의 단계가 추가되는 특징을 가지고 있다.

이 책은 12개의 장으로 구성되어 있다. 1장과 2장은 과학 및 기술의 개념과 제도화를 다루는 가장 기초적인 논의에 해당한다. 3장과 4장에서는 기술혁신의 유형과 모형을 중심으로 기술혁신이론을 검토하고, 5장에서는 경영전략에서 시작하여 기술경영으로 나아간다. 6장에서는 정책학의 주요 논지를 개관하고, 7장에서는 과학기술정책의 전체적인 지형도를 그려보며, 8장에서는 혁신체제론과 그 함의에 대해 살펴본다. 9장과 10장은 한국의 과학기술정책에 할애하는데, 대략 9장은 20세기, 10장은 21세기에 해당한다. 11장과 12장에서는 과학기술정책의 세부 주제로 과학기술인력과 과학기술문화에 대해 검토한다. 각 장은 서로 연관되어 있지만 독립적인 내용을 담고 있으므로 뷔페처럼 원하는 주제를 선택하여 활용할 수 있을 것이다. 책에서 출처를 밝히지 않은 그림은 대부분 위키피디아와 위키미디어 코먼스에서 가져왔다.

책이 세상의 빛을 보는 데는 많은 분들의 도움이 있었다. 무엇보다도 <참고문헌>에 수록된 좋은 저작들을 집필해 주신 선배 연구자들께 고개를 숙인다. 이근 교수님, 정선양 교수님, 현병환 교수님, 이장재 박사님, 송위진 박사님께는 특별한 감사의 말씀을 드린다. 필자는 1999~2006년에 과학기술정책연구원(STEPI)에 근무하면서 기술혁신학에 눈을 뜨게 되었는데, 최영락 박사님을 비롯하여 당시에 동고동락했던 구성원들께도 안부의 인사를 드린다. 필자의 수업에 열심히 참여해 준 부산대학교 대학원 학생들도 빼놓을 수 없다. 그들 덕분에 최상의 학습 방법이 가르치는 데 있다는 것을 실감할 수 있었다. 필자의 잡스러운 취향을 잘 헤아려 주는 마님 이윤주와 아들

송영은 덕분에 즐거운 마음으로 저술 작업을 하고 있다. 늘 고마울 따름이다. 끝으로 출판의 기회를 주시고 깔끔한 편집을 진행해주신 박영사 관계자들께도 감사의 마음을 전한다.

산과 바다가 어우러진 고장에서

송성수 드림

차례

제12장 과학기술문화의 창달 ___ 363

제1장

과학과 기술에 다가가기

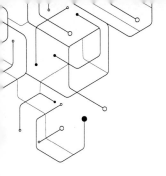

우리는 어떤 현상이나 개념을 이해할 때 그것을 정의하고 싶어 한다. 그러나 무언가를 정의하기란 결코 간단하지 않다. 예를 들어 "사랑이란 무엇인가"라는 질문을 받았다고 해보자. 쉽게 대답할 수 있을까? 금방 대답하기도 어려울뿐더러 그 내용도 사람마다 다를 것이다. 과학과 기술의 경우에도 마찬가지다. 명쾌하게 정의하고 싶지만 부분적인 설명에 그치는 경우가 대부분이다. 이러한 한계를 완전히 극복할 수는 없다. 다만 과학과 기술의 대표적인 측면들을 다각도로 고려하는 것은 가능하다. 이를 통해 우리는 과학과 기술의 특성에 보다 가까이 다가갈 수 있을 것이다.[1]

과학이란 무엇인가

과학은 '안다'라는 뜻의 라틴어인 '시엔티아(scientia)'에서 파생된 용어로 18세기 이후에야 널리 사용되었다. 과학이 학문 전체를 뜻하는 철학에서 분리·독립된 이후에 과학이란 용어가 본격적으로 사용된 것이다. 그것은 과학자의 경우도 마찬가지이다. 과학자라는 용어는 1833년에 영국의 휴얼(William Whewell)이 처음 사용한 것으로 전해진다. 그 이전과 달리 과학 활동에 전념하는 것으로도 생계를 유지할 수 있고 사회에 공헌할 수 있는 사람들이 점차 많아졌기 때문이다. 사실상 17세기만 해도 과학이나 과학자 대신에 자연철학(natural philosophy)이나 자연철학자와 같은 용어가 주로 사용되었다. 고전역학의 창시자인 뉴턴(Isaac Newton)이 1687년에 발간한 『프린키피아』의 전체 제목도 '자연철학의 수학적 원리(Philosophiae Naturalis Principia Mathematica)'이다.

---

1   이 장은 송성수(2014a: 7-26)를 보완한 것이다.

사실상 오랫동안 철학은 학문 전반을 포괄하고 있었다. 철학의 어원인 필로소피아(philosophia)는 '지혜에 대한 사랑'을 뜻하는 것이다. 근대 사회에 접어들면서 학문은 분화 혹은 전문화의 길을 밟기 시작했다. 르네상스 시기에는 인간에 관한 학문을 표방한 '인문학(humanities)'이란 용어가 빈번히 사용되었고, 문학과 역사학이 성행하는 가운데 철학은 형이상학 위주에서 인식론 중심으로 재편되기 시작했다. 자연현상을 다루는 학문인 과학은 17세기를 전후하여 정착되기 시작했는데, 과학(科學)의 한자를 풀이하면 '분과학문'이란 뜻을 가지고 있다. 이어 18세기에는 사회학, 경제학 등이, 19세기에는 인류학, 심리학 등이, 20세기에는 경영학, 행정학 등이 속속 제도화되기 시작했다. 과학은 18세기 이후에 화학, 지질학, 물리학, 생물학 등으로 세분화되었다.

그림 1-1 라파엘로가 1511년에 완성한 <아테네 학당>과 그 중간 부분을 확대한 그림.

과학이란 용어는 여러 학문 분야에서 사용되고 있지만, 일반적으로 과학은 자연과학을 지칭한다. 과학이라고 하면 우리는 상대성이론, 진화론, 판구조론 등과 같은 이론이나 케플러 법칙, 관성의 법칙, 아보가드로의 법칙, 유전의 법칙 등과 같은 법칙을 떠올리게 된다.[2] 여기에 과학의 중요한 측면이 있다. 그것은 '지식으로서의 과학

---

2 여기서 법칙은 특정한 조건하에서 자연현상의 규칙성(regularities)이 어떻게 나타나는지를 일반화하여 진술한 것에 해당한다. 법칙은 왜 이러한 규칙성이 성립하는지에 대한 설명을 제공하지는 않으며, 그것은 이론의 영역에 해당한다고 볼 수 있다.

(science as knowledge)'이라 할 수 있다. 과학은 다양한 자연현상을 설명하는 지식의 체계로서, 자연현상의 성격에 따라 과학은 물리학, 화학, 생물학, 지구과학 등으로 구분되고 있다.

과학지식에는 부분적인 현상을 설명하는 지식이 있는 반면 여러 현상을 포괄적으로 설명하는 지식도 있다. 기체의 용해도가 압력에 비례하고 온도에 반비례한다는 법칙은 전자에, 물체의 가속도가 힘에 비례하고 질량에 반비례한다는 법칙은 후자에 해당한다. 만유인력의 법칙도 가속도의 법칙에 관한 특수한 사례로 볼 수 있다. 또한 과학지식은 시험된 정도에 따라 가설에 머물기도 하고 이론으로 발전하기도 한다. 예를 들어, 플랑크(Max Planck)가 1900년에 에너지의 불연속성을 처음 주장했을 때에는 '양자가설'에 불과했지만, 이후에 다른 현상에도 적용되고 여러 시험을 거치면서 '양자이론'으로 발전했으며, 1925~1926년에는 양자이론이 수학적으로 체계화되면서 '양자역학'으로 정립되기에 이르렀다. 물론 세상에 완벽한 이론은 존재하지 않기 때문에 모든 이론이 가설의 지위를 가진다는 주장도 있다(송성수, 2016: 53-76).

토머스 쿤(Thomas S. Kuhn)이 우수한 과학이론을 선택하는 기준으로 정확성, 일관성(consistency), 넓은 적용범위, 단순성, 다산성(fruitfulness) 등의 다섯 가지를 제안한 것도 흥미롭다.[3] "첫째, 이론은 정확해야 한다. 즉 이론으로부터 연역되는 결과가 현존의 실험결과나 관찰결과와 일치해야 한다. 둘째, 이론은 일관되어야 한다. 즉 이론 내적으로도 그렇고 그 이론과 관련성이 있으면서 일반적으로 받아들여지고 있는 다른 이론들과도 일관성을 가져야 한다. 셋째, 이론은 그 적용범위가 광범위해야 하는바, 특히 이론의 결과는 애초에 설명하고자 했던 특정 관찰결과나 법칙, 하위이론들을 뛰어넘어서 확장되어야 한다. 넷째, 이론은 단순해야 한다. 그래서 그 이론이 발견되지 않았다면 개별적으로 고립되거나 혼란스러웠을 현상들을 질서정연하게 정리할 수 있어야 한다. 다섯째, 이론은 새로운 연구결과를 생산할 수 있어야 하는바, 새로운 현상을 발견하거나 이미 알려진 현상들 간의 미처 알려지지 않은 관계들을 발견해야

---

3 쿤은 물리학에서 출발하여 과학사를 거쳐 과학철학으로 학문적 지평을 넓혀갔으며, 자신을 "철학적 목적을 위해 역사로 전환한 물리학자"로 묘사한 바 있다. 그는 1962년에 초판이 발간된 『과학혁명의 구조(The Structure of Scientific Revolutions)』에서 패러다임(paradigm)의 개념을 주창한 것으로 유명하다. 쿤이 검토했던 과학혁명 '들'이 16~17세기 과학혁명(The Scientific Revolution)과 다르다는 점에도 유의해야 한다.

한다"(Kuhn, 1977: 321-322). 이에 대해 과학기술인류학자인 헤스(David J. Hess)는 과학철학에서 논의된 이론 선택의 기준은 과학 내적인 기준에 해당하며, 과학이론이 사회적으로 얼마나 유용한가, 다른 이론에 비해 사회적 편향을 얼마나 줄이고 있는가 등과 같은 사회적 기준도 중요하게 고려되어야 한다고 주장하고 있다(Hess, 2004: 21-103).

▌ 포유류는 왜 포유류라고 불리게 되었는가?

린네(Carl von Linné)는 '분류학의 아버지'라 불리는 인물로 18세기에 이명법(binominal nomenclature)으로 불리는 동식물 명명법을 고안했다. 그는 새로운 분류학 체계를 마련하면서 고래, 말, 원숭이, 인간 등의 동물이 새끼를 낳아 젖을 먹여 기르는 특징을 공통적으로 가졌다고 해서 '포유류(哺乳類, mammal)'라는 이름을 지었다. 포유류가 새끼를 젖으로 기르는 것은 분명히 사실이지만, 엄밀하게 말하자면 수유(授乳)는 포유류에 속하는 동물 중에서 암컷만의 기능이고 그것도 암컷의 일생 중에서 극히 짧은 기간에만 가지는 특징이라 할 수 있다. 더구나 포유류는 수유 기능 이외에도 심장 구조가 2심방 2심실이라든지, 온 몸에 털이 있다든지, 네 발을 가지고 있다든지 등과 같은 다른 공통점도 가지고 있다. 사실상 당시의 분류학자들은 대부분 아리스토텔레스를 따라 네 발 달린 동물이란 뜻을 가진 '쿠아드루페디아(Quadrupedia)'라는 용어를 사용하고 있었다.

그렇다면 린네는 왜 포유류에 대한 이름을 지으면서 포유류의 절반에만 해당하고 그것도 한시적인 특징에 불과한 수유 기능을 기준으로 삼았을까? 이 질문에 대한 대답은 린네가 살았던 18세기의 사회 분위기와 밀접한 관련이 있다. 18세기의 유럽 사회에서는 여권에 대한 담론이 확산되기 시작하면서 상류층 여성들이 아이를 유모에게 맡기고 사교활동에 전념하거나 일부 급진적인 여성들은 아예 아이를 낳지 않으려는 경향이 강했다. 당시의 지배 집단은 적정한 수의 아이들이 있어야 미래의 노동력과 군사력을 보장받을 수 있다고 믿었다. 국가의 장래를 위해 지배 집단은 출산과 육아의 중요성을 강조함으로써 여성들을 가정에 제한하려고 했으며, 린네도 이러한 취지에 적극적으로 동조했다. 실제로 린네의 부인은 7명의 자녀를 낳아 모든 자녀를 모유로 키워냈다. 이러한 사고방식으로 인하여 린네는 자신의 분류체계를 만들면서 포유류라는 개념을 도입했다는 것이다(Schiebinger, 1993).

과학기술의 경영과 정책

사실상 과학적 지식에는 매우 다양한 형태가 존재하기 때문에 공통적인 요소를 찾기는 어렵다. 이를 감안하여 많은 학자들은 광범위한 과학지식에 적용될 수 있는 본질을 다른 측면에서 찾고자 했다. 여기서 우리는 과학의 두 번째 측면인 '방법으로서의 과학(science as method)'을 논의할 수 있다. 과학이 자연세계에 대한 단순한 설명이 아니라 체계적인 설명으로 간주되는 까닭은 과학에 독특한 방법이 있다는 점에서 연유한다는 것이다. 이를 달리 해석하면 그러한 방법을 가지고 있으면 과학이고 그렇지 못하면 과학이 아니게 된다.

과학적 방법으로 가장 많이 거론되는 것은 실험 혹은 관찰이다. 실험이나 관찰에 의해 충분한 데이터를 확보한 후 가설이나 이론을 만들고 그것을 다시 다른 실험이나 관찰을 통해 확인하는 것은 과학을 하는 가장 기본적인 방법으로 간주되고 있다. 또한 과학은 가능한 수학적으로 표현되는 것을 요구한다. 과학은 사변적이고 정성적인 고찰보다는 정량적인 데이터에 입각한 수학적 표현을 중시한다. 다른 학문에 비해 과학에서 실험과 수학에 대한 교육이 중시되는 것도 이러한 맥락에서 이해할 수 있다. 과학의 구체적인 방법론에는 실험이나 관찰의 기반인 사실과 수학의 핵심인 논리가 조합되는 방식에 따라 귀납법, 연역법, 가설연역법 등으로 분류할 수 있다(송성수, 2016: 77-97).

이상과 같은 과학의 두 가지 측면 사이에는 묘한 긴장이 존재한다. 예를 들어 이론과 실험 중에 어떤 것이 과학에서 본질적인가 하는 문제를 생각해 보자. 이론을 과학의 본질로 간주하게 되면 실험의 역할은 이론 형성에 필요한 데이터를 제공하거나 이론을 검증 혹은 반증하는 부수적인 수단에 지나지 않는다. 그러나 실제적인 과학 활동을 보면 과학자들이 데이터를 얻어내고 이를 해석하는 과정은 매우 복잡하다. 또한 과학자들이 이론을 검증하기 위해서만 실험을 하는 것도 아니며 실험이 새로운 이론을 구성하는 출발점으로 작용하는 경우도 많다. 그렇다면, 실험을 이론에 종속된 것이 아니라 독자적인 삶을 가지는 존재로 간주하는 것이 합당해 보인다.

이러한 논의는 과학의 세 번째 측면인 '실천으로서의 과학(science as practice)'으로 연결된다. 그것은 과학의 최종적인 결과물보다는 과학이 실제로 행해지는 과정에 주목한다. 과학자들이 실제로 수행하는 모든 행위가 과학이라는 것이다. 여기서는 미지의 현상을 발견하거나 새로운 현상을 만들어내기 위해 과학자들이 어떤 활동을 벌이고 있는가 하는 것이 중요한 관심사가 된다. 더 나아가 실천으로서의 과학에 대한 논의에서는 과학이 사회적 진공 속에서 이루어지는 활동이 아니라 과학자사회나 사회 전반의 제도적·문화적 맥락과 깊은 연관을 맺고 있다는 점이 강조되고 있다. 실천으로서의 과학에 주목함으로써 우리는 보다 직접적으로 과학을 사회와 연결시켜 논의할 수 있다.

그림 1-2 낙하하는 물체의 속도를 측정하기 위해 갈릴레오가 수행했던 경사면 실험을 복원한 장치로 현재 피렌체 과학사박물관에 소장되어 있다.

많은 경우에 과학자는 과학의 세 측면에 모두 관여한다. 16-17세기의 유명한 과학자인 갈릴레오 갈릴레이(Galileo Galilei)[4]의 경우를 살펴보자. 갈릴레오는 낙하운동에 대한 법칙을 정립하고 운동의 상대성이나 관성과 같은 개념을 제안한 과학자였다. 그는 이러한 과학적 지식을 정립하는 과정에서 자연현상을 수학적으로 서술하는 방법을 중시했으며 사고실험이나 확인실험과 같은 초보적 형태의 실험적 방법을 사용했다. 동시에 갈릴레오는 자신이 만든 망원경으로 태양중심설(지동설)에 대한 증거를 수

---

4 지역에 따라 차이가 있기는 하지만, 17세기 이전에는 성(姓)보다는 이름이 중시되었으므로, 갈릴레오 갈릴레이를 줄여서 쓸 때에는 '갈릴레오'라고 하는 것이 적합하다. 레오나르도 다빈치(Leonardo da Vinci)는 '빈치 마을의 레오나르도'라는 뜻이므로 '다빈치'보다는 '레오나르도'가 적절한 줄임말이라 할 수 있다.

집하여 이를 적극적으로 선전했으며 결국에는 종교재판에 회부되기도 했다. 이처럼 갈릴레오의 과학에는 지식, 방법, 실천이 모두 녹아있었다(송성수, 2015: 50-65).

이상과 같은 과학의 세 가지 측면 이외에 다른 측면을 강조하는 경우도 있다. 세계관으로서의 과학, 제도로서의 과학, 직업으로서의 과학, 문화로서의 과학 등이 그 대표적인 예이다. 과학교육학의 경우에는 과학적 지식이나 방법 이외에 과학에 대한 태도(attitude)도 강조하고 있다(송성수·최경희, 2017: 19-25). 과학의 어떤 측면을 강조할 것인가 하는 문제는 논의의 맥락에 따라 달라지겠지만, 적어도 앞서 언급한 세 가지 측면, 즉 지식, 방법, 실천은 과학을 구성하는 필수적인 요소라 할 수 있다.

2 기술의 개념을 찾아서

기술의 어원은 그리스어인 '테크네(techne)'이며, 라틴어로는 '아르스(ars)'에 해당한다. 테크네 혹은 아르스는 인간 정신의 외적인 것을 생산하기 위한 실천을 뜻한다. 옛날 사람들은 과학을 인간 정신의 일부로 생각했던 반면 기술은 인간 정신의 밖에 있는 것으로 간주했던 셈이다. 테크네와 아르스는 오늘날의 기술 이외에도 예술과 의술을 포함한 넓은 의미를 가졌다. 19세기를 전후하여 인류가 산업화의 국면에 진입하면서 기술의 의미는 오늘날과 같이 물질적 제품이나 서비스를 만들어내는 것으로 구체화되었다.

기술이라고 하면 우리는 무엇을 연상하는가? 아마도 전화, 자동차, 컴퓨터, 반도체 등을 떠올릴 것이다. 여기에 기술의 첫 번째 측면인 '인공물로서의 기술 (technology as artifact)'이 있다. 인공물을 풀이하면 '인공적 물체'라는 뜻이다. 기술은 인간의 감각으로 느낄 수 있는 물리적 실체이다. 눈으로 볼 수 없고 손으로 만질 수 없는 것을 기술이라 하는 사람은 거의 없다. 또한 기술은 인공적으로 만들어진 것이다. 우리가 천연고무를 기술이라 하지 않지만 그 고무를 가지고 만든 타이어를 기술

이라 간주하는 것도 이러한 까닭이다.[5]

인공물로서의 기술에도 여러 차원이 존재한다. 기술은 간단한 구성요소에서 복잡한 시스템에 이르는 다양한 형태를 보인다. 예를 들어 타이어는 그 자체로 독자적인 기술이지만 자동차라는 기술의 부분품으로도 활용된다. 타이어가 구성요소라면 자동차는 시스템인 셈이다. 또한 개별적인 기술이 있는 반면 여러 기술을 포괄하는 개념도 있다. 도르래와 압연기가 전자에 해당한다면 도구와 기계는 후자에 해당한다. 도구와 기계에도 차이가 있다. 도구의 경우에는 생물체가 동력원이 되고 인간이 중심이 되지만 기계의 경우에는 인공적인 동력을 사용하고 인간이 기계에 종속될 수도 있다.

기술의 두 번째 측면으로는 '지식으로서의 기술(technology as knowledge)'을 들 수 있다. 어떤 사람들은 기술이라는 단어에 논리를 뜻하는 접미사인 'logy'가 붙어 있다는 점에 주목한다. 인공물을 만들고 사용하는 데에도 특정한 논리와 지식이 요구된다는 것이다. 기술의 이러한 측면은 오랫동안 낮게 평가되어 왔다. 옛날 기술자들은 논문을 발표하기는커녕 자신의 활동을 기록하지도 않았기 때문이다. 이보다 더욱 중요한 이유는 기술지식은 암묵적 성격을 띠고 있어서 말이나 글로 표현하기 어렵다는 점에서 찾을 수 있다. 사실상 기술에 관한 지식은 오랫동안 도제제도(apprenticeship)를 매개로 사람들 사이의 직접적 접촉을 통해 전수되어 왔다.[6] 또한 기술지식은 문자 이외에도 그림이나 설계도와 같은 시각적 형태를 통해 표현되는 경우가 많다. 가령 글로 작성하면 엄청난 분량이 되는 자동차의 구조도 한 장의 도면으로 나타낼 수 있

---

5 이와 관련하여 기술적 인공물(technological artifact)은 과학적 사실(scientific fact)과 대비되기도 한다. 과학은 자연적 사실에서 출발하는 반면 기술의 요체는 인공적 물체에 있다는 것이다. 그러나 Pinch and Bijker(1987)는 사실의 사회적 구성과 인공물의 사회적 구성을 유사한 방식으로 설명함으로써 과학과 기술의 경계를 허물고 있다.

6 도제제도는 일반적으로 명장(master), 직인(journeyman), 도제 혹은 수습생(apprentice)의 세 계층으로 구성되었다. 명장으로 번역한 마스터는 독일어로는 마이스터(Meister), 이탈리아어 혹은 스페인어로는 마에스트로(maestro)에 해당한다. 명장은 전체적인 사업을 주관하고, 직인은 부분적인 과제에 책임을 지며, 도제는 부수적인 일을 보조하는 역할을 맡았다. 도제로 입문한 후 명장이 되는 데 소요되는 기간은 대략 7년이었다. 영국 정부는 1623년에 특허법을 제정하면서 특허권 보호 기간을 14년으로 규정했는데, 그것은 두 번의 도제 기간이 지나면 이전 세대의 기술이 새로운 세대의 기술로 변경된다는 판단에 입각하고 있었다.

다. 이처럼 기술에는 계속해서 지식의 차원이 존재했으며, 기술지식은 암묵적 지식 (tacit knowledge)이나 시각적 지식(visual knowledge)의 특징을 가지고 있는 것이다.

▌술, 기예, 예술

옛날에는 아트(art)가 의술(醫術), 기술(技術), 예술(藝術) 등을 포괄했다. 이러한 아트를 번역하자면 '술(術)'이 적합해 보인다. 가령 기원전 5세기 그리스의 의사 히포크라테스(Hippocrates)는 "인생은 짧고 아트는 길다"라는 명언을 남겼는데, 여기서 아트는 의술에 해당한다. 중세에 설립된 대학에는 의학부가 설치되었으며, 그것은 의술이 학문적 체계를 형성하여 의학(醫學)으로 변모했다는 점을 상징한다. 이후에 아트는 기술과 예술이 혼재된 '기예(技藝)'의 성격을 띠게 되었다. 예를 들어 레오나르도 다빈치를 비롯한 르네상스 시대의 장인(artisan)들은 기술과 예술의 두 방면에서 상당한 역량을 보여주었다. 18세기에 들어서는 산업화가 진전되면서 기술에 대한 지식이 체계화되기 시작했고, 그것은 이후에 공학(工學)으로 제도화되는 양상을 보였다. 대략 20세기가 되면서 아트에는 예술만 남게 되었으며, 예술을 담당하는 사람은 예술가 (artist)로 불리게 되었다. 이처럼 아트의 의미는 술, 기예, 예술로 변천해 왔다. 오늘날에도 의학, 공학, 예술의 경우에는 아트 전통의 도제식 훈련이 강조되고 있다.

그림 1-3 1914년경 신발제조공과 그의 도제를 표현한 그림.

기술지식은 오랫동안 암묵적 지식에 머물렀다가 19세기에 들어와 형식적 지식(formal knowledge)으로 변환되기 시작했는데, 이를 뜻하는 학문이 바로 '공학(engineering)'이다. 과학이 기술에 응용됨으로써 공학이 출현했다는 견해도 있지만 실제적인 과정은 그렇게 간단하지 않다. 공학은 과학을 중요한 모델 중의 하나로 삼았지만 과학이 기계적으로 적용된 것은 아니었다. 예를 들어 글래스고 대학의 랭킨(William Rankine)은 재료나 구조물에 대한 공학을 고안하면서 단순한 힘(force)이 아니라 단위면적에 작용하는 힘을 뜻하는 응력(stress)에 주목했다. $F=ma$(F는 힘, m은 질량, a는 가속도)를 $\sigma=E\varepsilon$(σ는 응력, E는 탄성계수, ε는 변형률)로 '번역'했던 셈이다. 또한 MIT의 워커(William H. Walker)는 화학공학을 정립하면서 단위조작(unit operations)을 주요한 개념으로 채택했는데, 단위조작은 화학산업에서 사용되는 여러 장치와 공정을 체계적으로 분류하고 종합한 것에 해당한다. 외국어를 우리말로 번역하기 위해서는 외국어뿐만 아니라 우리말도 잘 알아야 하는 것처럼, 공학이 출현하는 과정에서는 기존의 지식기반을 기술적 상황에 적합하도록 변형하거나 체계화하려는 사람들의 적극적인 실천이 중요한 역할을 담당했다.

이와 같은 논의는 기술의 세 번째 측면인 '활동으로서의 기술(technology as activity)'로 연결될 수 있다. 기술에는 그것을 만든 사람들의 활동과 그것을 활용하는 사람들의 활동이 녹아 있다. 기술의 생산자, 즉 기술자의 부단한 노력이 없었더라면 오늘날과 같이 풍부한 기술의 세계는 존재하지 않았을 것이다. 또한 아무리 좋은 인공물이 있어도 널리 활용되지 않으면 그 의미가 크게 줄어든다. 가령 근사한 자전거를 사다 놓고 한 번도 사용하지 않는다면 그 자전거는 고철 덩어리와 마찬가지이기 때문에 기술로서의 가치를 가지지 못하는 것이다.[7] 더 나아가 최근에는 기술의 소비와 생산을 동시에 담당하는 경우가 증가하면서 생산자와 소비자의 합성어인 '프로슈머(prosumer)'도 회자되고 있는데, 이 용어는 저명한 미래학자인 앨빈 토플러(Alvin Toffler)가 1980년에 발간한 『제3물결(The Third Wave)』에서 처음 사용했다. 활동으로

---

[7] 이와 관련하여 에저턴(David Edgerton)은 기술의 역사에 대한 탐구에서 최초의 발명이나 혁신 대신에 사용 중인 기술(technology-in-use)에 주목할 것을 촉구하고 있다. 새로운 기술에만 집중할 경우에는 대부분의 장소에서 기술의 역사가 없게 되며, 사용 중인 기술을 고려할 때 세계사(global history)로서의 기술사가 구축될 수 있다는 것이다(Edgerton, 1999; Edgerton, 2006).

서의 기술에 주목함으로써 우리는 기술이 인간과 무관한 것이 아니라 인간 세계와의 상호작용 속에서 변화된다는 점을 포착할 수 있다.

기술자를 대표하는 집단은 장인(artisan), 발명가(inventor), 엔지니어(engineer) 등으로 변해왔다. 대략 17세기까지 기술자는 장인의 성격을 띠었고 그들은 기술은 물론 예술을 비롯한 다른 활동을 함께 하는 경우가 많았다. 18세기 이후에는 발명을 전업으로 삼은 전문가 집단이 출현했으며 그들은 자신의 발명을 바탕으로 기업을 설립하기도 했다. 장인의 대표적인 예로는 레오나르도 다빈치를, 발명가의 예로는 와트(James Watt)와 에디슨(Thomas A. Edison)을 들 수 있다. 엔지니어는 오늘날의 기술자를 대표하는 집단에 해당한다. 엔지니어는 대부분 대학 이상의 고등교육을 받으며 기업, 연구소, 대학 등의 다양한 공간에서 활동하고 있다.

『생각의 탄생(Spark of Genius)』으로 유명한 심리학자 로버트 루트번슈타인(Robert Root-Bernstein)은 성공적인 발명가의 특성으로 다음의 네 가지를 들었다(Root-Bernstein, 1989). 첫째, 성공적인 발명가는 해당 분야에서 사용되는 기본적인 도구와 운영방식을 숙지하고 있지만 그 분야 하나에만 전문화되어 있는 것은 아니다. 대신 여러 분야들을 동시에 살펴봄으로써 각각의 문제를 서로 다른 관점에서 보려고 한다. 둘째, 성공적인 발명가는 호기심이 많고 해답보다는 문제 자체에 더욱 관심을 가진다. 셋째, 성공적인 발명가는 기존 연구에서 사용된 가정에 대해 의문점을 가진다. 넷째, 성공적인 발명가는 지엽적인 해결책보다는 포괄적인 해결책을 모색한다. 다시 말해 구성요소를 넘어 시스템의 차원에서 문제의 해결에 접근하는 것이다. 여기에 한 가지를 덧붙이자면 상당수의 성공적인 발명가들은 기술과 경영을 동시에 수행한다는 점을 들 수 있다. 그들은 단순한 발명가가 아니라 '발명가 겸 기업가(inventor-entrepreneur)'인 셈이다.

시스템 구축가로서의 에디슨

에디슨은 체계적인 비용 분석을 통해 전도체에 사용되는 값비싼 구리가 전등시스템의 개발에서 걸림돌로 작용한다는 점을 알아냈다. 이어 그는 전등에 필요한 에너지를 충분히 공급하면서도 전도체의 경제성을 보장하는 것을 핵심적인 문제로 규정했다. 에디슨은 옴의 법칙(I=V/R)과 줄의 법칙(Q=I2Rt)을 활용하여 전도체의 길이를 줄이고 횡단면적을 작게 하는 방법을 탐색했으며, 결국 오늘날과 같은 1암페어 100옴짜리 고(高)저항 필라멘트라는 개념에 도달했다. 이처럼 에디슨이 고저항 전등에 주목하게 된 것은 체계적인 비용 분석에서 비롯되었으며, 그러한 과정에서 그는 백열등을 발명하는 것은 물론 100볼트와 같은 기술표준을 확립하는 성과를 거두었다.

에디슨이 백열등만을 발명한 것은 아니었다. 그는 발전, 송전, 배전에 필요한 모든 것을 만들었다. 거기에는 전기 모터, 발전소, 전선, 소켓, 스위치, 퓨즈, 계량기 등이 포함되어 있었다. 에디슨이 발명한 것은 하나의 기술이 아니라 여러 가지 기술이 결합된 시스템이었던 것이다. 미국의 소여(William E. Sawyer), 독일의 괴벨(Heinrich Göbel), 영국의 스완(Joseph W. Swan) 등과 같이 에디슨에 앞서 백열등을 발명한 사람들은 많았지만, 에디슨을 백열등의 진정한 발명가로 평가하는 이유도 여기에 있다. 사실상 에디슨은 단순한 백열등 발명가가 아니라 전등의 활용에 필요한 거의 모든 것을 개발한 '시스템 구축가(system builder)'로 볼 수 있다.

에디슨은 전등을 시스템적인 차원에서 개발했을 뿐만 아니라 전등의 상업화를 위한 활동도 포괄적으로 전개했다. 그는 1878년에 전등의 개발을 담당하는 에디슨 전등 회사(Edison Electric Light Company)를 설립한 후 1881년에는 전등을 생산하는 에디슨 전구제작소(Edison Lamp Works), 발전기와 전동기를 제작하는 에디슨 기계제작소(Edison Machine Works), 전선을 생산하는 에디슨 전기튜브 회사(Edison Electric Tube Company)를 잇달아 설립했다. 이어 1882년에는 에디슨 전기조명 회사(Edison Electric Illuminating Company)를 설립하여 뉴욕 펄 가에 세계 최초의 중앙발전소를 세웠다. 이를 통해 전기에 관한 모든 서비스를 제공해 줄 수 있는 소위 '에디슨 제국(Edison Empire)'이 구성되었으며, 에디슨이 설립했던 기업들은 1889년에 에디슨 제너럴 일렉트릭(Edison General Electric, EGE)으로 통합되었다(송성수, 2019: 273-277).

오늘날에도 기술에 종사하는 사람들은 다양한 용어로 지칭되고 있다. 기능공(craftsman), 기술공(technician), 중견기술자(technologist), 엔지니어 등이 그러한 예다. 이들은 모두 기술 활동을 담당하고 있지만 학력이나 자격에서 차이를 보이는데, 단순화의 위험을 무릅쓰고 간단히 정의하면 다음과 같다. 기능공은 해당 업무에 숙달된 사람으로 학력과는 무관하다. 기술공은 공업계 고등학교를 졸업하거나 이에 상응하는 자격을, 중견기술자는 전문대학을 졸업하거나 이에 상응하는 자격을, 엔지니어는 대학을 졸업하거나 이에 상응한 자격을 갖춘 사람에 해당한다. 과학자를 통칭하는 영어 단어로 '사이언티스트(scientist)'가 있는 반면 기술자의 경우에는 그렇지 않은 것을 고려할 때, 기술자는 과학자보다 훨씬 이질적인 집단을 포괄한다고 평가할 수 있다.

이상에서 살펴본 기술의 측면에 대한 논의를 기술이전의 문제에 적용해 보면 흥미로운 점을 발견할 수 있다. 가령 후발국이 선진국으로부터 라디오 기술을 배운다고 생각해 보자. 완성된 라디오를 도입하여 그것을 분해하고 해석함으로써 라디오에 대한 기술을 확보할 수 있다.[8] 이 경우에는 인공물의 이전으로 기술이전이 끝난다. 라디오에 대한 지식과 기술자가 확보되어 있기 때문이다. 그러나 그것으로 부족할 경우에는 서적이나 설계도 등을 통해 라디오에 대한 지식이 이전되어야 한다. 그래도 기술을 익힐 수 없는 경우에는 선진국의 기술자를 활용하거나 영입해야 한다. 이와 같이 기술이전은 인공물의 단계에서 완결될 수도 있고 그렇지 못한 경우에는 지식의 단계나 사람의 단계까지 확장되어야 한다.

---

8 이러한 방식으로 기술을 개발하는 것은 '역행 엔지니어링(reverse engineering)'으로 불리고 있다. 우리나라에서 라디오를 국산화한 주요 인물로는 김해수(金海洙, 1923~2005)가 꼽히는데, 그의 자전적 회고인 김해수(2007)는 매우 흥미로운 이야기를 담고 있다.

그림 1-4 최초의 국산 라디오로 평가되는 A-501에 관한 광고(1959년). 지금과 달리 라디오가 '라
디오'로 표기되어 있고, '마침내 나타나다'라는 뜻의 '수출현(遂出現)'이라는 한자가 적혀
있는 것이 이색적이다.

이처럼 기술은 인공물, 지식, 활동의 세 가지 측면을 가지고 있다. 이러한 측면 이
외에 다른 측면을 강조하는 경우도 있다. 어떤 사람은 기술의 본질을 의사소통에서
찾고 다른 사람은 기술에 대한 경영을 강조하며 또 다른 사람은 기술의 문화적 차원
에 주목한다. 기술이 세상을 특정한 방식으로 바꾸려는 의지(volition)를 가진다고 주
장하는 사람도 있다.[9] 이처럼 기술의 개념은 다양한 방식으로 확장될 수 있지만 앞서
언급한 세 가지 측면은 기술을 구성하는 필수적인 요소에 해당한다고 볼 수 있다. 이
러한 논의는 산업기술(industrial technology)이나 공학기술(engineering technology)과
같은 범주에도 적용될 수 있을 것이다.

---

9   예를 들어 하이데거(Martin Heidegger)는 1954년에 발표한 "기술에 대한 물음"에서 인간을 포함한
모든 존재자들을 부품으로 몰아세우는 '닦달(Gestell)'에서 현대 기술의 본질을 찾고 있다. 현대의
기술은 결과물에 전적으로 집중되어 여타의 관계들을 드러내지 않으면서 모든 존재자들을 대체
가능한 부품이 되도록 적극적으로 요청한다는 것이다(손화철, 2020: 60-69).

기술의 성격에 대한 크란츠버그의 법칙

미국 기술사학회(Society for the History of Technology, SHOT)의 창립 멤버로 『기술과 문화(Technology and Culture)』의 편집인(1959~1981년)과 SHOT의 회장(1983~1984년)을 지낸 크란츠버그(Melvin Kranzberg)는 기술의 성격에 대하여 다음과 같은 6가지 테제를 제안한 바 있다(Kranzberg, 1986). 첫째, 기술은 선하지도 악하지도 않으며 중립적이지도 않다(Technology is neither good nor bad; nor is it neutral). 둘째, 발명은 필요의 어머니이다(Invention is the mother of necessity). 셋째, 기술은 크든 작든 다발(package)로 온다. 넷째, 비록 기술이 많은 공공 이슈에서 주요한 요소인지는 모르지만, 기술정책에 대한 의사결정에서는 비(非)기술적인 요소가 우선시된다. 다섯째, 모든 역사가 [오늘날의 사회와] 상관성이 있지만, 기술의 역사는 가장 상관성이 크다. 여섯째, 기술은 매우 인간적인 활동이며, 기술의 역사도 마찬가지다. 크란츠버그의 법칙은 모든 사례에 적용되는 보편적 법칙을 지향하지는 않으며 기술사의 주요 사례를 새로운 각도에서 접근해 보자는 취지를 가지고 있다. 크란츠버그의 법칙에 해당되는 기술사의 사례를 찾아보는 것도 매우 유익한 공부가 될 것이다.

3 과학과 기술은 별개인가

과학과 기술은 어느 정도 관련되어 있는가? 과학과 기술이 전혀 다른 존재라는 주장이 있는 반면에, 과학과 기술이 밀접하게 연관되어 있다는 주장도 있다. 과학과 기술이 본질적으로 같은지 다른지를 명료하게 판단하기는 쉽지 않다. 자연과학대학의 과학자와 공과대학의 공학자는 과학과 기술의 차이를 강조하는 경향이 있지만, 다른 외부인의 시각에서는 과학과 기술의 공통점이 더욱 부각될는지도 모른다. 또한 과학과 기술의 연관성에 주목하는 경우에도 과학을 우선시하는 사람도 있고 기술을

중시하는 사람도 있다.[10]

원리적으로 과학과 기술을 구분하는 것은 가능하지만 실제적으로 과학과 기술이 유사한 문제를 탐구하는 경우가 많아졌다. 오늘날의 과학 활동은 종종 일반적인 이론보다는 데이터의 분석이나 기법의 개발에 초점을 두고 있으며, 기술시스템이 점점 거대화되고 정교해짐에 따라 과학에 대한 이해가 기술 활동의 필수조건으로 작용하고 있다. 게다가 "과학자는 학계에 있고 기술자는 산업계에 있다"는 공간적 분리에 대한 가정도 더 이상 지지될 수 없다. 많은 과학자들이 기술개발을 위해 기업체에서 활동하고 있으며 과학의 꽃으로 불리는 노벨상도 기업체 출신이 수상하는 경우가 증가하고 있는 것이다.

그러나 과학과 기술은 영역, 방법, 가치 등에서 상당한 차이를 보이고 있다. 과학은 소립자에서 우주에 이르는 모든 세계를 다루고 있지만, 기술이 다루는 영역은 인간의 감각으로 알 수 있는 것에 국한되는 경향이 있다. 예를 들어, 과학자들은 원자모형이나 우주 모형을 구성하지만, 기술에서는 엔진 모형이나 플랜트 모형이 만들어지는 것이다. 또한 동일한 종류의 실험을 하는 경우에도 기술에서는 대상을 축소하거나 변수를 임의로 고정시키기도 하지만 과학에서는 거의 그렇지 않다. 더 나아가 과학을 평가하는 주요 기준은 자연현상에 대한 설명력에서 찾을 수 있는 반면, 기술의 경우에는 투입(input) 대비 산출(output)을 뜻하는 효율(efficiency)이 중요한 잣대로 작용한다.

그렇다고 해서 과학과 기술이 본질적으로 다르다는 견해도 지지되기 힘들다. 어떤 사람들은 과학과 기술의 대상이 전혀 다르며, 과학은 자연적 세계를, 기술은 인공적 세계를 다룬다고 주장한다. 그러나 많은 경우에 과학의 대상은 자연 그대로의 자연이 아닌 인간이 만든 자연이며, 기술의 대상은 자연과 유리된 인공이 아니라 자연의 연장으로서의 인공이라 할 수 있다. 가령 전류의 세기가 전압의 크기에 비례하고 저항의 크기에 반비례한다는 옴의 법칙을 생각해 보자. 옴의 법칙은 자연에 존재하는 보편적인 법칙이며 과학의 대표적인 예이다. 그렇지만 실제로 옴의 법칙은 인공적으로 만들어진 전원에서 인공적인 도체를 연결하고 그 도체에 흐르는 전류를 인공

---

[10] 과학과 기술의 관계에 대한 연구사적 검토는 Staudenmaier(1985: 83-120); 홍성욱(1999: 193-220)을 참조.

적인 기기를 통해 측정할 때 성립한다. 이러한 상황에서 순수한 자연은 어디에도 존재하지 않는다(홍성욱, 1999: 196-197). 또한 뗀석기와 간석기가 자연적인 돌에서 비롯되었듯, 기술의 기원을 거슬러 올라가면 다양한 자연을 만날 수 있다. 최근에 거론되고 있는 인공지능이나 생체모방도 자연을 모델로 삼은 것에 해당한다.

가시철사는 어떻게 탄생했나?

역사상 사회경제적 파급효과가 지대했던 발명품 중에 가시철사(barbed wire)라는 것이 있다. 가시철사는 두 가닥으로 꼬인 철사 줄과 그것에 수직으로 감긴 짧은 철사들로 구성되어 있다. 이처럼 가시철사는 매우 간단한 물건이기 때문에 먼 옛날에 발명되었을 것으로 생각하기 쉽다. 그러나 가시철사는 19세기 후반의 미국에서 등장했다.

최초의 미국 정착민들은 울타리를 많이 치지 않았고 울타리를 치는 데에는 돌이나 나무가 사용되었다. 그러나 19세기를 통해 미국의 국토가 서부의 대초원으로 확장되자 사태는 달라졌다. 서부에서는 곡물을 노리는 동물들이 많아서 울타리를 칠 필요가 절실해졌다. 당시 농무성의 계산에 따르면, 미국에 필요한 울타리 건설비용은 1년간 거둬들이는 세금보다 많을 정도였다.

몇몇 지역에서는 가시가 있는 식물을 재배하여 생(生)울타리로 사용하기 시작했다. 그 중에서 가장 인기가 높은 식물은 오세이지 오렌지였다. 그것은 나무로 만든 울타리보다도 동물의 침입을 막는 데 큰 효과를 가지고 있었다. 그러나 오세이지 오렌지의 성장에는 많은 시간이 소요되었고 다른 장소로 옮기는 것이 어려웠다. 또한 생울타리는 인접한 곡물에 그늘을 지게 하여 생육에 지장을 주었으며, 잡초나 해충들의 서식지를 마련해 주었다.

가시철사에 대한 아이디어는 1873년 일리노이 주 디캘브 마을의 축제에서 등장했다. 생울타리 문제로 열띤 토론을 벌이던 제재업자, 철물상, 농부 세 사람은 마침내 가시철사를 생각해 내었다. 사실 가시철사는 그 형태가 오세이지 오렌지와 다를 바 없었으므로 철사로 제작하기만 하면 되는 간단한 것이었다(Bassalla, 1996: 81-89).

과학의 동기는 지적 호기심이고 기술의 동기는 유용성이라는 주장도 있지만, 그것을 명확하게 구분하기는 쉽지 않다. 과학이 지적 호기심에서 비롯된 것만은 아니다. 루이 파스퇴르(Louis Pasteur)가 미생물학에 관심을 기울이고 윌리엄 톰슨(William Thomson; Lord Kelvin)이 에너지 물리학을 정립한 것은 순수한 학문적 탐구의 일환으로 추진된 것이 아니라 당시의 사회적 문제를 해결하는 과정에서 이루어졌다. 거꾸로 기술이 한 사회의 실용적 요구를 충족시키기 위해서 개발되는 것만도 아니다. 예를 들어 레오나르도 다빈치의 노트에는 비행기계, 자동마차, 증기기관 등에 대한 그림이 포함되어 있다. 그러한 기술들은 당시의 사회가 요구하지 않았으며 오히려 개인의 지적 호기심에서 비롯된 것이었다. 이와 관련하여 기술에 대한 인간상으로는 도구를 만드는 사람을 뜻하는 호모 파베르(Homo faber)가 자주 거론되지만, 이에 못지않게 놀이하는 사람을 의미하는 호모 루덴스(Homo ludens)에 주목해야 한다는 견해도 있다(Bassalla, 1996: 106). 기술의 역사는 "우리의 생존을 확보하기 위해서 만들어진 인공물의 기록이 아니라 창조 정신의 풍부함과 선택 방법의 다양성에 대한 증거"인 셈이다(Bassalla, 1996: 309).

그림 1-5 레오나르도 다빈치의 설계로 복원한 로봇의 모형과 내부구조.

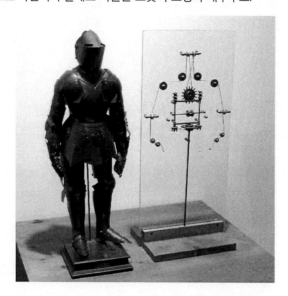

　　과학과 기술이 어떤 면에서 다르고 어떤 면에서 비슷한가 하는 논의는 끝이 없어 보인다. 오히려 과학과 기술이 고정된 형태와 기능을 가지고 있는 존재가 아니라 역

과학기술의 경영과 정책

사적·사회적 맥락에 따라 지속적으로 변화하는 존재라고 인식하는 것이 중요하다. 과거에 과학과 기술이 수행했던 역할이 현재에 반드시 유효하지는 않으며 현재의 과학과 기술이 미래에도 계속된다고 볼 수도 없기 때문이다.

 # 4 과학과 기술의 상호작용

과학과 기술은 오랜 세월 동안 별개로 존재해 왔다. 한 사회의 상층부에 속한 사람들이 학문탐구의 일환으로 과학에 관심을 기울여 왔던 반면 기술은 실제 생산 활동에 종사하는 낮은 계층의 사람들이 담당해 왔다. 게다가 고대와 중세에는 사상적 차원에서도 자연적인 것(the natural)과 인공적인 것(the artificial)이 엄격히 구분되었기 때문에 인공적인 것을 담당하는 기술은 자연의 질서를 거역하는 것으로 간주되었다. 물론 아르키메데스(Archimedes)와 같이 과학과 기술을 함께 한 사람도 있었지만, 그것은 매우 예외적인 경우에 해당했다. 심지어 아르키메데스조차도 자신이 기술자로 비춰지는 것을 매우 싫어했다.

이러한 상황은 근대 사회에 접어들면서 점차적으로 변화했다. 16~17세기에 전개된 과학혁명을 통해 적지 않은 과학자들이 기술을 높게 평가하기 시작했고 기술의 지식과 방법이 과학의 추구에서도 의미를 지니는 것으로 생각했다. 당시의 과학자들은 더 이상 자연세계만을 탐구의 대상으로 삼지 않았으며 기술도 과학의 새로운 출처로 간주하게 되었다. 예를 들어, 갈릴레오는 당시의 기술자들과 자주 교류했으며, 그가 다룬 역학의 주제들이 기술적인 문제에 자극을 받아 촉진되기도 했다. 더 나아가 과학이 기술의 방법을 배워야 한다는 생각이 널리 퍼졌으며, 과학이 기술로 응용되어야 한다는 믿음도 생겨났다. 베이컨(Francis Bacon)은 귀납적 방법론을 주창하면서 실제적·기술적 지식을 옹호했으며, "아는 것은 힘이다(scientia potentia est)"라고 하여 과학이 기술에 기여해야 한다는 강한 믿음을 보였다(김영식, 2001: 209-223).

과학과 기술의 관계는 18세기 중엽부터 19세기 중엽까지 전개된 영국의 산업혁명(The Industrial Revolution)을 통해 더욱 발전했다. 산업혁명기에는 과학자와 기술자가 빈번하게 교류하게 되면서 두 집단이 지식을 습득하는 경로도 비슷해졌고, 한 사람이 두 가지 분야에서 활동하는 경우도 많아졌다. 과학자들은 산업이나 기술과 관련된 지식을 분류, 정리, 설명했으며, 기술자들은 기술혁신의 과정에서 과학의 태도와 방법을 적극적으로 활용했다. 예를 들어, 와트가 증기기관을 개량하는 데에는 기존의 기술이 가진 문제점을 정량적으로 분석하고 이를 일반화하여 모델을 만든 후 실험을 실시하는 과학적 방법이 큰 역할을 담당했다. 특히, 산업혁명기의 영국에서는 버밍엄의 루나협회(Lunar Society)와 같은 과학단체를 매개로 과학에 대한 관심이 저변문화를 이룰 정도로 광범위하게 확산되어 있었고 과학적 지식을 기술혁신에 활용하려는 시도나 노력이 다각도로 이루어졌다. 그러나 산업혁명기에도 과학의 내용이 기술혁신에 구체적으로 적용된 예를 찾기는 어려우며, 대부분의 기술혁신은 과학의 응용이라기보다는 경험을 세련화한 성격을 띠고 있었다(송성수, 2007).

과학의 내용이 기술혁신에 본격적으로 활용되기 시작한 것은 19세기 후반부터 발생한 일이라고 볼 수 있다. 그것은 영국이 아닌 독일과 미국에서, 그리고 기존의 분야가 아닌 새로운 분야에서 시작되었다. 독일의 염료산업은 유기화학을, 미국의 전기산업은 전자기학을 바탕으로 탄생했던 것이다. 특히, 이러한 분야들에서는 기업체가 연구소를 설립하여 산업적 연구(industrial research)를 수행함으로써 과학과 기술이 상호작용할 수 있는 제도적 공간이 마련되었다. 20세기에는 수많은 기업연구소들이 설립되어 과학자들에게 새로운 직업을 제공했으며, 과학연구에 입각한 기술개발이 점차적으로 보편화되었다. 이와 함께 20세기를 전후해서는 기술지식을 체계화한 공학(engineering)이 제도화되어 과학과 기술의 상호작용이 학문적 차원에서도 강화되는 양상을 보였다.

19세기 후반부터 본격화된 과학과 기술의 상호작용은 20세기 중반 이후에 더욱 심화되었다. 우선, 과학이 기술로 현실화되는 시간격차(time lag)가 점차적으로 짧아졌다. 예를 들어, 전동기는 65년, 진공관은 33년, X선은 18년, 레이저는 5년, 트랜지스터는 3년 등으로 그 시차가 단축되었던 것이다(Mansfield, 1991). 또한 과학을 바탕으로 새로운 산업이 출현하는 경우도 빈번해졌다. 핵물리학이 원자력에, 고체물리학이 반도체에, 분자생물학이 바이오산업에 활용된 것은 그 대표적인 예이다. 특히, 20세기 중반 이후에는 정부나 기업의 지원을 바탕으로 특정한 목표를 달성하기 위한 대규모 프로젝트가 추진되는 일이 빈번해졌고, 이를 매개로 과학자와 기술자가 동시에 활용되는 경우가 많아지면서 과학과 기술을 실제로 구분하는 것이 쉽지 않게 되었다. 이와 같은 과정을 통해 과학과 기술은 서로 접촉할 수 있는 계기를 점차 확장함으로써 오늘날에는 '과학기술' 혹은 '테크노사이언스(technoscience)'라는 용어가 사용될 정도로 밀접한 관계를 형성하고 있다.

▌테크노사이언스와 사이엔테크

테크노사이언스는 행위자-연결망 이론(actor-network theory, ANT)을 주창한 과학기술학자인 라투르(Bruno Latour)가 제기한 개념이다(Latour, 1987). 그는 인간 행위자와 비(非)인간 행위자의 동맹을 과학 활동의 핵심적 성격으로 규정하면서 테크노사이언스란 용어를 사용했다. 물론 라투르가 테크노사이언스를 제기한 맥락은 다르지만, 테크노사이언스는 과학과 기술의 밀접한 관계를 하나의 단어로 표현한 것으로 볼 수 있다. 한국적 맥락에서는 과학기술을 뜻하는 용어로 테크노사이언스가 적합하지 않으며, '사이엔테크(scientech)'와 같은 새로운 개념이 필요하다는 주장도 있다(김근배, 2016: 45-46). 우리나라의 경우에는 과학기술이 주로 경제성장을 위한 도구로 간주되어 왔으며, 과학기술이라는 이름하에 과학연구는 경시되고 기술개발이 강조되는 경향이 지배적이었다는 것이다. 이와 관련하여 "한국에는 과학이 없다" 혹은 "과학기술이란 개념은 기술 위주로 인식되는 경향이 있다"라는 평가도 있다(이덕환, 2002: 25).

이와 같은 과학과 기술의 상호작용은 남녀의 관계에 비유될 수 있다. 이전에는 아무런 의미도 없었던 두 남녀가 처음으로 만나고 관계가 발전하면서 약혼을 하고 결혼에 이르듯, 과학과 기술도 이러한 과정을 거쳐 왔다고 볼 수 있다. 오랜 기간 동안 별개로 존재해 왔던 과학과 기술은 과학혁명기를 통해 처음 만난 후 산업혁명기를 통해 더욱 적극적인 의미를 확인하게 되었고, 19세기 후반에 약혼의 상태에 접어든 후 20세기 중반 이후에 '과학기술'이라는 결혼의 상태에 이른 것이다. 결혼한 부부가

자식을 가지게 되듯, 과학과 기술도 새로운 매개물을 만들면서 지속적으로 그 관계를 발전시키고 있는 것이다. 그러나 결혼한 부부도 각각 독립적인 개체이고 많은 갈등의 소지를 가지고 있는 것처럼 과학과 기술이 항상 좋은 관계를 유지하는 것은 아니다.

과학과 기술의 관계를 보는 입장은 크게 다음의 세 가지로 대별할 수 있다. 첫째는 위계적 모형(hierarchical model)으로 기술을 응용과학(applied science)으로 보는 입장이다. 이 입장에 따르면, 과학과 기술은 명확히 구분될 수 있고, 과학은 기술에 일방적인 영향을 미친다. 둘째는 기술이 과학과는 별개의 독자성을 가지고 있다는 대칭적 모형(symmetrical model)이다. 기술은 과학과 관계없이 발전해 왔으며, 설계와 효율을 중요시하는 독자적인 문화를 보유하고 있다는 것이다. 또한 기술과 과학의 핵심적인 상호작용은 지식의 측면에서 발생하며 서로 동등한 수준에서 이루어진다. 셋째는 수렴 모형(convergence model)으로 이 책이 지지하고 있는 입장이다. 과학과 기술은 원래 다른 의미를 가지고 있었지만, 현대 사회에 들어와 매우 긴밀한 관계를 형성함으로써 양자의 명확한 구분이 어렵게 되었다는 것이다.[11]

---

11 기술의 성격에 관한 핵심적인 질문으로는 다음의 두 가지를 들 수 있다. '기술은 응용과학인가?(Is technology applied science?)'와 '기술은 역사를 추동하는가?(Does technology drive history?)'라는 물음이 그것이다. 전자는 과학과 기술의 상호작용, 후자는 기술과 사회의 관계에 대한 논점에 해당한다. 후자에 대한 자세한 논의는 송성수(1995: 13-47); 송성수(2011: 35-61)를 참조.

과학기술의 경영과 정책

제2장

과학기술의 제도화

오늘날 과학기술이 제도화된 대표적인 공간으로는 대학, 기업, 정부를 들 수 있다. 대학, 기업, 정부는 과학기술 활동을 담당하는 주요 주체에 해당하기도 한다. 대학은 오랜 기간 동안 교육을 담당하는 기관이었지만, 19세기 중엽 이후에는 교육과 함께 연구를 핵심 기능으로 삼게 되었다. 기업은 제품을 생산하고 판매하는 역할을 수행해 왔으며, 20세기에는 연구개발(research and development, R&D or R+D)에도 주의를 기울이게 되었다. 과학기술에 대한 정부의 개입은 간헐적이고 단편적으로 시도되어 오다가 20세기 후반에 들어서는 공공정책(public policy)의 차원에서 지속적이고 안정적으로 이루어지는 경향을 보였다.[12]

1 대학에서 과학의 정착

오늘날의 대표적인 고등교육기관인 대학은 중세 유럽에서 탄생했던 것으로 평가된다. 볼로냐 대학(1150년경), 파리 대학(1200년경), 옥스퍼드 대학(1220년경)을 필두로 13~14세기에는 유럽의 여러 지역에 대학이 생겨났다. 중세 대학은 과거의 교육기관과 달리 교육과정에서 상당한 수준의 통일성을 유지하고 있었다. 대부분의 중세 대학은 신학, 법학, 의학 등 3개의 고급학부 혹은 상위학부(higher faculties)와 모든 학생들이 공통으로 이수하는 교양학부 혹은 학예학부(faculty of arts)로 조직되었다. 학예학부의 교과목은 오랫동안 '시민의 교양'으로 간주되었던 자유칠과(seven liberal arts)를 중심으로 구성되었다. 문법, 수사, 논리 등의 삼학(三學, trivium)과 산수, 기하, 천

---

12 이 장은 송성수(2003: 27-35)를 보완하고 확장한 것이다.

문, 음악 등의 사과(四科, quadrivium)가 그것이었다. 과학은 학예학부의 자유칠과, 특히 사과를 통해 중세 대학에 자리를 잡았던 셈이다.

그림 2-1 16세기 독일의 판화제작자인 솔리스(Virgilius Solis)가 자유칠과를 표현한 작품. 논리 대신에 변증법, 천문 대신에 점성술이 거론되고 있다.

과학이 전문직업화(professionalization)된 것은 18세기 말 프랑스에서 발생한 일이었다(김영식 외, 2013: 157-167). 어떤 직업이 전문직업이 되기 위해서는 그 직업으로 생계를 유지할 수 있는 것은 물론이고 직무 수행에 필요한 지식을 공식적인 교육훈련기관에서 습득할 수 있어야 하며 해당 직업에 자율적인 권한이 부여되어야 한다. 18세기 말까지 이러한 요건을 갖춘 분야는 신학, 법학, 의학뿐이었다. 18세기만 해도 과학 활동은 주로 개인적인 재산, 다른 직업에 의한 수입, 재력가의 후원(patronage) 등에 의존하고 있었다. 또한 과학을 전공으로 다루는 교육훈련기관이 거의 존재하지 않았으며 과학자사회가 외부 사회에 대해 독자적인 권한을 행사하지도 못했다.

프랑스는 1789년의 대혁명 이후에 수많은 전쟁을 치러야 했는데, 이는 과학이 전문직업으로 정착할 수 있는 기회를 제공했다. 과학자들은 무기 개발, 정책 자문, 기술자 교육 등의 역할을 담당하면서 자신들의 능력을 유감없이 발휘했다. 그들은 미터법의 창안, 공중보건제도의 확립, 교육제도의 개혁 등과 같은 대형 프로젝트에도 적극적으로 참여했다. 아울러 과학자들은 시민의 눈에 잘 띄는 곳에서 공개적으로 작업을 수행함으로써 애국심을 고취시키는 역할을 담당하기도 했다. 결국 전쟁을 겪으면서 프랑스의 정부와 국민은 과학의 위력과 과학자의 능력을 본격적으로 인식했으며, 이를 통해 과학은 자율적인 권한을 가지면서 전문직업으로 인정받을 수 있게 되

과학기술의 경영과 정책

었다.

18세기 말에 과학을 전문적으로 교육할 수 있는 기관이 잇달아 설립되었다는 점도 주목할 만하다. 대표적인 예로는 1794년에 설립된 에콜 폴리테크닉(École polytechnique)과 1795년에 설립된 에콜 노르말(École normale)을 들 수 있다. 에콜 폴리테크닉은 기술자를, 에콜 노르말은 중등교사를 양성할 목적으로 설립되었지만, 점차적으로 두 대학은 과학을 체계적으로 교육하는 공간으로 자리 잡았다. 특히 에콜 폴리테크닉은 라그랑주(Joseph Louis Lagrange), 몽주(Gaspard Monge), 베르톨레(Claude Louis Berthollet), 라플라스(Pierre Simon Laplace)를 비롯한 당대의 우수한 과학자들이 교수로 포진하고 있었으며, 학생들은 이전과는 달리 교양으로서의 과학이 아니라 전공의 일환으로 과학을 본격적으로 배울 수 있었다. 에콜 폴리테크닉을 졸업한 학생들은 교수, 행정가, 기업가 등으로 활동하면서 자신들의 네트워크를 구축함으로써 프랑스 사회를 주도하는 세력으로 부상했다.

이처럼 18세기 말 프랑스에서 과학이 전문직업으로 정착되는 과정은 대학에서 과학교육이 제도화되는 것을 수반했다. 과학교육이 아닌 과학연구가 대학에서 조직적이고 체계적인 활동으로 자리 잡은 것은 19세기 중반을 전후하여 독일에서 발생한 일이었다. 이를 통해 교수는 '교육자이자 연구자'라는 이중적 역할을 맡게 되었고 '과학연구를 통한 교육'이라는 현대적 개념이 출현했다(Ben-David, 1971: 108-127). 이러한 변화는 '제1차 대학혁명'으로 불리기도 한다.

19세기 초에 훔볼트(Wilhelm von Humboldt)를 비롯한 독일의 지식인들은 '문화국가(Kulturstaat)'를 주창하면서 새로운 대학의 설립을 포함한 대대적인 대학개혁 운동을 전개했다. 나폴레옹 전쟁에서 패배한 이후에 독일에서는 국가의 진정한 힘이 문화의 영역에 있다는 분위기가 형성되었다. 특히 대학에서의 교육은 지적으로 활력 있는 독일을 만들고 독일문화의 단일성을 확보하는 가장 중요한 수단으로 인식되었다. 독일의 지식인들은 대학의 의무를 기존 지식의 전수가 아니라 새로운 지식의 추구에서 찾아야 한다고 생각했다. 이를 배경으로 독일 대학에서는 학문의 고유한 가치를 중시하고 자유로운 연구와 상호 비판을 중시하는 경향이 생겨났는데, 이것은 '학문 이데올로기(Wissenschaft Ideologie)'로 불리기도 한다.

독일 대학에서 연구가 정착되는 데는 독일의 분권적 구조와 경쟁체제도 중요한 배경으로 작용했다. 프랑스의 대학은 파리를 중심으로 하는 중앙집권적인 구조를 이루고 있었고, 영국의 경우에는 케임브리지와 옥스퍼드로 대표되는 소수의 대학에 지적 역량이 집중되어 있었다. 이에 반해 독일에서는 대학이 지역적으로 고르게 분산되어 있었으며, 지적 수준도 평준화되어 있었다. 더구나 독일에서는 대학 간에 교수의 이동이 자유로웠기 때문에 각 대학은 유능한 교수를 영입하기 위해 활발한 선의의 경쟁을 벌였다. 독일 대학의 교수들은 더욱 좋은 보수와 여건을 획득하기 위해서 대학이나 학생으로부터 인정을 받아야 했으며, 그들은 수준 높은 지식을 적극적으로 탐구하면서 학생을 훌륭한 연구자로 양성하는 데 많은 노력을 기울였다.

이와 함께 교수에 대한 임용기준의 변화는 독일 대학에서 연구가 정착되는 것을 가속화시켰다. 18세기만 해도 교수는 해당 지역사회의 위신과 권위를 상징하는 존재였으며, 각 대학이 교수의 임용을 전적으로 담당했다. 전통적인 교수의 기능은 학생들이 사회에 나가서 자신의 임무를 충실히 수행할 수 있도록 학생들에게 훌륭한 강의를 제공하는 데 있었다. 그러나 19세기에 들어와 중앙정부가 교수의 임용권을 장악하게 되면서 그 기준을 우수한 강의를 중시하는 교육적 기준(pedagogical criteria)에서 독창적인 연구를 중시하는 학문적 기준(disciplinary criteria)으로 변경했다. 이러한 배경에서 독일 대학에서는 연구의 성과에 대한 압력이 형성되었고 '출판 아니면 퇴출(publish or perish)'이라는 용어가 유행하기도 했다(Turner, 1971).

독일 대학에서 과학연구가 정착하는 과정을 잘 보여주는 인물로는 기센 대학의 리비히(Justus von Liebig)를 들 수 있다(송성수, 2015: 297-305). 리비히는 1822∼1824년에 프랑스에서 유학하면서 정량적인 화학을 배웠으며 1824년에 기센 대학의 교수로 임용되었다. 그는 1825년에 유기화학 실험실을 열어 자신이 배운 것처럼 분석적인 연구기법을 중심으로 실험 위주의 교육을 실시했다. 또한 수시로 세미나를 개최하여 학생들이 최신의 연구업적을 숙지하고 독창적인 연구의 방향을 잡도록 했다. 처음에는 약제학(藥劑學)에 필요한 기초지식을 공부하려는 학생들이 리비히를 찾았지만 1835년이 되면 유기화학을 본격적으로 연구하려는 학생들이 주를 이루었다. 그들은 리비히의 지도로 정량적인 실험 과정을 체계적으로 익힐 수 있었으며 스스로 논문을 발표할 수 있는 연구자로 성장했다. 대학 당국도 리비히 실험실에 대한 지원을 아끼지 않았고 그 실험실은 유기화학에 대한 전문과학자 집단을 배출하는 공간으로 자리 잡았다. 리비히 실험실의 성공은 19세기 후반에 독일 대학이 화학실험실을 잇달아 설립하는 계기를 제공했으며, 독일 대학의 모든 분야에서 연구를 통한 교육을 정착시키는 데 크게 기여했다.[13]

그림 2-2 기센 대학의 리비히 실험실(1842년).

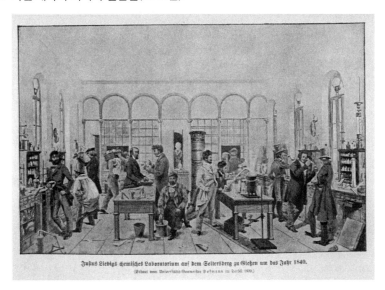

독일에서 시작된 제1차 대학혁명은 영국과 미국을 비롯한 다른 국가에도 많은 영향을 미쳤다(Clark, 1999; 홍성욱 외, 2002: 59-79). 영국에서는 19세기 중반에 중산층의 지지하에 세속적인 철학과 과학에 관심을 갖는 대학이 출현하기 시작했다. 실생활에 유용한 지식을 교육하기 위한 목적으로 설립된 런던 대학이 그 대표적인 예이다. 이

---

13 리비히의 대표적인 제자로는 법학과 출신의 호프만(August von Hofmann)과 건축과 출신의 케쿨레(Friedrich August Kekulé)를 들 수 있다. 호프만과 케쿨레도 스승을 따라 실험 위주의 교육으로 많은 제자들을 양성했다. 호프만의 제자로는 영국의 왕립화학대학 출신으로 인공염료를 처음 상업화한 퍼킨(William Perkin)과 암모니아 합성법을 개발하여 1918년 노벨 화학상을 수상한 하버(Fritz Haber)가 있다. 케쿨레는 노벨 화학상 수상자를 3명이나 배출했는데, 1901년 수상자인 반트호프(Jacobus van't Hoff), 1902년 수상자인 피셔(Emil Fischer), 1905년 수상자인 바이어(Adolf von Baeyer)가 그들이다. 또한 피셔의 제자인 딜스(Otto Diels)는 다이엔을 합성하여 1950년 노벨 화학상을 받았고, 바이어의 제자인 자이들러(Othmar Zeidler)는 DDT를 처음으로 합성했다. 이런 식으로 '리비히 학파'는 우수한 화학자들을 지속적으로 배출할 수 있었다.

후에 런던 대학의 실용적인 경향을 이어받은 많은 대학들이 각 지역에 설립되었고, 이러한 대학에 지원하는 학생 수는 눈에 띄게 증가했다. 이에 자극을 받은 옥스퍼드 대학과 케임브리지 대학은 1870년대 이후에 독일 대학의 연구 이념을 도입하여 대대적인 개혁을 단행했다. 이제 교수들은 전문적인 지식을 연구하면서 가르치는 것이 자신들의 임무라고 생각하게 되었고, 자신들의 정체성 또한 교사가 아닌 학자로 새롭게 인식하게 되었다. 이를 통해서 옥스퍼드 대학과 케임브리지 대학은 과학을 비롯한 학문영역에서 세계적인 수준을 유지할 수 있었다.

이러한 변화에도 불구하고 영국에서는 옥스퍼드와 케임브리지 중심의 집중적 시스템이 계속 유지되었고 연구중심대학의 이상이 충분히 실현되지 못했다. 즉, 새로운 학문분야에서도 옥스퍼드와 케임브리지 출신을 중심으로 특권적인 지위를 인정받는 집단이 형성되었으며, 그들이 각 지역 대학들의 교수직을 독점하게 되었던 것이다. 이에 따라 두 대학에 관련 학과가 있는 생리학, 물리학, 경제학, 사회인류학 등의 학문은 눈에 띄게 발전했지만 그 외의 학과들은 상대적으로 발전이 지체되었다. 또한 옥스퍼드와 케임브리지를 제외한 나머지 대학들은 연구에의 열정만 있을 뿐, 연구를 수행할 만한 재정과 기회를 보장받지 못했다.

미국에서는 19세기 중엽 이후에 산업화가 본격적으로 전개되면서 가치관의 변화에 부합하는 새로운 교육이 강조되기 시작했다. 당시 미국인들은 과학교육을 새로운 교육의 모델로 간주했으며 하버드, 프린스턴, 예일, 미시간 대학 등에서 과학교육을 강조하는 움직임이 일어났다. 특히 1876년에 설립된 존스 홉킨스 대학은 '대학원 중심 대학'을 표방하면서 독일식 시스템을 도입하여 빠른 속도로 성장했다. 1920년까지 그 대학에서는 약 1,400명의 박사가 배출되었으며, 그들이 다른 대학으로 진출하면서 20세기 초반에는 미국의 대학에서도 과학연구가 제도적으로 정착하게 되었다.

미국의 경우에는 독점적인 지위를 점하는 대학도 없었고 연방정부가 대학을 통제하지도 않았다. 이에 따라 미국에서는 전통적인 대학뿐만 아니라 새로 설립된 대학도 비교적 평등한 지위에서 선의의 경쟁을 벌일 수 있었다. 이러한 환경에서 미국의 각 대학은 자신의 자원을 활용하여 최고의 성과를 가져올 수 있는 분야에 집중하는 경향을 보였다. 어떤 대학은 기초과학이나 인문학만을 운영했고, 어떤 대학은 학부 과정을 아예 없애기도 했다. 또한 미국의 대학에서는 '학과(department)'가 학부와

과학기술의 경영과 정책

대학원을 연결시켜 주는 중요한 단위로 발전했으며, 이를 통해 연구와 교육이 효과적으로 통합될 수 있었다. 미국 대학의 학과는 새로운 주제를 포함할 만큼 유연하고, 교육과정의 구성과 교수의 임용을 자유롭게 할 정도로 독립적이며, 다양한 전문적 연구를 수행할 만큼 규모가 크다는 특징을 가지고 있었다.

▌기초연구와 응용연구의 갈등

대학에서 연구가 정착하는 과정에서는 기초연구와 응용연구 사이에 갈등이 발생하기도 했다. 20세기 초반에 MIT의 화학과가 운영하던 두 연구소의 향방은 이러한 점을 잘 보여주고 있다(Servos, 1980). 1903년에 설립된 노이즈(Arthur A. Noyes)의 물리화학연구소는 수준 높은 기초연구를 수행하고 있었고 1908년에 설립된 워커의 응용화학연구소는 산학협력을 적극적으로 추구하고 있었다. 처음에는 노이즈 진영의 영향력이 강했지만 1910년경부터 그 관계가 역전되기 시작했다. 특히 제1차 세계대전을 배경으로 독일 제품의 수입이 중단되면서 미국의 화학업체들은 워커 진영을 전폭적으로 지원하는 양상을 보였다. 이에 대응하여 노이즈는 대학 당국에게 기초연구와 응용연구의 균형을 회복해 달라고 요구했지만 그것은 관철되지 않았고 노이즈는 칼텍(Caltech)으로 자리를 옮기게 되었다.

워커는 1920년에 MIT에 산업연구협력부를 설립한 후 기술계획(Technology Plan)을 추진하여 산학협동을 강화하기 시작했다. 그러나 기업체와의 계약이 무분별하게 추진되고 워커의 독재적인 스타일에 교수진이 집단적으로 반발하면서 1921년에 워커는 응용화학연구소와 산업연구협력부의 보직을 사임했다. 그 후 MIT는 기초연구와 응용연구를 균형 있게 발전시키기 위한 개혁정책을 적극적으로 추진했다. 1930~1948년에 MIT 총장을 지냈던 칼 콤프턴(Karl T. Compton)은 다음과 같은 말을 남겼다. "우리는 과학자들이 가능한 한 산업에 기여했으면 하지만 그렇다고 해서 우리의 실험실들과 연구생들을 어느 한 기업에 팔아버릴 수는 없습니다."

독일에서는 19세기 말에 대학시스템이 한계를 노정하기 시작했다. 독일의 교수 임용은 '한 분야에 한사람의 교수'라는 하르나크 원칙(Harnarck principle)에 의해 이루어졌다. 초기에는 이러한 원칙이 학자들 사이의 경쟁을 유인하는 효과가 있었지만, 학문 영역이 점차 확대됨에 따라 필요한 교수를 적시에 확충하는 데 걸림돌이 되었다. 이에 독일의 대학들은 연구소(institute)와 교수직(chair)을 분리시킴으로써 하르나크 원칙을 준수하면서도 한 분야에서 여러 명의 교수를 확보하는 정책을 시도하기도 했다. 그러나 여전히 교수의 임용이 크게 증가할 수 없었기 때문에 젊은 연구자들의 독립적인 연구가 어려워지는 결과가 유발되었다.

정부의 간섭도 대학을 위축시키는 데 한 몫을 담당했다. 독일 정부는 전문자격을 위한 시험을 주재함으로써 대학의 연구에 간섭했고, 이러한 시험은 독자적으로 학위 수여와 교육방법을 결정하고자 하는 대학의 자유를 억압했다. 또한 독일 정부는 대학교수를 공무원으로 임용함으로써 대학교수들이 정부의 일원이라는 의식을 가지게 했으며, 이러한 제도는 학문의 영역이 국가권력에 봉사하도록 유인했다. 심지어 교육과정의 개정 역시 정부의 영향하에 있었고, 대학 내 새로운 교수직의 설치도 정부에 의존했다. 이와 같은 독일 정부의 과도한 간섭과 대학의 관료화는 연구를 저해하는 환경적 요인으로 작용했다.

▌현대물리학의 탄생과 전파

현대물리학의 요람이 된 공간으로는 케임브리지 대학의 캐번디시 연구소, 독일의 괴팅겐 대학, 코펜하겐 대학의 보어 연구소(정식 명칭은 이론물리학 연구소)가 꼽힌다. 20세기 초반에 러더퍼드(Ernest Rutherford), 보른(Max Born), 보어(Niels Bohr) 등은 이와 같은 연구거점을 이끌었으며, 캐번디시 연구소는 실험, 괴팅겐 대학은 수학, 보어 연구소는 이론에서 강세를 보였다. 보어 연구소를 거쳐 간 인물 중에는 일본 현대물리학의 아버지로 불리는 니시나 요시오(仁科芳雄)도 있다. 그는 1923~1928년에 보어 연구소에서 공부한 후 일본으로 돌아와 이화학연구소(理化學研究所, Rikagaku Kenkyusho)에서 핵심적인 관리자로 활동했다. 니시나는 일급 연구자, 뛰어난 관리자, 훌륭한 선생이라는 세 가지 역할을 성공적으로 수행함으로써 일본 과학자사회의 성장과 연구 수준의 향상에 크게 기여했다. 1930년대 이후에 일본의 입자물리학이 세계적 수준으로 발전하고 1949년에 유카와 히데키(湯川秀樹)가, 1965년에 도모나가 신이치로(朝永振一郞)가 노벨 물리학상을 받을 수 있었던 것도 니시나 그룹의 연구전통에서 비롯되었다.

그림 2-3 가모프(George Gamow)가 보어와 란다우(Lev Landau)에 대해 풍자적으로 그린 그림으로 '코펜하겐 정신(Copenhagen spirit)'을 상징한다.

2 제2차 대학혁명의 의미

국가별로 차이는 있지만, 1980년대를 전후하여 대학은 '제2차 대학혁명'으로 불리는 새로운 변화를 맞이하게 되었다. 제1차 대학혁명이 대학에서 연구가 정착된 현상을 지칭한다면, 제2차 대학혁명은 대학의 연구와 교육이 경제사회의 발전에 기여할 것을 주문하고 있다. 제2차 대학혁명과 관련하여 '기업가적 대학(entrepreneurial university)'이나 '학문적 자본주의(academic capitalism)'라는 용어가 등장하고 있다 (Smilor et al., 1993; Slaughter and Leslie, 1997). 전자가 기업처럼 조직되고 움직이고 있는 대학의 새로운 특징을 표현하는 용어에 해당한다면, 후자는 기업가적 대학으로의 변화를 추동하는 기본 요인을 개념화한 것으로 풀이할 수 있다.[14]

제2차 대학혁명이 발생하게 된 주요 배경을 미국을 중심으로 살펴보면 다음과 같다. 무엇보다 대학의 수입이 감소하기 시작했다. 군사연구를 통한 대학에 대한 지원이 점차 축소되는 가운데 1975년을 정점으로 대학 신입생 수가 줄어들면서 등록금 수입

---

[14] 이 절은 송성수(2011: 223-243)에 의존하고 있다.

마저 감소하는 상황이 빚어졌다. 두 번째 배경으로는 일본의 부상을 들 수 있다. 자동차와 반도체 등을 매개로 일본이 미국을 추월하는 현상이 나타나면서 대학이 기술경쟁력의 강화에 기여할 것을 요청받기 시작했다. 법률적 환경도 중요한 배경으로 작용했다. 1980년에 제정된 바이-돌 법(Bayh-Dole Act)은 연방정부가 지원한 연구를 통해 얻어진 특허를 대학이 소유하고 활용할 수 있도록 허용했다(김명진, 2002: 299-301).[15]

▍1980년대 미국의 과학기술법제 정비

미국은 바이-돌 법 이외에도 스티븐슨-와이들러 법(Stevenson-Wydler Act), 중소기업혁신개발법(Small Business Innovation Development Act, 1982년), 희귀약품법(Orphan Drug Act, 1983년), 국가협동연구법(National Cooperative Act, 1984년), 연방기술이전법(Federal Technology Transfer Act, 1986년) 등을 잇달아 마련했다(홍성욱, 2004: 178-179; 이석민, 2008: 117-123). 스티븐슨-와이들러 법은 국립연구소가 기업이나 대학과 협동연구개발계약을 맺는 것을 허용했으며, 중소기업혁신개발법은 SBIR(Small Business Innovation Research) 프로그램과 같은 기술혁신지원제도를 정비하는 것으로 이어졌다. 희귀약품법을 통해서는 희귀한 질병에 대한 약품 개발을 대폭적으로 지원하기 시작했고, 국가협동연구법은 연구개발에 관한 합작투자에 독점금지법을 적용하는 것을 제한했으며, 연방기술이전법은 국립연구기관이 보유한 기술의 이전과 상업화를 촉진했다. 이전에 미국의 과학기술정책은 기초연구와 군사연구를 지원하는 데 초점을 두었지만, 1980년대에 들어서는 대학연구의 상업화 촉진, 국립연구기관의 협동연구와 기술이전 촉진, 중소기업의 기술혁신 지원, 특정 산업의 집중 육성, 연구개발 합작투자의 활성화 등에 적극적으로 개입하는 특징을 보이기 시작했던 것이다.

---

15 1980년에 미국 특허청이 제너럴 일렉트릭의 차크라바티(Ananda Chakrabarty)가 DNA 재조합을 통해 만들어 낸 기름 먹는 박테리아에 대하여 특허를 허용했다는 점도 주목할 만하다. 그것은 역사상 최초로 생명체에 특허가 부여된 사건에 해당하는데, 이후 생명체에 대한 연구는 특허를 얻기 위한 치열한 경쟁의 길로 접어들게 되었다.

제2차 대학혁명을 통해 대학의 역할과 기능에 어떤 변화가 유발되고 있는지에 대해서는 다양한 논의가 이루어져 왔다. 대표적인 예로서 기번스(Michael Gibbons) 등은 미국의 사례를 중심으로 지식생산(production of knowledge)의 방식이 어떻게 변화하고 있는지에 대해 논의한 바 있다. 그들은 1980년대부터 서구 사회의 지식생산방식이 '제1양식(mode 1)'에서 '제2양식(mode 2)'으로 바뀌었다고 주장하면서 두 양식을 다음과 같은 다섯 가지 항목을 통해 비교하고 있다(Gibbons et al., 1994).

첫째는 지식생산에 대한 맥락의 변화이다. 제1양식에서는 학문적 호기심에 입각하여 순수연구를 수행하는 것이 지식생산의 기본적인 맥락이었고, 연구결과의 실제적 활용에는 별로 관심이 없는 학문공동체(academic community)에 의해 수행되었다. 이에 반해 제2양식에서는 지식생산이 산업, 정부 혹은 사회 전체에 유용한 것을 지향하는 가운데 특정한 이슈나 문제를 중심으로 이루어지고 있다. 이와 함께 제2양식에서는 지식이 다양한 이해당사자들과의 협력 속에서 생산되며 그러한 과정에서 이해당사자들의 관심과 의견이 반영되고 있다.

둘째는 학제적 기반의 변화이다. 제1양식에서 지식은 특정한 학과나 단일 분야를 중심으로 발달해 왔으며, 이론과 응용의 구분이 비교적 분명했다. 이에 반해 제2양식에서는 다양한 이해당사자들의 관심사가 반영되면서 다학제적(multidisciplinary) 혹은 초학제적(transdisciplinary) 영역이 등장하며, 이론과 응용 사이에 역동적인 흐름이 존재한다.

셋째는 지식생산을 담당하는 조직의 변화이다. 제1양식에서는 지식생산이 대학이라는 단일 주체에 입각하고 있었지만, 제2양식에서는 대학, 연구기관, 정부기관, 비영리기관, 산업체, 컨설팅 회사 등의 다양한 주체로 확대되었다. 제1양식에서는 대학과 다른 조직과의 협동은 상당히 제한적이었고, 연구팀은 특정한 학문분야를 중심으로 형성되었던 반면, 제2양식에서는 지식생산의 주체가 다양화되면서 이러한 주체들 사이의 네트워크가 중요시되고 있으며, 연구팀은 다양한 기술과 숙련을 결합시키는 가운데 끊임없는 진화를 경험하게 된다.

넷째는 책무성(accountability)의 문제이다. 책무성은 자신의 행위 혹은 부작위(不作爲)가 타인에게 설명될 수 있는 상황에서 이루어지는 것을 의미한다. 제1양식의 경우에는 연구내용에 대한 평가가 동료들에 의해 이루어졌으며, 연구자는 성실하게 연구를 수행하면 그 책임을 다한 것으로 간주되었다. 이에 반해 제2양식에서는 국가 혹은 지역의 경제사회발전에 기여해야 한다는 책무성이 지식생산을 지배하고 있다. 또한 제1양식에서는 연구자가 전문지식을 무지한 대중에게 전파하는 사람으로 간주되었지만, 제2양식에서는 연구과정 자체에 다양한 이해당사자들의 관심사를 반영하는 것이 강조되고 있다.

다섯째는 지식의 질에 대한 통제의 문제이다. 제1양식에서 연구의 질적 수준을 평가하는 중요한 기준은 그 연구가 해당 전문분야에 기여하는지의 여부에 있었다. 제2양식에서는 연구의 수준이 더욱 다양한 기준에 의해 평가되는데, 지적 우수성 이외에도 비용효과성(cost-effectiveness)이나 경제적, 사회적 함의가 중요지고 있다.

이에 대해 에츠코위츠(Henry Etzkowitz)와 레이데스도르프(Loet Leydesdorff)는 제2양식이 이미 오래 전부터 존재해 왔으며, 제1양식을 보완하는 것이지 대체하는 것은 아니라고 비판했다(Etzkowitz and Leydesdorff, 2000). 그들은 '삼중나선(triple helix, 3H)' 모델을 통해 지식생산체제에서 대학, 산업, 정부 간의 관계를 살펴보면서 개별적인 나선 자체가 계속 변화되어 왔으며 세 나선이 지속적으로 접점을 형성하는 가운데 그러한 접점에서 새로운 기관과 제도가 만들어진다는 점에 주목했다.[16] 이러한 논의를 고려한다면, 지식생산방식이 제1양식에서 제2양식으로 전환되었다고 주장하는 것보다는 제1양식과 제2양식이 이미 존재하고 있었고, 다만 그 중점이 제1양식에서 제2양식으로 이동하고 있다는 해석이 더욱 타당하다고 할 수 있다.[17]

이상의 논의들이 공통적으로 주장하고 있는 것은 대학이 과거의 역할과 기능에 한정되어서는 새로운 환경변화에 적응할 수 없다는 점이다. 제2양식이 제1양식과 근본적으로 다른 것인지 아닌지에 대해서는 논쟁의 여지를 가지고 있지만, 대학이 정부와 산업을 비롯한 다양한 사회적 주체들과 연계를 강화하고 있다는 점에 대해서는 의견을 같이 하고 있는 것이다. 대학의 역할과 기능은 사회의 다양한 주체들과의 상

---

16 여기서 대학, 산업, 정부 이외에 시민사회를 추가한다면, 사중나선(quadruplex) 모델도 생각할 수 있다. 시민사회의 참여는 과학의 지나친 상업화를 경계하고 과학의 공공성을 회복하는 매개물이 될 수 있을 것이다.

17 대학, 기업, 정부의 관계에 관한 역사적 분석은 홍성욱(2004: 145-189); Mirowski and Sent(2008); 김명진(2022)을 참조.

호작용을 통해 끊임없이 변화되어야 하며, 이를 위해서는 대학의 역할과 기능을 다양하게 발전시키기 위한 내부적 노력과 외부적 지원이 필수적이다.

기업가적 대학의 의미는 제2차 대학혁명 이전의 대학이 가진 특성과 비교하는 것을 통해 더욱 분명해질 수 있다(Smilor et al., 1993). 전통적인 대학의 패러다임에서 대학의 추동력(drivers)은 ① 학문적인 명성, ② 정부로부터의 지원, ③ 기초연구의 강조에 있었다. 이러한 추동력의 결과 대학은 연구, 강의, 서비스라는 세 가지 임무를 가지게 되는데, 그중에서도 연구가 가장 중요한 것으로 간주되었다. 이러한 패러다임의 결과물(outcomes)은 ① 기초지식에 대한 이해를 증진시키고, ② 사회활동을 담당하게 될 학생을 교육하며, ③ 대학의 전문직업적이고 제도적인 인정을 높이는 것으로 발현되었다.

그림 2-4 전통적인 대학의 패러다임.

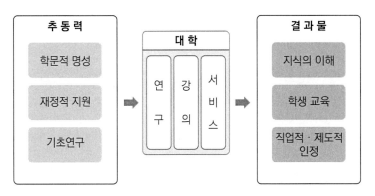

자료: Smilor et al.(1993: 3).

'기업가적 대학'으로 불리는 새로운 패러다임의 경우에는 전통적인 패러다임과 달리 외부 환경이 훨씬 복잡해졌을 뿐만 아니라 대학의 기능에도 상당한 변화가 수반되고 있다. 대학 외부의 추동력으로는 ① 전략적 제휴, 재원의 유인, 기술의 상업화 등을 부추기는 정부의 정책, ② 대학에 투입된 연구비의 경제적 효과에 대한 대학의 책무성 증가, ③ 초학문적인 접근과 긴밀한 산학협동을 요구하는 첨단기술의 등장, ④ 범지구적 경쟁에 직면한 산업의 요구, ⑤ 대학 기금을 위한 새로운 재원의 확보에 대한 요구 등을 들 수 있다. 이러한 외적 추동력은 대학의 내적 추동력에 영향을 미치는데, 여기에는 ① 새로 부상하는 기술을 위한 복잡하고 다학제적인 기초연구, ② 자신의 연구로부터 경제적 이득을 얻고자하는 교수들의 존재, ③ 이러한 경제적 이득을 고무하는 대학의 보직교수들, ④ 기업가정신, 기술경영, 환경영향평가 등 새로운 교육과정의 창설, ⑤ 다학제적인 과목에 대한 학생들의 긍정적 인식, ⑥ 평생교육 및 재교육의 중요성 부상 등이 포함된다.

그림 2-5 기업가적 대학의 패러다임.

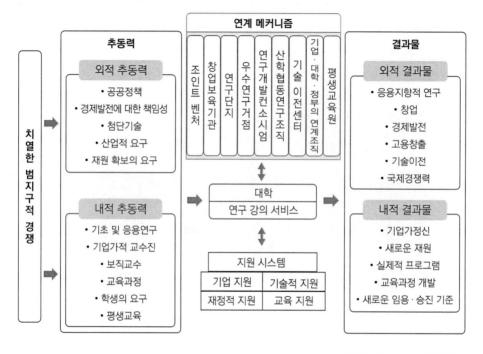

자료: Smilor et al.(1993: 4).

기업가적 대학의 패러다임에서는 대학 내외부의 추동력이 대학의 연구, 강의, 서비스에 영향을 미쳐 그 성격을 변화시킨다. 대학은 점차 응용연구에 더 많은 관심을 기울이며, 혁신적인 강의나 새로운 교육과정을 개발하고, 지역사회는 물론 국가와 산업에 기여하는 방향으로 나아간다. 이러한 변화는 다시 대학과 산업의 연계 메커니즘(linkage mechanisms)을 바꾸는데, 이를 구성하는 요소로는 조인트벤처(joint ventures), 창업보육기관, 연구단지, 우수연구거점(centers of excellence), 연구개발컨소시업, 산학협동연구조직, 기술이전센터, 기업-대학-정부의 연계조직, 평생교육원을 포함한 새로운 유형의 교육과정 등을 들 수 있다. 기업과 대학의 새로운 연관들은 과거에는 없었던 지원 시스템(support system)에 의해 활성화된다. 그것은 ① 사업계획 개발, 시장가능성 측정, 지적재산권 확보 등을 포함한 기업에 대한 지원, ② 교수들의 자문, 기술과 제품에 대한 테스트, 실험실에의 접근을 포함한 기술적 지원, ③ 창업 기업에 대한 지분의 출자나 공간의 제공과 같은 재정적 지원, ④ 기술교육, 전문교육, 원거리교육 등의 교육적 지원으로 구성된다.

이와 같은 연계 메커니즘과 지원 시스템을 통해 기업가적 대학은 다양한 결과물을 산출한다. 그 중에서 대학 외적인 것으로는 ① 지식의 응용과 문제해결을 지향하는 연구, ② 스핀오프 기업과 새로운 기술, ③ 지역 및 국가 경제에의 기여, ④ 새로운 고용의 창출, ⑤ 대학으로부터 기업으로의 기술이전, ⑥ 국제적 경쟁력의 향상 등이 있으며, 이는 다시 대학 내적인 결과물에 영향을 준다. 대학 내적인 결과물로는 ① 교수진의 기업가적 마인드 제고, ② 새로운 연구비의 확보, ③ 실제적 유용성을 가진 프로그램의 개발, ④ 새로운 유형의 교육과정 개발, ⑤ 교수의 임용과 승진에 대한 새로운 기준의 마련 등이 있다.

제2차 대학혁명을 매개로 출현한 기업가적 대학은 점점 세력을 확장하고 있다.[18] 그러나 기업가적 대학에 불확실하고 안정적이지 못한 요소가 적지 않다는 점에도 주목해야 한다. 대학의 책무성이 지나치게 경제발전에 국한되고 있지는 않은가, 대학의 자율성과 학문의 자유는 어떻게 지켜질 수 있는가, 장기적인 기초연구는 어디서 수행해야 하고 누가 지원해야 하는가, 대학 사이 혹은 대학 내부의 부익부와 빈익빈의 심화는 어떻게 해결해야 하는가 등은 심각하게 논의되어야 할 문제이다. 이와 함께 연구의 상업화가 진전되면서 연구자의 규범구조가 어떻게 변화되고 있으며 연구

---

18 우리나라의 경우에도 1990년대 말에 'IMF 사태'를 겪으면서 대학의 개혁과 연구의 상업화가 중요한 정책의제로 부상했다. 예를 들어, 2000년에 제정된 기술이전촉진법은 공공연구기관이 개발한 기술을 민간에 이전하여 사업화하는 것을 적극적으로 지원하는 내용을 담고 있으며, 2003년에 제정된 산업교육 진흥 및 산학협력 촉진에 관한 법률은 대학의 산학협력사업을 전담하는 기구로 산학협력단을 설치할 것을 주문하면서 학교기업의 설립과 계약학과의 운영을 가능하게 하고 있다. 전자는 2003년에 기술이전 및 사업화 촉진에 관한 법률로, 후자는 2011년에 산업교육 진흥 및 산학'연'협력 촉진에 관한 법률로 변경된 바 있다.

윤리를 어떻게 확보할 것인가 하는 문제에 대해서도 주의를 기울여야 한다.[19]

3 산업적 연구의 전개

19세기 전반만 해도 전문적인 과학자는 대부분 대학 교수였고 기업과는 별다른 관계를 맺지 않았다. 기업과 관련된 경우에도 대개는 간헐적인 성격을 띠었으며 실제적인 연구를 수행하는 것보다는 기술적인 자문을 제공하는 정도에 그쳤다. 이러한 상황은 제2차 산업혁명을 계기로 화학산업과 전기산업을 비롯한 과학기반산업(science-based industry)이 출현하면서 변화하기 시작했다. 이러한 산업 분야에서는 대학에서 정규 교육을 받은 과학자들과 기술자들이 필요했으며 결국에는 기업연구소라는 새로운 제도적 공간이 창출되는 것으로 이어졌다. 기업에서 수행한 연구는 '산업적 연구(industrial research)'로 불리며, 그것은 대학에서 이루어진 '학문적 연구(academic research)'와 대비된다. 그러나 모든 기업연구소가 성공적으로 운영된 것은 아니었고 기업의 성장과 산업적 연구가 동반자적 관계를 정립하는 데에는 적지 않은 시간이 소요되었다.[20]

기업연구소의 초보적인 형태는 1870년대에 출현했다. 1870년대에 독일의 화학 염료업체들은 대학의 연구실을 본떠 기업체 내에 연구개발을 담당하는 조직을 설치하기 시작했다. 1889년에 바스프(Badische Anilin und Soda Fabrik, BASF)는 카로(Heinrich Caro)의 주도로 사내 연구소를 설립했고, 1891년에는 바이엘(Friedrich Bayer & Company)이 뒤스베르크(Friedrich Carl Duisberg)의 책임하에 연구소를 공식적으로 출범시켰다. 또한 1876년에 발명왕 에디슨은 개인적 차원이 아닌 조직적 차원의 발명을 추구하기 위하여 멘로파크(Menlo Park)에 '발명공장(invention factory)'으로 칭한 연구소를 설립했다. 그러나 독일의 기업연구소들은 신제품에 대한 연구보다는 품질 검사나 데이터 분석에 초점을 두고 있었으며, 멘로파크 연구소의 경우에는 정규교육을 받지 않은 과학기술자들이 활동을 주도하는 가운데 과학적 연구를 바탕으로 발명

---

19 과학의 상업화에 따른 과학자사회 규범구조의 변화에 대해서는 박희제(2006)를 참조.

20 산업적 연구에 대한 자세한 논의는 Hounshell(1996); 김명진(2022: 43-73)을 참조.

이나 혁신을 이루는 단계에는 이르지 못했다.

전문적인 과학자가 중심이 되어 새로운 기술개발에 필요한 연구를 추진한 최초의 기업연구소로는 1900년에 설립된 제너럴 일렉트릭(General Electric, GE) 연구소가 꼽힌다. 1920년대 미국에서는 많은 기업연구소가 잇달아 설립되어 산업적 연구의 붐이 조성되기도 했는데, 당시에 벨연구소(Bell Laboratory)는 독립법인으로 설립되었고 듀폰(Du Pont)은 중앙연구소를 별도로 설치했다. 20세기에 들어와 기업연구소가 등장한 주요 배경은 경쟁 환경, 규제정책, 인력 공급의 측면에서 찾을 수 있다. 산업적 연구를 추진한 주요 대기업들은 20세기에 들어와 핵심 특허의 시효가 만료되고 경쟁 기업이 속속 출현하면서 지속적 성장을 위협받는 상황에 직면했다. 또한 독점적 대기업에 대한 규제가 강화되면서 다른 기업을 합병하는 통로가 제약됨에 따라 해당 기업들은 수직적 통합의 일환으로 연구개발의 내부화를 추구했다. 이와 함께 19세기 후반 이후에 대학에서 과학연구가 정착되면서 박사급 인력의 배출이 크게 늘어났고 젊은 연구자들은 산업계에도 눈을 돌리기 시작했다.

GE는 1892년에 에디슨 제너럴 일렉트릭과 톰슨-휴스턴 회사(Thomson-Houston Company)가 합병되면서 탄생한 기업이다. 1894년에 에디슨의 탄소 필라멘트에 관한 특허가 소멸되자 새로운 조명장치들이 속속 등장했고, GE는 1900년에 사내 연구소를 설립하여 전기조명에 관한 연구를 제도화했다. GE는 우수한 과학자를 유치하기 위하여 대학 교수보다 훨씬 많은 급여, 자유로운 연구시간, 그리고 연구 주제의 자율적 선택 등을 보장했다. 연구소의 초대 소장으로는 MIT 교수였던 휘트니(Willis Whitney)가 영입되었는데, 그는 '연구관리자(research manager)'라는 새로운 역할에 매우 적합한 인물이었다. 휘트니는 과학의 효용성에 대한 신념을 바탕으로 연구소를 정열적이고 합리적으로 운영했으며, "재미 좋으십니까?"라는 유쾌한 인사와 "언제라도 들어오십시오."라는 팻말로 유명했다(Wise, 1980).

휘트니에 이어 GE 연구소에 합류한 주요 인물로는 MIT 연구원 출신의 쿨리지(William Coolidge)와 스티븐스 공과대학 교수 출신의 랭뮤어(Irving Langmuir)가 있었다. 쿨리지는 1913년에 상업용 텅스텐 필라멘트를, 랭뮤어는 1916년에 혼합기체 충진 백열등을 개발했으며, 이러한 성과는 GE가 전기산업에서 지속적인 경쟁우위를 유지할 수 있는 기반으로 작용했다. 특히 랭뮤어는 연구소에 근무하면서 수많은 특허를 출원함과 동시에 학술적 논문도 왕성하게 출판했으며 1932년에는 노벨 화학상을 수상했다. 이처럼 랭뮤어는 산업적 연구와 학문적 연구를 훌륭하게 병행함으로써 과학자의 새로운 역할을 창출했으며, 그것은 '랭뮤어 신화'로 불리면서 미국의 많은 기업들이 산업적 연구를 추진하는 계기로 작용했다.

그림 2-6 제너럴 일렉트릭에서 백열등에 대해 토론 중인 랭뮤어(왼쪽)와 휘트니(오른쪽).

　　미국전화전신회사(American Telephone & Telegraph Company, AT&T)도 기업연구소를 성공적으로 운영한 기업이었다. AT&T는 1885년에 벨전화회사(Bell Telephone Company)의 자회사로 출범한 후 1899년에 모회사를 인수하여 '벨 시스템'으로 불리는 거대한 기업집단을 형성했다. 1910년에는 엔지니어링 부문을 연구부서로 재편한 후 아놀드(Harold D. Arnold)를 비롯한 박사급 과학자들을 대폭 고용하여 시스템의 유지보수가 아닌 조직화된 과학연구를 추진했다. AT&T는 대륙횡단 전화를 구현하기 위해 디포리스트(Lee de Forest)의 특허를 매입한 후 삼극 진공관(triode)의 특성을 집중적으로 탐구하는 작업을 전개했다. AT&T의 연구진은 1912년에 고진공 증폭기를 개발하는 데 성공했고, 그것은 AT&T가 장거리 전화 사업을 독점할 수 있는 기반으로 작용했다. 이를 계기로 AT&T는 연구개발체제의 고도화가 기업의 장래에 필수적이라는 점을 인식하면서 1925년에 벨연구소(Bell Lab)를 독립법인의 형태로 설립했다.

벨연구소는 출범 초기부터 기초연구에 상당한 비중을 두었으며, 연구원들이 개인적 연구를 병행할 수 있도록 배려했다. 1927년에는 데이비슨(Clinton Davisson)과 거머(Lester Germer)가 벨연구소의 우수한 장비를 이용하여 전자회절 실험에 성공했고 그것은 1937년 노벨 물리학상으로 이어졌다. 벨연구소는 1930년대 초에 대공황의 국면 속에서도 박사급 연구원들을 해고하지 않았고 이에 따라 우수한 연구자들이 계속해서 잔류할 수 있었다. 제2차 세계대전을 계기로 AT&T는 통신 시스템의 획기적인 발전을 위해서는 신소재의 개발이 필수적이라고 생각하면서 1946년에 벨연구소에 반도체연구팀을 신설했다. 반도체연구팀은 쇼클리(William Shockley), 바딘(John Bardeen), 브래튼(Walter Brattain) 등으로 구성되었으며, 그들은 1947년에 트랜지스터를 개발함으로써 1956년에 노벨 물리학상을 수상했다. 쇼클리는 1955년에 팔로알토에 '쇼클리 반도체 연구소'라는 연구소기업을 설립했는데, 그것은 실리콘밸리에 자리 잡은 최초의 반도체업체로 평가되고 있다.

그림 2-7 1946년에 완성된 최초의 범용 전자식 컴퓨터인 에니악(ENIAC)으로 진공관 소자를 이용해서 만들어졌다. '괴물'이란 별명의 에니악은 총 무게가 27톤이었고, 167제곱미터의 설치 면적이 필요했다.

듀폰의 나일론 개발 과정은 기업연구소의 다른 측면을 보여준다. 듀폰은 1902년에 연구소를 설립하여 화약에 대한 연구를 진척시켜 왔으며 1910년대를 통해 인공염료, 플라스틱, 페인트, 필름 등으로 사업 영역을 확장했다. 듀폰은 1921년에 소속 기업별로 연구개발 활동을 추진하는 체계를 정립했으며 1927년에는 다양한 사업에 과학적 기초를 정립하기 위하여 중앙연구소를 설립했다. 듀폰의 중앙연구소는 1928년에 하버드 대학의 강사이던 캐러더스(Wallace H. Carothers)를 채용했고 그는 네오프렌(neoprene)이라는 합성고무와 폴리아미드(polyamide)라는 합성섬유를 잇달아 개발하는 데 성공했다. 그러나 1934년에 부임한 새로운 연구소장은 이전의 소장과 달리 자유로운 연구보다는 목적지향적인 연구를 할 것을 요구했다. 연구소장과 캐러더스 사이에는 폴리아미드를 나일론(nylon)으로 상업화하는 방법을 놓고 많은 갈등이 빚어졌고 결국 캐러더스는 심한 우울증으로 1937년에 자살하고 말았다.

나일론은 듀폰의 여러 부서가 공동으로 참여하는 대규모 협동 사업을 통해 실험실 단계, 실험공장 단계, 상업적 생산 단계 등을 거쳐 1939년부터 시판되었다. 1939년 10월 27일에 듀폰의 부사장 스타인(Charles M. Stein)은 다음과 같은 기고문을 썼다. "지금 나는 완전히 새로운 화학섬유를 소개하고자 한다. … 나일론의 성분은 석탄, 공기, 물에 불과하지만 우리는 거기서 강철처럼 굳세고 거미줄처럼 섬세한 실을 뽑아낼 수 있다. 이 실은 자연이 만든 어떤 실보다도 신축성이 뛰어나고 아름다운 광택을 지녔다." 1940년 5월 15일, 아침부터 미국 전역의 백화점에 여성들이 줄을 길게 늘어섰다. 나일론 스타킹을 판매한다는 소식을 듣고 몰려들었던 것이다. 나일론 스타킹은 단 하루만에 500만 켤레가 팔려나갔고, 이를 기념하여 5월 15일은 '나일론의 날'로 불리기도 한다(송성수, 2019: 462-472).

기업 사이의 경쟁이 더욱 치열해지고 연구개발의 규모가 점점 커지면서 연구개발 활동을 적절히 관리하는 것도 중요한 과제로 부상했다. 기업의 연구개발관리(R&D management)는 의사결정의 주체, 조직적 연계의 정도, 외부 환경에 대한 대응 방식 등에 따라 다음과 같은 네 가지 세대를 거쳐 진화해 온 것으로 평가되고 있다(Miller

과학기술의 경영과 정책

and Morris, 1999; 정선양, 2011: 311-322).[21] 제1세대와 제2세대에서는 관리의 대상이 연구개발 부문에만 국한되었으며, 연구소장과 같은 부문별 관리자에게 대부분의 권한이 부여되었다. 제1세대에서는 과학기술자들이 자율적으로 연구개발을 관리하는 경향을 보였으며, 연구기간과 연구비를 중심으로 한 초보적 관리만 이루어졌다. 제2세대의 경우에는 PERT(Program/Project Evaluation and Review Technique)와 같은 프로젝트 관리기법을 도입하여 개별 프로젝트를 효율화하기 위한 시도가 이루어졌다.

제3세대에서는 기술전략과 사업전략의 연계가 핵심적인 문제로 대두되는 가운데 생산과 마케팅을 통합적으로 고려하는 전사적 차원(firm-level)의 연구개발이 추진되었다. 이처럼 연구개발관리가 전략적 중요성을 가지게 되면서 연구개발 포트폴리오(R&D portfolio)와 기술로드맵(technology roadmap) 등과 같은 방법이 활용되었다. 제4세대에서는 기업 내부의 다양한 조직은 물론 기업 외부의 고객이 참여하는 연구개발이 추진되고 있으며, 연속적 혁신을 넘어 불연속적 혁신을 창출하는 데 주의를 기울이고 있다. 제3세대와 제4세대의 경우에는 연구개발관리 대신에 기술경영(management of technology, MOT) 혹은 기술혁신경영(technological innovation management, TIM)이란 용어도 널리 사용되고 있다.[22] 이처럼 기업경영에서 연구개발이나 기술혁신의 중요성이 높아짐에 따라 이공계 출신의 경영진이 차지하는 비중도 점점 증가하는 추세를 보이고 있다.

---

21 2006년에 한국산업기술진흥협회(www.koita.or.kr)는 기술연구소를 보유한 우리나라 기업의 연구개발관리에 관한 조사를 실시했는데, 그 결과는 전체 평균 2.6세대, 대기업은 2.8세대, 연구개발투자 상위 20대 기업은 3.3세대로 나타났다.

22 세계적으로 널리 활용되고 있는 기술경영에 관한 교재에는 Schilling(2020); Tidd and Bessant(2021)가 있다. Burgelman et al.(2009)은 기술경영에 관한 논의를 이끈 주요 논문을 선정하여 수록하고 있다.

표 2-1 연구개발관리의 세대 구분.

구분	시기	조직적 연계의 정도				주요 특징
		연구개발	생산	마케팅	고객	
제1세대	1900년~1950년					- 과학기술자 주도 - 초보적 관리
제2세대	1950년~1980년					- 프로젝트 관리기법 이용 - 개별 프로젝트의 효율화 지향
제3세대	1980년~1990년대 중반					- 전사적 기술개발 - 포트폴리오, 기술로드맵의 활용
제4세대	1990년대 중반 이후					- 불연속적 혁신에 주목 - 기업조직과 외부 시장의 통합

주: 1900년은 GE 연구소가 설립된 연도에 해당함.

자료: 정선양(2011: 321).

4 정부의 과학기술 지원

정부가 과학에 관심을 기울인 것은 오래 전부터 시작되었다. 이미 기원전 280년 경에 프톨레마이오스 왕조는 '무세이온(Museion)'을 설립하여 학자들의 활동을 적극 적으로 후원했다.[23] 무세이온은 학문의 전당이자 종교적 성소로서 도서관, 동물원, 식물원, 천문관측소, 해부실 등을 구비하고 있었다. 이슬람 문명의 경우에는 압바스 왕조의 7대 칼리프인 알 마문(Al-Ma'mun)이 828년에 '지혜의 집(Bayt al-Hikmah)'을 설립하여 그리스의 많은 서적들을 아랍어로 번역하고 주석을 붙이는 작업을 추진했 다. 중세 유럽이 학문의 암흑기에 머무르고 있던 시절에 지혜의 집은 그리스 과학을

---

23 무세이온은 학예를 관장하는 아홉 여신들에게 봉헌된 신전(神殿)에 해당한다. 여기서 아홉 여신은 '뮤즈(Muse)' 혹은 '무사(Musa, 복수형은 Musai)'로 불리는데, 각각 서사시, 희극, 비극, 종교 찬가, 에 로틱한 시, 서정시, 합창과 춤, 역사, 천문학을 관장한다. 무세이온은 오늘날 박물관(museum)의 어 원이 된다.

계승하고 발전시키는 역할을 담당했다. 그러나 무세이온이나 지혜의 집과 같은 기관은 지속적으로 운영되지 못했고 국왕이나 왕조의 교체와 함께 운명을 달리했다.

동서양을 막론하고 일찍부터 국가적 차원의 지원이 이루어졌던 분야로는 '제왕의 학문'으로 불리는 천문학(天文學)을 들 수 있다. 학술적 목적으로 건립된 최초의 천문대로는 아바스왕조가 825년 바그다드에 설립한 알 사미시야 천문대가 꼽힌다. 근대 초기에는 여러 곳에 천문대가 세워졌는데, 1429년에 티무르제국이 건립한 사마르칸트 천문대와 1577년에 오스만제국이 건립한 이스탄불 천문대가 유명하다. 유럽으로 시야를 돌리면, 1576년에 튀코 브라헤(Tycho Brahe)가 덴마크 왕의 후원을 바탕으로 우라니보르그 천문대를 운영하기 시작했고, 1675년에는 영국에 왕립그리니치 천문대가 설치되면서 플램스티드(John Flamsteed)가 초대 대장으로 부임했다. 우리나라의 경우에도 천문이나 역법을 담당하는 관리들이 계속 존재했으며, 1308년부터는 서운관(書雲觀) 혹은 관상감(觀象監)과 같은 관청이 별도로 운영되었다.

과학혁명이 한참 전개되던 17세기에는 오늘날에도 존재하는 과학단체들이 모습을 드러냈다. 1660년에 설립된 영국의 왕립학회(Royal Society, RS)와 1666년에 설립된 프랑스의 과학아카데미(Académie des sciences, AS)가 그것이다. 그러나 두 과학단체가 운영되는 방식에는 상당한 차이가 있었다. 왕립학회는 국왕이 설립을 인가해 주긴 했지만 별도로 지원을 하지는 않았다. 사실상 왕립학회는 연구결과를 공인해 주는 것을 제외하면 특별한 역할이 없었으며, 신사들의 사교적 모임과 유사한 성격을 띠고 있었다. 이에 반해 과학아카데미는 우수한 업적과 능력을 갖춘 과학자들을 정식 회원으로 충원했고 그들은 다른 직업을 가져도 국가로부터 급여를 받을 수 있었다. 이러한 지원을 바탕으로 과학아카데미의 회원들은 과학연구에 몰두하면서 국가가 추진하는 중요한 사업에도 참여할 수 있었다. 왕립학회와 과학아카데미의 차이는 과학 활동의 국가적 스타일(national style)을 형성하기도 했다. 상당 기간 동안 영국의 과학이 개인적이고 산발적이었다면 프랑스 과학은 집단적이고 조직적인 성격을 띠고 있었다.

그림 2-8 스프랫(Thomas Sprat)이 1667년에 발간한 『왕립학회의 역사』의 표지. 가운데에 찰스 2세의 흉상이 놓여 있고, 왼편에는 왕립학회의 초대 회장인 브롱커(William Brouncker) 자작, 오른편에는 과학단체의 필요성을 역설한 베이컨이 있다. 그림의 배경에는 공기펌프를 비롯한 다양한 과학기구들이 놓여 있다.

과학기술의 경영과 정책

▌베이컨이 꿈꾼 과학연구의 이상향

왕립학회와 과학아카데미를 비롯한 과학단체의 주역들은 대부분 베이컨주의자들이었다. 베이컨은 1626년에 발간한 『새로운 아틀란티스(New Atlantis)』에서 정부의 지원을 바탕으로 '살로몬의 집(Salomon's House)'이라는 과학연구의 이상향을 건설하자고 제안했다. 살로몬의 집은 과학자들이 귀납적 방법을 사용하여 자연을 탐구하고 그로부터 유용한 지식을 얻어내어 인류 복지의 증진에 기여하는 공간이었다. 베이컨은 살로몬의 집에 소속된 사람들의 역할과 유형에 대해 자세히 설명했다. 사실을 수집하기 위해 세계를 돌아다니는 사람들, 새로운 사실을 만들어내기 위해 실험을 수행하는 사람들, 실험으로 검증해 볼 만한 사실들을 서적에서 찾아내는 사람들, 확실하게 검증된 사실을 취합하고 이를 바탕으로 진리를 만드는 사람들, 과학적 진리로부터 실용적 지식을 도출해내는 사람들 등이었다. 살로몬의 집에는 20개가 넘는 시설이 있다. 인공강우를 연구하는 거대한 실험실이 있는가 하면, 벌꿀을 채취하는 작은 농장도 있고, 로봇을 비롯한 자동기계를 생산하는 공장도 있다. 흥미롭게도 사기실험실(house of deceit)도 존재하는데, 기적의 의사나 마술사라는 칭호를 달고 국민을 우롱하는 과학자들의 실체를 폭로하는 곳이다(송성수, 2015: 47-49).

1830년에 '컴퓨터의 아버지'로 평가되는 배비지(Charles Babbage)는 『영국 과학의 쇠퇴와 그것의 몇 가지 원인에 대한 반성』이란 문건을 발표했다. 그는 더 이상 아마추어 과학자의 전통이 적합하지 않으며 영국의 과학이 전문직업으로 바뀌어야 한다고 역설하면서 이에 관심을 가진 사람들이 영국 과학의 진흥을 위한 조직을 만들고 정부가 이를 지원해 줄 것을 요청했다. 그 결과 1831년에는 영국과학진흥협회(British Association for the Advancement of Science, BAAS)가 발족되었는데, BAAS는 과학연구의 체계적인 방향을 제시하는 것, 과학에 대한 보다 깊은 국가적 관심을 불러일으키는 것, 과학의 진보를 가로막는 여러 장애물을 제거하는 것, 국내외 과학연구자들 사이의 상호교류를 촉진하는 것 등을 목적으로 내걸었다. BAAS는 영국 과학의 문제점을 개선하는 것은 물론 새로운 과학연구의 동향을 파악하고 과학에 대한 일반인의 관심을 촉진하는 활동을 활발히 전개해 왔으며, 2009년에는 그 명칭이 영국과학협회

(British Science Association, BSA)로 변경되었다. 미국에서는 1848년에 미국과학진흥협회 (American Association for the Advancement of Science, AAAS)가 설립되었는데, AAAS는 과학기술정책의 기획에 적극 참여하는 가운데 『사이언스』의 발간을 주관하고 있다.

19세기 중반 이후에는 각국 정부가 과학연구와 관련된 새로운 조직을 설립하면서 이를 지원하는 체제를 구축하기 시작했다. 영국의 지질조사국(1835년)과 국립물리연구소(1900년), 독일의 제국물리기술연구소(1887년)와 카이저 빌헬름 협회(1911년), 미국의 지질조사국(1879년), 국립표준국(1901년), 공중보건국(1912년, 전신은 1798년에 설립된 해양병원국), 일본의 이화학연구소(1917년), 러시아의 물리기술연구소(1918년) 등이 그 것이다. 이러한 기구들은 정부가 정규 교육을 받은 과학자들을 고용하여 운영하는 선례가 되었으며 과학행정가와 같은 새로운 집단이 출현할 수 있는 기반으로 작용했다.

▌미국 국립보건원과 이중심사제도

국립보건원(National Institutes of Health, NIH)은 현재 27개의 부속 연구소와 센터를 거느리고 있는 미국의 대표적인 국립연구기관이자 연구지원기관이다. NIH의 기원은 1887년에 해양병원국에 설치된 위생학 연구실(Hygienic Laboratory)에서 찾을 수 있다. 뉴욕의 해양병원에 자리 잡은 위생학 연구실은 해양상인, 선원, 이민자 등을 대상으로 콜레라를 비롯한 전염병에 관한 연구를 담당했다. 20세기 초에는 워싱턴에 독립 건물을 확보했으며 세균병리학, 화학, 약학, 동물학 등 4개의 분과로 구성되었다. 1930년에는 기관의 명칭이 국립보건원(National Institute of Health)으로 바뀌었으며, 1948년에는 오늘날과 같이 다수의 연구소를 포함하는 연구복합체로 거듭났다. NIH는 과학자사회의 자율성과 연구의 사회적 기여를 동시에 확보하는 방안으로 이중심사제도(dual-review system)를 개발했는데, 그것은 스터디 섹션(study section)과 자문위원회(advisory council)를 통해 작동되고 있다. 스터디 섹션은 분야별 전문가로 구성된 소위원회로 연구의 과학적 가치에 대한 평가를 담당하며, 연구소별로 설치된 자문위원회는 연구의 사회적 중요성을 고려해 지원 여부를 최종적으로 결정한다.

과학기술의 경영과 정책

과학과 정부의 관계는 두 차례의 세계대전을 매개로 더욱 강화되었다. 제1차 세계대전을 계기로 새로운 무기를 개발할 필요성이 증대하자 각국 정부는 군사연구를 위한 대형 프로젝트를 추진하기 시작했다. 예를 들어 독일은 국방부를 중심으로 잠수함과 독가스를 개발하는 프로젝트를 추진하여 전쟁 초반의 우세를 지킬 수 있었다. 이에 대응하여 미국은 1916년에 국립연구회의(National Research Council, NRC)를 설립하여 잠수함 탐지기와 방독면을 개발하는 것으로 맞섰다. 이러한 국방연구를 통해 집단적인 공동연구가 일반화되면서 연구주제도 정부에 의해 기획 혹은 조정되는 양상을 보였다. 또한 과학자들은 역사상 처음으로 대규모 용역연구(commissioned research)를 경험하게 되었으며, 막대한 예산 지원을 바탕으로 부(富)를 축적하는 기회도 가질 수 있었다.

제1차 세계대전 이후에 정부의 지원이 감소하자 과학자들은 새로운 후원자를 물색했다. 1920년대를 통해 미국의 과학연구는 산업체와 사회사업재단(philanthropic foundation)의 지원을 바탕으로 지속적인 성장을 경험했다. 그러나 대공황이 발생하면서 기업은 외부에 대한 지원을 축소하는 것은 물론이고 내부의 연구인력도 감축하기 시작했다. 사회사업재단은 과학연구에 대한 지원금을 삭감하는 가운데 특정한 분야에 집중하는 경향을 보였다. 예를 들어 록펠러 재단의 경우에는 1932년에 위버(Warren Weaver)가 자연과학부 책임자로 임명되면서 투자의 우선순위를 분자생물학과 같은 학제적 분야에 두었다. 이러한 상황에서 미국의 과학자들은 다시 연방정부를 설득하는 작업을 추진했다. 1933년에는 MIT 총장인 칼 콤프턴을 위원장으로 하는 과학자문위원회(Science Advisory Board, SAB)가 설치되어 '과학진보를 위한 복구계획(Recovery Program of Scientific Progress)'을 수립했다. 그 계획은 현실화되지 못했지만 미국의 과학자사회가 정부에게 과학연구에 대한 직접적인 지원을 요청했다는 점에서 특기할 만한 사건이었다. 1937~1941년에는 『연구: 국가의 자원(Research: National Resource)』이라는 보고서가 작성되었는데, 그것은 미국의 정부, 산업계, 대학에서 수행되던 과학연구 현황을 체계적으로 분석한 최초의 문건으로 평가되고 있다(아리모토 다테오, 1997: 199-201).

제2차 세계대전이 발발하면서 국방연구의 필요성이 다시 대두되었다. 1940년에는 국방연구위원회(National Defense Research Committee, NDRC)가 설치되었고 그것은 1941년에 과학연구개발국(Office of Scientific Research and Development, OSRD)으로 개편되었다. OSRD는 대학이나 기업에 속한 과학자들과 연구계약(research contract)을 맺어 연구비를 지급하는 제도를 마련했다. 제1차 세계대전 때에는 "과학자들을 별도로 마련한 연구시설로 불러 모아 연구개발의 업무를 맡겼"지만, 제2차 세계대전 때에는 과학자들이 "대체로 자신이 속한 기관에 머무르면서 전시 연구개발 업무에 종사"했던 것이다(김명진, 2022: 107). 연구계약제도는 정부의 지원을 받으면서도 과학 연구의 자율성을 보장할 수 있는 혁신적인 방안이었다.

제2차 세계대전을 통해 추진된 대표적인 프로젝트로는 레이더 개발과 원자탄 개발을 들 수 있다. MIT에 본부를 둔 '래드 랩(Radiation Laboratory)'은 레이더를 적기에 개발하여 독일의 최신형 U보트를 무력화시키는 일등공신이 되었다. 원자탄 개발을 위한 맨해튼 계획(Manhattan Project)에는 군대, 산업체, 대학 등이 총동원되었으며 3년 동안에 12만 5천명의 인원과 20억 달러라는 자금이 소요되었다. 그것은 군산학복합체(military-industrial-academic complex)에 의해 추진된 '거대과학(big science)'의 본보기였다. 제2차 세계대전을 매개로 정부는 과학의 위력을 충분히 인식하게 되었으며 과학은 정부라는 안정적인 지원자와 밀접하게 결합되기 시작했다. 매사추세츠 주의 조그만 공과대학으로 출발한 MIT는 제2차 세계대전을 통해 천문학적인 연구비를 확보할 수 있었고, 반(反)문화 운동(counter-culture movement)이 활발히 전개되던 1960년대에는 '군사공대(Military Institute of Technology)'라는 비아냥거림을 받기도 했다.

제2차 세계대전 중에 NDRC와 OSRD의 의장을 맡은 인물은 MIT 전기공학과 교수로 칼 콤프턴에 의해 발탁된 부시(Vannevar Bush)였다. 그는 1945년 7월에 『과학, 끝없는 프런티어(Science, the Endless Frontier)』라는 보고서를 작성하여 트루먼 대통령에게 제출했다. 부시는 기초연구(basic research)가 앎과 무지의 경계선상에서 이루어진다는 점에서 끝없는 프런티어로 지칭할 수 있으며, 이를 지원하는 것은 건국 이후 미국 정부가 부여받은 사명의 연장선상에 있다고 설파했다. 또한 그는 전시에 과학자들에게 부과되었던 각종 통제를 제거하고 과학연구의 자유를 회복해야 한다고 주장했으며, 과학연구에 대한 지원을 담당하는 새로운 공공기관으로 (가칭)국립연구재단을 설립할 것을 제안했다. 부시의 제안은 연구 과제를 관리하는 주체를 놓고 많은 논란을 거친 후에 1950년 5월에 국립과학재단(National Science Foundation, NSF)이 설립되는 것으로 이어졌다. 대통령이 국립과학재단의 총재와 위원들에 대한 임명권을 가지는 것을 제외하면 과학자들이 재단 운영에서 실질적인 주도권을 발휘할 수 있었다. 『과학, 끝없는 프런티어』는 과학기술정책의 형성 혹은 제도화를 상징하는 문건으로 평가되고 있으며, 20세기 후반에 다른 국가에서 과학기술정책을 수립하는 데도 많은 영향을 미쳤다.[24]

그림 2-9 『과학, 끝없는 프런티어』에 나타난 과학기술정책에 관한 개념도. 부시의 과학기술정책은 기초연구 → 응용연구 → 개발 → 기술 → 적용으로 이어지는 선형 모형(linear model)에 입각하고 있었다.

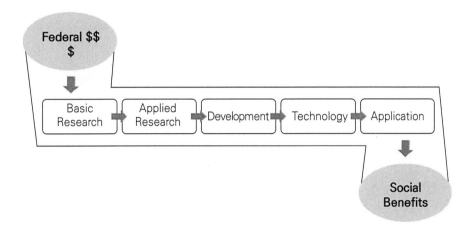

24 『과학, 끝없는 프런티어』에 대한 발췌본과 국립과학재단 설립에 관한 논쟁을 다룬 케블레스 (Daniel Kevles)의 논문은 박범순·김소영 엮음(2015: 11-58)에 실려 있다. 『과학, 끝없는 프런티어』에 앞서 과학에 대한 정부의 지원과 과학자의 사회적 역할을 강조한 저작으로는 Bernal(1939)이 있다.

▌제2차 세계대전의 과학연구와 기술혁신

　제2차 세계대전 시기의 과학연구가 기술혁신에 미친 영향에 대해서는 1967년과 1968년에 상반된 의견이 표출된 바 있다. 1967년에 미국 국방부가 주도한 하인드사이트 프로젝트(Project Hindsight)는 핵심적인 군사기술의 대부분이 기초과학(0.3%)이 아닌 기존 기술(91%)이나 응용과학(8.7%)을 바탕으로 개발되었다고 보고했다. 이에 반해 국립과학재단의 지원을 받은 트레이스 프로젝트(Project Traces)는 1968년에 20세기 중반에 이루어진 기술혁신의 약 90%가 과학자들의 기초연구를 활용한 것이라고 주장하면서 대표적인 예로 자기 페라이트(magnetic ferrites), 비디오테이프리코더, 경구피임약, 전자현미경, 매트릭스 유리(matrix isolation) 분석법 등을 들고 있다. 이에 대하여 하인드사이트 프로젝트는 국립연구기관에 국한하고 20년 이하의 기간을 대상으로 삼았던 반면, 트레이스 프로젝트는 산업계도 포함하고 30년 이상을 대상으로 삼았기 때문에 다른 결론이 도출되었다는 평가도 내려지고 있다(Gibbons and Johnston, 1974).

　미국을 비롯한 선진국의 과학기술정책은 1940년대에 제도화되기 시작한 후 다음의 세 단계를 거쳐 진화해 왔던 것으로 분석되고 있다(Freeman and Soete, 1997: 373-395; 송위진, 2006: 244-247). 첫 번째 단계는 거대과학 프로젝트와 스핀오프(spin-off) 패러다임으로 대표되는 시기이다. 이 시기에는 과학기술에 대한 낙관적인 믿음을 바탕으로 거대과학 프로젝트에 막대한 연구개발비가 투자되었다. 그리고 군사연구를 통해 창출된 지식이 전파되어 결국에는 민간부문의 기술개발에 도움이 될 것이라고 파악하는 스핀오프 패러다임이 득세했다. 당시의 정책결정은 주로 과학자, 그중에서도 경성과학(hard science)을 다루는 물리학자와 화학자가 주도했다. 이로 인해 과학기술정책은 정부부처가 아니라 과학자문위원회와 같이 과학자들로 구성된 전문가조직을 통해 기획되었다.

표 2-2 과학기술정책의 진화에 관한 세 단계.

구분	1940~1960년대	1960~1980년대	1980~1990년대
주요 과제	• 맨해튼 프로젝트 • V1, V2 로켓 • 전투기	• 생산성 향상 • 민간 항공기 • 원자력 발전소	• 기반기술 • 신소재기술 • 생명공학기술 • 정보통신기술

정책결정 기구	• 과학자문위원회	• 과학기술위원회와
		  과학기술 관련 부처
			• 과학기술 및 산업
			  관련 부처

정책결정 집단	• 물리학자, 화학자	• 물리학자, 화학자 • 경제학자 • 엔지니어	• 물리학자, 화학자 • 생물학자, 생태학자 • 사회과학자 • 경제학자
주요 정책과제	• 무기체계 개발 • 기초과학 육성 • 정부연구소 육성	• 경제성장 • 무기체계 개발 • 산업적 연구의 지원 • 대학연구의 강화	• 사회제도의 전환 • 환경에 관한 고려 • 네트워크 구축 • 무기체계 개발
혁신의 초점	• 급진적 혁신	• 점진적 혁신	• 기술확산
과학기술에 대한 투자	• 투자의 급증	• 증가속도는 느려졌지만 지속적인 확장	• 현상유지 혹은 일부 삭감

자료: Freeman and Soete(1997: 388)를 일부 보완함.

두 번째 단계는 거대과학과 군사연구에서 이루어진 막대한 투자의 비용효과성이 문제가 되면서 기존의 과학기술정책에 대한 비판적 관점이 표출된 시기이다. 이 시기에는 기초적인 과학지식의 창출이나 군사적 임무의 달성만이 아니라 경제발전도 과학기술 활동의 주요한 목표로 등장했다. 그리고 정책결정 과정에 과학기술자뿐만 아니라 경제학자도 참여하여 연구개발사업의 경제성을 검토하기 시작했으며, 과학기술위원회와 같은 위원회 조직 혹은 과학기술 관련 정부부처가 정책결정을 주도했다. 또한 공식적인 연구개발 활동과 함께 산업 현장의 비공식적 활동도 경제성장에 크게 기여한다는 인식이 생겨나면서 급진적 혁신(radical innovation)을 넘어 점진적 혁신(incremental innovation)이 중요하게 고려되기 시작했다.

세 번째 단계에서는 정보기술, 신소재기술, 생명공학기술 등과 같은 새로운 기술

패러다임에 대응하기 위해 혁신체제(innovation system)의 구축이 중요한 관심사로 떠올랐다. 이 시기에는 과학기술의 혁신이 가져오는 경제적 효과뿐만 아니라 사회적 효과에 대한 관심도 증대되기 시작했다. 이로 인해 정책결정과정에 참여하는 집단의 범위가 대폭 확대되었다. 경성과학뿐만 아니라 생명과학, 환경과학 등과 같은 연성과학(soft science)도 중시되었으며, 경제학자는 물론 다른 사회과학자들의 참여도 가시화되었다. 더 나아가 과학기술에 대한 사회적 논쟁이 빈번해지면서 일반 시민이 과학기술과 관련된 정책결정에 참여할 수 있는 계기가 마련되기도 했다. 이처럼 세 번째 단계에서는 첨단기술의 경제사회적 영향에 대한 관심이 증대하는 가운데 이에 부응하는 제도적 전환이 중요하다는 인식이 등장했다.

사실상 과학기술정책은 1980년대에 들어서 오늘날과 같은 범위와 위상을 확보하게 되었다. 1980년대를 통해 선진국이 추진한 과학기술정책의 특징으로는 다음과 같은 다섯 가지를 들 수 있다(Webster, 2002: 92-93). 첫째, 연구개발의 강조점은 전략적 연구(strategic research)와 기술이전에 주어지고 있는데, 전략적 연구는 응용가능성이 있는 연구이지만 궁극적인 응용이 명확하게 규정될 수 있는 단계까지 진척되지 못한 경우를 의미한다. 둘째, 학제적 협동을 요구하는 분야에 자금을 집중적으로 지원함으로써 핵심 과학기술자집단의 형성을 촉진하고 있다. 셋째, 특정 혁신주체에 의한 개별 프로젝트 위주보다는 다양한 혁신주체 간의 협동에 입각한 공동프로그램에 대한 지원이 증가하고 있다. 넷째, 공공부문의 자금 지원은 국방 연구가 감소하고 상업적 연구가 증가하는 추세이며, 전체적으로는 산업계의 연구개발 투자액이 정부의 투자액을 훨씬 앞지르고 있다. 다섯째, 많은 국가들이 연합하여 자금을 분담하고 통합적 기구가 관리하는 초국적 연구에 대한 노력이 강화되고 있다.

1998년에 유럽연합이 『과학, 끝없는 프런티어』를 패러디하여 『사회, 끝없는 프런티어(Society, the Endless Frontier)』를 발간했다는 점도 주목할 만하다(Caracostas and Mulder, 1998). 과학기술정책의 출현을 알린 부시의 보고서가 기초연구에 대한 지원을 강조했다면, 21세기의 과학기술정책을 모색하는 유럽연합의 보고서는 과학기술이 사회문제의 해결에 기여해야 한다는 메시지를 담고 있다. 『사회, 끝없는 프런티어』는 과학기술정책이 진화해 온 과정을 1945~1970년, 1970~2000년, 2000년 이후의 세 단계로 구분하여 고찰하고 있다. 각 단계별로 정책목표는 군사적, 산업적, 사회적인 것으로, 주요 정책수단은 기초연구의 육성, 핵심기술의 개발, 혁신체제의 재구성으로 이동한다는 것이다.

▌유럽연합의 프레임워크 프로그램과 호라이즌

　세계 최대의 연구개발 프로그램으로는 유럽(연합)이 1984년부터 실시한 프레임워크 프로그램(Framework Programmes, FP)을 들 수 있다. 프레임워크 프로그램은 FP1(1984~1987년), FP2(1987~1991년), FP3(1990~1994년), FP4(1994~1998년), FP5(1998~2002년), FP6(2002~2006년), FP7(2007~2013년)로 추진되었다. 2014년에는 명칭이 '호라이즌(Horizon)'으로 변경되어 Horizon 2020(2014~2020년)과 Horizon Europe(2021~2027년)이 시행되고 있다. 프레임워크 프로그램은 3개 이상의 유럽연합 회원국이 참여하는 연구컨소시엄을 지원하며, 회원국이 아닌 경우에도 매칭 펀드(matching fund)를 조건으로 개방되어 있다. 회원국이 연구컨소시엄을 구성하여 과제제안서를 제출하면, 회원국별 쿼터 없이 경쟁평가를 통해 과제를 선정한다. 사업이 종료된 후에는 백서 형태로 평가보고서를 발간하며, 정책연구자들이 비판적 논문을 작성하는 경우가 많다. 프레임워크 프로그램은 중점추진방향(pillar), 분야, 과제 등으로 구성되는데, Horizon 2020은 ① 과학적 탁월성, ② 산업 리더십, ③ 사회적 도전과제(societal challenges)를, Horizon Europe은 ① 과학적 탁월성, ② 산업 경쟁력, ③ 혁신적 유럽을 중점추진방향으로 삼았다.

제3장

기술혁신의 의미와 유형

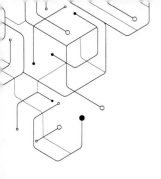

혁신(innovation)은 우리가 자주 사용하는 용어이지만 규정하기가 쉽지 않다. 혁신의 어원부터 시작해 보자. 혁신이란 용어는 '인노바레(innovare)'라는 라틴어에서 유래했다. 인(in)은 방향을 나타내고 노바레(novare)는 새롭다는 뜻이므로, 혁신에는 무언가 새로운 것을 만든다는 의미가 담겨져 있다. 한자로 혁신(革新)은 새로운 가죽을 만드는 일에 해당한다. 하나의 피혁(皮革)제품을 만들기 위해서는 동물의 가죽(皮, skin)을 벗긴 후 이를 다듬는 무두질을 통해 쓸모 있는 가죽(革, leather)으로 만드는 과정이 필요하다. 껍질을 벗기는 아픔과 섬세한 무두질이 있어야 혁신이 되는 셈이다. 이러한 점을 염두에 두면서 이 장에서는 혁신의 개념, 유형, 중요성 등에 대해 고찰하고자 한다.[25]

1 슘페터의 유산

혁신을 학문적 차원에서 본격적으로 논의한 최초의 인물로는 조지프 슘페터 (Joseph A. Schumpeter, 1883~1950)가 꼽힌다. 그는 오스트리아-헝가리 제국 출신으로 1906년에 빈 대학에서 법학 박사학위를 받았다. 1909~1911년에 체르노비츠 대학 조교수, 1911~1921년에 그라츠 대학 교수를 지냈으며, 1919년에는 오스트리아 재무부 장관, 1921~1924년에는 비더만 은행 총재를 역임했다. 이어 독일의 본 대학 (1925~1932년)과 미국의 하버드 대학(1932~1950년)에서 교수로 활동했고, 1941년 미국계량경제학회 회장, 1948년 미국경제학회 회장, 1949년 국제경제학회 회장을 역임했다. 주요 저작으로는 1912년에 독일어 초판이 나오고 1934년에 영문판으로 발

---

25 이 장은 송성수(2014a: 27-51)를 보완하고 확장한 것이다.

간된 『경제발전의 이론』, 1939년에 초판이 발간된 『경기순환(Business Cycles)』, 1942년에 초판이 발간된 『자본주의, 사회주의 및 민주주의』 등이 있다. 슘페터는 『경제발전의 이론』에서는 앙트리프리너(entrepreneur)에 주목했지만, 『자본주의, 사회주의 및 민주주의』에서는 대기업을 혁신의 핵심 주체로 보았기 때문에 그의 사상은 전기(Schumpeter Mark I)와 후기(Schumpeter Mark II)로 구분되고 있다.[26]

▌ 슘페터에게 기업가의 의미는?

앙트리프리너는 일상적인 기업가(enterpriser)와 다른 '혁신적 기업가' 혹은 '창의적 기업가'라 할 수 있으며, 기업가정신(entrepreneurship)의 어근으로 사용되고 있다. 앙트리프리너에 대한 한자 표기로는 '企業家' 대신에 '起業家'가 거론되기도 한다. 슘페터는 앙트리프리너에 대해 다음과 같이 묘사하고 있다. "기업가는 단순히 부자가 되고 싶거나 쾌락주의적 동기에서 행동하는 사람들이 아니다. 대신에 기업가는 자신만의 왕국을 건설하고 싶은 꿈과 의지가 있는 사람을 뜻한다. 그리고 여기에는 정복하려는 의지도 포함된다. 즉 경쟁하려는 의지, 다른 이들보다 자신이 뛰어남을 증명하려는 의지, 그리고 성공의 열매만 기대하지 않고 성공 자체에 의미를 두는 의지 말이다. 궁극적으로 기업가에게는 무언가를 창조해내고, 일을 완성시키며, 자신의 에너지와 재능을 발휘하는 데서 오는 즐거움이 있다. 이들은 어려움을 피하지 않으면서 변화를 모색하고 모험을 즐긴다"(Thomas, 2012: 107).

슘페터는 『경제발전의 이론』에서 경제를 생명력을 가진 유기체로 간주하면서 생산요소의 '새로운 결합(Neukombinationen)'에 의해 통해 경제가 발전한다고 보았다. 그는 새로운 결합의 주요 유형으로 ① 새로운 재화의 도입, ② 새로운 생산방법의 도입, ③ 새로운 시장의 개척, ④ 새로운 원자재 공급원의 획득, ⑤ 새로운 조직의 실현 등을 들었다. 슘페터는 『경기순환』에서 새로운 결합을 '혁신'으로 바꾸어 부르면서 혁신을 발명(invention)과 대비되는 개념으로 사용했다. 발명이 어떤 아이디어를 창

---

26 슘페터의 생애와 사상에 대해서는 이토 미쓰하루 외(2004); Thomas(2012)를 참조.

출하고 실물로 구체화하는 것을 의미한다면, 혁신이란 발명으로 등장한 다양한 생산요소들을 새롭게 결합하는 것을 지칭하는 셈이다. 앞의 다섯 가지 유형을 오늘날의 용어로 다시 표현한다면, ①은 제품혁신(product innovation), ②는 공정혁신(process innovation), ③은 마케팅혁신(marketing innovation), ⑤는 조직혁신(organization innovation)에 해당한다고 볼 수 있다. 그리고 슘페터는 『자본주의, 사회주의 및 민주주의』에서 낡은 것을 파괴하고 새로운 것을 창조하면서 경제구조를 끊임없이 혁신해 가는 과정을 '창조적 파괴(creative destruction)'로 칭했다. 사실상 '혁신'이나 '창조적 파괴'는 슘페터가 처음 사용한 용어는 아니지만, 슘페터에 의해 본격적인 의미가 부여되고 널리 확산되었다.

이처럼 슘페터의 혁신은 경제활동 전반의 변화에 주목하고 있으며, 오늘날 통용되는 기술혁신(technological innovation)보다 훨씬 광범위한 성격을 지니고 있다. 슘페터의 혁신에 대한 개념을 기술로 국한시켜보면, 발명은 기술의 개발(development), 혁신은 기술의 상업화(commercialization)에 해당한다고 볼 수 있다. 가령 "기술개발의 관점이 아니라 기술혁신의 관점에서 접근해야 한다"와 같은 말에는 기술혁신을 기술의 상업화로 보는 견해가 깔려 있는 것이다.

▋ 상업화, 실용화, 사업화, 상용화

상업화(商業化)와 유사한 개념으로는 실용화(實用化), 사업화(事業化), 상용화(常用化) 등을 들 수 있다. 영어로는 모두 'commercialization'에 해당하는데, 그 차이를 부각시켜보면 다음과 같다. 실용화가 실제 환경에서 시제품의 성능을 입증하는 것이라면, 사업화는 완제품을 생산하여 출시하는 것을 의미한다. 그 이후에는 해당 제품이 일상적으로 사용되는 과정이 필요한데, 이에 해당하는 용어가 상용화이다. 상업화는 실용화에서 상용화에 이르는 모든 과정을 포괄한다고 볼 수 있다. 그러나 실용화, 사업화, 상용화, 상업화를 엄밀히 구분하기는 어려우며 네 개념은 혼용되는 경우가 많다. 우리나라의 법제에서는 상업화 대신에 사업화란 용어가 널리 사용되고 있는데, '기술의 이전 및 사업화 촉진에 관한 법률' 제2조는 기술사업화를 "기술을 이용하여 제품을 개발·생산 또는 판매하거나 그 과정의 관련 기술을 향상시키는 것"으로 정의하고 있다. 또한 제8차 기술이전·사업화 촉진계획(2023~2025년)은 기술사업화를 "기술보유자가 직접 또는 기술이전 받아 상품화, 공정개선, 창업하는 일체 활동"으로 규정하고 있다.

슘페터는 기술혁신에 관한 학문적 논의를 개척했으며 이후에도 상당한 영향을 미쳤기 때문에 그에게 '기술혁신학(innovation studies)의 아버지'란 칭호를 붙이는 것도 합당해 보인다.[27] 예를 들어, 슘페터의 기술혁신과 시장구조에 대한 주장은 이후에 상당한 논쟁을 유발했다. 그는 혁신의 주체로 창의적 기업가 혹은 대기업에 주목했으며, 그것은 독점시장에서 기술혁신에 따른 인센티브가 크다는 견해로 이어진다. 이에 대해 펠너(William Fellner), 셔러(F. M. Scherer), 애로우(Kenneth Arrow) 등은 시장이 경쟁적일수록 기술혁신이 활발하게 이루어진다고 반박하면서 대기업보다는 중소

---

27 기술혁신학의 주요 주제와 동향에 대해서는 Stoneman(1995); Fagerberg et al(2005); Martin(2016)을 참조.

기업이 기술혁신에 더욱 친화적이라고 주장했다.[28] 이후의 논의에서는 시장이 완전히 독점적이지도 않고 경쟁적이지도 않은 경우, 즉 적당히 경쟁적인 경우에 기술혁신에 대한 인센티브가 크다는 주장이 제기되었다. 이러한 주장들은 각각 슘페터 가설, 애로우 가설, 역U자 가설(inverted U-shape hypothesis)로 불린다(이원영, 2008: 96-104; 김정홍, 2011: 57-69).

그림 3-1 기술혁신과 시장구조에 관한 세 가지 가설.

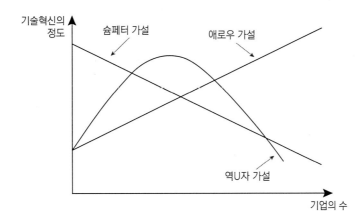

이보다 더욱 중요한 점으로는 슘페터의 논의를 계승하고 발전시킨 신(新)슘페터주의의 등장을 들 수 있다.[29] 신슘페터주의자(neo-Schumpeterian)들은 경제발전의 원

---

28 애로우는 불가능성의 정리(impossibility theorem) 혹은 투표의 역설(paradox of voting)에 대한 연구로 1972년 노벨 경제학상을 수상한 인물이다. 그는 타당한 사회적 선호관계가 구비해야 할 조건으로 집단적 합리성, 파레토 원칙, 무관한 선택가능성으로부터 독립, 비독재성 등을 들면서 이러한 네 조건을 동시에 만족시키는 사회적 선호관계란 결코 존재할 수 없음을 증명했다. 애로우의 결론 중 하나는 모든 투표참여자들이 유일한 최선의 방안이라고 생각하는 집합적 결정을 내릴 수 없다는 것이다(남궁근, 2008: 70-73). 기술혁신과 관련하여 애로우는 연구개발의 외부효과(externality)와 실행에 의한 학습(learning by doing)을 선구적으로 논의한 바 있다(Arrow, 1962).

29 신슘페터주의자들의 기술혁신에 관한 논의는 이근(2007, 17-34)을 참조. 신슘페터주의자들의 지적 교류를 촉진한 매개체로는 프리만(Christopher Freeman)이 1966년에 영국 서식스 대학에 창설한 과학정책연구소(Science Policy Research Unit, SPRU)와 1971년에 창간한 『리서치 폴러시(Research Policy)』를 들 수 있다. 그는 Freeman(1982); Freeman(1987) 등과 같은 기술혁신에 관한 단행본을 선구적으로 출간했다.

동력이 기술혁신에 있다는 슘페터의 핵심 주장을 수용하면서도 슘페터가 급진적 혁신(radical innovation) 혹은 주요 혁신(major innovation)에만 초점을 두었다는 점을 비판한다. 이에 반해 신슘페터주의자들은 점진적 혁신(incremental innovation) 혹은 부차적 혁신(minor innovation)의 중요성을 부각시키면서 최초의 기술혁신 이후에 나타나는 소규모 혁신들의 누적적 효과가 경제성장에 더욱 중요한 기여를 할 수 있다고 주장한다. 또한 신슘페터주의자들은 기술뿐만 아니라 제도의 중요성에 주목하고 있다. 기술혁신은 이에 참여하는 혁신주체들이 당연히 지켜야 할 것으로 생각하는 제도적 패턴에 따라 이루어지며, 경제가 발전하는 양상도 기술과 제도의 공진화(co-evolution)를 고려해야 제대로 설명될 수 있다는 것이다.[30] 이러한 신슘페터주의자들의 주장에는 기술혁신 혹은 제도혁신의 기저에 학습과정이 존재한다는 생각이 깔려 있다고 볼 수 있다. 혁신의 출발점은 기존의 기술이나 제도를 학습하면서 그 문제점을 파악하는 데 있으며, 혁신주체들의 상호작용적 학습을 통해 기술이나 제도의 변화가 이루어지기 때문이다.

---

30 제도의 개념도 간단하지 않다. 하연섭(2003: 7)은 제도를 "개인의 행위에 영향을 미치는 구조적 제약요인"으로 정의하면서 "제도는 규칙이나 법률 등 공식적인 제약요인일 수도 있고, 규범이나 가치체계 등 비공식적인 제약요인일 수도 있으며, 혹은 공동체의 구성원들이 지극히 당연시하면서 공유하고 있는 의미체계일 수도 있다"라고 정리하고 있다. 제도에 해당하는 영어 단어는 '인스티튜션(institution)'인데, 그것은 제도 이외에 기관을 의미하기도 한다. 가령 educational institution은 그 맥락에 따라 교육제도 혹은 교육기관으로 번역될 수 있는 것이다.

과학기술의 경영과 정책

▌기술학습의 유형

학습은 혁신주체에 따라 왜 기술능력의 차이가 생기는지를 설명할 수 있는 단서가 되는 개념이다. 기술학습은 기술능력을 향상시키는 과정에 해당한다고 볼 수 있으며, 학습활동의 종류와 학습이 일어나는 지점(locus)에 따라 다음과 같은 다섯 가지의 유형으로 분류할 수 있다(정재용 외, 2006: 41-42). ① 생산과정에서 직접적인 실행을 통해 숙련의 형성과 지식의 습득이 일어나는 '실행에 의한 학습(learning by doing)', ② 제품이나 공정을 사용함으로써 기술능력을 축적하는 '사용에 의한 학습(learning by using)', ③ 외부의 지식을 탐색하고 새로운 지식을 지속적으로 탐구하는 '탐색에 의한 학습(learning by searching/exploring)', ④ 학습과정 자체를 학습하는 '학습에 의한 학습(learning by learning)', ⑤ 새로운 지식이나 표준이 등장했을 때 기존의 지식과 학습패턴을 폐기함으로써 새로운 학습의 메커니즘을 확립하는 '학습기각에 의한 학습(learning by unlearning)' 등이 그것이다. 그밖에 이정동(2017: 79-81)은 동일한 일을 여러 번 반복함으로써 효율성을 높이는 '반복경험학습(learning by doing)'과 도전적 밑그림을 새롭게 그려가면서 차별성을 확보하는 '설계경험학습(learning by building)'을 대비시키고 있다. 이를 통해 이정동은 그동안 한국에서 축적된 것은 실행역량에 불과하며, 한국이 최근에 당면하고 있는 위기의 본질은 개념설계역량이 부족한 데 있다고 설파하고 있다. 이러한 진단은 개념설계역량을 확보하려면 도전적 시행착오에 입각한 축적의 시간이 필요하다는 제안으로 이어지고 있다.

이처럼 슘페터 이후에 기술혁신에 대한 논의와 토론이 본격화되면서 다양한 각도에서 기술혁신의 개념이나 성격을 규명하려는 시도가 이루어져 왔다. 이와 관련하여 『혁신을 경영하기(Managing Innovation)』의 저자 티드(Joe Tidd) 등이 소개한 유명한 학자들의 혁신에 대한 정의를 요약하면 다음과 같다(Tidd et al., 2005: 66). ① 프리만(Christopher Freeman): 혁신은 새롭거나 개선된 제품, 공정, 장비를 상업적으로 활용하는 것과 관련된 기술, 디자인, 제조, 관리, 마케팅에 대한 활동을 포괄한다. ② 로쓰웰(Roy Rothwell): 혁신은 최신의 기술에서 주요한 진보가 상업화되는 것뿐만 아니라 기술적 노하우에 대한 작은 변화를 유용하게 활용하는 것도 포함한다. ③ 드러커(Peter Drucker): 혁신은 창의적 기업가에 특유한 수단으로 그것을 통해 창의적 기업가는 다른 사업이나 서비스에 대한 기회를 만든다. 혁신은 일종의 훈련으로 나타날 수 있으며, 학습이 가능한 것이고, 실행될 수 있는 것이다. ④ 포터(Michael Porter): 기업은 새로운 기술과 새롭게 일하는 방식을 포함해서 광범위하게 혁신에 접근하며, 혁신이라는 행위를 통해 경쟁우위(competitive advantage)를 확보한다. 이와 같은 여러 학자들의 논의를 거치면서 기술혁신의 성격을 나타내는 키워드로 상업적 활용, 점진적 혁신, 기업가정신, 경쟁우위 등이 제시되었던 셈이다.[31]

경제협력개발기구(Organization for Economic Cooperation and Development, OECD) 의 기술혁신에 대한 관점이 변화해 왔다는 점에도 주목할 필요가 있다. 기술혁신에 관한 OECD의 본격적인 연구는 1971년에 처음 수행되었는데, 당시에 OECD는 과학과 기술을 최초로 새로운 방식으로 적용하여 상업적 성공을 거둔 것으로 기술혁신을 정의했다. 그러나 1970~1980년대를 통해 기술혁신에 대한 논의가 다각도로 전개되면서 최초의 적용이나 상업적 성공에 초점을 둔 기술혁신의 정의가 한계를 노정하고 있다는 점이 분명하게 드러나기 시작했다. 이러한 배경에서 OECD가 1992년에 발간한 『기술과 경제(Technology and the Economy)』는 발견, 발명, 혁신, 확산을 엄격하게 구분하는 것이 더 이상 의미가 없다고 진단한 후 기술혁신을 일회적 행위가 아니라 일련의 과정이나 활동으로 보아야 한다고 강조하고 있다. 이러한 맥락에서 『기술과 경제』는 '혁신과정(innovation process)'이나 '혁신활동(innovation activity)'이란 용어를 사용하는 것이 바람직하다고 제안한 바 있다(OECD, 1995: 22-23).

여기서 필자는 기술혁신을 기술개발(technological development), 기술변화 (technological change), 기술진보(technological progress) 등과 비교함으로써 기술혁신의 개념을 보다 명확히 하고자 한다. 기술개발은 새로운 기술의 창출에 주목하는 개념이고, 기술혁신은 기술의 창출에서 기술의 활용에 이르는 모든 과정을 아우르는 개념에 해당한다. 물론 좁은 의미의 기술혁신은 기술의 상업화를 의미할 수 있지만, 통상적 의미의 기술혁신은 기술의 개발과 상업화를 포괄하는 것이다. 기술개발과 기

---

31 위키피디아 영어판은 혁신의 정의를 다루면서 Baregheh et al.(2009)에 주목하고 있다. 저자들은 혁신에 관한 정의가 60개에 달한다고 집계하면서 혁신을 다음과 같이 규정했다. 혁신이란 어떤 조직이 시장에서 자신을 진전시키고 경쟁시키며 차별화하기 위해 여러 아이디어를 새롭거나 개선된 제품, 서비스, 공정으로 변형하는 다단계적 과정이다.

술혁신이 개별적인 기술에 주목하는 경향이 있는 반면, 기술변화는 다양한 기술혁신을 포괄하면서 기술 전반의 거시적 흐름을 표현할 때 주로 사용된다. 기술변화에는 특정한 방향성이 없지만, 기술진보는 기술이 점점 더 좋은 방향으로 변화하는 경우를 지칭한다. 우리나라와 같이 급속한 경제성장을 이룬 국가에서는 '기술발전'이란 용어가 자주 사용되는데, 이때 기술발전은 기술진보와 유사한 의미를 갖는 것으로 볼 수 있다.

그 밖에 기술변화의 성격이 연속적인 경우에는 기술진화(technological evolution)로, 불연속적인 경우에는 기술혁명(technological revolution)으로 칭할 수 있다. 바살라(George Bassalla)는 새로운 기술과 기존 기술의 단절성에 주목하는 것이 착각에 불과하다는 점을 강조하면서 기술의 연속성에 관한 다양한 사례를 검토하고 있고(Bassalla, 1988), 콘스턴트 2세(Edward E. Constant II)는 미래의 상황에서 현재의 기술을 계속 사용할 때 발생하는 문제점을 미리 예상하는 '추정된 변칙(presumptive anomaly)'을 통해 기술혁명이 발생할 수 있다는 점에 주목하고 있다(Constant, 1981). 물론 기술개발, 기술혁신, 기술변화, 기술진보가 이처럼 명확히 구별되는 것은 아니며, 연구자의 성향이나 주제의 성격에 따라 종종 혼용되기도 한다.[32]

그림 3-2 기술개발, 기술혁신, 기술변화, 기술진보의 개념도.

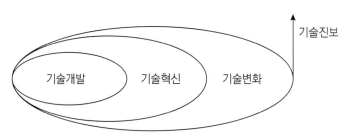

주: 기술혁신에서 기술개발을 제외한 부분은 기술상업화(기술사업화)에 해당함.

---

32 기술변화에 관한 기존 연구를 광범위하게 검토하고 있는 문건으로는 MacKenzie and Wajcman(1985); Rosenberg(2001: 17-64)이 있다.

제3장 기술혁신의 의미와 유형

▌ 자전거의 변천과정에 관한 사회구성주의적 해석

　　유명한 과학기술학자인 핀치(Trevor J. Pinch)와 바이커(Wiebe E. Bijker)는 '관련된 사회집단(social relevant groups)'과 '해석적 유연성(interpretative flexibility)'이란 개념을 활용하여 자전거의 변천과정을 다음과 같이 재구성했다(Pinch and Bijker, 1987).

　　자전거와 관련된 사회집단에는 자전거를 만든 기술자분만 아니라 남성 이용자, 여성 이용자, 심지어 자전거 반대론자까지 포함된다. 각 집단은 자전거의 의미를 자신의 이해관계나 선호도에 따라 다르게 해석했다. 앞바퀴가 높은 자전거(ordinary bicycle)에 대하여 스포츠를 즐겼던 젊은 남성들은 남성적이고 속도가 빠른 인공물로 해석했지만, 여성이나 노인에게는 그것이 안전성을 결여한 인공물에 지나지 않았다. 공기타이어가 처음 등장했을 때 여성이나 노인은 진동을 줄이는 수단으로 간주했지만, 스포츠를 즐겼던 사람들에게는 쿠션을 제공하는 공기타이어가 오히려 불필요한 것이었다. 자전거 반대론자들은 공기타이어를 미적 측면에서 꼴불견인 악세서리로 치부했으며, 일부 엔지니어들은 진흙길에서 미끄러지기 쉬워 안전성을 더욱 떨어뜨리는 부가물에 지나지 않는다고 생각했다.

　　자전거와 관련된 사회집단들은 자전거의 문제점들에 대해 다양한 해결책을 내놓았다. 진동 문제의 해결책으로는 공기 타이어, 스프링 차체 등이 거론되었고, 안전성 문제를 해결하는 대안으로는 오늘날과 같은 안전자전거(safety bicycle) 이외에도 낮은 바퀴 자전거, 세발자전거 등이 제안되었다. 여성의 의상 문제에 대한 해결책으로 [그림 3-3]에서 보는 것과 같은 특수한 형태의 높은 앞바퀴 자전거가 설계되기도 했다. 19세기 말에 앞바퀴가 높은 자전거 대신에 안전자전거가 정착하는 데에는 자전거 경주가 중요한 역할을 담당했다. 사람들의 일반적인 예상을 깨고 공기타이어를 장착한 안전자전거가 다른 자전거보다 빠르다는 것이 자전거 경주를 통해 입증되었던 것이다. 이를 통해 공기타이어의 의미는 진동을 억제하는 장치에서 속도 문제에 대한 해결책으로 다시 정의되었다.

그림 3-3 19세기 중엽까지 자전거의 지배적인 형태는 앞바퀴가 높은 자전거였다. 그것은 주로 남성들이 선호했지만 치마를 입은 여성들을 위해 변형된 모델이 만들어지기도 했다.

2 기술혁신의 기본 유형

기술혁신의 개념은 기술혁신의 유형을 고찰함으로써 더욱 구체화될 수 있다. 기술혁신은 대상에 따라 제품혁신(product innovation)과 공정혁신(process innovation)으로 나누어진다. 제품혁신은 새로운 제품이나 서비스를 개발하거나 상업화하는 것이고, 공정혁신은 제품이나 서비스의 생산에 필요한 공정을 개발하거나 상업화하는 것이다. 제품혁신과 공정혁신의 개념이 상대적이라는 점에도 유념할 필요가 있다. 예를 들어 전사적 자원관리(enterprise resource planning, ERP)의 경우에 그것을 개발하여 판매한 기업에게는 제품혁신이 되지만, 그것을 구입하여 새로운 변화를 일으킨 조직에게는 공정혁신이 될 수 있는 것이다.

제품혁신과 공정혁신은 OECD의 혁신 조사(innovation survey)에서도 오랫동안 사용된 범주에 해당한다. OECD가 세계 각국의 혁신 활동에 대한 조사와 비교를 수행하는 데 기본적 지침이 되는 것은 오슬로 매뉴얼(Oslo manual)이다. 오슬로 매뉴얼은 1992년에 처음 마련된 후 1997년에 2판, 2005년에 3판, 2018년에 4판이 발간되었다. 오슬로 매뉴얼의 3판까지는 혁신의 유형이 제품혁신, 공정혁신, 조직혁신, 마케팅혁신으로 구분되었으며, 이를 바탕으로 기업, 산업, 지역, 국가 수준의 다양한 비교분석이 이루어졌다. 여기서 OECD의 조사에서는 혁신이 기술혁신에 국한되지 않는다는 점과 기술혁신이 제품혁신과 공정혁신으로 구분되고 있다는 점을 알 수 있다. 최근에 들어서는 기술, 조직, 마케팅의 경계가 흐려지면서 오슬로 매뉴얼을 전면적으로 개정할 필요성이 제기되었고, 2018년에 마련된 4판에서는 혁신의 유형이 상품혁신과 비즈니스프로세스 혁신(business process innovation, BP혁신)으로 간소화되었다. 기존의 제품혁신 전체와 마케팅혁신 가운데 제품 및 서비스의 설계 특성이 상품혁신으로 재분류되었고, 그 밖의 마케팅혁신과 공정혁신, 조직혁신은 BP혁신으로 통합되었던 것이다(OECD, 2018).[33]

기술혁신은 새로움의 정도에 따라 급진적 혁신(radical innovation)과 점진적 혁신(incremental innovation)으로 구분된다. 급진적 혁신은 기존 기술과 다른 새로운 기술이 등장하는 것을 의미하고, 점진적 혁신은 기존 기술을 개선(improvement)하거나 보완(complement)하는 것에 해당한다. 여기서 새롭다는 것은 세계적으로 새로울 수도 있고, 해당 산업이나 기업에서 새로운 것일 수도 있다. 혁신의 급진성 역시 상대적인 개념이라 할 수 있다. 처음에는 급진적이라고 규정되었던 혁신이 관련 지식이 대중화됨에 따라 결국에는 점진적인 것으로 분류될 수 있는 것이다. 예를 들어, 세계 최초로 등장한 라디오는 기념비적인 혁신이었지만, 오늘날 라디오를 만드는 것은 매우 간단한 일이라고 할 수 있다. 어떤 사람들은 혁신을 중요성에 따라 주요 혁신(major innovation)과 부차적 혁신(minor innovation)으로 구분하기도 하는데, 주요 혁신은 급진적 혁신, 부차적 혁신은 점진적 혁신과 비슷한 뜻으로 사용되는 경우가 많다.

이와 관련하여 신슘페터주의자인 프리만과 페르츠(Carlota Ferez)는 기술혁신 혹

---

33 우리나라에서는 과학기술정책연구원(STEPI)이 1996년부터 대략 2년을 주기로 혁신 활동을 조사해 왔다. 처음에는 한국의 기술혁신조사(Korean innovation survey, KIS)라는 이름으로 시작되었지만 2014년에는 조사명이 한국기업혁신조사로 변경되었으며 2020년부터는 오슬로 매뉴얼 4판을 적용하고 있다.

과학기술의 경영과 정책

은 기술변화의 유형을 다음과 같은 네 가지로 구분한 바 있다. 첫째는 점진적 혁신으로 특정한 기술의 생산성 혹은 품질이 개선되는 것을 의미하며, 생산현장 혹은 사용자의 제안에 의존하는 경우가 많다. 둘째는 급진적 혁신으로 특정한 기술이 새롭게 나타나는 것을 지칭하며, 대부분 의도적인 연구개발의 결과로 나타난다. 셋째는 기술체계(technology system)의 변화로 다수의 급진적 혁신과 점진적 혁신이 결합되어 새로운 산업이 창출되는 것을 의미한다. 넷째는 기술경제 패러다임(techno-economic paradigm)의 변화, 즉 기술혁명으로 많은 분야에 활용될 수 있는 핵심요소를 중심으로 경제 전반의 변화에 영향을 미치는 경우이다(Freeman and Perez, 1988: 45-47). 이러한 논의를 반도체에 적용해 보면, 특정한 반도체의 수율 향상은 점진적 혁신, 새로운 세대의 반도체 개발은 급진적 혁신, 반도체산업 자체의 출현은 기술체계의 변화, 정보통신혁명은 기술경제 패러다임의 변화에 해당한다고 볼 수 있다.

기술혁신의 유형은 해당 조직이 보유하고 있는 지식기반(knowledge base)과 어떤 연관성을 가지는가에 따라 연속적 혁신(continuous innovation)과 불연속적 혁신(discontinuous innovation)으로 나눌 수 있다(정선양, 2011: 27). 연속적 혁신은 이미 보유한 지식이나 기술을 바탕으로 이루어지며, 미래의 경쟁요건이 기존 산업구조 혹은 경쟁구조 내에서 충족될 수 있을 때 작동한다. 이에 반해 불연속적 혁신은 과거와 단절된 새로운 지식이나 기술이 창출되는 것에 해당한다. 불연속적 혁신은 성공할 경우에 새로운 경쟁규칙을 제시하면서 시장 자체를 다시 정의하는 경향을 가지고 있다. 연속적 혁신과 불연속적 혁신은 핵심역량(core competencies)에 대한 논의와도 연결지을 수 있다. 핵심역량은 기업을 시장에서 차별화시키는 요소들을 통합하고 조화시키는 능력을 의미하는 것으로 경쟁자가 모방하기 어렵다는 특징을 가지고 있다(Prahalad and Hamel, 1990). 이러한 핵심역량과의 관계에 따라 기술혁신은 핵심역량을 강화하는(enhancing) 혁신과 핵심역량을 소실시키는(destroying) 혁신으로 구분할 수 있다. 전자는 기업이 이미 보유한 핵심역량을 활용하여 새로운 기술을 창출하는 것에 해당하고, 후자는 특정 기업의 핵심역량이나 경쟁력을 진부하게 만드는 혁신을 의미한다. 물론 어떤 혁신이 핵심역량을 강화하느냐 소실시키느냐 하는 문제는 어떤 기업의 관점에서 보느냐에 따라 달라질 수 있다. 예를 들어, 휴대용 전자계산기는 큐펠 에세르(Keuffel & Esser, K&E)를 비롯한 계산자(slide rule) 제조업체에게는 핵심역량을 소실시키는 혁신이었던 반면, 휴렛패커드(Hewlett-Packard, HP)나 텍사스인스트루먼트(Texas Instruments, TI)와 같이 전자부품을 만들어 온 기업에게는 핵심역량을 강화시키는 혁신으로 기능했던 것이다(Schilling, 2020: 53).

이보다 더욱 흥미로운 기술혁신의 유형으로는 헨더슨(Rebecca M. Henderson)과 클라크(Kim B. Clark)가 제안한 아키텍처 혁신(architectural innovation)과 모듈 혁신(modular innovation)을 들 수 있다(Henderson and Clark, 1990). 그들은 기술혁신의 차원을 핵심개념(core concept)과 구성요소 혹은 부품(component)으로 구분한 후 기술혁신의 유형을 다음과 같은 네 가지로 구분하고 있다. 기존의 핵심개념과 구성요소가 그대로 수용된 상태에서 발생하는 점진적 혁신, 기존의 핵심개념하에서 구성요소에 변화를 주는 모듈 혁신, 핵심개념에 변화가 있고 그것을 바탕으로 기존의 구성요소를 새롭게 결합하는 아키텍처 혁신, 핵심개념과 구성요소 모두에 가시적인 변화가 있는 급진적 혁신이 그것이다.

그림 3-4 아키텍처 혁신과 모듈 혁신의 개념도.

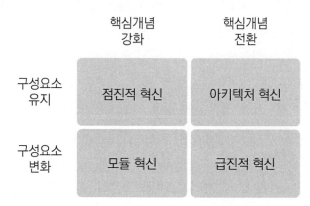

자료: Henderson and Clark(1990: 12).

모듈 혁신의 예로는 컴퓨터를 업그레이드할 때 기존의 구조는 그대로 둔 채 성능이 향상된 구성요소만 바꾸는 것을 들 수 있고, 아키텍처 혁신의 예로는 통화 기능, 문자전송 기능, 카메라 기능, 인터넷 기능 등과 같이 이전에 이미 존재한 요소들을

과학기술의 경영과 정책

휴대전화로 통합하는 것을 들 수 있다.[34] 헨더슨과 클라크의 논의는 '2×2 매트릭스'를 활용하여 기술혁신의 유형을 하나의 기준이 아니라 복수의 기준으로 분류하고 있다는 점에서 주목할 만하다. 덕분에 그들은 기존에 널리 거론되었던 점진적 혁신과 급진적 혁신 이외에 모듈 혁신과 아키텍처 혁신이라는 새로운 유형을 식별할 수 있었던 셈이다.[35]

3 기술혁신의 새로운 유형을 찾아서

최근에 많은 주목을 받고 있는 혁신의 유형으로는 파괴적 혁신(disruptive innovation), 개방형 혁신(open innovation), 사용자 혁신(user innovation) 등을 들 수 있다. 파괴적 혁신은 '경영학계의 아인슈타인'으로 불린 크리스텐슨(Clayton M. Christensen)이 주창했으며, 존속적 혁신(sustaining innovation)과 대비된다(Christensen, 1997). 존속적 혁신은 기존 시장에서 주력 제품의 성능을 향상시키는 데 필요한 혁신으로 성능이 향상된 제품에 대해 높은 가격을 지불할 용의가 있는 주류 고객을 대상으로 한다. 이에 반해 파괴적 혁신은 경제적 혹은 기술적 이유로 기존 제품에 만족하지 못하는 고객을 겨냥한 것으로 고객이 원하는 제품을 더 낮은 비용이나 더 편리한 접근방식으로 제공하는 데 필요한 혁신을 의미한다. 흥미로운 점은 이런 식으로 출현한 혁신이 점차적

---

34 헨더슨과 클라크의 논의는 여러 기업의 기술혁신 유형을 비교하는 것을 넘어 특정한 기업의 역사에도 적용될 수 있다. 예를 들어 포항제철(포스코)이 도전했던 기술혁신 유형은 1970년대의 점진적 혁신에서 1980년대의 모듈 혁신을 거쳐 1990년대 이후에는 급진적 혁신으로 변화해 왔다고 평가할 수 있다(송성수, 2002a).

35 아키텍처와 모듈에 대한 다른 어법도 존재한다. 예를 들어 후지모토 다카히로 외(2009: 19-20)는 제품 아키텍처를 제품 설계에 관한 기본 사상으로 규정한 후 그 유형을 통합형 혹은 미세조정형 아키텍처(integral architecture)와 모듈형 혹은 조합형 아키텍처(modular architecture)로 구분하고 있다. 전자는 부품의 사양을 서로 조정해서 부품마다 최적화된 설계를 해야 제품 전체의 성능이 나오는 유형에, 후자는 부품의 접합 부분(인터페이스)이 표준화되어 있어 부품들을 적당히 끌어 모아 조합하면 다양한 제품이 만들어지는 유형에 해당한다. 후지모토의 아키텍처 이론을 자동차의 사례에 적용한 연구로는 곽기호(2019)를 참조.

으로 기술적 성능도 향상시키면서 결국에는 기존의 주류 시장(mainstream market) 자체를 파괴할 수 있다는 것이다.[36] 크리스텐슨은 파괴적 혁신의 사례로 5.25인치 디스크드라이브가 3.5인치 디스크드라이브로 대체된 것, 케이블 구동 굴착기에서 유압식 굴착기로 전환된 것, 미니밀(mini-mill)이 철근에서 시작한 후 봉강, 형강, 강판을 차례로 잠식한 것 등을 들었다.[37] 파괴적 혁신은 급진적 혁신이나 불연속 혁신과는 다른 차원의 개념으로 시장 포지셔닝과 기술개발이 결합된 독특한 혁신 유형에 해당한다.

이후에 크리스텐슨은 레이너(Michael E. Raynor)와의 공동연구를 통해 파괴적 혁신의 유형을 로우엔드(low-end) 파괴적 혁신과 신시장(new-market) 파괴적 혁신으로 구분했다(Christensen and Raynor, 2003). 신시장 중심의 파괴적 혁신은 이전에 해당 제품을 사용하지 않았던 새로운 고객을 겨냥한 것으로 이때의 극복 대상은 기존 기업이 아니라 비(非)소비(non-consumption)이다. 로우엔드(low-end) 파괴적 혁신은 낮은 가격의 비즈니스 모델을 바탕으로 과잉서비스를 받고 있는 고객들(overshot customers)을 끌어들이는 경우에 해당한다. 신시장 파괴적 혁신의 예로는 개인용 컴퓨터, 포켓용 라디오, 사진복사기 등을, 로우엔드 파괴적 혁신의 예로는 미니밀, 경차(compact car), 할인소매점 등을 들 수 있다. 파괴적 혁신의 상당한 부분이 신시장 유형과 로우엔드 유형의 중간에 위치한 혼합형이라는 점에도 유의할 필요가 있다. 헨리 포드(Henry Ford)의 모델 T, 사우스웨스트항공의 비즈니스 모델, 찰스 슈왑(Charles Schwab)의 증권 중개업 플랫폼 등이 이러한 사례에 속한다.

---

36 우리나라의 과학기술기본계획에서도 파괴적 혁신이 거론된 바 있지만, 그것의 원래 의미가 잘 살아나지 않고 있다. 제2차 과학기술기본계획(2008~2012년)은 세계 수준의 연구중심대학에 대한 지원 분야의 하나로 '와해성 기술(disruptive technology)'에 주목하면서 그것이 새로운 전공영역을 선도할 수 있다고 보고 있다(기획재정부 외, 2008: 85). 제4차 과학기술기본계획(2018~2022년)은 연구자들의 자율성, 창의성, 도전성을 바탕으로 선도형 연구개발을 추진함으로써 파괴적 혁신을 일으킬 수 있다고 표현하고 있다(기획재정부 외, 2018: 40).

37 참고로 철강산업은 제선, 제강, 압연의 세 부문을 한 지역에 통합시킨 일관제철소(integrated steel mill)가 주도하는 가운데 고철을 활용하여 제강과 압연을 수행하는 전기로제철소 혹은 미니밀이 보조하는 형태를 띠어 왔다.

과학기술의 경영과 정책

그림 3-5 3차원 파괴적 혁신 모형.

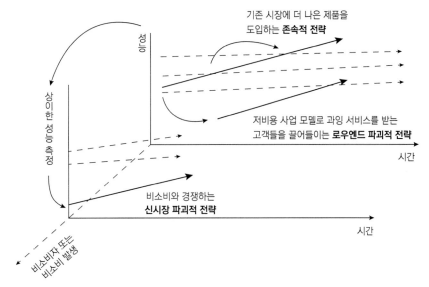

자료: Christensen and Raynor(2005: 79).

그렇다면 기업을 비롯한 혁신주체는 파괴적 혁신과 존속적 혁신 중에 무엇을 추구해야 하는가? 크리스텐슨은 파괴적 혁신과 존속적 혁신을 동시에 추구해야 한다고 단언한다. 특히 그는 기업이 성공을 거두고 있을 때 파괴적 혁신을 위한 신규 사업에 착수해야 하며, 새로운 변화를 준비하는 과정에서 현재의 사업에 손실이 발생하는 '자기잠식(cannibalization)'도 감수해야 한다고 주장한다.[38] 크리스텐슨이 1997년에 발간한 저서의 제목이 『혁신가의 딜레마(The Innovator's Dilemma)』인 이유도 여기서 찾을 수 있다. 혁신가는 마치 두 마리의 말에 올라타는 것과 같은 딜레마를 가지고 있다는 것이다. 사실상 기존의 기업들은 해당 산업의 극적인 변화에 대응하기 쉽지 않다. 조직이 정상상태의 혁신에 맞추어져 있어 파괴적 변화를 암시하는 신

---

38 자기잠식의 인상적인 사례로는 2007년에 애플이 아이폰을 출시한 것을 들 수 있다. 잡스(Steve Jobs)는 아이폰이 당시의 캐시카우(cash cow)인 아이팟을 잠식할 것이라는 사실을 잘 알고 있었지만, 자기잠식으로 인한 손실보다 미래성장의 가치가 더욱 크다고 판단하여 과감하게 아이폰을 출시했던 것이다. 잡스에 이어 애플의 CEO로 선임된 쿡(Tim Cook)은 2013년에 "자기잠식을 두려워하지 않는 것이 애플의 핵심철학이다. 우리가 안 하면 다른 회사가 잠식할 것이기 때문이다"라는 의견을 피력하기도 했다(홍영표 외, 2016: 285-287).

호를 제대로 수집하고 대응할 수 없기 때문이다. 이에 대한 대처방안으로 크리스텐슨은 시장의 신호와 기술의 신호를 잡아내고 그것을 혁신활동에 반영할 수 있는 독립적인 조직을 마련해야 한다는 점을 제안하고 있다. 기업 전체로 보면 존속적 혁신을 담당하는 오른손잡이 조직과 파괴적 혁신을 추구하는 왼손잡이 조직이 공존하는 양손잡이 조직(ambidextrous organization)이 되어야 하는 셈이다.

바칼의 룬샷 경영

양손잡이 조직은 물리학자에서 컨설턴트로 변신한 사피 바칼(Safi Bahcall)이 제창한 룬샷 경영(loonshot management)과도 맞닿아 있다(Bahcall, 2019). 여기서 '룬샷'은 주창자를 나사 빠진 사람으로 취급하면서 무시하고 홀대하는 프로젝트를 지칭한다. 이에 대비되는 개념은 룬샷으로 탄생한 제품의 후속작 혹은 업데이트 버전을 의미하는 '프랜차이즈(franchise)'이다. 바칼은 물리학 박사답게 룬샷 경영의 키워드로 상 분리(phase separation)와 동적 평형(dynamic equilibrium)을 들고 있다. 룬샷 경영의 출발점인 상 분리는 룬샷 배양소를 만드는 데 있다. 룬샷 배양소는 배아 단계의 프로젝트를 보호하는 역할을 수행하며, 프랜차이즈 그룹과 공간적으로 분리될 필요가 있다. 그 다음에는 룬샷 그룹과 프랜차이즈 그룹이 동적 균형을 유지하도록 각별한 주의를 기울여야 한다. 특히 두 그룹 사이에 균형이 깨질 가능성이 생기면 최고 경영진이 직접 개입할 필요가 있다. 이와 함께 바칼은 룬샷과 프랜차이즈가 모두 중요하다는 시스템적 사고를 조직 내에 퍼뜨려야 하며, 조직의 규모가 커지더라도 룬샷을 계속 배양할 수 있도록 인센티브 제도를 구축해야 한다는 점을 강조하고 있다.

개방형 혁신은 체스브로(Henry W. Chesbrough)가 제기한 개념으로 폐쇄형 혁신(closed innovation)과 대비된다(Chesbrough, 2003). 폐쇄형 혁신은 기술혁신의 모든 과정을 한 기업이 내부적으로 운영하는 것에 해당하는 반면, 개방형 혁신은 외부의 다양한 자원을 활용하여 더욱 빠르고 저렴하게 기술혁신을 수행하는 것을 의미한다. 개방형 혁신이 주목받는 이유는 연구개발에 소요되는 비용은 증가하는 반면 제품수명주기가 단축되면서 기술혁신의 수익성이 악화되고 있기 때문이다. [표 3-1]은 개방형 혁신의 원칙과 폐쇄형 혁신의 원칙을 비교하고 있다. 기업이 필요한 자원을 외부에서 가져와 사용하는 일은 이전에도 있었지만, 개방형 혁신이 본격적인 주목을 받게 된 것은 비교적 최근의 현상이라 할 수 있다. 이에 대한 배경으로는 유능하고 숙련된 인력의 이동이 활발해졌다는 점, 벤처자본이 급속히 성장하고 있다는 점, 외부 조달자의 능력이 향상되고 이를 확보하기 위한 경쟁이 치열해졌다는 점 등을 들 수 있다.

표 3-1 개방형 혁신과 폐쇄형 혁신의 원칙.

폐쇄형 혁신의 원칙	개방형 혁신의 원칙
우리 분야에서 가장 똑똑한 사람들이 우리를 위해 일한다.	우리는 회사 내부이건 외부이건 함께 일할 똑똑한 사람이 필요하다.
연구개발에서 이익을 얻기 위해 우리는 반드시 스스로 연구하고, 개발하고, 시장에 내놓아야 한다.	외부의 연구개발은 중요한 가치를 창조할 수 있다. 내부의 연구개발은 그 가치의 일정 부분을 주장하기 위해 필요하다.
만약 우리가 스스로 뭔가를 개발한다면, 그것을 가장 먼저 시장에 출시할 것이다.	그것으로부터 수익을 얻기 위해 우리가 꼭 연구를 시작할 필요는 없다.
시장에 처음으로 혁신 제품을 내놓는 회사가 승리할 것이다.	더 나은 비즈니스 모델을 확립하는 것이 시장에 먼저 출시하는 것보다 낫다.
만약 우리가 그 업종에서 가장 좋은 아이디어를 창출한다면 우리는 승리할 것이다.	만약 우리가 내부와 외부의 아이디어를 가장 잘 활용한다면 우리는 승리할 것이다.
우리의 지적재산을 잘 통제하여 경쟁자들이 우리의 아이디어로부터 이익을 내지 못하게 해야 한다.	우리는 다른 사람이 우리의 지적재산을 이용하게 함으로써 이익을 얻고, 우리의 비즈니스 모델에 도움이 되는 다른 사람들의 지적재산을 구입해야 한다.

자료: Chesbrough(2009: 26).

개방형 혁신이 활발해지면서 한때 내부적 역량의 확충을 상징했던 'NIH(Not Invented Here) 신드롬'은 극복되어야 할 배타적 조직문화로 재해석되고 있다. 또한 전통적인 연구개발(R&D) 대신에 연결개발(connect and development, C&D)이나 인수개발(acquisition and development, A&D)과 같은 개념도 등장하고 있다. C&D는 P&G(Procter & Gamble)가 2001년에 굴곡진 감자칩 프링글스에 이미지를 새기는 작업을 추진하면서 활용한 바 있고, A&D의 예로는 구글이 2014년에 딥마인드를 인수하여 인공지능 분야에 진출한 것을 들 수 있다. 개방형 혁신의 유형은 외부에서 내부로 가는 혁신(inbound innovation)과 내부에서 외부로 가는 혁신(outbound innovation)으로 구분할 수 있는데, 전자에는 기술구매, 공동연구, 벤처투자, 기업인수 등이, 후자에는 기술자산 판매, 분사(spin-off), 라이선싱(licensing), 프로젝트 공개 등이 포함된다.

체스브로는 개방형 혁신을 성공적으로 수행하기 위한 조건으로 다음의 일곱 가지를 들고 있다. 첫째, 핵심성공요인(key success factors)을 정의하고 지켜야 한다. 둘째, 내부 혁신활동과 외부 혁신활동을 병행해야 한다. 셋째, 과거의 성공은 빨리 잊어야 한다. 넷째, 환경 변화에 대해 열린 자세(open mind)를 가져야 한다. 다섯째, 광범위한 네트워크를 구축해야 한다. 여섯째, 기술을 선별하고 평가하는 역량을 길러야 한다. 일곱째, 전사적 공감대가 형성되어야 한다(홍영표 외, 2016: 324-325). 이와 함께 개방형 혁신은 새로운 비즈니스모델의 개발과 연계되어야 하고, 개방의 범위가 핵심 역량까지 확장되지 않아야 한다는 점에도 유의할 필요가 있다.[39]

그림 3-6 폐쇄형 혁신과 개방형 혁신의 매출-비용 구조.

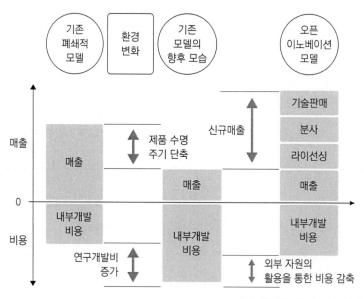

자료: 홍영표 외(2016: 323)를 일부 보완함.

---

39 개방형 혁신을 비즈니스 모델과 연계한 논의로는 윤진효(2010)를, 개방형 혁신 이론에 대한 비판적 평가로는 김석관(2009)을 참조.

과학기술의 경영과 정책

사용자 혁신은 폰 히펠(Eric von Hippel)이 오랫동안 탐구해 온 것으로 공급자 혁신(supplier innovation)과 대비된다(von Hippel, 2005). 사용자 혁신은 사용자가 기술개발에 참여하여 공동개발자로의 역할을 수행하는 것은 물론 사용자가 직접 기존의 기술을 수정하거나 새로운 기술을 개발하는 형태도 포함한다.[40] 사용자혁신이 활발한 분야로는 분광기와 현미경을 비롯한 과학기기 분야, 요트와 산악자전거를 포함한 엔터테인먼트 분야, 오픈소스나 위키피디아와 같은 정보기술 분야, 교육용 키트와 훈련용 비디오를 포함한 교육훈련 분야 등을 들 수 있다. 폰 히펠은 사용자들의 혁신 활동이 생산자들의 혁신 활동을 보충하거나 대체하고 있으며, 심지어는 기업의 제품 개발자들이 내놓는 것보다도 훨씬 뛰어나고 창조적이며 만족감을 준다고 주장하고 있다. 특히 그는 선도사용자(lead user)의 역할에 주목하고 있는데, 선도사용자는 제품에 내재한 문제점을 기업보다 빨리 인식하고 스스로 문제점을 해결하기 때문에 성공가능성이 높은 혁신을 이루어낼 수 있다. 또한 선도사용자는 종종 자신의 혁신을 자유롭게 공유하여 다른 사용자들이 이를 채택하고 향상시킬 수 있게 하며, 이에 따라 해당 혁신에 관한 시장을 형성하는 데도 기여한다. 더 나아가 폰 히펠은 사용자 혁신이란 개념을 통해 기술혁신이 단지 경제적인 측면에 국한된 것이 아니라 사회적인 측면에서도 중요한 의미를 가진다고 파악하고 있다. 그가 '소비자'나 '수요'와 같은 단어보다는 '사용자'나 '필요'와 같은 단어를 즐겨 사용하는 것도 이러한 맥락에서 이해할 수 있다. 사용자들은 경제적 수요보다는 사회적 필요에 민감하며 이에 대응한 혁신을 자유롭게 추구할 수 있는 위치에 놓여 있는 셈이다.[41]

폰 히펠의 사용자 혁신은 혁신의 민주화에 대한 논의로 이어지고 있다. 그는 『혁

---

[40] 사실상 신제품을 개발할 때 소비자를 참여시키는 것은 오랜 전통을 가지고 있다. 많은 기업들은 개발 프로세스 초기에 소비자의 의견을 얻기 위해 '베타 테스트'를 활용해왔다. 알파 버전이 원래의 설계대로 작동하는지를 확인하기 위한 프로토타입이라면, 베타 버전은 테스트와 피드백을 위해 몇몇 소비자들에게 제공되는 프로토타입에 해당한다. 베타 버전은 신제품을 대량으로 생산하기 전에 해당 제품의 주요 특징을 시장에 알리는 역할도 담당한다. 최근에는 소프트웨어 업체들이 '애자일 개발 프로세스(agile development)'를 구축하는 경우도 종종 있다. 애자일 개발에서는 가장 핵심적인 기능만을 구현하는 최소기능제품(minimum viable product, MVP)을 만들어 소비자들의 반응을 알아보는 데 사용한다(Schilling, 2020: 286).

[41] 사용자와 기술의 관계에 대한 문헌비평에 대해서는 Oudshoorn and Pinch(2008)을 참조.

신을 민주화하기(Democratizing Innovation)』의 서문을 다음과 같이 시작하고 있다. "혁신의 민주화란 무엇인가? 이 책에서 혁신이 민주화되고 있다는 것은 제품과 서비스의 사용자들(개인 소비자와 기업)이 스스로 혁신을 지속적으로 해나갈 수 있다는 뜻이다. 사용자 중심의 혁신 과정은 수백 년간 상업의 대들보 역할을 해온 생산자 중심의 혁신 개발 시스템에 비해 수많은 장점을 가지고 있다. 사용자들은 자신들을 대신해서 생산자들이 혁신을 일으키는 것에 의지하는 대신, 스스로 혁신함으로써 자신들이 원하는 것을 100% 얻을 수 있다. 또한 사용자 중심의 혁신 과정에서는 다른 사람들이 개발한 여러 혁신의 결과물들을 공유할 수 있기 때문에, 개인 사용자들은 자신들이 필요로 하는 모든 것을 혼자 개발하지 않아도 된다"(von Hippel, 2012: 15).

그 밖에 주목할 만한 기술혁신의 유형으로는 리버스 혁신(reverse innovation)과 젠더 혁신(gendered innovation)을 들 수 있다. 리버스 혁신은 고빈다라잔(Vijay Govindarajan)이 세계화와 파괴적 혁신을 연결시키면서 제안한 개념에 해당한다. 과거에는 선진국에서 혁신이 발생한 뒤 후발국으로 흘러들어갔지만, 최근에는 개발도상국에서 탄생한 혁신이 선진국을 포함한 전 세계로 확산되기도 한다는 것이다. 예를 들어 2002년에 제너럴 일렉트릭은 초음파 진단장치를 개발하여 중국 농촌의 진료소에 보급하기 시작했는데, 크기가 작고 휴대가 간편하다는 점이 높게 평가되어 이후에는 미국의 응급의료센터도 그것을 적극적으로 채택하기에 이르렀다(Govindarajan and Trimble, 2012). 젠더 혁신은 젠더에 관한 개인적·문화적 편견을 제거하려는 노력을 통해 성취된 혁신에 해당하며, 여성을 염두에 두고 변화를 모색하는 것이 남성의 상황도 개선할 수 있다는 시사점을 제공한다. 예를 들어 2002~2004년에 볼보자동차는 여성에 의한 여성을 위한 차로 YCC(Your Concept Car)를 개발했는데, 가시성 확보, 조작 용이성, 내부 시설의 편의성 등과 같이 여성에 의해 선호된 기능이 남성에게도 상당한 호평을 받는 성과를 거두었다(Schiebinger, 2008).

기술혁신의 어려움과 중요성

　기술혁신은 매우 복잡하고 어려운 과정이며, 매우 많은 노력과 시간을 요구한다. 이와 관련하여 하나의 새로운 제품이 상업적으로 안정화되기까지 약 3,000개의 아이디어가 소요된다는 조사도 있다(Stevens and Burley, 1997). 3,000개의 아이디어가 있을 때 고려의 대상으로 채택되는 것은 300개 정도이다. 그중에서 125개가 작은 프로젝트로 추진되면서 특허를 확보하는 작업이 수행된다. 주요 프로젝트로 걸러지는 것은 9개이며, 이를 통해 4개의 신제품개발이 이루어진다. 시장에서 수용되는 제품은 2개에 미치지 못하며, 그 중 1개가 성공적인 제품으로 자리를 잡는다. 이러한 과정은 마치 깔때기를 통과하면서 불순물이 정제되는 것과 유사하기 때문에 '혁신 깔때기(innovation funnel)'로 불리고 있다.[42]

─────────

그림 3-7　혁신 깔때기의 개념도.

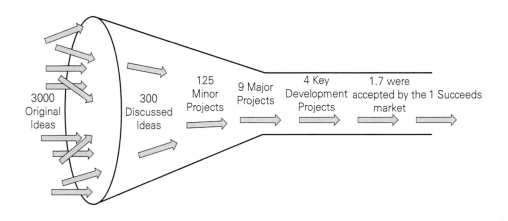

─────────

42 이와 관련하여 악마의 강(devil river), 죽음의 계곡(death valley), 다윈의 바다(Darwinian sea) 등과 같은 비유도 종종 사용되고 있다. 악마의 강은 연구결과를 기술개발로 현실화하는 것이 어렵다는 점에 주목하고 있고, 죽음의 계곡은 기술개발에 성공하더라도 양산의 단계에 이르는 과정이 험난하다는 점을 부각시키고 있으며, 다윈의 바다는 주류 시장에 진입한 이후에도 다른 제품과의 경쟁으로 인해 이익을 내기 어려운 상황을 뜻한다.

제약산업의 경우에는 혁신의 성공률이 더욱 낮아진다. 하나의 신약이 등장하기 위해서는 동물을 대상으로 하는 전(前)임상, 소수의 건강한 사람을 대상으로 하는 임상 1상, 소수의 환자를 대상으로 하는 임상 2상, 다수의 환자를 대상으로 하는 임상 3상의 단계를 밟아야 한다. 이에 따라 5,000개의 후보 물질 가운데 단 1개만이 성공적인 약품으로 전환되며, 그중 1/3 정도가 연구개발비용을 회수할 수 있다. 2013년을 기준으로 실시된 조사에 따르면, 하나의 신약이 연구개발의 과정을 거친 후 미국 식품의약국(Food and Drug Administration, FDA)의 인가를 받고 시장에 진입하는 데는 평균 10년의 연구기간과 14억 달러의 비용이 소요된다(Schilling, 2020: 5).

그렇다면 이처럼 어려운 기술혁신에 우리가 주목해야 하는 이유는 무엇인가? 그것은 기술혁신이 매우 중요하기 때문이다. 기술혁신이 기업의 경쟁우위 확보와 국민경제의 성장에 필수적인 요소라는 점에 동의하지 않는 사람은 거의 없을 것이다. 사실상 성공적인 기업은 매출과 이익의 1/3 이상을 최근 5년 동안 개발된 제품들에 의존하며, 천연자원이 풍부한 국가를 제외하면 국내총생산(gross domestic product, GDP)과 기술혁신은 양(+)의 상관관계를 가진다. 이러한 논의는 경쟁력 제고에 초점이 주어져 있지만, 기술혁신은 삶의 질 향상에도 중요한 수단으로 활용될 수 있다. 환경, 보건, 안전(Environment, Health and Safety, EHS)과 같은 사회적 가치를 실현하는 데도 기술혁신은 필수적인 것이다. 더 나아가 기술혁신은 새롭고 유용한 아이디어에서 출발하기 때문에 인간의 창의성(creativity)을 고양하는 효과도 가지고 있다.

▌ 창의성의 특징과 조건

21세기 인재가 갖추어야 할 핵심역량으로는 종종 '4C'가 거론된다. 비판적 사고 (critical thinking), 의사소통(communication), 협력(collaboration), 창의성이 그것이다. 이 중에서 창의성은 가장 심오한 것으로 '새롭고 동시에 중요하다'는 의미를 가지고 있다. 어린 아이가 그린 그림은 새롭기는 하지만 그다지 중요하지는 않기 때문에 창의적이라 보기 어렵다. 의사가 질병을 치료하는 일은 매우 중요하지만, 그 방법이 새롭지 않다면 창의적이라 볼 수 없다. 창의적인 사람들의 특징으로는 민감성(sensitivity), 유창성(fluency), 유연성(flexibility), 독창성(originality) 등이 거론되고 있다. 창의적인 사람들은 중요한 문제를 감지하는 데 민감하고, 많은 아이디어를 만들어 내는 데 막힘이 없으며, 문제를 다른 각도에서 접근할 수 있을 정도로 유연하고, 적절하면서도 새로운 해결책을 만들어 내는 능력을 가지고 있다는 것이다. 그렇다면 이러한 특징들은 어떻게 확보할 수 있을까? 이에 대한 출발점은 잡종성(heterogeneousness)과 심화성 (elaboration)에서 찾을 수 있을 것이다. 잡종성은 복수의 분야나 관념이 서로 만나서 섞이는 것을 의미하며, 심화성은 당면한 문제를 구체화하고 발전시키면서 그 해법을 끈질기게 찾아내는 것을 뜻한다(홍성욱, 2004: 219-252).

기술혁신의 중요성과 관련하여 쉴링(Melissa A. Schilling)은 『기술혁신의 전략경영 (Strategic Management of Technological Innovation)』의 서문에서 다음과 같이 재치 있게 표현하고 있다. "혁신은 아름다운 것이다. 이는 심미적이면서도 실용적인 매력을 가진 하나의 힘이다. 혁신은 창의적인 정신을 자유롭게 하고 지금까지 꿈꾸지 못한 가능성들에 대해 우리의 마음을 열어준다. 이와 동시에 혁신은 경제적 성장을 가속화하고 의약, 농업, 교육과 같이 인류의 중요한 노력들이 이루어진 분야에서의 진보를 제공하고 있다. … 산업체에게도 혁신은 예외적인 기회와 험준한 도전을 동시에 제공하고 있다. … 혁신은 경쟁력 차별화의 강력한 수단으로서 기업으로 하여금 새로운 시장에 침투하여 높은 이익을 올리게 해 준다. … 기업이 성공하기 위해서는 혁신적이라는 것만으로는 부족하고 경쟁기업보다 더욱 혁신적이어야 한다"(Schilling, 2020: vii).

이제 기술혁신이 경제성장의 핵심적 요소로 작용한다는 논의를 보다 자세히 살펴보기로 하자. 생산함수는 일정한 기간에 생산요소의 투입량과 생산물의 산출량 사이에 존재하는 관계를 나타낸다. 그중 널리 사용되는 것은 1934년에 제안된 콥-더글라스(Cobb-Douglas) 생산함수로 $Y = AK^{(1-a)}L^a$라는 식으로 표현된다. 여기서 Y는 산출량, A는 솔로우 잔차(Solow residual), K는 자본, L은 노동, a는 노동소득분배율(국민소득에서 노동소득이 차지하는 비율)을 뜻한다. 솔로우 잔차는 산출량 증가율 중에서 노동 및 자본과 관련된 값들을 모두 차감한 뒤 남는 값으로 총요소생산성(total factor productivity, TFP)의 증가율에 해당한다. 흥미로운 점은 경제성장이 자본과 노동보다는 총요소생산성의 증가에 의해 설명되는 부분이 더욱 많으며, 총요소생산성의 증가에 기여하는 요소도 다양하지만 기본적으로는 기술혁신과 밀접히 연관되어 있다는 것이다.[43]

이러한 점은 솔로우(Robert M. Solow)가 1957년에 발간한 "기술변화와 총생산함수"라는 논문에서 본격적으로 제기했으며(Solow, 1957), 그는 경제성장 이론에 기여한 공로로 1987년 노벨 경제학상을 수상하기도 했다. 이후에 많은 학자들이 측정방법을 더욱 정교화하면서 경제성장에 대한 요소별 기여도를 계산했는데, 일반적으로 기술혁신이 경제성장에 기여하는 상대적 비중은 국민경제가 더욱 발전할수록 점점 더 높아지고 있는 것으로 평가되고 있다(Boskin and Lau, 1992). 다시 말해 개발도상국보다는 선진국이, 옛날보다는 최근에 올수록 기술혁신이 경제성장에 기여하는 정도가 높아지는 경향이 있다는 것이다. 이와 관련하여 포터는 1990년에 발간한 『국가의 경쟁우위』에서 특정한 국가의 경쟁력이 요소주도(factor-driven), 투자주도(investment-driven), 혁신주도(innovation-driven) 단계를 거치면서 점점 향상된 후, 부(富)주도(wealth-driven) 단계에 이르면 국민경제가 표류하거나 쇠퇴한다고 지적한 바 있다(Porter, 2009: 739-779).[44]

솔로우의 논의는 이후에 로머(Paul Romer)에 의해 더욱 보완되었다(이원영, 2008:

---

43 총요소생산성을 구하는 식은 콥-더글라스 생산함수에 자연로그를 취한 $\ln TFP = \ln Y - (1-a)\ln K - a \ln L$로 나타낼 수 있다. 이때 총요소생산성의 기여도 중에서 규모의 경제 기여도와 자원재배분의 기여도 등을 빼면 기술혁신의 기여도를 구할 수 있다(이원영, 2008: 124-125).

44 우리나라에서는 참여정부 시절인 2003년에 차세대 성장동력 사업이 추진되면서 혁신주도형 성장이 본격적으로 논의되기 시작했다.

과학기술의 경영과 정책

129-134; 김정흥, 2011: 160-163). 로머는 내생적 성장 이론(endogenous growth theory) 혹은 신성장이론(new growth theory)을 제창한 공로로 2018년 노벨 경제학상을 받았다. 기술을 외생변수로 취급하면 기술진보가 경제성장을 가져온다는 논변에 머물지만, 기술을 내생변수로 다루면 기술진보와 경제성장의 상승효과를 파악할 수 있다. Romer(1986)는 생산함수의 요소로 노동, 자본과 함께 지식을 포함시키고 있으며, 자본과 지식의 속성이 다르다는 데 주목하고 있다. 지식의 양이 많아지더라도 이를 일정 비율로 늘리기 위한 투자가 자본의 경우처럼 급증하지 않는다는 것이다. 더 나아가 지식은 양이 많아지면 눈덩이 효과를 발생시켜 지식이 늘어나는 효과가 오히려 더 증가하는 속성을 가지고 있다. 자본과 노동의 투입 증가에 의한 성장이 선진국일수록 어렵다는 것이 과거의 성장이론이었다면, 로머는 지식의 축적과 눈덩이 효과를 통해 새로운 성장의 가능성을 제시했던 셈이다. 이어 Romer(1990)는 지식을 인적자본과 기술로 구분한다. 인적자본은 개별 노동에 체화되어 존재하는 것으로 이로부터 발생하는 소득이 개인에게 귀속되는 반면, 기술에서 발생하는 수익은 발명자에게 귀속되지 않고 다른 사람에게까지 흘러넘칠 수 있다. 성장이론의 관점에서 기술은 사용으로 인해 소멸되지 않기 때문에 경제성장을 지속적으로 이루어낼 수 있는 특징을 가지고 있다.

기술혁신의 중요성은 기술혁신과 경제발전의 역사적 변천을 다룬 장기파동이론(long wave theory)에서도 엿볼 수 있다. 장기파동이론은 1920년대에 소련의 경제학자인 콘드라티에프(Nikolai Kondratiev)가 처음으로 제기한 후 1939년에 슘페터가 『경기순환』을 통해 본격적으로 논의했으며, 1970년대 이후에 일련의 마르크스주의자들과 신슘페터주의자들에 의해 더욱 정교화되었다. 장기파동이론은 자본주의 경제가 40~60년을 주기로 호황(prosperity), 침체(recession), 불황(depression), 회복(recovery)과 같은 파동을 경험해 왔다는 현상에 대한 설명으로 신기술의 대두, 경기의 회복, 국제질서의 재편 등이 서로 맞물려 있다는 점을 잘 보여주고 있다(Coombs et al, 1987: 165-196; White and Bruton, 2007: 398-403).[45]

---

45 장기파동(론)에 대한 자세한 분석은 김환석 외(1992); Freeman and Louca(2001)를 참조.

표 3-2 장기파동의 역사.

장기파동	기간	핵심 산업	주도국	비고
제1차	1760/70~1830/40	섬유	영국	산업혁명
제2차	1830/40~1870/80	철도	영국	빅토리아 번영기
제3차	1870/80~1920/30	화학, 전기	독일, 미국	제2차 산업혁명
제4차	1920/30~1970/80	자동차	미국	포드주의 생산방식
제5차	1970/80~?	전자, 정보	일본, 미국	정보사회의 도래

주: 장기파동의 구체적인 기간은 학자에 따라 견해가 다름.

장기파동이론을 처음 제기한 콘드라티에프는 마르크스(Karl Marx)의 단기적인 경기순환에 관한 논의를 바탕으로 장기파동 현상을 설명했다. 마르크스는 수명이 약 10년인 기계들의 마모와 이를 대체하기 위한 투자의 집중에서 단기적 경기순환이 생겨난다고 지적했다. 이에 반해 콘드라티에프는 단기적 경기순환과 장기파동을 구분하면서 장기파동의 경우에는 수명이 훨씬 긴 기간자본제(basic capital goods)에 주목해야 한다고 주장했다. 즉 거대한 공장이나 경제하부구조가 마모되면서 이를 대체하기 위해 주기적으로 이루어지는 대규모의 투자가 장기파동을 유발한다는 것이었다. 이처럼 콘드라티에프는 자본투자의 변동과 장기파동을 결부시켰지만, 자본투자의 변동을 어떻게 설명할 것인가 라는 문제점을 남겼다.

이에 대해 슘페터는 장기파동이 창의적 기업가의 혁신 활동으로 등장하는 주도산업 부문(leading sectors)의 출현과 교체를 통하여 이루어진다고 설명했다. 주도산업 부문이 처음에는 자본투자와 경제성장을 이끌지만, 점차 수익체감 현상이 나타나 자본투자가 위축된다. 경제성장은 점점 완만해지고 결국에는 불황의 국면을 맞이하게 되는데, 이때 다른 주도산업 부문이 출현하여 과거의 것을 대체함으로써 경기가 회복되기 시작한다. 이상과 같은 과정이 순환적인 것이 되기 위해서는 혁신이 가장 알맞은 시기에 발생해야 하고 혁신이 경기순환에 영향을 미칠 만큼 효과적이어야 하는데, 이에 대한 설명으로는 포괄적 혁신(generic innovation)이나 혁신들의 군집(cluster of innovations)이 거론되어 왔다.

과학기술의 경영과 정책

이처럼 슘페터는 장기파동의 원인을 기술혁신에서 찾았지만 프리만과 페르츠 (Carlota Perez)를 포함한 신슘페터주의자들은 기술혁신만으로는 장기파동을 설명하기 어려우며 기술혁신과 제도변화를 동시에 고려해야 한다고 주장했다(Freeman and Perez, 1988). 프리만과 페르츠에 따르면, 자본주의 경제체제는 기술경제 패러다임(techno-economic paradigm)과 사회제도적 틀(socio-institutional framework)이라는 두 가지 하위시스템으로 이루어져 있다. 기술경제 패러다임의 전환은 핵심요소(key factor)의 출현에 의해 가능한데, 핵심요소는 상대비용이 낮고, 장기간 공급이 가능하며, 잠재적인 분야에 광범하게 활용될 수 있어야 한다. 새로운 기술경제 패러다임의 출현은 기술자와 경영자의 상식(常識)을 변화시키고 투자패턴을 이동시키며 이에 따라 산업부문의 상대적인 중요성도 달라진다. 여기서 새롭게 등장하는 산업부문은 핵심요소를 생산하는 추동부문(motive branches), 핵심요소를 집약적으로 이용하는 담지부문(carrier branches), 앞의 두 부문이 성장한 결과로 등장하는 피유인부문(induced branches)으로 나눌 수 있다. 제5차 장기파동의 경우에는 극소전자기술(microelectronics, ME)을 핵심요소, 반도체를 추동부문, 컴퓨터와 통신을 담지부문, 자동화를 피유인부문으로 생각할 수 있다(김환석 외, 1992: 107-111).[46]

그런데 기술경제 패러다임은 사회제도적 틀보다 먼저 변하기 때문에 새로운 패러다임과 기존 제도 사이에는 부정합(mis-match) 현상이 나타나며, 이것이 장기파동의 불황기를 관통하는 특징이다. 이러한 위기는 사회제도적 틀의 재편성을 강요하게 되고, 적절한 사회제도적 혁신들이 이루어져 새로운 기술경제 패러다임과 정합(a good match)에 도달할 때 호황이 도래하게 된다. 제도적 혁신은 기득권층의 이해와 상충되기 때문에 첨예한 사회적 갈등이 발생하게 되며, 그 과정에서 결국은 이전과 다른 새로운 사회질서가 태동한다. 또한 이러한 과정에서는 과거에 성공했던 국가가 강한 사회제도적 관성으로 새로운 패러다임에 빨리 적응하지 못함으로써 국제적인 주도권을 상실할 수도 있다.

마지막 지적과 관련하여 페르츠와 소테(Luc Soete)는 기술경제 패러다임이 전환되는 시기에 후발공업국이 선진국을 추격 혹은 추월할 수 있는 기회의 창(windows of

---

46 최근에 거론되고 있는 소위 '제4차 산업혁명'은 산업혁명의 일종이라기보다는 제6차 장기파동으로 간주할 여지가 있는데, 제4차 산업혁명론의 역사적 맥락에 대해서는 송성수(2017)를 참조.

opportunity)이 열린다는 점에 주목하고 있다(Perez and Soete, 1998). 그들에 의하면, 장기파동을 좌우하는 세계적인 신기술들은 대부분 선진국에서 처음 출현할 가능성이 많지만, 신기술의 확산에 있어서는, 기존 기술에 투자된 막대한 자본, 기술자와 경영자의 기존 기술에 대한 몰입, 기존 기술의 개선을 지향하는 연구개발체제 등으로 인하여 선진국이 오히려 지체되는 경향이 있다. 따라서 신기술은 기존 기술에의 몰입이 덜한 후발공업국에서 더 빨리 확산될 수 있으며, 그 과정에서 중요한 점진적 혁신들이 발생하여 후발공업국이 선진국을 추격할 수 있다는 것이다. 그들은 역사적 실례로 19세기 후반에 영국을 추격했던 독일과 1970~1980년대에 미국을 추격했던 일본을 들고 있다.

과학기술의 경영과 정책

제4장

기술혁신의 모형과 패턴

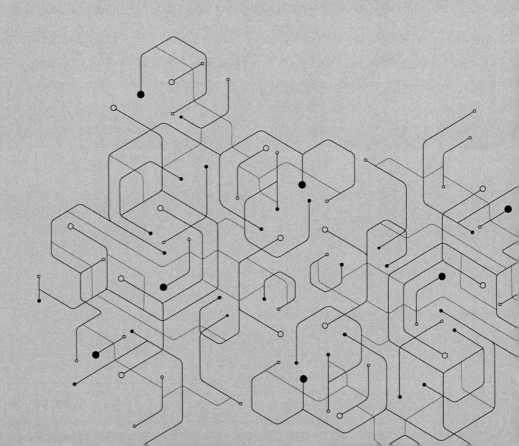

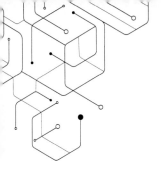

모형을 사용하면 복잡한 현상이나 이론을 단순하고 명쾌하게 설명할 수 있다. 기술혁신에 대한 모형은 구성요소들의 상호작용을 담아내는지의 여부에 따라 선형 모형(linear model)과 상호작용 모형(interactive model)으로 구분할 수 있고, 기술변화의 시간적 차원을 고려하는지의 여부에 따라 정태적 모형(static model)과 동태적 모형(dynamic model)으로 나눌 수 있다. 이러한 모형들은 기술혁신을 이해하는 데 상당한 도움을 주지만, 기술혁신의 현실적 세계를 완전히 다룰 수 있는 모형은 존재하지 않는다. 사실상 모형은 일종의 발견적 장치(heuristic device)에 해당하는데, 모형을 통해 중요한 요소를 구조화하면서 새로운 문제를 인지할 수 있는 것이다.[47]

1 선형 모형에서 상호작용 모형으로

기술혁신에 대한 모형에서 단골메뉴로 등장하는 것은 기술추동(technology push) 모형과 수요견인(demand pull) 모형이다. 전자는 과학추동(science push) 모형, 후자는 시장견인(market pull) 모형으로 불리기도 한다.

기술추동 모형은 기술혁신을 연구, 개발, 생산, 마케팅으로 이어지는 과정으로 보고 있으며, 수요견인 모형은 기술혁신의 과정을 시장의 수요, 연구개발, 생산, 마케팅으로 구분하고 있다. '필요는 발명의 어머니'가 수요견인 모형의 핵심 주장을 담아낸 글귀라면, 기술추동 모형의 모토로는 '과학기술이 세상을 만든다'를 들 수 있겠다. 일반적으로 산업 초기의 단계에는 기술추동 모형이, 후기 단계에는 수요견인 모형이

---

47 이 장은 송성수(2014a: 52-76)를 보완하고 확장한 것이다.

잘 들어맞는 경향을 보이고 있다.[48]

그림 4-1 기술추동 모형과 수요견인 모형의 개념도.

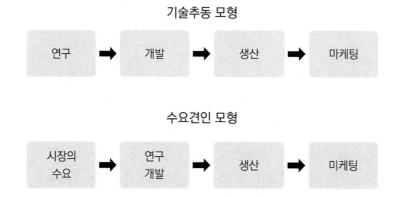

기술추동 모형과 수요견인 모형은 모두 기술혁신을 일회적 사건이 아니라 일련의 과정으로 본다는 공통점을 가지고 있다. 3장에서 기술혁신을 유사 개념과 비교하면서 지적했듯, 기술혁신은 기술의 창출에서 상업화에 이르는 모든 과정을 포괄하고 있는 것이다. 또한 두 모형은 기술혁신의 주된 원천이 무엇인가에 대한 문제를 제기하고 있다. 기술추동 모형은 기술혁신의 원천으로 연구에 주목하고 있는 반면, 수요견인 모형은 시장의 수요를 기술혁신의 원천으로 보고 있다. 이와 함께 두 모형은 특정한 기술 프로젝트를 계속 진행할 것인지 아니면 중단할 것인지에 대한 단계적 관문(stage-gate)을 제시하고 있는 것으로도 해석할 수 있다. 이전의 단계가 충족되거나 그럴 가능성이 많으면 다음 단계로 넘어가고 그렇지 않은 경우에는 해당 프로젝트를 중단할 수 있는 것이다. 기술혁신의 단계는 [그림 4-1]에서 제시된 것보다 더욱 세분화될 수 있다. 기술추동 모형을 예로 들면, 연구는 기초연구와 응용연구, 개발은 기술개발과 제품개발, 생산은 시제품생산과 대량생산, 마케팅의 대상이 되는 시장은 초

---

48 스티브 잡스가 제안한 고객창조 마케팅 과정도 주목할 만하다. 그는 혁신의 과정을 감지, 아이디어, 스토리텔링, 개발생산, 마케팅 등의 다섯 단계로 구분했다. 연구, 개발, 생산, 마케팅 등으로 구분되는 기존의 모형과 달리 개발과 생산을 하나의 단계로 간주한 셈이다. 또한 제품을 개발하고 생산하는 일보다 고객의 잠재적 수요를 파악하고 이를 이야기로 구현하는 것에 더욱 많은 주의를 기울여야 한다는 점을 강조하고 있다.

과학기술의 경영과 정책

기 시장과 주류 시장으로 나눌 수 있다. 이러한 점들은 기술추동 모형과 수요견인 모형 모두가 많은 비판을 받아 왔음에도 불구하고 지금도 상당한 설명력을 가지고 있는 이유라고 할 수 있다.[49]

지금까지 살펴본 기술추동 모형과 수요견인 모형은 모두 선형 모형 혹은 파이프라인 모형(pipe-line model)에 해당한다. 선형 모형은 어떤 현상을 설명할 때 하나의 원인만 부각시키는 경향을 보인다. 즉, 기술혁신의 원천으로 공급 측면이나 수요 측면의 하나에만 주목하고 있는 것이다. 그러나 로젠버그(Nathan Rosenberg)가 지적했듯, 두 가지 요소 모두에 민감하지 않은 기술혁신이 성공할 가능성은 매우 낮을 수밖에 없다(Rosenberg, 2001: 343). 또한 선형 모형에서는 "X가 Y를 낳고" 하는 식으로 일방적인 경로를 따라 기술혁신이 전개된다. 이에 따라 선형 모형은 기술혁신의 각 단계 사이에 존재하는 상호작용이나 피드백을 경시하고 있다. 이러한 선형 모형의 문제점을 극복하기 위해 등장한 것이 상호작용 모형이다.

기술혁신에 대한 상호작용 모형은 1970년대 이후에 다양한 형태로 제시되어 왔는데, 여기서는 기술혁신학에서 널리 언급되고 있는 커플링 모형(coupling model)과 사슬연계 모형(chain-linked model)에 대해 살펴보기로 한다(Rothwell and Zegveld, 1985; Kline and Rosenberg, 1986). 커플링 모형은 기술추동 모형과 수요견인 모형을 결합한 것으로 새로운 수요는 기술적 문제가 해결되어야만 충족될 수 있고 기술적 수준은 현실적인 시장이 존재할 때 비로소 개선될 수 있다는 입장을 깔고 있다. [그림 4-2]에서 보듯, 커플링 모형에서 기술혁신은 아이디어 창출, 연구개발, 시제품생산, 제조, 마케팅과 판매, 시장 진입 등의 순서를 거치며, 각 단계는 일방적인 관계가 아니라 상호작용하는 특징을 가지고 있다. 이와 함께 커플링 모형은 기술혁신에 대한 아이디어가 새로운 필요와 새로운 기술이 서로 충돌하면서 창출되고, 연구개발에서 상업화에 이르는 각 단계마다 시장의 신호와 기술의 동향을 반영해야 한다는 점을 강조하고 있다.

---

49 기술혁신에 대한 모형은 기업경영은 물론 정부정책에서도 활용될 수 있다. 사실상 기술추동 모형의 골자는 1945년에 부시가 작성한 『과학, 끝없는 프런티어』에서 제안된 바 있다. 우리나라에서 1980년대에 추진된 국가연구개발사업도 특정 기술혁신 모형을 염두에 두고 있었다. 1982년에 과학기술처가 시작한 특정연구개발사업이 기술추동 모형을 지향하고 있었다면, 1986년에 상공부가 시작한 공업기반기술개발사업(현재의 산업기술혁신사업)은 수요견인 모형에 입각하고 있었다.

그림 4-2 기술혁신에 관한 커플링 모형.

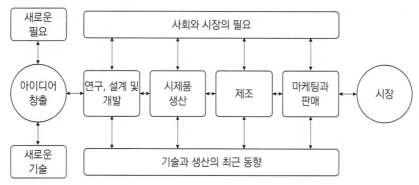

자료: Rothwell and Zegveld(1985); Rothwell(1994: 10).

커플링 모형이 기술혁신의 각 단계에 존재하는 상호작용을 병렬적으로 표현하고 있다면 사슬연계 모형은 보다 구조적인 묘사를 시도하고 있다. 또한 두 모형이 모두 기술추동 모형과 수요견인 모형을 종합하고 있긴 하지만, 커플링 모형이 기술추동 모형에 기초를 두고 있다면 사슬연계 모형은 수요견인 모형에 기반으로 삼고 있다. 사슬연계 모형은 클라인(Stephen Kline)과 로젠버그에 의해 1986년에 제안된 이후 OECD 가 1992년에 발간한 『기술과 경제』를 통해 널리 알려진 바 있다(OECD, 1995: 23-28).

그림 4-3 기술혁신에 관한 사슬연계 모형.

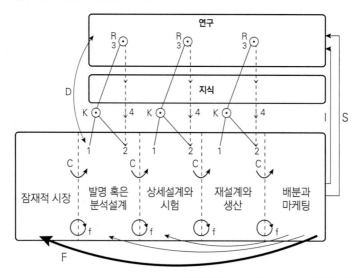

자료: Kline and Rosenberg(1986); OECD(1995: 24).

과학기술의 경영과 정책

[그림 4-3]에서 C는 혁신의 중심 사슬에 해당하며, 잠재적 시장, 발명 혹은 분석설계, 상세설계와 시험, 재설계와 생산, 배분과 마케팅의 순으로 되어 있다. 이처럼 사슬연계 모형은 기술혁신의 핵심적 요소로 설계에 주목하고 있으며, 분석설계(analytic design), 상세설계(detailed design), 재설계(redesign)와 같은 다양한 유형의 설계를 제시하고 있는 특징을 보이고 있다. f는 피드백 회로를 나타내는데, 앞뒤로 연결된 단계 사이의 피드백은 물론 단계를 가로지르는 피드백이 존재한다는 점도 주목할 만하다. F는 특히 중요한 피드백으로 분배 및 마케팅에 의해 잠재적 시장이 현실화되는 것을 촉진한다. D는 발명과 연구가 직접 연결되는 경로를 나타낸 것으로 종종 새로운 산업 자체를 창출하는 혁신으로 이어진다. K-R은 지식과 연구의 일상적인 상호작용을 표현하고 있다. 만약 기술혁신 과정에서 발생한 문제가 기존 지식으로 해결되면 연구는 불필요해진다. 또한 연구가 수행된다 할지라도 문제가 항상 해결되는 것은 아니기 때문에 점선이 존재한다. I는 기술혁신 과정에서 사용되는 기기, 기계, 공구, 공정 등이 연구를 지원하는 것을 뜻하며, S는 기술혁신 활동을 점검 혹은 감시하면서 드러난 문제를 연구의 대상으로 삼는 것을 의미한다.

▌기술혁신 모형의 세대 구분

기술혁신 모형을 세대별로 구분하여 논의하는 경우도 있다(Rothwell, 1994; 홍형득, 2016: 78-83). 로쓰웰은 기술추동 모형을 제1세대, 수요견인 모형을 제2세대, 커플링 모형을 제3세대에 위치시키고 있다. 제4세대 모형으로는 연구개발, 엔지니어링, 제조, 마케팅 등이 기능적으로 중복되는 통합모형(integration model)을 제시하고 있는데, 이때의 통합은 기업 내부에 국한되어 있다. 이어 로쓰웰은 향후의 제5세대에서는 기업 내부를 넘어 경쟁자, 공급자, 사용자 등을 포함한 시스템통합 및 네트워킹(system integration and networking, SIN) 모형이 필요하다고 제안하고 있다. 각 모형의 활용 시기를 살펴보면, 제1세대는 1950년대에서 1960년대 중반까지, 제2세대는 1960년대 중반부터 1970년대 초까지, 제3세대는 1970년대 중반부터 1980년대 중반까지, 제4세대는 1980년대 초부터 1990년대 중반까지, 제5세대는 1990년대 중반 이후에 해당한다. 각 세대에서 연구개발을 보는 시각은 상아탑, 비즈니스, 포트폴리오, 통합적 활동, 네트워크를 기반으로 삼고 있다.

기술혁신을 직접적으로 다룬 모형은 아니지만, 노나카(Ikujiro Nonaka) 등이 제안한 지식창조 모형에도 주목할 필요가 있다(Nonaka, 1994; Nonaka and Takeuchi, 1995). 기술혁신의 과정은 곧 혁신주체들 사이에 학습이 이루어지는 과정으로 볼 수 있기 때문이다.

그림 4-4 지식창조에 관한 SECI 모형.

노나카 등은 지식을 암묵지(tacit knowledge)와 형식지(formal knowledge)로 구분한 후 지식전환의 모드로 다음의 네 가지를 제안했다. 암묵지의 조직 내 확산을 의미하는 사회화(socialization), 암묵지가 형식지로 전환하는 것을 뜻하는 외부화(externalization), 기존의 형식지를 바탕으로 새로운 형식지를 만드는 결합화(combination), 그리고 형식지가 암묵지로 전환하는 것을 의미하는 내부화(internalization)가 그것이다. 이와 같은 지식전환의 네 가지 모드가 서로 엮이고 나선형으로 발전하면서 해당 조직에서는 새로운 지식이 지속적으로 창출된다. 노나카 등이 제안한 지식창조에 관한 모형은 네 가지 모드의 영문 앞 글자를 따 'SECI 모형'으로 불리기도 한다. 위계적 기업의 경우에는 사회화와 외부화에 약한 경향을 보이는 것으로 평가되고 있다.

과학기술의 경영과 정책

과학기술의 이전에서 암묵지의 중요성

암묵지는 영국의 과학자 폴라니(Michael Polanyi)가 1958년에 발간한 『개인 적 지식(Personal Knowledge)』에서 처음 언급한 것으로 명확히 표현할 수는 없 지만 어떤 일을 성취하는 데 필요한 일련의 노하우에 해당한다. 유명한 과학기술학 자 콜린스(Harry M. Collins)는 TEA 레이저(transversely excited atmospheric lasers)에 대한 사례연구를 수행하면서 과학기술 활동에서 암묵지의 중요성에 주목 했다(Collins, 1974; Webster, 2002: 65). 캐나다의 국방연구소에서 개발된 TEA 레이저가 1970년에 학술지에 보고된 후 수많은 과학기술자집단이 이를 복제하기 위 해 노력했지만, 문자로 표현된 지침서(written instruction)에만 의존했던 집단은 작 동 가능한 TEA 레이저를 만들 수 없었다. 이와 달리 방문이나 전화를 활용하여 캐나 다의 국방연구소와 직접 접촉했던 과학기술자집단은 레이저를 제작하는 데 성공할 수 있었다. 이러한 사례연구를 통해 콜린스는 과학기술의 이전이 변덕스러운 문제여 서 완전히 설명될 수 없으며 직접적인 경험을 통해 성취될 뿐이라고 결론지었다. 또 한 콜린스는 지식 전달의 모형으로 알고리즘 모형(algorithm model)과 문화화 모형 (enculturational model)을 대비시키고 있다. 알고리즘 모형은 지식이 컴퓨터 프로 그램과 같은 일련의 명령들로 환원될 수 있다는 시각을 견지하고 있는 반면, 문화화 모형에서는 지식을 실천 이전에 주어지는 것이 아니라 사전에 확정될 수 없는 숙련, 습관, 절차 등으로 구성된 열린 체계로 파악하고 있다.

2 간주곡: 연구개발

이상의 논의에서 연구개발(research and development, R&D)이란 용어가 자주 사용 되었는데, 이에 대해 보다 자세히 알아보기로 하자. 연구개발은 우리에게 친숙한 용 어이지만, 그것을 엄밀하게 규정하기는 쉽지 않다. 여기서는 연구개발 활동 조사를 위해 세계적으로 통용되고 있는 OECD의 프라스카티 매뉴얼(Frascati manual)을 기 준으로 삼고자 한다(OECD, 2002). 이에 따르면, 연구개발은 과학기술 분야 등의 지식

을 축적하거나 새로운 적용방법을 찾아내기 위해 축적된 지식을 활용하는 조직적이고 창조적인 활동이다.[50]

OECD는 연구개발을 기초연구(basic research), 응용연구(applied research), 개발(experimental development)의 세 단계로 구분하면서 다음과 같이 정의하고 있다. ① 기초연구는 기초과학 또는 그것과 공학·의학·농학 등과의 융합을 통해 새로운 이론과 지식 등을 창출하는 연구 활동이다. ② 응용연구는 주로 특정되고 실용적인 목적 하에 새로운 지식을 획득하기 위해 행해지는 체계적인 연구 활동이다. 기초연구에서 얻어진 발견의 가능한 용도를 결정하거나, 특정되고 미리 정한 목표를 성취하는 새로운 방법이나 방식을 결정하기 위해 수행된다. ③ 개발은 기초연구, 응용연구 및 실제 경험으로부터 얻어진 지식을 이용하여 새로운 제품 및 장비를 생산하거나, 새로운 공정, 시스템 및 서비스를 설치하거나, 이미 생산 또는 설치된 것을 실질적으로 개선하기 위해 수행되는 체계적인 활동이다. 이처럼 기초연구, 응용연구, 개발에 대한 구획문제(demarcation problem)가 중요하긴 하지만, 현실 세계에서는 세 가지 유형이 중첩될 수밖에 없다는 점도 지적되어야 할 것이다.[51]

---

50 연구개발 대신에 RTD(research and technological development)라는 용어를 채택하는 국가도 있다. 또한 R&BD(research and business development)는 사업화와 연계된 연구개발을 강조하고 있으며, R&SD(research and solution development)는 연구개발에 입각한 총체적 문제해결을 지향하고 있다. 그 밖에 IP-R&D는 지적재산(intellectual property, IP)을 미리 고려한 연구개발에 주목하고 있다.

51 과학에서 구획문제와 경계작업에 대한 철학적 고찰로는 Gieryn(1983)을 참조.

과학기술의 경영과 정책

┃ 기초연구의 역할

　　기초연구의 역할은 정보와 지식의 축적이나 과학기술인력의 양성에 국한된 것이 아니라 연구방법론과 실험장비의 개발, 혁신주체들의 상호작용 촉진, 상업화의 기회 제공 등을 포괄한다(Salter and Martin, 2001). 첫째, 기초연구는 새로운 정보와 지식을 창출하며 그것은 연구역량의 축적과 원천기술의 개발에 기여한다. 둘째, 기초연구를 통해 훈련된 과학기술인력은 해당 분야에 대한 최신 지식뿐만 아니라 문제해결 능력을 보유하고 있다. 셋째, 기초연구를 통해 새로운 연구방법론과 실험장비가 등장하며, 그것이 산업체에 도입되는 경우도 많다. 넷째, 기초연구에 대한 지원은 혁신주체들 사이에 네트워크의 형성을 촉진한다. 기초연구는 응용연구나 개발에 비해 지식풀의 다양성이 뛰어난 장점을 가지고 있으며, 많은 사람들이 논의하고 공감할 수 있는 성격을 띠고 있다. 다섯째, 최근에는 기초연구와 상업화 사이의 시차가 축소되면서 기초연구의 성과를 활용하여 기업 활동을 전개하는 경우가 증가하고 있다. 실험실 창업이나 연구소 기업이 이러한 예에 속한다. 기초연구의 의미에 대해서는 패러데이(Michael Faraday)의 흥미로운 일화가 전해지고 있다. 한번은 영국의 수상이 왕립연구소를 방문하여 패러데이에게 전자기 유도의 용도가 무엇인지 물었다. 패러데이는 "갓 태어난 아기가 뭘 할 수 있겠습니까?"라고 운을 떼면서 "언젠가 정부가 이것에다 세금을 매길 수 있을 겁니다"라고 응수했다.

　　OECD는 기초연구를 다시 순수기초연구(pure basic research)와 목적기초연구(oriented basic research)로 세분하고 있다. 순수기초연구는 순전히 지식의 진보를 위해 수행되는 연구 활동이다. 순수기초연구에는 장기적인 경제적·사회적 이익에 대한 기대가 없고, 연구결과를 실제적인 문제에 응용하거나 이와 관련된 영역으로 이전하기 위한 노력도 없다. 이에 반해 목적기초연구는 현재 알려진 문제 혹은 미래에 예상되는 문제의 해결에 관심을 둔다. 목적기초연구는 문제해결의 근거를 형성할 수 있는 지식기반을 제공할 것이라는 기대하에 수행되는 연구 활동이다.

　　이와 관련하여 미국의 국립과학재단에서 오랫동안 자문위원으로 활동했던 스토크스(Donald E. Stokes)는 연구를 수행하는 동기로 원천적 이해의 추구를 한 축에 놓고 사용에 대한 고려를 다른 한 축에 놓은 후, 연구 활동의 유형을 순수기초연구, 사용을 고려한 기초연구(use-inspired basic research), 응용연구로 구분하고 있다. 이를 바탕으로 그는 1사분면, 2사분면, 4사분면의 영역에 해당하는 연구자 혹은 과학기술 자의 유형을 각각 파스퇴르 형, 보어 형, 에디슨 형으로 칭하고 있다(Stokes, 1997). 보 어 형은 아직까지 확실히 밝혀지지 않은 현상을 규명하는 것을 추구하고, 에디슨 형 의 주된 연구 목적은 실생활의 문제를 해결하는 데 있는 반면, 파스퇴르 형의 경우에 는 이해의 폭을 확장함과 동시에 실제적 사용도 염두에 두고 연구를 수행한다. 스토 크스는 원천적 이해도 추구하지 않고 사용에 대한 고려도 하지 않는 연구는 공공지 원의 대상이 아니며, 두 가지를 모두 포괄하는 파스퇴르 형에 지원의 초점을 두어야 한다고 주장하고 있는 셈이다.

그림 4-5 스토크스의 연구 활동의 유형에 관한 분류.

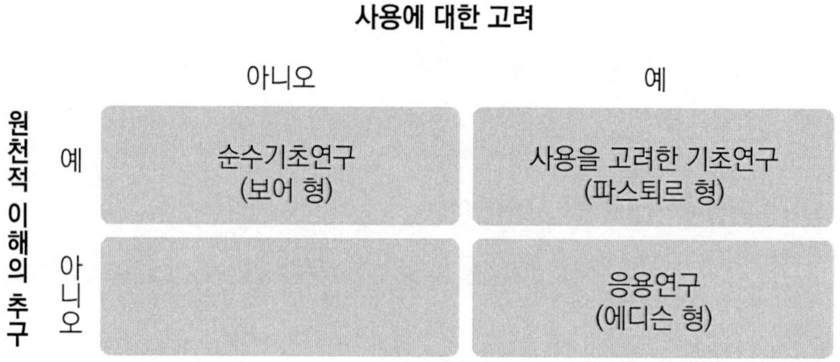

사용에 대한 고려

	아니오	예
원천적 이해의 추구 — 예	순수기초연구 (보어 형)	사용을 고려한 기초연구 (파스퇴르 형)
원천적 이해의 추구 — 아니오		응용연구 (에디슨 형)

자료: Stokes(2007: 137).

3 기술의 사이클

다시 기술혁신의 모형에 대한 논의로 돌아가자. 앞서 살펴본 기술혁신의 모형이 특정한 기술혁신이 이루어지는 과정에 주목했다면, 지금부터 논의할 기술혁신 모형 은 기술의 수명주기(life cycle)를 고려한 동태적 모형에 해당한다.

사람에게 생로병사가 있듯, 기술, 제품, 기업 등에도 수명주기가 있다. 기술수명주기는 태동기(embryonic period) 혹은 도입기(introduction period), 성장기(growth period), 성숙기(mature period), 쇠퇴기(decline period)로 구분할 수 있다(정선양, 2007: 113-128). 태동기는 새로운 기술이나 제품이 등장하는 시기이고, 성장기에는 지속적인 기술개발과 상업화로 급속한 기술진보가 이루어진다. 성숙기에는 해당 기술의 진보가 둔화되면서 이를 대체하는 기술이 출현하는 경향을 보이며, 쇠퇴기는 기술적 성과가 한계점을 지나 하락하기 시작하는 시기에 해당한다.[52]

기술혁신에 관한 가장 간단한 동태적 모형은 S-곡선(S-curve)으로 표현된다. 그것은 시간이나 노력이 투입된 정도에 따라 기술의 수준이 S자 모양의 곡선을 그리면서 진보한다는 점에 주목한다. 초기 단계에서 기술의 수준이 느리게 향상되는 것은 해당 기술의 기초가 충분히 이해되지 않았기 때문이다. 중간 단계에서는 기술에 대한 이해를 바탕으로 기술수준을 빠른 속도로 높이기 위한 활동이 이어진다. 그러나 어떤 시점에 이르면 단위당 한계비용이 증가하여 기술진보의 속도가 감소하면서 곡선이 평평해진다. S-곡선에 대한 논의는 기술의 진보는 물론 사업, 기업, 국민경제의 성장과 같은 다른 영역에도 적용될 수 있다.

이보다 약간 복잡한 논의로는 이중 S-곡선(double S-curve)에 관한 논의를 들 수 있다(Foster, 1986). 기존 기술을 A, 새로운 기술을 B라고 하자. B가 처음 출현한 단계에서는 B에 투자하는 것이 A에 투자하는 것보다 수익률이 더 낮기 때문에 관련 기업이 A에서 B로의 전환을 꺼릴 수 있다. 그러나 기존 기술 A가 한계점에 도달할 것으로 예상되거나 새로운 기술 B의 발전에 가속도가 붙으면, B에 대한 투자가 A에 대한 투자보다 유리하게 된다. 특히 기술 B는 이미 성능(performance)이 높은 지점에서 출발하기 때문에 기술 A보다 더 많은 가치를 제공하는 경향을 보인다. 이에 대한 대표적인 예로는 진공관에서 트랜지스터로의 전환, 트랜지스터에서 집적회로(integrated circuits, IC)로의 전환이 거론되고 있다.

---

[52] 수명주기에 따라 해당 주기를 표상하는 기술의 명칭이 다르다는 견해도 있다(정선양, 2011: 118). 가령 태동기의 기술은 신흥기술(emerging technology), 성장기 초반의 기술은 선도기술(pacing technology), 성장기 후반의 기술은 핵심기술(key technology), 성숙기의 기술은 기반기술(base technology)로 불린다는 것이다.

그림 4-6 기술의 사이클에 관한 이중 S-곡선.

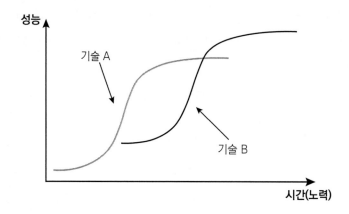

S-곡선은 기술확산이 이루어지는 과정을 설명하는 데에도 적용될 수 있다. 미국의 사회학자인 에버릿 로저스(Everett M. Rogers)는 1962년에 초판이 발간되어 지금은 고전의 반열에 오른 『혁신의 확산(Diffusion of Innovations)』에서 수용자 집단의 특성을 고려한 확산 모형을 제안한 바 있다(Rogers, 2003). 그는 수용자 집단을 혁신자(innovators), 선도 수용자(early adopters), 전기 다수수용자(early majority), 후기 다수수용자(late majority), 지각 수용자(laggards)로 구분했다. 각 집단이 시장에서 차지하는 비중은 각각 2.5%, 13.5%, 34%, 34%, 16%이며, 혁신자부터 전기 다수수용자까지가 절반의 비중을 차지하고 있다.[53] 이 중에서 로저스가 특별히 주목하고 있는 집단은 선도 수용자인데, 그들은 새로운 기술을 널리 선전하는 전도사의 역할을 자발적으로 수행하는 특징을 보인다. 이상과 같은 수용자 집단을 누적해서 표현하면 S-곡선으로 나타나고, 각 집단이 시장에서 차지하는 비중을 고려하면 전형적인 벨 모양의 곡선이 그려진다.

---

53 이와 같은 수용자 집단은 다른 식으로 표현되기도 한다. 예를 들어, 홍영표 외(2016)는 혁신자를 기술애호가, 선도 수용자를 선각자, 전기 다수수용자를 실용주의자, 후기 다수수용자를 보수주의자, 지각 수용자를 회의론자로 특성화하고 있다. 또한 해당 집단이 신기술을 수용하는 패턴을 시험해 보자(try it), 앞서 나가자(go ahead), 무리 속에 끼어 가자(stick with the head), 보류하자(hold on), 어쨌건 싫다(no way)로 표현하고 있다. 로저스의 확산 모형은 정책학에서 정책의제가 설정되는 과정을 분석하는 데도 활용될 수 있다(정정길 외, 2010: 305-307).

과학기술의 경영과 정책

그림 4-7 수용자 집단에 따른 기술확산의 모형.

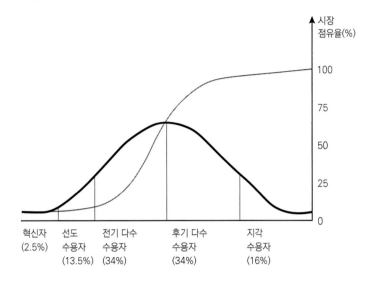

정보기술의 수용에 관한 모형

기술확산과 관련하여 자주 거론되는 모형으로는 데이비스(Fred D. Davis) 등이 제안한 기술수용모형(technology acceptance model, TAM)을 들 수 있다(Davis et al, 1989). TAM은 조직 구성원들이 정보기술을 수용하는 데 영향을 미치는 요인이 무엇인지 밝히기 위해 개발된 이론적 틀이자 연구모형에 해당한다. 그것은 특정 혁신에 대해 구성원이 가지고 있는 믿음(beliefs), 태도(attitudes), 이용의사(intention to use)와 실제 이용(actual use) 간에 어떤 인과관계가 설정되어 있는지를 확인하고 수용 과정에 영향을 미치는 외부 요인들을 발견하는 데 초점을 맞추고 있다. 여기서 믿음에 관한 요소는 인지된 유용성(perceived usefulness)과 인지된 이용 용이성(perceived ease of use)으로 구성되어 있다. 전자는 정보기술을 사용하여 자신의 업무 성과가 개선될 것이라고 믿는 정도이며, 인지된 이용 용이성은 정보기술을 사용하는 것이 많은 노력이 필요하지 않다고 믿는 정도를 말한다. TAM은 이후에 'TAM2'와 'TAM3'로 불리는 확장된 모형으로 진화하고 있는데, TAM2의 경우에는 인지된 유용성, TAM3에서는 인지된 이용 용이성을 결정하는 외부 요인들의 목록이 추가되고 있다.

기술의 수명주기를 고려한 기술혁신 모형으로 가장 많은 주목을 받아온 것으로는 어터백(James M. Utterback) 등이 제안한 제품혁신과 공정혁신에 관한 동태적 모형을 들 수 있다(Utterback and Abernathy, 1975; Utterback, 1994). 어터백 등은 선진국의 기술수명주기를 유동기(fluid phase), 과도기(transitional phase), 경화기(specific phase)의 세 단계로 구분한 후 각 단계별로 제품혁신과 공정혁신의 상대적 비중을 고찰하고 있다([그림 4-8] 참조). 새로운 기술이 출현하는 유동기에는 급진적인 제품혁신이 이루어지며 개선의 여지가 많고 따라서 신뢰성이 낮다. 이 시기에는 신기술에 기반을 둔 신생기업의 창업을 통해 새로운 산업이 형성되는 경향을 보인다. 제품혁신의 곡선과 공정혁신의 곡선이 만나는 지점을 전후해서는 지배적 설계(dominant design)가 선택된다. 과도기에서는 새로운 기술이 안정화되고 가격경쟁으로 돌입하게 되면서 제품혁신보다는 공정혁신이 매우 활발해진다. 이 시기에는 기술주도형 신생기업보다는 우수한 생산능력이나 마케팅능력을 보유한 대기업이 상대적인 이점을 갖게 된다. 이 단계가 심화되면 제품의 표준화가 상당히 진전되어 제품혁신은 거의 일어나지 않고 공정혁신도 점차 감소하는 경화기로 넘어간다. 경화기에는 시장이 성숙하여 많은 이윤을 획득하는 것이 어려워지고 기술 자체도 선진국에서는 진부해지기 때문에 제조원가가 저렴한 후발국으로 생산기지가 이전된다.

그림 4-8 제품혁신과 공정혁신에 관한 동태적 모형.

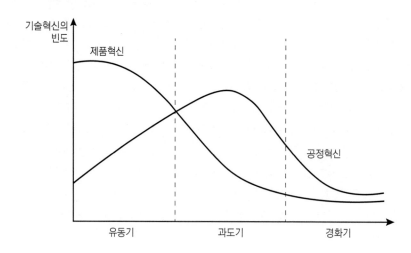

과학기술의 경영과 정책

이러한 모형은 시간적 변화에 따라 산업 내에서 혹은 그 산업에 속한 기업 내에서 이루어지는 기술혁신의 역동적 과정을 설명하고 있다. 여기서 발생하는 문제는 시간적 변화에 따라 주목할 요소나 측면이 무엇인가 하는 점인데, 어터백은 제품, 공정, 조직, 시장, 경쟁의 다섯 가지 측면을 선택하고 있다. ① 제품: 높은 다양성을 가진 제품에서 지배적 제품으로, 그리고 점진적 혁신에 입각한 표준화된 제품으로 변화한다. ② 공정: 숙련공과 범용 설비에 의존하는 형태에서 미숙련공도 다룰 수 있는 전문화된 설비에 의존하는 형태로 변화한다. ③ 조직: 창의적이고 유기적인 조직에서 정형화된 과업과 절차를 지닌 위계적이고 기계적인 조직으로 변화한다. ④ 시장: 다양한 제품과 피드백이 빠르고 불안정한 시장에서 일용품과 비차별적인 시장으로 변화한다. ⑤ 경쟁: 독특한 제품을 생산하는 많은 중소기업에서 유사한 제품을 가진 기업들의 과점 상태로 변화한다(Utterback, 1997: 128). 이러한 다섯 가지 측면 중에서 제품과 공정은 기술혁신의 내용, 조직은 기술혁신의 주체, 시장과 경쟁은 기술혁신의 환경으로 볼 수 있을 것이다.[54]

---

54 그러나 어터백은 기술혁신의 시간적 변화에 산업별로 차이가 있다는 점에 대해서는 크게 주목하지 않았다. 그는 조립제품 부문과 비조립제품 부문의 기술수명주기에 약간의 차이가 있긴 하지만 전체적으로는 [그림 4-8]과 유사한 형태를 보인다고 지적하는 것으로 그쳤다(Utterback, 1997: 175).

▌지배적 설계와 수익체증

　지배적 설계는 하나의 제품이나 서비스가 시장의 50% 이상을 차지하여 사실상의 표준(de facto standard)으로 자리 잡는 것을 의미한다. 지배적 설계가 선택되는 이유는 기술수용에 따른 '수익체증(increasing returns)' 현상이 발생하기 때문이다. 이 현상은 특정한 기술이 많은 사람들에 의해 사용될수록 그 기술의 가치가 더욱 높아지는 것을 지칭한다. 수익체증이 발생하는 첫 번째 이유로는 학습효과를 들 수 있다. 어떤 기술의 생산과 사용이 많아질수록 해당 기술에 대한 이해가 심화되며 그것은 성능의 향상이나 비용의 감소로 이어진다. 두 번째 이유로는 네트워크 외부성(network externality)을 들 수 있다. 이러한 특징을 갖는 시장에서는 어떤 제품을 사용함으로써 얻는 이득이 같은 제품을 사용하는 고객의 수에 따라 증가한다. 방송이나 통신과 같은 몇몇 산업에서는 기술의 호환성을 확보하기 위해 정부가 규제를 통해 지배적 설계의 확립을 촉진하는 경우도 있다. 수익체증으로 인해 하나 혹은 소수의 기업이 대부분의 시장을 지배하는 '승자가 독식하는(winner-takes-all)' 시장이 형성되기도 한다(Schilling, 2020: 77-84). 승자독식의 논리는 독점 시장을 전제하고 있지만, 현실 세계에서는 과점 시장이 더욱 많다는 점에도 유의해야 한다.

　어터백 등의 논의는 우리나라를 비롯한 후발국의 기술발전 과정을 설명하고 이에 관한 모형을 도출하는 출발점으로 작용할 수 있다.[55] 후발국의 경우에는 선진국과는 반대로 경화기, 과도기, 유동기의 순서로 기술발전이 진행되는 양상을 보이는 것이다. 이러한 점에 착안하여 1980년대 이후에는 개발도상국 혹은 한국의 기술발전 단계를 규명하고 이에 대한 모형을 구축하는 작업이 지속적으로 이루어져 왔다. 이를 선도해 온 학자로는 우리나라에서 기술혁신학이 정착하는 데 크게 기여한 김인수와 이진주를 들 수 있다.

　김인수는 1980년에 선진국의 기술궤적과 개발도상국의 기술궤적 사이에 창출되는 동태적인 환경에 주목하면서 개발도상국에서는 외국 기술의 획득(acquisition),

---

55　우리나라 주요 산업 혹은 기업의 기술발전 과정을 포괄적으로 검토하고 있는 저작으로는 박우희·배용호(1996); Kim(1997); 이근 외(1997); 송성수(2021a) 등이 있다. 한국의 기술발전에 관한 연구사적 검토는 송성수(2018); 송성수(2021a: 19-41)를 참조.

과학기술의 경영과 정책

소화(absorption), 개선(improvement)이라는 과정을 통해 기술발전이 일어난다는 점을 지적했다(Kim, 1980). 이진주 등은 1988년에 기술, 기업, 산업, 국가, 세계 등의 다차원적 시각에서 도입기술의 수준, 기술획득의 방법, 기술습득의 내용, 기술 활동의 성격 등을 고려하여 개발도상국의 기술발전 과정을 도입(introduction), 내재화(internalization), 창출(creation)의 세 단계로 규정했다(Lee et al, 1988). 김인수는 1997년에 발간한 『모방에서 혁신으로(Imitation to Innovation)』라는 기념비적 저서를 통해 개발도상국의 기술혁신 모형에 관한 일종의 이정표를 세웠다(Kim, 1997).

그림 4-9 김인수가 제안한 개발도상국의 기술혁신 모형.

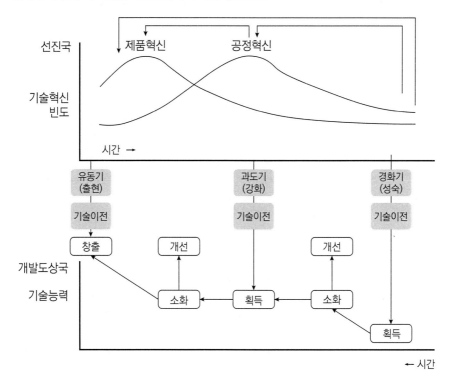

자료: Kim(1997: 89).

[그림 4-9]에 따르면, 개발도상국은 외국으로부터 도입한 경화기 단계의 기술을 성공적으로 소화한 다음에 선진국의 과도기 단계에 있는 기술에 대해서도 획득과 소화의 과정을 반복하게 되며, 이를 바탕으로 유동기에 있는 새로운 기술개발을 통해

선진국과 경쟁하는 단계로 나아갈 수 있다. 이러한 모형을 통해 김인수는 개발도상국의 기술발전 단계로 기존에 논의했던 획득, 소화, 개선에 이어 창출의 단계를 포함시켰던 셈이다. 이어 1999년에는 기술궤적, 흡수능력, 기술이전, 위기조성, 동태적 학습 등을 고려하여 한국의 기술발전 단계를 복제적 모방(duplicative imitation), 창조적 모방(creative imitation), 혁신(innovation)으로 재구성했다(Kim, 1999).

▌기술능력의 발전

개발도상국의 기술발전을 설명하는 데는 기술능력(technological capabilities)이라는 개념이 자주 사용된다. 기술능력은 기술을 획득하고 소화·사용·변형·창출하는데 필요한 다양한 지식과 숙련을 포괄하는 용어로서 생산과정에서 습득한 현장경험과 학습효과, 투자에 필요한 지식과 숙련, 제품설계 및 공정기술의 향상에 필요한 변용능력, 새로운 기술을 창출하는 데 필요한 지식 등으로 구성된다(OECD, 1995: 432-433). 기술능력이란 개념은 후발공업국에서 수행되는 기술 활동의 원천을 포괄적으로 고려하고 있어 후발공업국의 경제성장과 기술발전의 과정을 분석하는 데 상당한 적합성을 가지고 있다. 새로운 기술의 창출뿐만 아니라 기존 기술의 개선을 중시하고 있으며 이러한 기술혁신의 전제조건이 되는 생산 및 투자에 관한 활동에도 주목하고 있는 것이다. 사실상 후발공업국의 기술발전은 선진국의 기술을 도입하여 그것을 습득하면서 내부적인 여건에 적합한 형태로 변경하는 가운데 점차적으로 자체적인 연구개발을 통해 기술능력을 본격적으로 향상시키는 과정을 경험해 왔다. 이러한 점을 고려함으로써 우리는 기술수준의 향상이 도입기술의 단순한 이식을 통해서가 아니라 기술도입 측의 적극적인 기술적 노력을 매개로 이루어지며, 그 과정에서 도입기술을 소화·흡수하는 것은 물론 선진국에 대한 추격 혹은 추월이 가능하다는 점을 포착할 수 있다.

최근에 송성수는 한국의 기술발전을 역사친화적으로 설명할 수 있는 분석틀로 [그림 4-10]을 제안한 바 있다. 이것은 기본적으로 김인수의 모형을 개선한 성격을 띠고 있지만, 다양한 기술혁신의 경로를 드러낼 수 있기 때문에 보다 많은 산업의 기술발전 과정을 담아낼 여지를 가진다. [그림 4-10]의 가로축은 한국에서 수행된 기술 활동의 성격에 주목하고 있는데, 그것은 기술습득(technological acquisition), 기술추격(technological catch-up), 기술선도(technological leading)로 구분할 수 있다.[56] 세로축은 앞서 언급한 기술수명주기에 나타낸 것으로 태동기, 성장기, 성숙기 등과 같이 어렵지 않은 용어를 채택하고 있다. [표 4-1]에서 가장 인상적인 경로로는 C3에서 시작한 후 B2를 거쳐 A1로 나아간 경우를 들 수 있다. 이 경로에 해당하는 산업은 기술 활동의 성격과 내역을 동시에 고도화하면서 기술능력을 압축적으로 발전시켜 온 특징을 보인다. 계속해서 선진업체의 기술을 습득하는 데 머물거나 계속해서 성숙기 기술을 대상으로 기술 활동을 수행하는 것이 아니라 기술 활동의 성격이 습득, 추격, 선도로 나아가는 것과 기술의 수명주기가 성숙기, 성장기, 태동기로 전환되는 것이 동시에 이루어지는 셈이다.

표 4-1 한국의 기술발전에 관한 개념도.

기술 활동의 성격 〳 기술수명주기	기술습득(3)	기술추격(2)	기술선도(1)
태동기(A)	A3	A2	A1
성장기(B)	B3	B2	B1
성숙기(C)	C3	C2	C1

주: 음영으로 표시된 C3 → B2 → A1은 압축적 기술발전의 경로에 해당함.
자료: 송성수(2021a: 35).

이러한 분석틀에 입각하여 한국의 주요 산업이 2007년까지 밟아온 기술발전의 경로를 유형화하면 다음의 네 그룹으로 분류할 수 있다. ① C3 → B2, ② C3 → B2 → A1, ③ C3 → B2 → A2, ④ B2 → A1 등이 그것이다. ①에는 섬유, 신발, 석유화학, 컴퓨터, ②에는 철강, 조선, 반도체, ③에는 자동차, ④에는 통신, 휴대전화, 디스플레이가 해당된다. 이처럼 한국의 기술능력은 산업에 따라 '불균등한 발전(uneven

---

56 사실상 도입, 혁신, 창출 등은 기술발전의 특정한 단계가 아닌 거의 모든 단계에 적용될 수 있으므로 다른 개념으로 표현하는 것이 필요해 보인다. 기술습득, 기술추격, 기술선도는 해당 단계의 기술 활동을 수행한 행위자들이 가지고 있었거나 실제로 사용했던 성격을 띠고 있다.

development)'의 양상을 보여 왔다. 이러한 점을 감안한다면, 최근에 자주 제기되고 있는 '추격에서 선도로'와 같은 어법에 대해서도 보다 세련된 접근이 가능해진다. 우리가 직면하고 있는 현실은 추격에서 선도로 나아간 산업도 존재하지만, 선진국을 제대로 추격해야 하는 산업도 적지 않은 셈이다. 사실상 제대로 된 축적을 하지 않고 급하게 선도를 추구하다보면, 당초의 기대와 달리 상당한 부작용이 유발될 가능성도 있다.

기술혁신에 관한 동태적 모형의 또 다른 예로는 앤더슨(Philip Anderson)과 투쉬먼(Michael L. Tushman)의 기술진화에 관한 순환 모형을 들 수 있다(Anderson and Tushman, 1990). 이 모형은 진화론에 대한 유비를 바탕으로 네 개의 순환적인 단계를 통해 기술변화의 과정을 설명하고 있다. ① 기술변화는 기술적 불연속성(technological discontinuity)에 의해 변이가 발생함으로써 시작된다. ② 새롭게 등장한 기술들은 배양기(era of ferment)를 거치면서 기존의 기술을 대체하면서 서로 경쟁한다. ③ 그중에서 시장이라는 외부 환경에 가장 잘 적응한 기술이 지배적 설계로 선택된다. ④ 그 다음에는 점진적 변화의 시기(era of incremental change)가 도래하여 선택된 기술이 보존되는 가운데 더욱 정교화된다.

그림 4-10 기술진화에 관한 순환 모형.

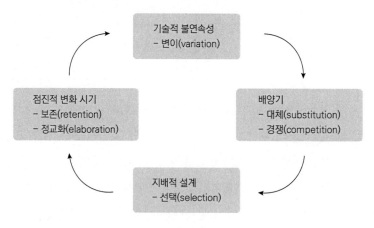

기술진화에 관한 순환 모형은 특별히 다음의 두 가지 사항을 강조하고 있다. 첫째, 지배적 설계로 자리 잡는 기술은 최초에 불연속적으로 출현했던 것과는 같은 형태를 띠지 않는다. 처음에 등장한 변이들은 배양기를 통해 대체와 경쟁을 거치면서 그 중 하나가 지배적 설계로 선택되는 것이다. 둘째는 최고의 기술이 반드시 지배적 설계가 되지는 않는다는 점이다. 다윈이 적자생존(survival of the fittest)의 개념에 주목한 것처럼, 환경에 잘 적응한 기술이 생존에 성공하는 것이다.

QWERTY의 경제학

기술적 성능이 지배적 설계를 결정하지 않는다는 점은 키보드 혹은 자판의 역사를 통해 잘 알 수 있다(Utterback, 1997: 29-31; Schilling, 2020: 107-108). 1873년에 숄스(Christopher Latham Sholes)는 기계식 타자기의 키들이 서로 엉키지 않도록 QWERTY로 시작되는 자판을 설계했다. 그것은 키의 고장률을 낮추는 효과를 가지고 있었지만, 타자기에 숙달된 사람들에게는 타이핑의 속도가 느리고 피로도가 증가하는 문제가 생겨났다. 이러한 단점을 보완하기 위하여 1932년에 드보락(August Dvorak)은 가장 많이 사용하는 철자를 가운데에 배치하면서도 양쪽 손을 번갈아 사용할 수 있게 한 새로운 자판을 개발했다. 그러나 이미 오랫동안 QWERTY 자판에 익숙해져 있었던 사람들은 드보락 자판으로 전환하는 것을 꺼려했다. 심지어 기계식 타자기가 전자식 타자기로 전환되어 키가 엉키는 일이 발생하지 않게 되었는데도 QWERTY 자판은 계속해서 지배적 설계로 군림했다. 이에 대해 드보락은 비통하게 죽어가면서 다음과 같이 말했다고 한다. "나는 인류를 위한 가치 있는 무언가를 위해 노력하는 데 지쳤다. 그들은 어리석게도 변화를 원하지 않는다." 이러한 사례는 경로의존성(path-dependence), 고착효과(lock-in effect), 전환비용(switching cost)과 같은 개념에 대한 논의로 이어지고 있다.

4 기술혁신의 패턴

지금까지 논의한 기술혁신의 모형에 대해서도 한 가지 의문점을 제기할 수 있다. 기술혁신이 이루어지는 방식은 산업이나 기업에 따라 상당한 차이가 있을 것인데, 기존의 모형은 이러한 점을 충분히 감안하지 않고 있는 것이다. 이러한 문제의식을 바탕으로 파빗(Keith Pavitt)은 각 산업부문이나 기업군에 따라 기술혁신의 패턴에 차이가 있으며, 이를 감안한 기술혁신전략이 중요하다는 점을 강조했다(Pavitt, 1984). 파빗이 논의한 주제는 부문별 혹은 산업별 기술혁신패턴(sectoral patterns of innovation)으로 불리고 있다.

파빗은 1945~1975년에 영국에서 일어난 2,000여 건의 기술혁신에 관한 자료를 분석한 후, 이를 바탕으로 '정형화된 사실(stylized facts)'을 도출하여 기술혁신의 패턴에 대해 논의했다. 그는 각 산업을 주도하는 기업의 규모는 어떠한가? 해당 기업은 제품혁신과 공정혁신 중에 어디에 초점을 두는가? 소비자들은 가격에 민감한가 아니면 성능을 중시하는가? 연구개발, 생산, 마케팅 중 어느 것이 기술혁신의 주요한 원천인가? 해당 기업은 기술혁신의 결과를 전유하기 위해 어떤 수단에 의존하는가? 등과 같은 기준에 따라 기술혁신패턴이 각기 다른 양상을 보인다고 지적했다.

이와 같은 기술혁신패턴의 차이를 감안하여 파빗은 산업부문 혹은 기업군의 유형을 네 가지 유형으로 식별했다. 공급자지배산업(supplier-dominated firms), 규모집약산업(scale-intensive firms), 전문공급자(specialized suppliers), 과학기반산업(science-based firms)이 그것이다([표 4-2] 참조). 기술혁신의 유형에서는 공급자지배산업과 규모집약산업은 공정혁신, 전문공급자는 제품혁신, 과학기반산업은 제품혁신과 공정혁신의 혼합에 초점을 둔다. 혁신의 원천을 살펴보면, 공급자지배산업의 경우에는 설비와 원재료의 공급자, 규모집약산업에서는 생산에 관한 실제적 경험, 전문공급자의 경우에는 사용자의 요구, 과학기반산업에서는 내부 연구개발이 중요한 요소로 작용한다. 파빗이 기술혁신의 관점에서 산업부문을 분류했기 때문에 우리가 흔히 사용하는 노동집약산업, 자본집약산업, 지식집약산업 등이 부각되지 않고 있다는 점에도

유의할 필요가 있다.[57]

표 4-2 파빗의 기술혁신패턴에 관한 분류.

구분	공급자지배	규모집약	전문공급자	과학기반
주요 영역	농업, 섬유, 전통적 서비스	철강, 자동차, 소비내구재	공작기계, 정밀기기, 소프트웨어	전자, 화학, 생명공학
사용자 특성	가격에 민감	가격에 민감	성능에 민감	혼합
혁신의 초점	공정혁신	공정혁신	제품혁신	혼합
혁신의 원천	설비/원재료 공급자	생산/엔지니어링, 내부 연구개발	설계, 사용자와의 관계	내부 연구개발, 생산/엔지니어링
기술의 보호	상표, 광고 등 비(非)기술적 요소	규모의 경제, 공정 노하우	설계 노하우, 사용자의 지식	리드 타임, 학습경제
기업의 규모	중소기업	대기업	중소기업	대기업, 벤처기업

자료: Pavitt(1984: 354).

이후에 파빗은 앞의 네 가지 유형에 정보집약산업(information-intensive firms)을 추가한 바 있는데, 금융, 소매, 출판, 여행 등과 같은 서비스 부문이 여기에 해당한다. 이러한 산업은 이전부터 존재해 왔지만 정보기술의 활용을 매개로 기술혁신에 점점 더 많은 관심을 기울이고 있다. 정보집약산업에 속한 기업의 기술혁신은 정보를 효율적으로 처리하기 위해 복잡한 시스템을 설계하고 운영하는 경로를 밟게 된다. 이

---

57 파빗의 기술혁신패턴에 관한 분류를 특정 산업에 기계적으로 적용하기에는 어렵다. 예를 들어 철강업체는 일관제철소, 미니밀, 2차 가공업체, 특수강업체 등으로 구분되는데, 각 업체에 따라 기술혁신패턴에서 차이를 가진다. 반도체의 경우에는 메모리반도체와 비(非)메모리반도체(시스템반도체)의 기술적 특성도 다르고, 기업의 형태에도 종합반도체 회사(integrated device manufacturer, IDM), 팹리스(fabless) 회사, 파운드리(foundry) 회사 등이 있다. 메모리반도체는 대부분 IDM이 설계와 생산을 함께 수행하고 있으며, 시스템반도체의 경우에는 팹리스가 설계를, 파운드리가 생산을 담당하는 분업구조를 형성하고 있다. 이런 식으로 특수성을 계속 찾아간다면 기술혁신패턴에 관한 종합적인 논의를 하는 것은 불가능해진다.

러한 정보처리시스템을 통해 소비자의 요구에 더욱 민감하게 반응하는 서비스나 제품을 개발하여 제공하는 것이 정보집약산업에서 이루어지는 기술혁신의 목적이다. 정보집약산업의 경우에는 소프트웨어 혹은 시스템을 공급하는 집단과 해당 기업 내에서 이를 활용하는 부서가 기술혁신의 중요한 주체가 된다(Tidd et al., 2005: 171-174).[58]

그러나 파빗은 산업별 기술혁신패턴을 분류하는 데 그쳤고, 왜 이러한 기술혁신 패턴에 차이가 발생하는지에 대해서는 본격적으로 다루지 않았다. 이에 대해 말레바(Franco Malerba) 등은 혁신활동의 특성이 산업에 따라 차이가 발생하는 원인을 '기술체제(technological regime)'라는 개념으로 설명하려고 시도했다(Malerba and Orsenigo, 1997; Malerba, 2002). 기술체제란 혁신활동을 규정하는 기술적 환경으로서 혁신활동을 제약하거나 특정한 방향으로 이끄는 역할을 담당한다. 정치적 지배체제(political regime)에 따라 그 사회의 정치적 활동이 제약을 받듯, 기술체제에 따라 기술혁신의 방향과 내용이 달라질 수 있다는 것이다.

말레바 등은 기술체제를 구성하는 요소로 기회 조건(opportunity conditions), 전유가능성 조건(appropriability conditions), 누적성 조건(cumulativeness conditions), 지식기반(knowledge base) 등을 들고 있다. 기회 조건이란 혁신활동에 자원을 투입했을 때 혁신이 일어나기 용이한 정도를 가리킨다. 전유가능성은 혁신을 모방으로부터 방어하고 혁신활동에서 수익을 얻을 수 있는 가능성을 말한다. 누적성은 현재의 혁신과 혁신활동이 미래의 혁신에 토대가 되는 정도를 뜻한다. 지식기반은 지식의 성격과 지식이전의 수단에 의해 파악된다. 지식의 성격은 특수성, 암묵성, 복잡성, 상호의존성 등의 정도에 따라 달라지고, 지식이전의 수단은 직접적 접촉에서 라이센싱에 이르는 기술이전의 경로를 의미한다.

말레바 등은 이러한 기술체제의 특성들이 기업의 혁신 행태, 산업별 혁신활동의 패턴, 혁신활동의 지역적 패턴을 결정한다고 보았다. 기술체제가 독립변수라면, 기술혁신패턴은 종속변수에 해당하는 것이다. 이 중에서 산업별 기술혁신패턴은 혁신

---

58 이와 관련하여 송성수(2000)는 기술추세 측면, 혁신유발 측면, 혁신주체 측면으로 구분하여 철강 산업의 기술혁신패턴을 분석한 바 있다. 기술추세 측면은 해당 산업의 기술변화 추세에 입각한 패턴을 말하고, 혁신유발 측면은 기술혁신을 유발하는 유인 메카니즘의 특성에 의한 패턴을 뜻하며, 혁신주체 측면은 기술혁신을 주도하는 활동 주체 및 관계에 따른 패턴을 의미한다.

활동의 상위 기업 집중도, 혁신을 주도하는 기업의 규모, 혁신기업들 사이의 위계의 안정성, 새로운 혁신기업의 진입 용이성 등에서 차이를 보인다. 그리고 이러한 차이는 기술체제에 입각하여 인과적으로 설명될 수 있다. 예를 들어 기술적 기회가 높은 산업에서는 새로운 혁신기업의 진입이 용이하고 혁신기업들 사이의 위계가 불안정할 것이다. 이에 반해 기술의 누적성이 높은 산업에서는 현재 혁신적인 기업들이 향후에도 혁신을 더 잘 할 것이므로 혁신기업들 사이의 위계가 안정적으로 유지되고 새로운 혁신기업의 진입도 제한적일 것이다.

이근과 임채성은 이와 같은 산업별 기술혁신패턴에 대한 논의를 한국의 사례에 적용한 바 있다(Lee and Lim, 2001; 이근, 2007: 95-124). 그들은 세계시장 점유율, 기술체제의 성격, 상대적인 추격의 정도 등을 감안하여 한국의 주요 산업이 보여주는 기술추격의 패턴을 경로추종형 추격(path-following catch-up), 단계생략형 추격(stage-skipping catch-up), 경로개척형 추격(path-creating catch-up) 등과 같은 세 가지 유형으로 구분했다. 경로추종형은 선발자의 경로를 그대로 따라가는 것으로 가전, 기계, 철강, 조선 등이 여기에 해당한다. 단계생략형은 선발자의 경로 중 한 두 단계를 뛰어넘는 것에 해당하는데, 자동차산업과 반도체산업이 그 예가 될 수 있다. 현대자동차는 독자엔진을 개발할 때 카뷰레터 방식을 건너뛰고 전자분사 방식으로 나아갔으며, 삼성전자는 D램 산업에 진출하면서 곧바로 64K D램에 도전했던 것이다.[59] 경로개척형은 CDMA와 같이 새로운 경로를 창출하여 선발자와 대등한 관계에서 경쟁하는 경우를 일컫는다. 세 가지 유형 중에 단계생략형과 경로개척형은 기술비약(technological leapfrogging)을 설명할 수 있는 것으로 간주되고 있다.

---

[59] 현대자동차의 사례는 김견(1994); 송성수(2021b)를, 삼성 반도체의 사례는 Choi(1996); 송성수(2008b)를 참조.

그림 4-11 기술추격의 세 가지 패턴.

```
선발자의 경로: A단계 → B단계 → C단계 → D단계

경로추종형 추격: A단계 → B단계 → C단계 → D단계
  예) 한국의 기계, 음향가전, PC

단계생략형 추격: A단계 --------→ C단계 → D단계
  예) 현대자동차의 엔진, 삼성의 D램, 중국의 디지털 전자교환기

경로개척형 추격: A단계 → B단계 → C'단계 → D'단계
  예) 한국의 CDMA와 디지털TV
```

주: C와 C', D와 D'는 경쟁적·대안적 기술에 해당함.
자료: 이근(2007: 93).

이근은 이후에 기술추격의 유형론을 부분적으로 보완하면서 경로추종형의 예로 PC를, 단계생략형의 예로 중국의 디지털 전자교환기를, 경로개척형의 예로 디지털 TV를 추가적으로 거론한 바 있다([그림 4-12] 참조). 또한 기술추격의 세 가지 유형이 반드시 배타적인 것은 아니고 혼합된 유형이 존재할 수도 있는데, 예를 들어 조선산업과 철강산업은 경로추종형에서 경로개척형으로 전환된 사례라 볼 수 있다(김형균·손은희, 2005; 송성수·송위진, 2010). 조선산업과 철강산업은 오랫동안 선발자의 경로를 따라가다가 1990년대 후반부터는 각각 멤브레인(membrane)형 LNG선, 파이넥스(fine iron ore reduction, FINEX) 공법과 같은 새로운 경로를 개척했던 것이다.

최근에는 추격을 넘어 탈(脫)추격(post catch-up)이 강조되면서 탈추격형 기술혁신의 유형에 관한 논의도 이루어지고 있다. 예를 들어 최영락 등은 탈추격형 기술혁신의 한 유형으로 '경로실현형 기술혁신(path-revealing innovation)'이란 개념을 제안하고 있다(최영락 외, 2008; Choi, 2010). 일반적으로 탈추격형 기술혁신이라고 하면 경로개척형 혹은 경로창출형 기술혁신(path-creating innovation)을 떠올리는 경향이 있지만, 탈추격형 기술혁신에는 경로창출형 이외에도 경로실현형 기술혁신이 존재한다는 것이다. 경로실현형 기술혁신은 경로추종형 기술혁신(path-following innovation)과 경로창출형 기술혁신의 중간 단계이자 독자적 유형에 해당한다. 경로추종형 기술혁신이 해결해야 될 문제와 그것을 해결하기 위한 대안이 모두 알려져 있는 상황에서의 기술혁신이고, 경로창출형 기술혁신이 해결해야 할 문제도 설정되어 있지 않고

과학기술의 경영과 정책

문제해결을 위한 대안도 매우 불확실한 상황에서의 기술혁신이라면, 경로실현형 기술혁신은 무엇을 해결해야 하는지는 알고 있지만 그 대안이 불확실한 상태에서 이루어지는 기술혁신이다([표 4-3] 참조).

표 4-3 후발기업의 기술혁신 유형.

혁신의 유형	경로추종형 기술혁신	경로실현형 기술혁신	경로창출형 기술혁신
혁신의 초점	모방을 위한 문제풀기	혁신을 위한 문제풀기	혁신을 위한 문제설정
문제	확실	확실	불확실
대안	확보 가능	불확실	불확실
원천기술 획득 경로	기술도입	기술도입+공동연구	자체개발+공동연구

자료: 최영락 외(2008: 9); 송성수·송위진(2010: 704).

송성수(2021a)가 기술습득과 기술선도에 관한 유형을 논의하고 있는 것도 주목할 만하다. 기술습득의 유형에는 ① 설비를 가동하고 제품을 생산하면서 기술을 익히는 실행에 의한 학습(learning by doing), ② 다양한 선진업체들의 기술적 사양을 적절히 조합하는 짜깁기 기술조합(tailored technological combination), ③ 완성품을 분해하고 해석함으로써 기술을 확보하는 역행 엔지니어링(reverse engineering) 등이 있다. 신발, 섬유, 석유화학, 철강은 ①에, 조선과 자동차는 ②에, 전자산업은 ③에 해당한다. 기술선도의 유형으로는 ① 기존의 기술패러다임 내에서 과거의 기술능력을 심화 혹은 확장하는 과정에서 기술경로를 선도하는 경로선점형 혁신(path-preoccupation innovation), ② 기술패러다임이 전환되는 시기에 복수의 후보군 중에 특정한 대안을 선택하여 상업적 성공으로 연결시키는 경로실현형 혁신(path-realization innovation), ③ 신기술개발이나 기술융합을 통해 원천기술을 자체적으로 확보한 후 이를 바탕으로 새로운 경로를 만들어가는 경로구성형 혁신(path-construction innovation) 등을 들 수 있다. ①에는 반도체, 디스플레이, 휴대전화, ②에는 철강, 조선, 이동통신이 포함된다. ③의 예로는 도요타자동차의 하이브리드자동차, 테슬라모터스의 전기자동차,

애플의 아이폰과 아이패드 등을 고려할 수 있다.[60]

---

60 이와 관련하여 송위진 · 황혜란(2009); 황혜란 외(2012)는 탈추격형 혁신의 유형을 기술심화형 (deepening process innovation), 아키텍처 혁신형(architectural innovation), 신기술기반형(radical innovation)으로 구분하고 있다. 기술심화형은 이전에 확보한 공정기술을 심화해서 새로운 기술궤 적을 개척하는 유형에 해당하고, 아키텍처 혁신형은 원천기술을 해외에 의존하지만 기존 기술을 새롭게 결합하여 선두그룹에 진입하는 경우를 뜻하며, 신기술기반형은 선진국과 거의 같은 시기 에 원천기술을 개발하여 새로운 산업을 형성하는 유형을 의미한다.

과학기술의 경영과 정책

제5장

기술혁신의 전략과 관리

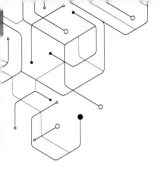

전략이라고 하면 『손자병법』에 나오는 "지피지기(知彼知己)면 백전백승(百戰百勝)"이라는 문구가 떠오른다. 외부 환경과 내부 역량을 잘 파악해야 성공할 수 있다는 뜻으로 읽힌다. 경영전략의 아버지로 평가되는 앤소프(Igor Ansoff)는 조직의 의사결정을 전략적, 관리적, 업무적 차원으로 구분하면서 전략을 "현재와 미래를 연결하는 방침"으로 규정했다. 기술혁신학의 교재로 널리 사용되는 『혁신을 경영하기』는, 책의 부제가 명시하고 있듯, 기술혁신전략 혹은 기술전략의 핵심 과제를 시장, 기술, 조직의 변화를 통합하는 데서 찾고 있다(Tidd et al., 2005).

1 경영전략론의 흐름

요즘에는 경영전략 혹은 전략경영이란 용어를 쉽게 접할 수 있지만, 1970년대 초만 해도 경영정책 혹은 기업정책(business policy)이란 용어가 널리 사용되었다. 경영정책은 생산, 마케팅, 재무회계, 인사조직 등 경영학의 각론을 배운 다음 최고경영자의 관점에서 여러 부문을 통합적으로 고려할 수 있도록 마련된 교과목의 명칭이었다. 경영정책이 기업 전체에 대한 관심을 표방하고 있다면, 여기에다 경쟁환경에 대한 대응으로서 전략을 추가하여 재구성한 개념이 경영전략이라 볼 수 있다. 미타니 고지(三谷宏治)의 『경영전략 논쟁사』는 경영전략론의 흐름을 흥미롭게 개관하고 있는데, 그는 경영전략의 키워드가 포지셔닝(positioning), 능력(capability), 혁신

(innovation)의 순서로 변화해 왔다는 점에 주목하고 있다(미타니 고지, 2013).[61]

경영정책이란 용어가 사용되던 시절에 두각을 드러낸 인물로는 앤소프, 앤드루스(Kenneth Andrews)와 코틀러(Philip Kotler) 등을 들 수 있다. 앤소프는 1965년에 발간한 『기업전략(Corporate Strategy)』에서 다음의 네 가지 사항을 강조했다. 첫째는 의사결정을 전략(strategy), 조직(structure), 시스템(system)의 관점에서 접근한다는 것으로, 이는 훗날 '3S 모델'로 불리게 된다. 둘째는 '격차 분석(gap analysis)'이다. 전략의 요체가 현재의 상태(as is)와 미래의 목표(to be) 사이의 격차를 분석하고 메우는 데 있다는 것이다. 셋째는 경쟁에서 승리하려면 핵심이 되는 강점이 있어야 한다는 점이다. 넷째는 '제품·시장 매트릭스'를 통해 기업의 성장벡터를 찾아내고 사업의 포트폴리오를 관리해야 한다는 점이다. 여기서 제품·시장 매트릭스는 제품을 가로축으로, 시장을 세로축으로 한 2×2 행렬로 흔히 '앤소프 매트릭스'로 불리고 있다([그림 5-1] 참조).

그림 5-1 앤소프 매트릭스.

앤드루스는 하버드 비즈니스 스쿨에서 경영정책 코스를 개발했던 인물이다. 그는 1965년에 발간한 『경영정책』에서 전략계획의 프로세스를 외부 환경 분석, 내부 환경 분석, 전략 구축, 전략 실행으로 구분했다. 앤드루스가 자주 사용한 분석도

---

61 세계적으로 널리 활용되는 경영전략론에 관한 교재에는 Hill et al.(2014); Barney and Hesterly(2020)가 있다. Porter et al.(2011)은 『하버드 비즈니스 리뷰(Harvard Business Review, HBR)』에 실린 경영전략에 관한 10편의 논문을 선정하여 수록하고 있다.

과학기술의 경영과 정책

구 중 하나는 엄청난 히트 상품이 되었는데, 그것이 바로 'SWOT 분석'이다. 주지하듯 SWOT은 강점(strength), 약점(weakness), 기회(opportunities), 위협(threats)의 앞 글자를 딴 것으로 장점과 약점은 내부 요소, 기회와 위협은 외부 요소에 해당한다. SWOT 분석은 오늘날에도 광범위하게 사용되고 있지만, SWOT 분석을 했다고 해서 경영전략이 곧바로 정해지는 것은 아니다. 이에 대응하여 웨이리치(Heinz Weihrich)는 1982년에 SWOT을 거꾸로 표현한 'TOWS 분석'을 제안한 바 있다. [그림 5-2]와 같이 기회와 위협의 외부 요소에 강점과 약점의 내부 요소를 서로 조합하여 경영전략의 옵션을 도출할 수 있는 것이다.

그림 5-2 TOWS 분석의 개념도.

내부 요인 / 외부 요인	강점(S)	약점(W)
기회(O)	SO 전략 (적극 공세)	WO 전략 (약점 보완)
위협(T)	ST 전략 (차별화)	WT 전략 (방어/철수)

코틀러는 1967년에 초판이 간행된 『마케팅 관리(Marketing Management)』에서 '전략적 마케팅 프로세스'를 주창했다. 그 프로세스는 ① 조사(research), ② 세분화, 표적 설정, 포지셔닝(segmentation, targeting and positioning, STP), ③ 마케팅 믹스(marketing mix, MM), ④ 실행(implementation), ⑤ 통제(control)의 다섯 단계로 구성되어 있는데, 코틀러가 특별한 주의를 기울인 것은 STP와 MM이다. STP는 시장을 자신에게 유리하도록 분할하고, 표적으로 삼을 시장을 선정하며, 경쟁자와 차별화되도록 제품을 위치시키는 일에 해당한다. MM은 STP를 구체화하기 위해 다양한 마케팅 수단을 조합하는 것을 뜻한다. 마케팅 수단은 흔히 '4P'로 불리는데, 그것은 제품(product), 가격(price), 유통경로(place), 판매촉진(promotion)을 지칭한다.

1969년에는 보스턴 컨설팅 그룹(Boston Consulting Group)이 'BCG 매트릭스'로 불리는 히트 상품을 내놓았다. BCG 매트릭스에서 가로축은 상대적 시장점유율, 세로축은 시장성장률을 나타내며, 각 사분면에는 물음표(question mark) 혹은 문제아

(problem child), 스타(star), 캐시카우(cash cow), 개(dog)라는 이름이 붙어 있다.

그림 5-3 BCG 매트릭스.

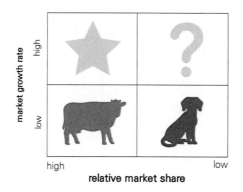

캐시카우에 해당하는 사업에는 투자를 억제하면서 현금을 만들어내고, 그것을 바탕으로 스타 사업에 집중적으로 투자한다. 이와 함께 물음표 사업을 선별하여 자금을 투입하고, 개에 해당하는 사업에 대해서는 철수를 검토한다.[62] 여기서 성장의 흐름은 물음표에서 스타로, 스타에서 캐시카우로 이어지며, 가장 중요한 전략적 의사결정은 제1사분면에 위치한 물음표를 스타로 육성하는 데 있다. BCG 매트릭스는 기업 전체의 차원에서 사업 포트폴리오를 분석하는 도구에 해당하며, 경영전략과 투자의 흐름을 연계하여 논의했다는 의의를 가지고 있다.[63]

---

62 개에 해당하는 사업을 '롱테일(long tail)'로 활용할 수 있다는 점에도 유의해야 한다. 롱테일 경제학은 히트상품(머리)에서 틈새상품(꼬리)으로 관심을 유도한다(Anderson, 2006). 예를 들어 구글은 중소기업이나 1인 기업의 광고를 끌어 모아 수익모델을 만들었으며, 아마존의 수입 중 상당 부분은 구간(舊刊)이나 희귀도서의 판매에서 나오고 있다. 이러한 전략은 '티끌 모아 태산'으로 표현될 수 있다. 미타니 고지(2013: 146)가 개 대신에 '강아지(puppy)'라는 개념을 사용하자고 제안하는 것도 이러한 맥락에서 이해할 수 있다.

63 BCG가 '사업' 포트폴리오 매트릭스를 주창했다면, ADL(Arthur D. Little)은 '기술' 포트폴리오에 주목했다. ADL 매트릭스는 기술경쟁력을 가로축, 기술중요도를 세로축으로 삼고 있으며, 각 사분면은 투자육성(bet), 유보(draw), 포기(fold), 현금화(cash-in)에 해당한다(박용태, 2011: 197-198). 또한 BCG 매트릭스에 대응하여 맥킨지는 제너럴 일렉트릭과 연합하여 3×3 매트릭스에 해당하는 'GE-맥킨지 매트릭스'를 고안했지만, 고려하는 요소가 지나치게 복잡하여 별다른 주목을 받지 못했다(미타니 고지, 2013: 150-151).

포지셔닝 관점을 대표하는 인물로는 마이클 포터(Michael Porter)가 꼽힌다. 포터는 1979년에 "경쟁적 힘들은 어떻게 전략을 형성하는가(How Competitive Forces Shape Strategy)"라는 기념비적인 논문에서 소위 '다섯 가지 힘 모형(five forces model)' 혹은 '5요인 모형'을 제창했다(Porter, 1979). 그 모형은 기존 업체 사이의 경쟁, 공급자의 협상력, 구매자의 협상력, 신규 진입자의 위협, 대체재(substitutional goods)의 위협과 같은 다섯 가지를 주요 구성요소로 삼고 있다. 이와 같은 산업 차원의 구조 혹은 매력도에 관한 분석을 통해 포터는 이익을 낼 수 있는 시장을 선택하고 이익을 올릴 수 있는 위치를 차지하는 것이 경쟁전략의 요체라고 강조했다. 특히 포터는 다섯 가지 힘을 조사하기 위해 50개가 넘는 상세한 목록을 제안했는데, 그것은 SWOT 분석이나 포트폴리오 분석을 풍성히 할 수 있는 기회를 제공했다. 이후에 포터는 보완재(complementary goods)를 제6의 요소로 추가하여 보완재의 중요성, 품질, 가격 등이 해당 산업의 기회와 위협에 영향을 미친다는 점을 강조했다(Porter, 2001).[64]

그림 5-4 확장된 포터의 산업구조분석 모형.

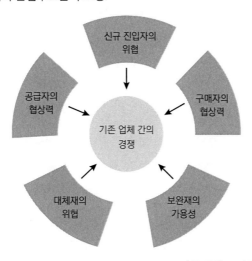

자료: Hill et al.(2015: 53)을 일부 보완함.

---

[64] 보완재의 예로는 면도기와 면도칼, 자동차와 휘발유, 프린터와 토너, 게임기와 게임, 삼겹살과 상추 등을 들 수 있다. 보완재와 대체재가 고정되어 있지 않다는 점에도 주목할 필요가 있다. 가령 소주 대신에 맥주를 마실 때는 맥주가 소주의 대체재이지만, '소맥'을 만든다면 소주와 맥주는 보완재가 된다.

포터는 5요인 모형에 대한 논지를 더욱 발전시켜 1980년에 『경쟁전략』을 출간했다. 여기서 그는 좋은 포지셔닝을 위한 본원적 전략(generic strategy)으로 비용리더십, 차별화, 집중의 세 가지 유형을 제시했다. 비용리더십과 차별화는 시장 전체를, 집중은 틈새시장을 대상으로 삼는 전략에 해당한다. 또한 포터는 기업의 내부 활동을 소홀히 했다는 비판을 감안하여 1985년에 발간한 『경쟁우위』를 통해 '가치사슬(value chain)'의 개념을 제안했다. 기업의 활동을 유입물류, 생산운영, 유출물류, 마케팅 및 판매, 서비스 등의 주요활동(primary activities)과 하부구조, 인적자원관리, 기술개발, 구매조달 등의 지원활동(support activities)으로 구분했던 것이다.[65] 이어 포터는 1990년에 『국가의 경쟁우위』를 발간하면서 경쟁우위의 논의를 국가의 차원으로 확장한 다이어몬드 모형을 제안한 바 있다. 그 모형은 국가경쟁력을 진단하기 위한 요인으로 요소조건(factor endowment), 관련 및 보조산업(related and supportive industry), 수요상태(demand condition), 그리고 기업의 전략, 구조 및 경쟁(firm strategy, structure, and rivalry) 등을 들고 있다. 이상과 같은 『경쟁전략』, 『경쟁우위』, 『국가의 경쟁우위』는 포터의 3부작으로 평가되고 있다.

1990년대에 들어서는 경쟁우위의 원천으로 산업의 구조적 특성이 아니라 기업 내부의 자원이나 역량에 주목하는 자원기반 관점(resource-based view, RBV)이 각광을 받았다. 프라하랄드(C. K. Prahalad)와 하멜(Gary Hamel)은 1990년에 발표한 논문에서 '핵심역량(core competence, CC)'이라는 신조어를 제안했다(Prahalad and Hamel, 1990). 기업이 수익을 낳는 원천은 사업의 포지셔닝도 아니고 업무의 효율성도 아니며, 중간에 위치한 역량, 그중에서도 핵심역량이라는 것이다. 한 기업이 수십 개의 역량을 보유하고 있다고 하더라도 핵심역량은 소수에 지나지 않는다. 핵심역량은 경쟁 상대가 흉내 내기 어렵고 고객이 인정하는 가치를 창출할 수 있으며 다양한 사업으로 전개할 수 있는 힘을 가지고 있다. 기업의 경쟁력을 나무에 비유한다면, 뿌리는 핵심역량, 몸통은 핵심제품, 가지는 사업단위, 잎사귀는 최종제품에 해당한다고 볼 수 있다.

---

65 포터의 가치사슬은 구체적 상황이나 이론적 초점에 따라 얼마든지 재구성될 수 있는데, 가령 4장에서 검토한 기술혁신모형은 연구개발, 생산, 마케팅을 주요활동으로 간주하고 있다. 다양한 기업들의 가치사슬이 연결되면 새로운 가치사슬이 형성되어 산업, 국가, 세계 등의 차원으로 확장될 수 있다는 점에도 주의를 기울여야 한다.

과학기술의 경영과 정책

그림 5-5 핵심역량, 핵심제품, 사업단위, 최종제품의 상관도.

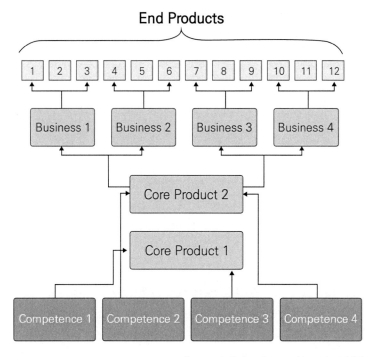

자료: Prahalad and Hamel(1990); Schilling(2020: 142).

핵심역량의 대표적인 예로는 혼다의 엔진 기술과 소니의 소형화 기술을 들 수 있다. 혼다는 엔진 기술을 축으로 오토바이, 자동차, 제초기, 발전기 등의 사업을 전개했으며, 소니는 소형화 기술을 바탕으로 라디오, 오디오, 카메라 등과 같은 전자제품의 혁신을 선도했다. 이와 관련하여 핵심역량을 형성하는 기술은 핵심기술(core technology), 핵심역량과 연계되어 제품의 효용을 증대시키는 기술은 주변기술(peripheral technology)로 불리기도 한다(정선양, 2011: 21-22). 핵심역량이 반드시 기술적 요소로 환원되지 않는다는 점에도 유의해야 한다. 예를 들어 페더럴 익스프레스의 핵심역량은 화물의 위치를 추적하는 능력이며, 바코드 기술은 그것의 구성요소에 불과하다. 심지어 특출한 개인이나 혁신적 조직이 한 기업의 핵심역량으로 간주되기도 한다.

이와 관련하여 과거나 현재의 '핵심역량'이 향후에는 '핵심경직성(core rigidities)' 으로 작용할 가능성도 제기되고 있다. 기존의 문제해결 방식과 조직운영 방식을 계속해서 고수할 경우에는 변화하는 환경에 대한 대응력을 상실하게 된다는 것이다. 특히, 기존에 형성된 제도가 상당 기간 동안 성공적인 결과를 가져왔을 때 그것을 변경하는 일은 더욱 어렵게 된다(Leonard-Barton, 1992). 한때의 큰 강점이 나중에는 매우 심각한 부담으로 작용하는 현상은 '이카루스의 역설(Icarus paradox)'로 불리기도 한다. 그리스 신화 속의 이카루스는 아버지 다이달로스(Daedalus)가 만든 밀납 날개 덕분에 하늘 높이 올라갈 수 있었지만 너무 높이 올라간 나머지 죽음에 이르는 운명을 맞이했다. 태양에 근접하게 되자 태양열 때문에 날개가 녹으면서 이카루스가 곤두박질하고 말았다는 것이다.

코닥의 역설

카메라는 오랫동안 전문가들만이 사용해 왔다. 일반인을 위한 작고 가벼운 카메라의 시초는 1888년에 출시된 코닥 카메라이다. 당시에 이스트먼(George Eastman)이 선택한 광고 문구는 "버튼만 누르면 됩니다. 나머지는 우리가 알아서 합니다(You Press the Button, We Do the Rest)"였다. 소비자들이 필름을 모두 사용한 다음에 이스트먼의 회사에 보내면 그곳에서 현상과 인화를 하면서 필름을 교체해 주었다. 이스트먼은 카메라만이 아니라 서비스도 판매하는 비즈니스 모델을 만들었던 셈이다. 1910년대가 되면 코닥은 카메라나 필름의 대명사가 될 정도로 시장에서 독점적인 지위를 누렸다. 흥미롭게도 세계 최초의 디지털카메라는 1975년에 코닥의 엔지니어인 새슨(Steve Sasson)에 의해 개발되었다. 당시에 코닥은 디지털카메라가 필름 시장의 붕괴를 가져올 것으로 판단하고 디지털카메라의 확산에 부정적인 태도를 보였다. 코닥의 억제전략이 계속되는 가운데 1998년 이후에는 소니, 캐논, 올림푸스, 니콘 등과 같은 일본의 기업들이 디지털카메라를 잇달아 출시했다. 코닥은 뒤늦게 디지털카메라 시장에 진출했지만, 결국 수익성 악화로 2012~2013년에 파산보호를 받는 신세로 전락했다(송성수, 2019: 307-318).

1991년에는 바니(Jay B. Barney)가 자원기반 관점을 체계화한 논문을 발표했다(Barney, 1991). 그는 각 기업이 보유한 자원은 이질성(heterogeneity)과 비이동성(immobility)을 가진다고 전제했다. 동일한 산업구조 내에 있는 기업이라도 저마다 독자적인 자원을 보유할 수 있으며, 한 기업은 다른 기업의 특정한 자원을 단기간에 획득할 수 없다는 것이다. 또한 자원의 이질성과 비이동성으로 진입장벽과 이동장벽이 만들어지기 때문에 장벽의 보호를 받는 기업과 그렇지 못한 기업은 동일한 전략을 실행할 수 없다. 바니는 기업의 전략적 자원이 가진 특성으로 가치(value), 희소성(rarity), 모방곤란성(inimitability), 비대체성(non-substitutability) 등을 들었다. 이러한 특성을 지닌 자원이 한 기업을 다른 기업과 차별화하고 경쟁우위를 가능하게 하는 원천이다. 이후에 바니는 네 가지 요소 중에 자원의 비대체성을 제외하고 자원의 활용도를 나타내기 위해 조직(organization)이란 요소를 추가했으며, 이에 따라 자원기반 관점은 'VRIO 프레임워크'로도 불리고 있다(Barney, 1995).

표 5-1 VRIO 프레임워크의 질문과 경쟁력의 성격.

경제적 가치가 있는가?	희소한 자원인가?	모방하기 어려운가?	조직이 최대한 활용하는가?	경쟁력의 성격
아니오	-	-	-	경쟁열위
예	아니오	-	-	유사한 경쟁력
예	예	아니오	-	일시적 경쟁우위
예	예	예	아니오	활용되지 않는 경쟁우위
예	예	예	예	지속적 경쟁우위

자료: Barney and Clark(2007: 70).

고지는 특별한 주의를 기울이지 않았지만 티스(David J. Teece) 등이 제안한 동태적 능력(dynamic capabilities)에 관한 논의도 주목할 만하다(Teece and Pisano, 1994; Teece et al., 1997). 동태적 능력은 '급변하는 환경 변화에 대응하기 위해 내부와 외부의 역량을 재구성하는 기업의 능력'으로 정의되는데, 여기서 역량은 기업 특유의 자산인 자원에 의해 만들어진다.[66] 기업이 새로운 도전에 충실히 대응하기 위해서는 다음과 같은 세 가지 유형의 동태적 능력이 필요하다. 첫째는 새로운 전략적 자산을 빠르게 학습하고 구축하는 능력이고, 둘째는 기술과 고객의 피드백을 반영하여 전략적 자산을 통합하는 능력이며, 셋째는 가치가 하락되고 있는 기존의 자산을 변형하거나 재사용하는 능력이다. 이러한 의미의 동태적 능력은 주어진 조건에서 업무를 잘 수행하는 일상적 능력(ordinary capabilities)과 대비된다. 또한 티스 등은 기업이 전략적으로 고려해야 할 요소로 3P, 즉 위치(position), 경로(path), 절차(process)를 들었다. 소비자 혹은 공급자와의 관계뿐만 아니라 현재 보유한 유무형의 자산을 바탕으로 위치를 설정하고, 기회의 매력도는 물론 가용한 대안을 감안하여 경로를 탐색하며, 일하는 방식이나 학습하는 양상을 포함한 루틴(routines)을 조직적으로 정립해야 한다는 것이다.

포지셔닝 관점과 자원기반 관점 사이의 논쟁이 계속되는 가운데 양자를 통합하려는 시도도 있었는데, 대표적인 예로는 김위찬(W. Chan Kim)과 르네 마보안(Renée Mauborgne)의 블루오션 전략을 들 수 있다(Kim and Mauborgne, 2005; 2017). 포터가 전략을 고부가가치와 저비용의 상충 관계(trade-off relationship)로 간주했다면, 김위찬과 마보안은 적(敵)이 없는 새로운 시장을 만들어 내는 것을 좋은 전략으로 보았다. 다시 말해 김위찬과 마보안에게 전략은 새로운 시장 개념을 생각해 내고 그것을 실현할 수 있도록 경쟁요소를 재구성하는 가치 혁신(value innovation)이었다. 그들은 블루오션 전략을 실행하기 위한 도구로 '전략 캔버스(strategy canvas)'를 제안하고 있는데, 그것은 ERRC, 즉 없애고(eliminate) 줄이고(reduce) 늘리고(raise) 새로 만드는 (create) 방법을 통해 새로운 가치곡선을 도출한 것에 해당한다. 가령 [그림 5-6]은 중저가 럭셔리 호텔인 '시티즌M'에 대한 가치곡선을 나타내고 있다. 풀 서비스를 제공하는 고급 호텔에 비해 벨 보이와 로비는 제거하고 가격과 객실 크기는 감소시키며, 무료 영화와 인터넷은 증가시키고 고객 바와 공용공간은 신설하는 방안을 포괄하고

---

66 동태적 능력에 관한 다른 어법도 있다. 예를 들어 Henderson and Cockburn(1994)은 연구개발, 마케팅, 조직관리 등 기능별 운영에 관한 자원을 구성요소 역량(component competence)으로, 내외부의 자원을 통합하여 새로운 자원을 창출하는 능력을 아키텍처 역량(architectural competence)으로 개념화하고 있다.

있는 것이다.[67]

그림 5-6 새로운 가치의 조합을 표현하고 있는 전략 캔버스.

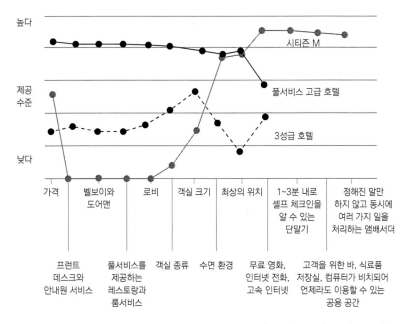

자료: Kim and Mauborgne(2017: 310).

미타니 고지가 마지막으로 주목하고 있는 것은 적응전략(adaptive strategy)이다.
환경변화의 불확실성이 커지고 경쟁이 격화되면서 경영전략에도 순발력이 필요하다
는 것이다. 그는 적응전략의 예로 '디자인 씽킹 프로세스(design thinking process)'를
들고 있다. 그 프로세스는 디자인 전문업체인 아이디오(IDEO)가 처음 제안한 것으로
'EDIPT'로 약칭되는 다섯 개의 순환적 단계로 이루어져 있다. 공감(empathy), 문제
정의(define), 아이디어(ideate), 프로토타입(prototype), 테스트(test) 등이 그것이다([그
림 5-7] 참조). 공감의 단계에서는 고객의 진짜 문제를 알아내기 위해 인터뷰, 관찰, 체
험 등의 활동이 전개된다. 문제정의의 단계에서는 공감을 통해 발견한 문제들을 바

---

67 2005년에 발간된 『블루오션 전략』에서 인상적인 사례로 거론되고 있는 것은 서커스와 극장을 결
    합한 '태양의 서커스'이다. 이 경우에는 스타, 동물, 텐트, 가격, 쾌적함, 테마, 예술성 등이 경쟁요
    소로 고려되고 있다.

탕으로 해결해야 할 문제를 명확하게 규정한다. 아이디어 단계에서는 브레인스토밍, 브레인라이팅(brainwriting), 바디스토밍(bodystorming) 등의 기법을 활용하여 최대한 많은 해결책을 도출한다.[68] 그 다음에는 아이디어를 직접 확인할 수 있도록 프로토타입을 제작하는데, 조잡하더라도 저렴한 비용과 빠른 속도로 제작하는 것이 원칙이다. 마지막 단계에서는 현장 중심의 테스트를 통해 고객들의 솔직한 피드백을 받는다. 디자인 사고 프로세스는 이와 같은 다섯 단계로 진행되지만, 각 단계에서 문제점이 드러나면 부족한 단계로 돌아가 해당 활동을 다시 수행하면서 개선하는 것이 중요하다(미타니 고지, 2013: 385-392; 홍영표 외, 2016: 354-356).

그림 5-7 디자인 씽킹 프로세스의 개념도.

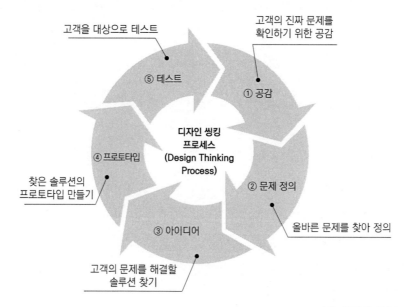

자료: 홍영표 외(2016: 354).

---

68 브레인라이팅의 경우에는 구성원들이 자신의 아이디어를 글로 기록하여 제출하게 되며, 바디스토밍은 사용될 위치에 제품이 존재한다고 상상하면서 현실적인 아이디어를 발굴하는 기법에 해당한다.

'패스트 패션(fast fashion)'을 선도하고 있는 자라의 시행착오 경영도 적응전략의 예가 될 수 있다. 자라는 스페인의 의류업체인 인디텍스가 1977년에 새로 만든 브랜드이다. 자라는 유행을 예측하지도 않고 창조하지도 않는다. 대신 신제품을 지속적으로 내놓아 소비자들의 진짜 취향을 찾고 그것에 맞추어나간다. 자라의 원칙은 일주일 동안 판매가 시원치 않으면 그 아이템이 점포에서 사라지고 추가 주문도 취소되는 데 있다. 자라는 아무리 잘 팔려도 4주 이상은 점포에 진열하지 않는다. 이러한 방법을 통해 고객이 점포를 계속 찾아오게 하고 지금이 아니면 다시는 구매할 수 없다는 생각을 심어주는 것이다. 자라 애호가들은 1년에 평균 17회 점포를 찾는다고 하는데, 다른 브랜드의 경우에는 연간 4회 정도에 지나지 않는다. 이러한 시행착오 경영에 의해 여성용 속옷 회사에 불과했던 인디텍스가 세계 굴지의 의류업체로 탈바꿈했던 것이다 (미타니 고지, 2013: 395-397).

2 기술혁신의 전략을 찾아서

기술혁신전략 혹은 기술전략은 경영전략과 적절히 연계되어야 한다. 경영전략은 전사적 차원의 기업전략(corporate strategy), 사업부 수준의 사업전략(business strategy), 기능부서 주도의 기능전략(functional strategy) 등으로 구분되는데, 기술전략은 경영전략의 모든 층위와 연결되어 있다. 기술전략은 단순히 기능전략의 일종으로 간주될 것이 아니라 사업부 혹은 전사적 차원에서 세심하게 수립되고 집행되어야 하는 것이다. 이를 위해서는 기업의 기술 관련 부서와 사업 관련 부서가 공통적으로 중시하는 것에 대해 합의를 도출하는 것이 필수적이다.

기술전략을 구성하는 요소로는 기술선택, 경쟁력의 수준, 기술원천, 기술투자, 연구개발 등을 들 수 있다(Maidique and Patch, 1988). 기술선택은 현재의 기술동향이나 미래의 기술예측에 입각하여 제품의 개선이나 비용의 절감에 도움을 주는 기술을 선택하고 이에 대한 투자 여부를 결정하는 것과 관련되어 있다. 경쟁력의 수준과 관련해서는 한 기업이 해당 기술에 얼마나 접근해 있으며 그것을 이해하고 응용하는 데 얼마나 능숙한가에 대한 질문을 다룬다. 기술원천은 해당 기술을 자체적으로 개발할 것인가, 아니면 필요한 부분을 외부에서 조달할 것인가에 대한 의사결정과 직결되어 있다. 기술투자는 기술의 개발이나 획득에 소요되는 물적·인적 자원에 대한 투자의 규모와 기간을 정하는 문제에 해당한다. 경쟁 시기에서는 기술혁신을 주도할 것인지 아니면 시장에 먼저 진입한 다른 기업을 추격할 것인지에 대한 의사결정이 이루어진다.[69] 연구개발의 경우에는 연구개발조직을 직능별로 구성할 것인가 아니면 사업별로 구성할 것인가, 최고경영진은 기술적 문제의 결정에 얼마나 개입해야 하는가 등의 문제가 고려된다.

기술전략의 유형에 관한 논의를 선도한 인물로는 프리만을 들 수 있다. 그는 최고경영자의 태도, 시장의 성격, 기업이 보유한 자원, 기술 활동의 내역 등을 고려하여 기술전략을 여섯 가지의 유형으로 분류했다(Freeman, 1982: 169-186; 이가종, 1990: 223-228). 공격적 전략(offensive strategy), 방어적 전략(defensive strategy), 모방적 전략(imitative strategy), 의존적 전략(dependent strategy), 전통적 전략(traditional strategy), 기회주의 전략(opportunist strategy)이 그것이다.

표 5-2 기술전략에 관한 프리만의 분류.

전략 유형 / 기술 활동	공격형	방어형	모방형	의존형	전통형	기회주의형
기초연구	4	2	1	1	1	1
응용연구	5	3	2	1	1	1
실험개발	5	5	3	2	1	1
설계공학	5	5	4	3	1	1
생산관리/품질관리	4	4	5	5	5	1
기술서비스	5	3	2	1	1	1
특허	5	4	2	1	1	1

---

69 시장진입 시기에 관한 자세한 논의는 Schilling(2020: 103-121)을 참조.

과학기술의 경영과 정책

과학기술정보	4	5	5	3	1	5
교육훈련	5	4	3	3	1	1
장기예측/사업기획	5	4	3	2	1	5

주: 1~5의 숫자는 '거의 없다'에서 '아주 강하다'까지 기업 내부에서 이루어지는 기술 활동의 수준을 나타냄.

자료: Freeman(1982: 171).

공격적 전략은 신제품 혹은 신공정을 최초로 개발하여 선발자로서의 우위를 획득하려는 전략으로 막대한 기술투자를 필요로 한다. 방어적 전략의 경우에는 공격적 전략보다 기술투자의 규모는 작지만 선발자의 기술혁신을 적극적으로 수용할 뿐만 아니라 그것과 차별화된 제품이나 공정을 개발하려고 노력한다. 모방적 전략은 선발자를 뒤쫓아 가면서 기존 제품이나 공정을 모방하는 전략으로 가격경쟁력을 중시하거나 정부지원에 의존하는 경향이 있다. 의존적 전략은 선발자의 하청생산을 담당하는 것으로 필요한 기술을 외부에 전적으로 종속되어 있다. 전통적 전략은 제품의 변화가 요구되지 않는 시장을 대상으로 동일한 제품을 계속 공급하는 경우에 해당한다. 기회주의 전략은 자체 기술개발이나 복잡한 디자인이 필요하지 않으면서 소비자의 기호에 맞는 제품이나 서비스를 제공하여 틈새시장을 개척하는 전략이다.[70]

기술전략을 수립할 때 널리 사용되는 개념적 도구로는 기술로드맵(technology roadmap, TRM)을 들 수 있다(현병환 외, 2006: 63-86; 박용태, 2011: 246-256). 기술로드맵은 1980년대 후반에 모토롤라에 의해 개발된 후 현재는 많은 조직들이 활용하고 있는 기술기획의 한 방법이다. 기술로드맵은 환경의 변화와 고객의 요구를 감안하여 공략할 시장을 특정하고 이러한 시장의 성격을 반영할 수 있는 제품의 특성을 파악한 후 해당 제품의 기능이나 성능이 향상되는 과정에서 어떤 핵심기술과 지원기술이 필요한지를 시간의 순서에 따라 기록한 이정표에 해당한다. 이처럼 기술로드맵은 기

---

70 Zahra et al.(1994)은 기업의 기술혁신에 대한 태도를 감안하여 기술전략의 유형을 ① 새로운 기술을 최초로 창출하는 최초진입자(first-to-the-market), ② 선진적인 기술혁신에 기민하게 반응하는 빠른 추종자(fast follower), ③ 널리 채택된 기술을 전반적으로 습득하는 모방자(imitator), ④ 기존의 기술을 특정한 분야에서만 활용하는 응용지향자(application-oriented) 등으로 나누고 있다. 이러한 구분은 여러 기업에 대한 비교는 물론 특정한 기업의 역사에도 적용될 수 있다. 예를 들어 포항제철(포스코)의 경우에는 1970년대의 모방자에서 1980년대의 빠른 추종자를 거쳐 1990년대 이후에는 최초진입자로 변화해 왔다고 평가할 수 있다(송성수, 2002a).

본적으로 시장, 제품, 기술이라는 세 개의 층위로 구성되어 있지만,[71] 여기에다 프로젝트, 자원 등의 층위를 추가하는 경우도 있다.

그림 5-8 기술로드맵의 기본 개념도.

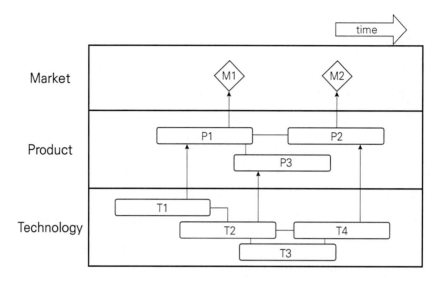

기술로드맵은 국가, 산업, 기업 등 여러 차원에서 작성될 수 있는데, 기업의 기술로드맵은 향후 2~10년을 대상으로 삼으며 2~3년 단위로 갱신되는 경향을 보이고 있다. 기술로드맵은 미래 제품이나 기술을 탐색 혹은 추적하는 것을 넘어 이를 달성하기 위한 단계별 목표를 가시적으로 제시하는 특징을 가지고 있다. 기술로드맵은 기술선택에 관한 합의를 도출하고 의사결정을 내리는 데 유익한 정보를 제공하며, 기술개발에 관한 계획을 수립하거나 조정할 때 기본적인 작업 틀로 활용될 수 있다.

실제적인 기술전략을 수립하는 첫 단계는 기술혁신을 위한 프로젝트를 선택하는 데 있다. 프로젝트를 평가하고 선택하는 방법에는 정량적 방법, 정성적 방법, 혼합적 방법이 있다(Schilling, 2020: 153-179). 대표적인 정량적 방법으로는 현금흐름 할인(discount cash flow)과 실물옵션 평가(real option valuation)를 들 수 있다. 전자는 프로

---

71 여기서 기술, 제품, 시장을 세 개의 축으로 잡으면 '혁신 큐브(innovation cube)'를 구성할 수 있는데, 이것은 어떤 프로젝트의 혁신의 정도를 파악하는 도구로 사용되고 있다.

젝트에서 기대되는 수익에 대해 비교적 정확한 측정치를 제공할 수 있으며, 후자는 현금흐름 추정치로 제대로 반영하기 어려운 전략적 의도를 가진 프로젝트를 평가하는 데 적합하다.[72] 프로젝트 평가에 가장 널리 사용되는 정성적 방법으로는 선별 질문(screening questions)을 들 수 있으며, 그것은 프로젝트에 대한 선정이나 토의를 구조화하기 위한 자료로 활용할 수 있다. 선별 질문의 내용에는 시장의 성격, 소비자의 성격, 호환성과 편리성, 유통과 가격, 현재 보유한 능력, 경쟁자의 능력, 미래의 능력, 프로젝트의 시기, 프로젝트의 비용 등이 포함될 수 있다. 혼합적 방법의 예로는 컨조인트 분석(conjoint analysis)과 자료포락분석(data envelopment analysis, DEA)을 들 수 있다. 컨조인트 분석은 제품 특성에 대한 소비자의 주관적 평가를 정량적 점수로 전환하는 성격을 띠고 있고, DEA는 여러 프로젝트들을 가상의 효율성 경계와 비교하여 순위를 정하는 방법이다.

---

[72] 이러한 방법은 기술가치평가(technology evaluation)에도 널리 사용되고 있는데, 기술가치평가의 개요는 홍성도 외(2014: 126-137)를 참조.

컨조인트 분석의 사례

1980년대 중반에 메리어트(Marriott)는 풀 서비스를 제공하는 고급호텔이 포화 상태에 이르자 중저가 호텔을 개발하기 위한 계획을 수립했다. 우선 초점집단 인터뷰 (focus group interview, FGI)를 통해 고객들의 구매결과에 영향을 미치는 주요 요소들을 조사했다. 여기에는 외부 경관, 호텔 룸, 음식, 라운지, 서비스, 레저 활동, 안전 등이 포함되었다. 이러한 요소 내에도 몇 가지 다른 특성들이 존재했다. 가령 서비스 요소 내의 특성 중의 하나는 예약인데, 직통 전화로 직접 예약을 하는 방법과 별도의 예약 전화번호를 활용하는 두 가지 방식이 있었다. 그 다음에 메리어트는 호텔 고객의 표본을 추출하여 조사 집단을 구성했다. 참가자들에게 자신만의 호텔을 짓는다고 생각하라고 한 다음 가상의 35달러를 부여했다. 참가자들은 전술한 주요 요소들이 적혀 있는 7장의 카드를 지급받았다. 카드에는 각각의 특성들이 각기 다른 수준으로 제공되었으며, 각 수준에 해당하는 가격도 적혀 있었다. 만약 참가자들의 선택 결과가 35달러를 초과하면 몇 가지 특성을 제외하거나 가격이 저렴한 수준으로 대체하도록 요구되었다. 이어 메리어트의 관리자들은 조사결과에 나타난 우선순위를 감안하여 호텔의 다양한 프로파일들을 개발한 뒤 참가자들에게 각 프로파일을 평가하도록 요청했다. 그 후에는 각 특성의 수준들을 독립변수로 하는 회귀분석을 실시하여 각 특성의 상대적 중요성을 반영한 모델을 구성했다. 이러한 일련의 과정을 거쳐 메리어트는 코트야드(Courtyard) 호텔을 탄생시켜 해당 산업의 평균보다 높은 객실 점유율을 유지할 수 있었다(Schilling, 2020: 173-174).

여기서 주목할 점은 대부분의 기업이 복수의 기술 프로젝트를 추진한다는 사실이다. 이에 따라 프로젝트들의 포트폴리오를 구성하고 관리하는 것이 필요한데, [그림 5-9]는 한 가지 예를 보여주고 있다. 제품변화를 나타내는 가로축은 그 정도에 따라 핵심 신제품, 차세대 제품, 제품군의 추가, 파생제품과 성능향상으로, 공정변화를 나타내는 세로축은 핵심 신공정, 차세대 공정, 단일 부서의 개선, 점진적 변화를 나타내고 있다. 이러한 기준을 활용하여 네 가지 유형의 프로젝트를 구분할 수 있는데, 첨단 연구개발 프로젝트(research and advanced development projects), 돌파 프로젝트 (breakthrough projects), 플랫폼 프로젝트(platform projects), 파생 프로젝트(derivative projects)가 그것이다.

그림 5-9 프로젝트 지도에 관한 예시도.

Research and advanced development projects	Product change			
	New core product	Next generation . product	Addition to product family	Derivatives and enhancements
Process change — New core process	Breakthrough projects			
Next generation process		Platform projects		
Single department upgrade			Derivative projects	
Incremental change				

자료: Wheelwright and Clark(1992); Schilling(2020: 170).

첨단 연구개발 프로젝트는 아직 기술경로가 충분히 가시화되지 않은 신흥기술의 개발을 지향하며, 돌파 프로젝트는 획기적인 제품이나 공정을 활용하여 새로운 사업을 추진하는 것을 의미한다. 플랫폼 프로젝트는 이전 세대 기술에 비해 비용이나 성능에서 상당한 개선을 제공하고자 하는 프로젝트이며, 파생 프로젝트는 기본적인 플랫폼을 변형하여 상이한 틈새시장을 공략하기 위한 성격을 띠고 있다. 현대자동차를 예로 들면, 수소자동차는 첨단 연구개발 프로젝트, 전기자동차는 돌파 프로젝트, 쏘나타 시리즈와 같은 제품군은 플랫폼 프로젝트라 볼 수 있으며, 쏘나타2, EF쏘나타, YF쏘나타 등의 세부적인 제품은 파생 프로젝트에 해당한다. 이와 같은 지도를 통해 프로젝트들의 이상적인 분포를 파악하고 현재 상태와 비교할 수 있다. 또한 프로젝트 지도는 기업의 자원을 보다 효율적으로 배분하는 데 도움을 줄 수 있다. 기술경영의 핵심은 장기적 차원의 프로젝트와 단기적 차원의 프로젝트 사이에 동태적 균형을 맞추는 데 있다고 해도 과언이 아니다.

기술 프로젝트를 선정하는 과정에서는 해당 기술을 자체적으로 개발할 것인지 아니면 협력 체제를 구축할 것인지에 대한 의사결정도 이루어져야 한다. 기술 프로젝트에 필요한 역량을 내부적으로 확보하고 있는 경우, 기술개발이 제품의 성능이나 원가에 엄청난 영향을 미치는 경우, 기술의 개발과 사용에 관한 강력한 통제를 원하는 경우, 해당 기술을 외부에서 조달하기가 쉽지 않은 경우 등에는 독자개발이 적합할 것이다. 그러나 한 기업이 보유한 자원에는 한계가 있고 기술 자체가 역동적으로 변화하기 때문에 외부 조직과 다양한 수준에서 협력관계를 구축하는 경우가 많다. 기술협력의 이점으로는 자원과 위험의 분산, 보완적 기술과 자원의 결합, 상호학습을 통한 새로운 지식의 창출, 기술표준의 원활한 구축 등을 들 수 있다.

표 5-3 기술협력 체제의 유형과 특징.

유형	기술수명 주기	개발 속도	비용	통제	기존 역량의 활용가능성	다른 조직의 역량에 대한 접근가능성	새로운 역량의 개발가능성
독자개발	다양	늦음	높음	높음	예	아니오	예
기술구매	후기	빠름	다양	낮음	아니오	예	예
아웃소싱	다양	중간	중간	중간	때때로	예	아니오
라이선스 확보	후기	빠름	중간	낮음	때때로	때때로	때때로
라이선스 제공	후기	빠름	낮음	중간	예	때때로	아니오
전략적 제휴	초기	다양	다양	낮음	예	때때로	예
공동연구	초기	늦음	다양	다양	예	예	예
조인트벤처	초기	늦음	공동부담	낮음	예	예	예

자료: 정선양(2011: 289); Schilling(2020: 171)을 바탕으로 작성함.

협력 체제의 유형에는 기술구매, 아웃소싱(outsourcing), 라이선싱, 전략적 제휴, 공동연구, 조인트벤처 등이 있으며, 각 유형은 개발속도, 비용, 기술에 대한 통제권, 기존 역량의 활용가능성, 다른 조직의 역량에 대한 접근가능성, 새로운 역량의 개발 가능성 등에서 차이를 보이고 있다([표 5-3] 참조). 기술협력의 성패는 상당 부분 파트너의 선택에 달려 있는데, 파트너를 선택할 때는 자원 적합성(resource fit)과 전략적 적합성(strategic fit)을 충분히 고려해야 한다. 기술협력의 당사자들은 보완적 자산(complementary assets)을 축적하고 있어야 하며, 서로 양립할 수 있는 목표와 스타일을 가져야 하는 것이다.

과학기술의 경영과 정책

특히 후발기업의 입장에서는 선발기업과의 협력 관계를 기술능력 발전의 계기로 활용하는 것이 매우 중요하다. 이와 관련하여 코헨(Wesley M. Cohen)과 레빈털(Daniel A. Levinthal)은 효과적인 기술학습에 필요한 요소로 기존 지식의 수준과 노력의 강도를 들면서 이러한 두 요소가 결합되어 나타나는 '흡수능력(absorptive capacity)'에 주목했다(Cohen and Levinthal, 1990). 사실상 후발기업은 별다른 지식기반을 갖추지 못한 상태에서 선발기업의 기술을 도입하며, 이를 바탕으로 강도 높은 노력을 통해 자체적인 경험과 지식을 축적할 수 있는 것이다.[73] 일례로 한국과 대만의 기업들은 아웃소싱의 한 형태인 주문자상표부착방식(original equipment manufacturing, OEM)에서 시작한 후 점차적으로 기술능력을 발전시켜 왔다. 이에 대해 동아시아 기업의 혁신 활동에 천착한 홉데이(Michael Hobday)는 후발기업의 생산방식이 진화하는 단계를 OEM, 자체설계생산방식(own-design manufacturing, ODM), 자체브랜드생산방식(own-brand manufacturing, OBM)의 세 가지로 구분한 바 있다(Hobday, 1995). OEM은 발주업체가 제시한 사양에 따라 제품을 생산한 후 발주업체의 상표를 붙여 판매하는 것을 의미하고, ODM은 자체적인 디자인으로 생산한 제품에 발주업체의 상표만 붙여 판매하는 것을 뜻하며, OBM은 주문자 없이 자체적인 디자인과 생산을 통해 자사의 브랜드로 판매하는 것을 지칭한다.

지적재산권(intellectual property right, IPR) 혹은 지식재산권에 관한 분쟁이 빈번해지면서 혁신을 어떻게 보호할 것인가에 대한 문제에도 전략적 의사결정이 요구되고 있다(박용태, 2011: 619-626; 홍성도 외, 2014: 151-166). 혁신을 보호하는 수단으로는 특허(patent), 저작권(copyright), 상표(trademark), 기업비밀(trade secret) 등을 들 수 있으며, 이에 대한 권리는 국가별 법률이나 국제적 조약을 통해 확보할 수 있다. 예를 들어 저작권은 인간의 사상 또는 감정을 표현한 창작물에 부여되는 권리이며, 미국이 1998년에 저작권 보호기간을 사후 50년에서 70년으로 확대한 후 많은 국가들이 이를 뒤따르고 있다. 또한 어떤 발명이 이용가능성, 신규성, 진보성 등의 조건을 만족

---

[73] Kim(1997: 97-98)은 후발국의 기술능력 발전에는 노력의 강도가 더욱 중요하다고 간주하면서 이를 높이기 위해서는 위기의 조성이 필요하다고 보았다. 특히 김인수는 정부의 산업정책이나 최고경영진의 의사결정에 의해 도전적인 목표가 제시될 때 '의도적인 위기(intentional crisis)'가 조성되면서 이를 통해 급진적인 기술학습이 가능하다고 평가했다.

시키면 특허를 받을 수 있고, 오늘날 대부분의 국가들은 특허권을 20년 동안 보호하고 있다. 미국의 특허제도는 오랫동안 선발명주의(first to invent rule)에 입각해 왔으며 2013년에야 선출원주의(first to file rule)로 변경되었다. 또한 소프트웨어의 경우에는 계속해서 저작권법의 적용을 받다가 1998년부터 특허법의 관할로 변경되었다.[74]

기업이 혁신을 보호하기 위해 사용하는 전략의 유형은 완전 폐쇄형, 제한적 라이선싱, 중간 수준의 라이선싱, 자유로운 라이선싱, 완전 개방형 등으로 구분할 수 있다(Schilling, 2020: 231-234). 게임 산업의 경우에 하드웨어인 게임기는 완전 폐쇄형으로 하더라도 소프트웨어에 해당하는 게임은 제한적 라이선싱을 허용하는 경우가 많다. 사실상의 표준(de facto standard)으로 자리 잡은 윈도는 중간 수준의 라이선싱, 커뮤니티소스(community source)를 지향하는 자바는 자유로운 라이선싱, 오픈소스(open source)를 표방한 리눅스는 완전 개방형에 해당한다고 볼 수 있다. 가령 윈도는 보완재 개발을 촉진하기 위해 일부 코드에 관한 접근을 허용하고 있고, 자바는 중심 구조를 변형하지 않는 범위 내에서 코드를 개방하고 있으며, 리눅스는 아무런 제약 없이 누구나 자유롭게 사용하거나 확장할 수 있다. 또한 동일한 제품이라도 시기에 따라 혁신 보호의 유형이 달라질 수 있는데, 가령 몬산토(Monsanto, 2018년에 바이엘에 의해 인수됨)가 개발한 제초제인 라운드업(Roundup)은 완전 폐쇄형에서 출발한 후 1999~2000년에는 제한적 라이선싱, 특허가 만료된 이후에는 완전 개방형으로 변화했다.[75]

---

74 특허는 새로운 사업을 개척하는 공격적 전략을 구사할 때 사용되기도 하지만, 경쟁업체의 진입을 차단하거나 다른 이권과 교환할 수 있는 방어적 수단이 되기도 한다.

75 이에 관한 최근의 사례로는 깃허브(GitHub)를 들 수 있다. 깃허브는 2008년에 오픈소스로 공개되었지만 2018년에 마이크로소프트(MS)가 인수한 이후에는 사유 소프트웨어로 전환되었다.

과학기술의 경영과 정책

▌IBM의 선택이 야기한 것은?

중대형 컴퓨터(main frame)로 급속히 성장했던 IBM(International Business Machines)은 1980년에 마이크로컴퓨터 시장으로 진입하기 위한 계획을 수립했다. IBM의 경영진은 마이크로컴퓨터를 스스로 개발할 시간이 부족하다고 판단한 후 인텔의 마이크로프로세서와 킬달(Gary Kildall)의 운영체제를 활용하고자 했다. 그러나 킬달을 끌어들이려는 IBM의 계획은 수포로 돌아갔고, 덕분에 마이크로소프트가 파트너로 선택될 수 있었다. 마이크로소프트는 1년 동안의 노력을 바탕으로 킬달의 운영체제를 모방한 PC-DOS(Personal Computer Disk Operating System)를 완성했는데, 여기서 PC는 IBM이 마이크로컴퓨터 시장에 진출하면서 새로 만든 용어였다. 처음에 IBM은 마이크로소프트에게 거액의 자금을 지불할 테니 운영체제에 대한 소유권을 넘겨 달라고 요구했다. 그러나 당시 26세에 불과했던 빌 게이츠는 마이크로소프트가 소유권을 가지고 IBM이 로열티를 지불하는 방식을 주장하여 이를 관철시켰다. 이로써 마이크로소프트는 'MS-DOS'라는 이름으로 IBM의 호환기종을 생산하는 기업에게 운영체제를 판매할 수 있는 권리를 확보할 수 있었다.

IBM은 1981년에 오늘날 PC의 원조로 평가되는 IBM-PC 5150을 시장에 내놓았다. IBM은 PC를 출시하면서 설계사양과 운영체제를 공개하는 전략을 구사했으며, 이를 매개로 IBM-PC는 컴퓨터 산업계에서 '사실상의 표준'으로 자리 잡았다. 처음에 IBM은 자사 제품에 대한 모방에 대해 크게 걱정하지 않았다. 컴퓨터 하드웨어와 소프트웨어를 연결해 주는 BIOS(Basic Input/Output System) 코드가 저작권에 의해 보호받고 있었기 때문이었다. 그러나 컴팩(Compaq), 델(Dell), 휴렛팩커드(Hewlett-Packard) 등은 저작권을 침해하지 않으면서 IBM의 BIOS를 변형시킨 새로운 코드를 만들어냈다. 이러한 후발업체들이 IBM PC를 모방한 유사 제품들을 저렴한 가격으로 출시하면서 IBM은 상당한 타격을 받았다. 예를 들어 286 컴퓨터(인텔 80286을 탑재한 16비트 컴퓨터)는 1982년에 IBM이 먼저 개발했지만, 386 컴퓨터(인텔 80386을 탑재한 32비트 컴퓨터)는 1986년에 컴팩이 먼저 출시했던 것이다. 결국 IBM의 시스템 공개 전략으로 덕을 본 기업은 마이크로소프트와 인텔이었다. IBM과 마이크로소프트의 계약은 훗날 '세기의 협상'으로 평가되었고, "IBM이 트로이의 목마를 끌어들였다"라는 유행어를 낳기도 했다(송성수, 2019: 530-533).

3 연구개발의 관리

　기술혁신이 기술의 개발과 상업화를 포괄하는 개념이므로 기술혁신의 관리도 기술개발에 대한 관리와 상업화에 관한 관리로 구분할 수 있다. 이 중에서 기술개발의 관리는 '연구개발관리(R&D management)' 혹은 '신제품개발 프로세스 관리(new product development management)'에 관한 논의와 직결되어 있다. 제2장에서 살펴보았듯, 연구개발관리는 네 가지 세대를 거쳐 진화해 왔으며, 제1세대와 제2세대는 연구소 차원에서, 제3세대와 제4대는 전사적 차원에서 이루어져 왔다.

　연구개발 혹은 신제품개발에서 고려해야 할 주요 주제로는 소비자 요구, 개발비용, 개발기간을 들 수 있다(Schilling, 2020: 278-282). 신제품이 성공하기 위해서는 무엇보다도 경쟁 제품보다 매력적인 기능과 가격을 제공해야 한다. 소비자의 선호를 면밀히 고려하지 않고 복잡한 기능에 집착한다든지 시장에서 수용되기 어려운 가격으로 제품을 출시해서는 곤란하다. 또한 개발비용을 적절히 통제하는 것도 중요하다. 개발비용을 지나치게 지출하게 되면 시장에서 성공적인 반응을 얻더라도 개발비용을 회수할 수 없다. 이와 함께 개발속도와 상업적 성공 사이에는 강한 양의 상관관계가 있으므로 개발기간을 최소화하는 것이 필요하다. 오늘날 많은 기업들은 개발기간을 단축하기 위하여 순차적 프로세스(sequential process) 대신에 병렬적 개발 프로세스(parallel development process)를 채택하고 있다. 기회발견, 개념발견, 제품설계, 공정설계 등을 순차적으로 진행하지 않고 각 단계가 부분적으로 겹치도록 하여 개발 프로세스를 짧게 하는 것이다. 이와 같은 소비자 요구의 구현, 개발비용의 관리, 개발기간의 최소화는 가끔 상충되기도 하지만 동시에 달성하기 위해 노력해야 하는 목표에 해당한다.

　연구개발을 효과적으로 관리하기 위해서는 연구개발을 일련의 과정으로 이해하는 것이 필요하다. 연구개발과정(R&D process)을 구성하는 단계로는 ① 아이디어 창출, ② 프로젝트 선정, ③ 연구개발 준비, ④ 연구개발 수행, ⑤ 연구개발 모니터링, ⑥ 연구개발 사후평가 등을 들 수 있다(정선양, 2011: 237-241; 고석하·홍정유, 2013: 58-68). 연구개발의 각 단계는 완벽하게 나눌 수 없으며 다양한 방식으로 상호작용할 수

과학기술의 경영과 정책

있다. 또한 ①과 ②는 기술전략을 수립하는 과정과 겹쳐 있으므로 좁은 의미의 연구
개발과정은 ③, ④, ⑤, ⑥을 포괄한다고 볼 수 있다.

아이디어는 새로운 연구개발 업무를 수행하기 위한 실질적 혹은 잠재적 제안을
의미한다. 아이디어는 연구개발조직뿐만 아니라 기업의 구성원과 기업 외부의 이해
관계자에 의해 창출될 수 있다. 아이디어 창출의 단계에서는 다양한 아이디어를 확
보한 후 그것의 실현가능성을 고려하여 연구개발 프로젝트의 후보로 결정한다.

프로젝트 선정의 단계에서는 기업이 추진하려는 복수의 프로젝트 후보들을 대상
으로 기술적, 경제적 측면에서 평가하는 작업이 이루어진다. 프로젝트의 선정에서
고려해야 할 요소로는 제품 및 서비스의 우수성, 프로젝트에 투입될 자원의 규모, 프
로젝트의 신규성, 제품 및 서비스의 성장가능성 등을 들 수 있다. 앞서 살펴본 것처
럼 프로젝트를 평가하고 선택하는 방법에는 정량적 방법, 정성적 방법, 혼합적 방법
이 있는데, 이러한 방법을 활용하여 기업은 반드시 추진해야 할 과제, 향후 추진해야
할 과제, 추진하지 않을 과제 등을 식별하게 된다.

연구개발 준비의 단계에서는 선정된 프로젝트에 대해 기본계획을 수립하고 자
원을 배분하는 활동이 이루어진다. 프로젝트의 목표는 구체적이고(specific) 측정할
수 있으며(measurable) 행동 지향적이고(action-oriented) 현실적이며(realistic) 시간적
제한을 가지는(time-limited) 것이 바람직하며, 이러한 조건의 영문 앞 글자를 따면
'SMART'가 된다.[76] 기본계획에는 프로젝트의 일정에 관한 사항도 포함되어야 하는
데, 주(主)경로(critical path)와 세부 과업의 관계를 적절히 드러내는 것이 중요하다. 대
표적인 연구개발 자원에는 예산과 인력이 있으며, 프로젝트를 수행할 때 실제로 필
요한 것이 무엇인가를 고려하여 세부 항목을 결정해야 한다. 연구개발 자원은 연구
개발부서의 장이 최고경영자의 위임을 받아 배분하는 경우가 많지만, 프로젝트의 규
모가 크고 위험성이 높으면 최고경영자가 직접 자원을 배분하는 것이 필요하다.

연구개발을 수행할 때 가장 중요한 관건으로 작용하는 것은 프로젝트 관리자
(project manager, PM) 혹은 연구책임자(principal investigator, PI)를 선정하고 프로젝트

---

76 SMART에 대한 다른 어법도 있다. 성과지표가 갖추어야 할 조건으로 구체성 혹은 명확성
(specific), 측정가능성(measurable), 귀속성 혹은 인과성(attributable), 신뢰성(reliable), 적시성(timely)
이 거론되고 있는 것이다.

팀을 구성하는 데 있다. 프로젝트 관리자는 구성원들이 업무에 매진할 수 있도록 독려하고 구성원들 사이에 활발한 협력이 이루어질 수 있도록 리더십을 발휘해야 한다. 프로젝트 팀을 구성할 때에는 소속, 보고체계, 업적평가 등에 관한 사항을 분명히 규정해야 한다. 특히 연구개발 수행의 초기에는 구성원 전체가 프로젝트의 목표와 일정에 대하여 확실한 공감대를 형성해야 한다. 연구개발을 적절히 수행하기 위해서는 원래의 계획에 입각하여 주요 활동들을 추진하고 이에 필요한 자원이 원활히 공급되어야 한다. 만약 계획을 부분적으로 변경해야 하는 상황이 발생하면 공식적인 승인 절차를 밟아 실행 프로세스에 포함시켜야 한다.

▌효과적인 연구개발을 위한 핵심 인력

연구개발을 추진하는 과정에는 전체적인 조정을 담당하는 프로젝트 관리자 이외에도 아이디어 창안자(idea generator), 챔피언(champion), 정보수문장(gatekeeper), 후원자(sponsor) 등이 필요하다(정재용 외, 2006: 255-257). ① 아이디어 창안자는 기존의 기술이나 제품이 가진 문제점과 소비자의 새로운 요구를 파악하여 연구개발의 필요성과 대안적 해결책에 대한 아이디어를 제시한다. ② 챔피언은 기업 내외부에 존재하는 이해관계자들 사이의 커뮤니케이션에서 중심적인 역할을 담당하면서 연구개발의 수행에서 발생하는 기술적인 문제들이나 사업상의 문제들을 주도적으로 해결한다. ③ 정보수문장 혹은 문지기는 연구개발에 필요한 시장, 기술, 원재료, 설비 등에 관한 다양한 정보를 획득하여 기업 내부의 담당자들에게 전파하여 공유하게 한다. ④ 후원자는 연구개발에 필요한 자원을 확보하고 지원함으로써 잠재력이 있는 프로젝트가 사장되는 것을 방지하는데, 주로 기업의 임원이 후원자로 지정된다. 후원자의 조직상 위치 때문에 반대의견을 내기 어려운 경우에는 '반(反)후원자'를 지정할 수도 있다.

프로젝트 팀은 다양한 방식으로 조직될 수 있지만, 그 기본적인 유형은 기능적 팀(functional team), 경량급 팀(lightweight team), 중량급 팀(heavyweight team), 자율적 팀(autonomous team)으로 구분할 수 있다([그림 5-10] 참조). 앞서 언급한 프로젝트 지도와 연결시켜 보면 기능적 팀과 경량급 팀은 파생 프로젝트, 중량급 팀은 플랫폼 프로

과학기술의 경영과 정책

젝트, 자율적 팀은 돌파 프로젝트 혹은 첨단 연구개발 프로젝트에 어울린다고 볼 수 있다.

그림 5-10 프로젝트 팀의 유형.

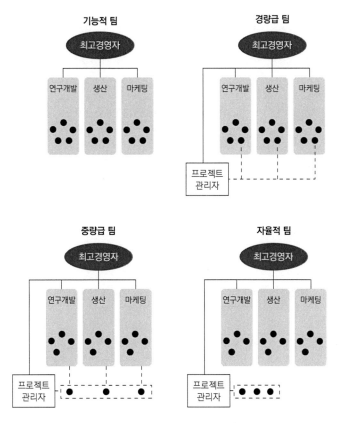

자료: Clark and Wheelwright(1992: 11).

기능적 팀에서는 구성원들이 원래의 기능부서에 소속되고, 해당 부서의 책임자에게 업무보고를 한다. 기능적 팀은 한시적으로 운영되며, 각 구성원은 팀 활동에 10% 미만의 시간을 투자한다. 경량급 팀의 경우에는 별도의 프로젝트 관리자가 존재하지만, 구성원들은 여전히 원래의 기능부서에 소속되어 있다. 경량급 팀도 한시적인 성격을 띠고 있으며, 각 구성원은 팀 활동에 25% 정도의 시간을 투자한다. 중량급 팀의 프로젝트 관리자는 일반적으로 기능부서의 책임자보다 높은 직급을 가진다. 구성원들은 상당한 기간 동안 프로젝트 관리자와 함께 근무하며 대부분의 시간을 팀 활동에 할애한다. 구성원들에 대한 평가는 프로젝트 관리자와 기능부서 책임자가 공동으로 수행한다. 자율적 팀은 구성원들이 모든 시간을 팀 활동에 할애하며, 프로젝트 관리자가 구성원들의 평가에 독점적인 권한을 행사한다.[77]

연구개발 과정의 네 번째 단계는 모니터링이다. 일반적으로 연구개발 프로젝트는 여러 해에 걸쳐 추진되기 때문에 중간평가(interim evaluation)가 중요한 문제로 대두된다. 중간평가는 현재 추진 중인 프로젝트를 기술적, 경제적 측면에서 면밀히 검토하여 프로젝트의 계속진행(go), 중단(kill), 보류(hold), 재시행(recycle) 등을 판단하는 관문(stage-gate)의 역할을 담당한다(Cooper and Kleinschmidt, 1991). 프로젝트의 달성도가 원래의 예상과 상당한 차이가 나는 경우에는 기존 계획을 적절히 수정하는 것이 필요하다. 또한 프로젝트의 후반부로 갈수록 개발비용이 점점 증가하기 때문에 프로젝트에 대한 헌신이 더욱 강화되어야 한다는 점에도 유의해야 한다.

연구개발 프로젝트가 종료되면 이에 대한 사후평가(ex-post evaluation)가 필요하다. 사후평가를 체계적으로 수행함으로써 기업은 연구개발의 결과를 새로운 제품이나 서비스로 전환하는 데 도움을 받을 수 있다. 또한 프로젝트의 성공과 실패에 대한 자체적인 학습과 반성을 통해 기업이 혁신전략의 수립이나 프로세스의 관리에서 개선할 사항을 도출할 수 있는 기회를 가질 수 있다. 사후평가의 경우에는 프로젝트 관리자를 넘어 최고경영자가 관여하는 것이 바람직하다.[78]

---

77 신제품개발팀의 규모에는 상당한 편차가 존재하지만 10~15명이 적당한 것으로 간주되고 있다. 이와 관련하여 유명한 저널리스트인 글래드웰(Malcolm Gladwell)은 2000년에 발간한 『티핑 포인트』에서 진정으로 공감할 수 있는 집단의 규모가 12명 정도라고 지적했다. 또한 영국의 인류학자 던바(Robin Dunbar)는 150이 사회적인 관계를 유지할 있는 최대한의 숫자라고 규정하면서 어떤 조직이 구성원을 관리할 때 150명이 넘으면 2개로 나누는 것이 바람직하다고 진단한 바 있다. 150은 '던바의 수' 혹은 '매직 넘버'로 불리는데, 이를 감안하여 글래드웰은 '효율적 조직을 위한 150의 법칙'을 제창했다(Gladwell, 2004: 169-189).

78 이와 관련하여 Kuczmarski(2000)는 신제품개발 프로세스에 관한 평가가 필요한 이유로 다음의 다섯 가지를 들고 있다. ① 목표를 달성한 프로젝트의 성공요인을 밝힌다. ② 과거와 비교하여 조직의 수행능력을 평가한다. ③ 경쟁자들과 비교하여 벤치마킹이 필요한 부분을 도출한다. ④ 자원 배분과 직원 보상을 향상시킨다. ⑤ 미래의 혁신전략을 개선한다.

과학기술의 경영과 정책

▌연구개발의 성과에 관한 체크 리스트

　　연구개발 프로젝트의 성과(performance)에 관한 평가는 산출(output)에 관한 평가와 결과(outcome)에 관한 평가로 구분할 수 있다. 산출평가의 경우에는 제품, 공정, 특허, 출판 등이, 결과평가에서는 비용절감, 매출액 증가, 수익률 향상 등이 평가의 기준으로 사용되고 있다(Brown and Svenson, 1988). 이와 관련하여 Schilling(2020: 299-300)은 신제품개발의 성과측정에 사용될 수 있는 체크 리스트를 개발 프로세스의 측면과 혁신 성과의 측면으로 구분하여 제시하고 있다.

　　개발 프로세스에 관한 질문에는 ① 프로젝트에 소요된 평균 개발 기간은 얼마였나? 개발 기간은 첨단 연구개발, 돌파, 플랫폼, 파생 등 프로젝트의 성격에 따라 어떻게 다른가? ② 지난 5년간 수행된 프로젝트 중 마감시간을 준수한 프로젝트의 비율은 얼마나 되는가? ③ 지난 5년간 수행된 프로젝트 중 예산을 준수한 프로젝트의 비율은 얼마나 되는가? ④ 지난 5년간 수행된 프로젝트 중 제품개발을 완료한 프로젝트의 비율은 얼마나 되는가? 등이 포함된다.

　　혁신 성과에 관한 질문에는 ① 연구개발, 설비투자, 시장진입 등에 소요된 총비용에 대비하여 해당 신제품의 개발로 얻은 총수익의 비율은 얼마인가? ② 지난 5년간 수행된 프로젝트 중 몇 퍼센트의 프로젝트가 매출 목표를 달성했는가? ③ 수익의 몇 퍼센트가 지난 5년간 개발된 제품들에 의해 발생했는가? ④ 전체적인 포트폴리오에서 성공적인 프로젝트의 비율은 얼마인가? 등이 있다.

4 기술의 상업화와 성숙도

　　기술상업화 혹은 기술사업화의 과정에 천착한 저작으로는 졸리(Vijay K. Jolly)의 『신기술을 상업화하기(Commercializing New Technologies)』가 꼽힌다(Jolly, 1997). 졸리는 기술사업화를 새로운 기술의 가치를 증대하기 위한 일련의 활동을 수행하는 것으로 간주하면서 [그림 5-11]과 같은 모형을 제시하고 있다. 졸리의 모형은 다섯 개의 하위단계(subprocess)와 그 사이에 존재하는 네 개의 연결과정 혹은 전이(bridge)로 구성되어 있다.

기술사업화의 다섯 단계는 착상(imaging), 보육(incubating), 시연(demonstration), 촉진(promoting), 지속(sustaining)으로 나뉜다. 착상 단계는 기술의 성과를 시장의 기회와 접목시키는 단계다. 어떤 발명의 전체 혹은 일부가 시장의 관심을 얻어 사업화가 시작되는 셈이다. 보육 단계는 사업화 가능성을 기술과 시장의 측면에서 구체화하는 단계에 해당한다. 이 단계에서는 신기술이 발전하는 경로와 시장의 기회가 실현되는 시기를 규정하는 것이 필요하다. 시연 단계는 신기술을 판매 가능한 제품이나 공정으로 구현하는 단계다. 여기서 시연은 기술적 가능성을 입증하는 것은 물론 시장수요와의 적합성을 확인하는 것까지 포괄한다. 촉진 단계는 신제품의 시장수용성을 높이는 단계로 고객에 대한 구체적인 설득과 사회경제적 하부구조의 구축이 필요하다. 지속 단계는 신제품이 시장에서 오랫동안 존속하면서 발생하는 가치의 상당 부분을 전유하는 단계다. 이 단계에서는 생산비용의 절감, 제품성능의 향상, 경쟁기술의 출현 등에 주의해야 한다. 이상과 같은 다섯 단계에 모두 필요한 기능은 마케팅이며, 착상에서는 연구와 개발, 보육에서는 개발과 엔지니어링, 시연에서는 엔지니어링과 제조, 촉진에서는 제조에 관한 사항의 중요성이 높아진다. 마지막 지속 단계에서는 연구, 개발, 엔지니어링, 제조, 마케팅 등이 총체적으로 고려되어야 한다.[79]

그림 5-11 졸리의 기술사업화 모형.

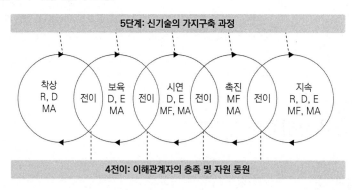

주: R은 연구, D는 개발, E는 엔지니어링, MF는 제조, MA는 마케팅을 의미함.
자료: Jolly(1997: 15); 박종복(2008: 28).

[79] 마케팅은 넓은 의미와 좁은 의미로 구분할 수 있다. 광의의 마케팅은 혁신의 모든 단계에서 시장 지향적인 활동을 전개하는 것을 뜻하며, 협의의 마케팅은 출시 전후에 고객이나 시장을 관리하는 것을 의미한다.

졸리는 기술사업화의 다섯 단계를 연결하는 네 개의 전이에도 주목하고 있다. 그 것은 각각 ① 관심과 지지(interest and endorsement), ② 시연을 위한 자원(resources for demonstration), ③ 시장의 구성요소(market constituents), ④ 전달을 위한 자원 (resources for delivery)으로 명명되고 있다. 이러한 전이의 과정에서는 이해관계자의 요구를 충족시키는 것이 관건으로 작용하며 이를 위한 자원의 동원이 수반된다. 이 해관계자들의 견해 차이를 좁히지 못하거나 적절한 시기에 자원을 동원하지 못하면 한 단계에서 다음 단계로 넘어가는 것이 어려워진다. 전이 과정별 주요 이해관계자 를 살펴보면, ①에서는 내부 동료와 연구협력자, ②의 경우에는 벤처캐피털리스트, 잠재적 기술사용자, 개발협력자, ③에서는 잠재적 고객, 보완기술 제공자, 제조협력 자, ④의 경우에는 고객, 오피니언 리더, 사업협력자 등이 중요한 위치를 차지한다.

졸리의 기술사업화 모형에서 그 중요성이 가장 크게 부각되는 활동은 마케팅이 라 할 수 있다. 그 요체는 앞서 언급한 코틀러의 4P, 즉 제품, 가격, 유통경로, 판매 촉진 등을 감안하여 마케팅 믹스를 최적화하는 데 있을 것이다(유순근, 2021: 458-491; Schilling, 2020: 338-358). 제품의 경우에는 보완재의 공급자를 유인할 만한 시스템을 어떻게 구축할 것인가, 그리고 새로운 제품이 이전 제품과 역방향의 호환성(backward compatibility)을 가지게 할 것인가 등이 쟁점이 된다. 가격책정에서는 높은 가격으 로 단기간에 수익을 거둘 것인지 아니면 시장점유율을 높이기 위해 낮은 가격을 선 택할 것인지 하나를 선택해야 한다.[80] 유통을 가속화시키기 위한 전략으로는 사용기 반이 넓은 제품과 연계하기, 대규모 고객집단에 대한 후원, 유통업자나 보완재 생산 자에 대한 판매보증 등이 거론되고 있다. 판매촉진을 위해 고려할 질문으로는 기술 의 효용이 쉽게 파악되는가, 고객이 세밀한 내용을 요구하는가, 고객이 브랜드나 명 성에 많은 영향을 받는가 등을 들 수 있다. 이에 못지않게 중요한 문제는 출시시기를 정하는 데 있다. 제품 출시에 맞추어 생산능력과 보완재를 충분히 준비해야 하며, 기 존 제품에 대한 자기잠식을 어느 정도 감수할 것인지에 대한 의사결정도 필요하다.

---

80 시장진입 초기에 낮은 가격을 책정하는 전략은 '침투가격(penetrating price)' 전략으로 불린다. 그 것은 ① 수요발생 이전에 양산 능력을 구비한 경우, ② 수익체증 현상으로 지배적 설계를 채택하 려는 압력이 강한 경우, ③ 보완재의 판매 수익으로 손실을 충당할 수 있는 경우 등에 효과적이다 (Schilling, 2020: 344).

▎애플의 음반시장 진입전략

2001년에 애플은 사람들이 음악을 감상하는 방식에 혁명을 일으킬 두 개의 신제품을 내놓았다. 아이튠즈(iTunes)와 아이팟(iPod)이 그것이었다. 아이튠즈는 CD에서 노래를 복사해 컴퓨터로 들을 수 있는 프로그램이었고, 아이팟은 호주머니 크기의 디지털 미디어 플레이어로 1,000개의 노래를 담을 수 있었다. 애플은 아이팟과 아이튠즈로 하드웨어와 소프트웨어의 결합을 실현함으로써 두 제품의 판매량을 모두 증폭시킬 수 있었다. 더 나아가 잡스(Steve Jobs)는 적은 비용으로 노래를 다운로드 받을 수 있는 온라인 음악매장을 구상했다. 그는 음반업계를 설득한 끝에 2003년 4월 28일에 아이튠즈 뮤직스토어를 개장했다. 이 사이트는 방대한 양의 음악 파일을 구비해 놓고 한 곡당 99센트에 팔았는데, 그 중 70센트는 음반회사에게 보내졌다. 소비자들은 음악을 저렴하고 편리하게 즐길 수 있었고, 애플과 음반회사들은 자기 이익을 챙길 수 있었다. 그것은 '냅스터(Napster) 사건'으로 대표되는 인터넷 해적질도 막을 수 있는 방안이었다. ≪타임≫은 아이튠즈 뮤직스토어를 2003년 최고의 발명품으로 선정했다.

효과적인 기술사업화를 위해서는 비즈니스 모델(business model, BM)을 구축하는 것이 필수적이다. 비즈니스 모델은 어떤 사업이 수익을 창출하는 방법을 나타내는 모델이라 할 수 있는데, 일상적인 언어로 말하자면 돈을 버는 방법을 찾아보는 계획에 해당한다. 개방형 혁신을 주장한 체스브로는 비즈니스 모델이란 용어가 명확하게 정의되어 있지 않다고 전제한 후 가치명제, 세분시장, 가치사슬, 수익구조, 가치 네트워크, 경쟁전략 등의 측면에서 비즈니스 모델의 실질적인 기능을 다음과 같이 정리하고 있다. 첫째, 사용자가 느낄 수 있는 가치를 분명히 표시한다. 둘째, 기술이나 제품을 사용할 고객집단을 세부적으로 규정한다. 셋째, 의도된 고객에게 전달하기 위해 필요한 가치사슬을 확인하고 어떤 부분을 얼마만큼 충당할 것인지를 고려한다. 넷째, 수익 창출의 메커니즘을 구체화하고 제품생산의 비용구조와 목표수익을 추정한다. 다섯째, 공급자와 소비자를 연결하는 가치 네트워크 안에서 기업의 위치를 명확히 하고 보완업체와 경쟁업체를 확인한다. 여섯째, 경쟁업체보다 높은 수익을 올리고 유지할 경쟁전략을 명확히 한다(Chesbrough and Rosenbloom, 2002; Chesbrough,

2009: 119-130).[81]

　시장에 진입한 이후의 상황을 잘 보여주는 모형으로는 4장에서 살펴본 로저스의 확산 모형이 꼽힌다. 로저스가 제시한 수용자 집단과 시장의 성격을 연결해보면, 혁신자와 선도수용자는 초기 시장, 전기 다수수용자 이후는 주류 시장에 해당한다. 여기서 주목할 만한 개념으로는 제프리 무어(Geoffrey A. Moore)가 1991년에 주창한 '캐즘 마케팅(chasm marketing)'을 들 수 있다(Moore, 1991). 캐즘은 원래 지각변동으로 인해 지층 사이에 큰 틈이 생겨 서로 단절되는 것을 뜻한다. 무어는 선도 수용자에 성공적이었던 마케팅이 전기 다수수용자로 넘어가면서 어려워지는 현상을 캐즘으로 재해석했다([그림 5-12] 참조). 이러한 현상은 첨단산업이나 벤처기업에서 더욱 두드러지게 나타나기 때문에 캐즘 마케팅은 '하이테크 마케팅' 혹은 '벤처 마케팅'으로 불리기도 한다.

그림 5-12 무어의 캐즘에 관한 개념도.

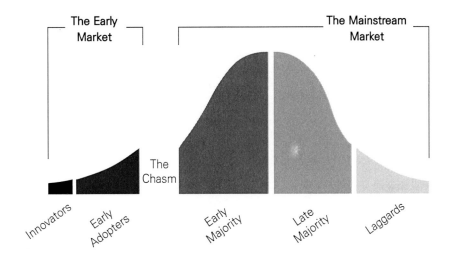

　캐즘이 발생하는 이유는 초기 시장과 달리 주류 시장의 소비자들은 급격한 변화를 무조건적으로 수용하지 않으며 종종 저항하는 태도를 보이기 때문이다. 이러한 점을 극복하기 위해서는 우선 경쟁의 성격을 충분히 이해해야 한다. 기술을 둘러싼

81　비즈니스 모델의 역사적 사례에 대해서는 미타니 고지(2015)를 참조.

경쟁은 기본적으로 신기술을 지지하는 집단과 기존 기술을 고수하는 집단 사이의 경쟁이며, 경쟁의 대상이 특정 제품이라기보다는 현상을 유지하려는 관성인 경우가 많다. 또한 초기 시장과 주류 시장에서 고객의 니즈가 다르다는 점에도 유의해야 한다. 초기 시장에서 기업들은 일반적으로 제품의 성능 향상에 많은 관심을 기울이지만, 주류 시장의 고객들은 제품의 신뢰성과 사용의 편의성을 중요하게 여기기 때문이다. 특히 아무리 혁신적인 기술이라도 하부구조와 보완재가 구축되어 있지 않으면 상업적으로 성공하기 어렵다. 신제품에 대한 수요를 창출하기 위해서는 신기술뿐만 아니라 하부구조와 보완재를 포함한 포괄적 해결책이 필요한 것이다. 그리고 초기 시장에서는 유통경로에 특별한 주의를 기울일 필요가 상대적으로 적은 반면, 주류 시장에서는 새로운 유통경로를 확보하고 이를 활성화하기 위해 합리적인 가격을 책정하는 것이 중요하다.

무어가 캐즘 마케팅을 '볼링 앨리(bowling alley)'에 관한 비유를 통해 설명하고 있는 것도 흥미롭다. 가장 앞에 나와 있는 핀 하나만 정확히 맞추면 뒤에 있는 나머지 9개의 핀이 연달아 넘어지는 것처럼, 소비자 집단을 더욱 세분화하고 교두보가 되는 틈새시장을 전략적으로 선정한 후 표적을 정확히 공략함으로써 더욱 광범위한 소비자를 유인해야 한다는 것이다. 무어는 1998년에 발간한 후속 저작에서 캐즘을 극복하고 주류 시장에 정착하는 과정을 ① 교두보를 확보했지만 아직 널리 확산되지 못한 볼링 앨리 단계, ② 고객이 급증하여 수요가 공급을 앞지르는 돌풍(tornado) 단계, ③ 새로운 기술패러다임이 시장에서 안정적인 위치를 차지하는 중심가(main street) 단계로 구분하기도 했다(Moore, 1998).

캐즘에 관한 논의는 미국의 컨설팅 업체인 가트너(Gartner, Inc.)가 제안한 신흥기술에 관한 하이프 사이클(hype cycle)과도 연관시킬 수 있다(Fenn and Raskino, 2007; 김명진, 2018: 300-309). 가트너는 오늘날의 혁신 과정에서 과장광고를 쉽게 찾아볼 수 있다는 점을 환기시키면서 그것이 혁신의 초기에 자연스럽게 나타나는 현상이라고 간주한다. 하이프 사이클에 따르면, 기술이 처음 등장한 후 촉발된 기대가 부풀어 오르다가 정점에 도달한다. 그 다음에는 기대가 급격하게 감소하면서 환멸의 지점에 이른 후 일종의 계몽에 의해 기대가 서서히 상승하는 과정을 거쳐 기술의 생산성이 안정화되는 국면에 진입한다. 무어가 제창한 캐즘은 하이프 사이클에서 부풀려진 기

대가 급격히 감소하는 지점에 대응시킬 수 있다.[82]

그림 5-13 가트너의 하이프 사이클.

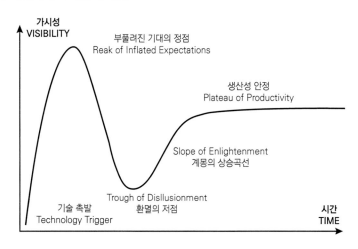

'기대(expectation)'의 관점으로 환언하면 하이프 사이클은 약속, 열광, 추락, 회복, 실현의 단계를 밟는다고 볼 수 있다. 사실상 가트너는 기술의 미래에 대한 기대가 순진한 감정이나 추상적 태도가 아니라 가시성(visibility)을 가진 실제적인 힘으로 작용한다고 역설하고 있다. 그것은 기대가 기술혁신의 부수적인 산물이 아니라 그 방향과 속도를 바꾸는 원인이 될 수 있다는 점을 시사한다. 이와 관련하여 최근에 거론되고 있는 '기대의 사회학'이란 분야는 이미지가 갖는 수행성(performativity)에 주목하면서 기대의 약속에서 실현에 이르는 과정에는 찬성하는 사람들과 반대하는 사람들 사이에 일종의 권력투쟁이 벌어진다는 점을 강조하고 있다.[83]

---

82 모든 기술이 하이프 사이클의 각 단계를 밟는 것은 아니다. 예를 들어 인공지능은 제1차 붐(boom), 첫 번째 침체기(winter), 제2차 붐, 두 번째 침체기, 제3차 붐을 거쳐 왔다. 상징적 인공지능과 전문가 시스템에서는 기대가 부풀다가 환멸의 단계로 추락하고 말았던 반면, 기계학습의 경우에는 딥러닝이 등장하면서 상승곡선으로 나아가는 경향을 보이고 있다.

83 논의의 맥락은 다르지만, 쉴링은 새로운 기술이 사용자에게 제공하는 가치를 논의하면서 기대의 요소에 주목하고 있다. 사용자들은 기술적 효용, 고객 기반, 보완재의 가용성 등을 조합하여 혁신의 가치를 판단하며, 기존의 가치와 새로운 가치를 평가할 때 실제적(actual) 요소, 인지된(perceived) 요소, 기대되는(expected) 요소 등을 고려한다는 것이다(Schilling, 2020: 84-89).

이상에서 살펴본 기술혁신에 관한 관리는 기술성숙도(technical readiness level, TRL)를 향상시키는 과정과 결부되어 있다. TRL은 기술이 어떤 수준으로 준비되어 있는지를 평가하기 위한 척도로 1974년에 미국의 항공우주국(National Aeronautics and Space Administration, NASA)에서 처음 제안된 후 세계 각국으로 확산되어 왔다 (Heder, 2017). 우리나라의 경우에는 2009년에 산업기술혁신사업으로 추진되는 과제를 선정하거나 평가하는 데 TRL의 개념이 처음 도입된 바 있다(한국산업기술평가관리원, 2009). TRL은 개발환경(실험실, 유사환경, 실제 환경 등), 산출물(설계도, 시작품, 시제품, 완제품 등), 기술수준(개념, 시연, 성능 검증 등)을 감안하여 분류되고 있다.[84] 현재 사용되고 있는 TRL 모형은 아홉 가지 단계로 구성되어 있는데, 이를 도식화하면 [그림 5-14]와 같다.

그림 5-14 기술성숙도(TRL)의 개념도.

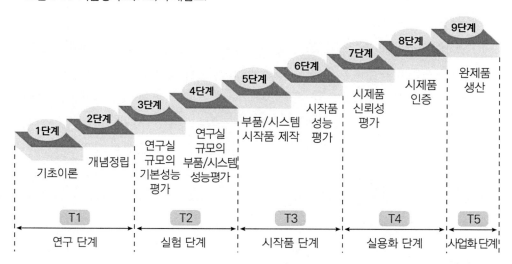

자료: 한국산업기술평가관리원(2009: 1)을 일부 보완함.

[84] 시작품과 시제품은 혼용되는 경우가 많지만, TRL 단계에서는 그 차이가 부각되고 있다. 시작품이 유사환경에서 설계품질을 확보하기 위해 연구개발 부서가 중심이 되어 시험용으로 제작한 제품이라면, 시제품은 실제적인 생산공정에 적용하여 제조품질을 확인하기 위해 생산 부서가 중심이 되어 제작한 양산 직전의 제품에 해당한다. 영어 단어로는 시작품과 시제품이 모두 'prototype'으로 표현되기도 하고, 시작품은 'prototype' 혹은 'engineering model', 시제품은 'pilot type' 혹은 'production model'로 구분되기도 한다.

과학기술의 경영과 정책

TRL 1단계는 기초이론을 구축하는 단계다. 이 단계에서는 기술개발을 위한 연구 가설을 수립하고 관련 문헌을 통해 기본원리를 이해하는 작업이 이루어진다. 2단계에서는 기술개발의 개념이 정립된다. 이론적 수준에서 기술개발의 실현가능성이 확인되며 기술개발 아이디어에 대한 특허가 출원되기도 한다.

TRL 3단계는 실험실 환경에서 기본적인 성능을 검증하는 단계다. 개념적으로 고안된 기술의 주요 기능을 이상적인 가상의 환경에서 실험이나 전산 시뮬레이션을 통해 확인하는 것이다. 이 단계를 통해 기본적인 설계도가 확보된다. 4단계는 시험용 샘플을 제작하여 향후 생산할 부품과 시스템의 성능을 사전에 평가하고 특정하는 단계에 해당한다. 이 단계에서는 3단계에서 도출된 여러 결과를 비교하여 최상의 후보를 선정하거나 최적화된 해법을 도출하게 된다.

TRL 5단계에서는 소수의 시작품(prototype)을 제작하고 실험실 내에서 유사 운용환경을 구축하여 시작품의 목표 성능을 평가한다. 4단계에서 제작되는 시험용 샘플이 개별 부품을 임시적으로 결합한 형태라면, 5단계에서 사용되는 시작품은 생산을 고려하여 설계된 완결적 형태를 갖추게 된다. 6단계는 시작품의 수를 대폭 증가시키고 실험실 밖에서 유사 운용환경을 구축하여 시작품에 대한 종합적인 평가를 실시하는 단계다. 6단계를 통해 제품의 생산량과 불량률에 관한 정보가 도출되며 이를 바탕으로 공인기관의 인증서를 확보할 수 있다.

TRL 7단계는 시제품(pilot type)을 제작하여 실제 환경에서 시연하는 단계다. 완제품에 적용될 생산 공정을 통해 시제품이 어떠한 성능을 내는지를 확인하는 것이다. 8단계는 기술을 실제로 적용할 때 예상되는 조건에서 기술의 성능을 종합적으로 입증하는 단계다. 이 단계에서는 기술에 대한 표준화가 이루어지며 인허가를 취득할 수 있다. 마지막 9단계는 완제품을 대상으로 본격적인 사업화가 이루어지면서 양산이 추진되는 단계에 해당한다. 이 단계에서는 제품의 품질을 체계적으로 관리하는 것이 중요해진다.

이상과 같은 TRL의 단계를 실제 상황에 적용하기 위해서는 기술의 특성이나 유형을 감안하여 보다 구체화하는 작업이 필요하다. 시스템, 재료, 부품, 장비, 소프트웨어, 공법 등과 같은 기술의 유형에 따라 TRL 각 단계가 의미하는 내용이 달라질 수도 있고 단계 자체가 추가 혹은 삭제될 수도 있는 것이다. 또한 TRL의 아홉 단계를 보다 소수의 단계로 통합하여 활용하는 것도 가능하다. 예를 들어 TRL 1단계와 2단계는 연구 단계, 3단계와 4단계는 실험 단계, 5단계와 6단계는 시작품 단계, 7단계와 8단계는 실용화 단계, 9단계는 사업화 단계로 간주할 수 있다.([그림 5-14] 참조).[85] 그 밖에 현재 9개로 되어 있는 TRL의 단계를 더욱 확장하여 시장에 안정적으로 수용되는 수준, 즉 상용화(常用化)에 해당하는 새로운 단계를 추가할 여지도 있다.

▎상업적 성숙 지수

호주의 재생에너지청(Australian Renewable Energy Agency, ARENA)은 2014년에 상업적 성숙 지수(commercial readiness index, CRI)라는 개념을 제안했는데, 그것은 다음의 여섯 단계로 구분된다. 1단계는 상업화 제안(hypothetical commercial proposition)으로 기술적인 준비는 되었지만 상업적으로 입증되지 않은 단계를 의미한다. 2단계는 상업화 시도(commercial trial)로 자기 자본 또는 정부 지원금을 활용하여 소규모의 상업화 시도가 이루어지는 단계에 해당한다. 상업적 스케일 업(commercial scale up)으로 칭해진 3단계는 금융 상품을 비롯한 여러 자금을 조달하여 생산 규모를 확대하는 단계를 가리킨다. 4단계인 다양한 상업적 응용(multiple commercial applications)에서는 여전히 외부 자금에 의존하고 있지만 상용 제품의 개념이 점점 명확해진다. 5단계는 시장경쟁(market competition driving widespread deployment)으로 공급망의 모든 영역에서 경쟁이 발생하면서 제품의 광범위한 확산이 유도되는 단계이다. 마지막 6단계인 수익 안정화(bankable grade asset class)에서는 제품이 기능과 가격을 모두 충족시키면서 안정적인 시장 점유율을 확보하게 된다.

---

[85] 이와 관련하여 자동차산업의 신차 개발과정은 대체로 메커니컬 프로토타입(mechanical prototype, 기계적 기능 위주의 시작차), 프로토카(proto car, 시작차), 파일럿카(pilot car, 양산선행차), 양산차 등의 단계를 밟는데, 메커니컬 프로토타입은 실험 단계, 프로토카는 시작품 단계, 파일럿카는 실용화 단계, 양산차는 사업화 단계에 해당한다고 볼 수 있다.

제6장

정책학의 개요

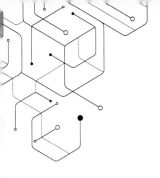

　우리는 새로운 정권이 탄생하면 정책이 달라지는 모습을 자주 목격한다. 정치체제는 국민의 요구(demand)와 지지(support)를 바탕으로 정책을 형성하는 역할을 담당하기 때문이다. 요구와 지지가 정치체제의 투입요소라면 정책은 정치체제의 산물에 해당한다. 이처럼 정책은 정치와 불가분의 관계를 가지고 있지만 정책이 정치에 너무 휘둘리는 것은 곤란하다. 정책학(policy science)의 기초 지식을 이해하는 것은 이러한 유혹에서 벗어나기 위한 전제조건 중의 하나이다. 정책은 정치와 과학의 긴장관계 속에 놓여 있으며, 어느 한 쪽으로 과도하게 기울어지면 그 의미가 퇴색되기 마련이다.

시장실패와 정부실패

　정책은 기본적으로 정부가 개입하는 행위에 해당한다. 정부개입의 가장 강력한 근거로는 후생경제학(welfare economics)을 중심으로 논의되어 온 '시장실패(market failure)'를 들 수 있다. 시장실패에 관한 논의는 '보이지 않는 손'이 상당한 한계를 가지며 완전경쟁시장이 오히려 예외적이라는 점을 기초로 삼고 있다. 시장실패의 요인으로는 외부성(externality), 공공재(public goods), 독점(monopoly), 불완전한 정보(imperfect information) 등이 거론되고 있다(Bator, 1958; 남궁근, 2008: 47-57).

　외부성 혹은 외부효과는 어떤 경제주체의 행위가 다른 경제주체에 영향을 미치지만 그 영향이 시장가격에 반영되지 않을 때 발생한다. 예를 들어 과수원 주인이 배나무 관리를 잘하여 꽃이 많이 피면 이웃에서 벌을 기르는 양봉가의 꿀 수확이 늘어난다. 양봉가는 과수원 주인에게 그 대가를 지불하지 않아도 되므로 양봉가의 입장에서는 긍정적 외부효과 혹은 외부경제(external economy)가 생겨난다. 이와 달리 염색공장이 강의 상류를 오염시키면 하류에 위치한 민물매운탕 식당이 영업에 지장을 받는다. 이때 염색업체가 별도의 배상을 하지 않으므로 식당 주인에게는 부정적인 외부효과 혹은 외부불경제(external diseconomy)가 발생한다. 정부는 부정적 외부효과를 방지하기 위해 규제를 강화하거나 긍정적 외부효과를 촉진하기 위해 보조금을 지급함으로써 시장실패를 극복해야 한다. 부정적 외부효과의 대표적인 예로는 환경오염을, 긍정적 외부효과의 대표적인 예로는 연구개발을 들 수 있다.

시장실패가 발생하는 두 번째 요인으로는 공공재의 속성에서 찾을 수 있다. 공공재의 주된 특성으로는 비경합성(non-rivalry)과 배제불가능성(non-excludability)이 거론되고 있다. 비경합성은 어떤 재화나 서비스에 대한 한 사람의 소비가 다른 사람의 소비를 방해하지 않는다는 점을 의미한다. 예를 들어 기상대에서 발표한 일기예보를 내가 참고한다고 해서 다른 사람이 그 혜택을 받지 못하는 것은 아니다. 그러나 빵과 같은 사유재의 경우에는 내가 먹으면 다른 사람은 소비의 기회를 가질 수 없으므로 경합적인 특성을 가진다. 배제불가능성은 재화나 서비스에 비용을 지불하지 않는 사람의 소비를 제한할 수 없다는 점을 가리킨다. 예를 들어 세금을 성실히 납부하지 않는 국민이라고 해서 국방이나 치안과 같은 서비스가 제공하는 혜택을 박탈할 수는 없다. 도로, 공원, 방송 등도 마찬가지다. 비경합성과 배제불가능성으로 인해 민간기업은 공공재의 공급을 꺼리게 되므로 공공재의 부족을 완화하기 위해서는 정부의 개입이 필요해진다.

독과점과 같은 불완전한 경쟁의 상황에서는 자원배분의 비효율성이 나타나고 전체적인 경제적 후생이 손실된다. 경쟁시장 모형에 따르면, 각 산업은 시장지배력이 미미한 다수의 기업들로 구성되어 있으므로 개별 기업이 시장에 별다른 영향력을 행사할 수 없다. 이에 반해 소수의 대기업이 시장을 독점 혹은 과점하는 경우에는 이들 기업이 높은 가격을 설정하거나 공급량을 줄임으로써 초과이득, 즉 지대(rent)를 추구하게 된다. 다시 말해 독과점으로 인해 재화나 서비스의 생산에서 기술적으로 가능한 최소비용을 달성하지 못하는 비효율성이 발생하는 것이다. 이에 대응하여 각국 정부는 반(反)독점법이나 공정거래법을 통해 독과점을 규제하고 있다.

과학기술의 경영과 정책

시장실패의 네 번째 요인으로는 정보의 불완전성을 들 수 있다. 생산자에게 정보가 부족하면 불필요한 재화를 과다하게 생산하거나 필요한 재화를 과소하게 생산할 수 있다. 소비자의 경우에는 가격도 저렴하고 품질도 좋은 상품이 존재함에도 불구하고 이에 대한 정보가 부족하면 합리적인 소비를 할 수 없다. 이처럼 정보의 부족으로 불리한 거래를 하게 되는 현상은 역(逆)선택(adverse selection)으로 불린다. 또한 거래의 당사자 중에서 한쪽만 정보를 알고 있는 비대칭적 정보(asymmetrical information)의 상황에서는 도덕적 해이가 발생할 수 있다. 예를 들어 의료보험에 관한 국가 체계가 정립되어 있지 않으면 가입자가 필요 이상으로 의료서비스를 남용할 수 있다.

그러나 정부의 개입이 당초의 목적을 달성하지 못하거나 기존 상태를 오히려 악화시키는 경우가 있다. 이러한 현상은 비(非)시장실패(non market failure) 혹은 정부실패(government failure)로 불린다. 정부실패는 울프(Charles Wolf, Jr.)가 처음으로 제기한 후 공공선택론(public choice theory)을 중심으로 논의되어 왔다. 공공선택론은 정치 및 행정의 영역에 경제학의 원리나 방법을 적용한 이론에 해당하며, 민간부문과 공공부문을 막론하고 행위자가 자신의 이익을 극대화하기 위해 행동하는 것으로 본다. 정부실패의 요인에 대한 견해는 학자들에 따라 상당한 차이가 존재하는데, 울프의 경우에는 비용과 수입의 분리, 내부성(internality), 파생적 외부성(derived externality), 분배적 불공평(distributional inequity) 등에 주목했다(Wolf, 1988; 전상경, 2000).

시장의 상황에서는 재화의 생산비용과 판매가격이 어떤 형태로든 연계되지만, 공공서비스의 경우에는 수입이 조세나 준(準)조세를 통해 충당되기 때문에 비용과 수입이 분리되는 경향이 나타난다. 어떤 활동을 유지하게 하는 수입이 그것을 생산하는 비용과 연관되지 않으면 이해관계자들의 지지를 얻기 위해 필요 이상의 자원이 과도하게 사용될 수 있다. 내부성은 공식적으로 결정된 목표를 개인적인 목표나 조직상의 목표로 전환하는 현상에 해당한다. 정부의 공식적 목표는 공익을 추구하는 데 있지만, 관료가 자신의 이익이나 해당 부서의 예산 확대에 집착해 재정을 낭비하는 사례가 종종 발생하는 것이다. 파생적 외부성은 정부의 개입에 따라 의도하지 않은 부산물이 발생하는 현상을 지칭한다. 주택 경기를 활성화하기 위한 정책이 부동산 투기를 부추기거나 부동산 투기를 규제하기 위한 정책이 주택시장의 불안을 유발하는 경우가 이러한 예에 속한다. 분배적 불공평은 정부에게 부여된 권한이 몇몇 사람들에게만 귀속되고 다수의 사람들을 배제할 수 있다는 점에 주목한다. 시장에서의 불공평은 소득과 부에 관한 것이지만, 정부정책에서의 불평등은 권력과 특혜에 관한 문제에 해당한다.[86]

사실상 시장과 정부는 양쪽 모두 실패할 수 있다. 시장과 정부는 나름대로의 장단점을 가지고 있으며, 시장과 정부 중에 하나만 선택하는 양자택일은 현실적 상황과 거리가 멀다. 시장실패를 개선하기 위해서는 정부개입이 요구되고, 정부실패를 보완하기 위해서는 시장적 요소가 가미될 필요가 있는 것이다. 이보다 더욱 중요한 점으로는 시장실패나 정부실패를 시정하기 위한 국민의 점검과 감시를 들 수 있다. 민간부문과 공공부문 이외에 제3섹터(the third sector)가 강조되고 있는 것도 이러한 맥락에서 이해될 수 있다.[87]

시장실패나 정부실패와 관련하여 종종 거론되는 이론으로는 주인-대리인 이론(principal-agent theory)을 들 수 있다. 주인-대리인 관계는 주인이 대리인으로 하여금 자신의 이익과 관련된 행위를 대신해 줄 것을 내용으로 하는 계약관계가 있을 때 성립한다. 주인은 대리인에게 일정한 보수와 상당한 재량을 부여하고, 대리인은 주어진 재량의 범위 안에서 자신의 능력과 지식을 활용하여 업무를 처리한다. 시장거래에서 흔히 접할 수 있는 주인-대리인 관계로는 환자와 의사, 의뢰인과 변호사, 주주와 경영자, 고용주와 종업원 등을 들 수 있다. 공공정책의 경우에는 국민과 국회의원, 국민과 관료, 정부와 공공기관, 지원기관과 과제수행자 등이 주인-대리인 관계의 예가 될 수 있다. 그런데 주인과 대리인의 선호 혹은 관심 사항이 일치하지 않거나 주인이 대리인에 비해 전문지식과 정보가 부족한 경우에는 대리인이 주인의 이익을 충실하게 대변하거나 확보하지 못하는 '대리인 문제(agency problem)' 혹은 '대리인의 딜레마'가 발생한다. 역선택, 도덕적 해이, 기회주의적 행태 등이 여기에 포함된다.

---

86 소병희(2007: 101-105)는 정부실패의 가장 근본적인 원인으로 공익보다 사익을 우선적으로 추구하는 정치인과 관료가 많다는 점을 들고 있으며, 특히 정보가 차단된 밀실행정이 부패의 산실이라고 지적하고 있다. 이에 대한 대책으로는 공익과 사익을 일치되도록 만드는 인센티브 제도의 확립이 제안되고 있다.

87 제3섹터는 비정부기구(nongovernmental organization, NGO)와 같이 공공부문과 민간부문 어디에도 속하지 않은 제3의 부문을 일컫는다. 최근에는 공공부문과 민간부문이 공동으로 자본을 투자해 설립한 특수법인을 지칭하는 개념으로도 사용된다.

대리인 문제는 거래비용(transaction cost)의 일종에 해당하는 대리인 손실(agency loss)을 유발하는데, 그것은 대리인의 바람직하지 않은 행태에서 비롯되는 비용과 대리인의 행태를 통제하기 위해 투입되는 비용을 의미한다.[88]

그림 6-1 주인-대리인 문제의 개념도.

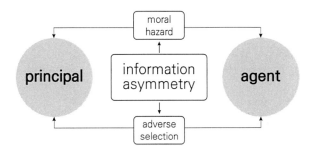

2 정책의 개념과 유형

도대체 정책이란 무엇인가? 어떤 학자는 정책에 대해 오랫동안 고민한 끝에 정책을 정확히 정의하는 것은 불가능하다고 결론지었다고 한다. 사실상 모든 사람이 만족할 만한 정책에 대한 정의는 없다. 정책이 표방하는 가치와 정책이 다루는 사실 중에 어디에 중점을 둘 것인가, 개별적 행위에 초점을 둘 것인가 아니면 행위를 둘러싼 환경에 주목할 것인가, 행위자의 범위를 어디까지 포괄할 것인가 등에 따라 다양한 접근법이 존재할 수 있기 때문이다.[89]

그럼에도 불구하고 많은 학자들이 정책에 대한 다양한 정의를 시도해 왔다. 사전

---

88 과학정책에 주인-대리인 이론을 적용한 논의로는 Guston(1996)을 참조.

89 이와 관련하여 김은성(2002)은 정책사회학의 접근법으로 ① 정책 과정에서 이익집단의 정치에 천착하는 이해관계 접근법, ② 정책 변화의 제도적 환경과 조직의 대응에 주목하는 제도적 접근법, ③ 사회적 의미를 생산하는 담론정치의 산물로 정책을 보는 해석적 접근법, ④ 인간 행위자와 비인간 행위자의 연결과 배치에 주목하는 물질적 접근법을 들고 있다.

적 정의에 따르면, 정책은 공공문제를 해결하기 위해 정부가 결정한 행동방침을 뜻한다. 정정길 외(2010: 35)는 여러 학자들의 견해를 종합하여 정책에 대해 다음과 같은 멋진 정의를 내렸다. "정책이란 바람직한 사회 상태를 이룩하려는 정책목표와 이를 달성하기 위해 필요한 정책수단에 대하여 권위 있는 정부기관이 공식적으로 결정하는 기본방침이다." 또한 남궁근(2008: 17)은 정책을 "정책문제를 해결하고 정책목표를 달성하기 위하여 정부가 선택한 행동경로 혹은 무결정(non-decision)"으로 규정하고 있다. 정부가 적극적으로 개입하는 결정뿐만 아니라 정부가 회피하는 결정도 일관성 있게 오랫동안 추구되면 정책이 될 수 있다는 것이다.

표 6-1 정책의 유형과 주요 내용.

구분	정책의 유형	주요 내용
요구충족정책	배분정책	재화와 서비스의 공급
	규제정책	일방의 횡포로부터 국민을 보호
지지획득정책	추출정책	징병, 조세 등 인적·물적 자원의 획득
	순응확보정책	구성정책, 상징정책, 여론조작정책 등

주: 요구와 지지는 정치체제에 대한 두 가지 투입요소에 해당함.
자료: 정정길 외(2010: 64).

정책의 의미는 그 유형을 고찰함으로써 더욱 구체화될 수 있다. 정정길 등은 기존의 논의를 비판적으로 종합하여 정책의 유형을 배분정책(distributive policy), 규제정책(regulatory policy), 추출정책(extractive policy), 순응확보정책(compliance policy)으로 분류하고 있다([표 6-1] 참조). 배분정책은 국민에게 권리, 이익, 서비스 등을 배분하는 것과 관련된 정책으로 의사결정과정에서 이해관계자들의 경쟁이 치열하다는 특징을 가지고 있다. 규제정책은 개인의 활동 및 사유재산에 대하여 정부가 통제를 가하는 것과 관련된 정책으로 대부분 법률의 형태를 취하며 수혜 집단과 피해 집단을 명시하는 것이 필요하다. 추출정책은 특정한 자원을 민간부문에서 추출하는 것에 대한 정책으로 인적 자원의 경우에는 징병, 물적 자원의 경우에는 조세가 대표적이다. 순응확보정책에는 구성정책, 상징정책, 여론조작정책 등이 포함된다. 구성정책은 정부기관의 신설이나 선거구의 조정 등과 같이 정부운영과 관련된 정책을 의미하고, 상징정책은 정치지도자들이 자유, 민주, 정의 등과 같은 이념에 호소하거나 미래의 업적 혹은 보상을 약속하는 것을 지칭한다.

▌평화를 위한 원자력

1949년에는 소련이 원자탄 개발에 성공함으로써 미국을 크게 긴장시켰다. 이에 못지않게 중요했던 점은 소련이 핵에너지를 민간 용도로 개발하고 있다는 사실이었다. 만약 소련이 전력생산용 원자로를 먼저 개발한다면 미국에 엄청난 타격으로 작용할 터였다. 소련의 원조로 원자력발전소를 세우게 되는 국가가 소련 쪽으로 넘어가게 되면, 소위 '자유진영'과 '공산진영' 사이의 균형이 무너질 수 있었던 것이다. 급기야 아이젠하워 대통령은 1953년 12월의 유엔총회 연설에서 '평화를 위한 원자(Atoms for Peace)'라는 프로그램을 선언하고 나섰다. 미국이 보유하고 있는 핵기술을 인류의 번영을 위해 사용하겠다는 약속이었다. 특히 아이젠하워는 개발도상국이 전력생산용 원자로를 건설할 때 미국이 이를 지원해주겠다는 내용을 공개적으로 천명했다. 선언의 말미에서 아이젠하워는 다음과 같이 말했다. "이러한 중대한 결정을 내림에 있어서 미국은 여러분 앞에서, 즉 전 세계 앞에서 가공할 핵의 딜레마의 해결을 돕겠다는 결심, 즉 인간의 놀라운 발명이 인간의 죽음에 공헌하지 않고 인간의 생명에 이바지하는 방법을 찾는 데 온 마음과 정신을 다 바칠 것임을 서약합니다." 아이젠하워가 표방한 '평화를 위한 원자(력)'는 '전쟁을 위한 원자탄'과 대비되는 것으로 과학기술의 역사상 매우 성공적인 수사적 전략으로 평가받고 있다(박범순·김소영 엮음, 2015: 209–215).

이와 같은 정책의 유형이 배타적이지 않다는 점에도 유의할 필요가 있다. 예를 들어 고속도로를 건설하는 정책은 주로 배분의 성격을 띠지만 사유지를 강제적으로 매수하기 때문에 추출의 성격도 가지고 있다. 국가가 상당한 위기를 맞이했을 때는 정치지도자들이 상징정책을 통해 국민으로부터 사실상의 부담금을 추출하기도 한다. 또한 정책의 유형을 더욱 세분화해야 한다는 지적도 있는데, 대표적인 예로는 저소득층을 위한 재분배정책(redistributive policy)을 들 수 있다. 재분배정책은 조세제도나 사회보장지출을 포함하여 소득 분배의 구조를 변경시키는 것과 관련된 정책이다. 소득세에 누진세를 적용하는 것은 재분배정책이자 추출정책에, 사회적 약자에게 무상의료서비스를 제공하는 것은 배분정책이자 재분배정책에 해당한다.

정책의 유형은 정부조직이 담당하는 기능이나 활동을 감안하여 보다 실질적으로 분류될 수도 있다. 경제정책, 산업정책, 교육정책, 노동정책, 보건복지정책, 환경정책 등이 이러한 예에 해당하는데, 그것은 일반 국민들에게 매우 친숙한 유형이라 할 수 있다. 이러한 분류는 정책의 실제적 내용과 정부조직의 기능을 연계시킨다는 장점을 가지고 있지만, 여러 정책에 보편적인 원리를 발견하기 어렵다는 문제점을 안고 있다. 정부의 기능 중에는 여러 부처에 걸쳐 있는 것도 있다. 기술정책을 예로 들면, 정부부처에 따라 과학기술정책, 산업기술정책, 정보기술정책, 환경기술정책 등으로 나눌 수 있는 것이다. 다양한 부처가 관여하는 정책의 경우에는 관할영역을 둘러싼 갈등이 발생할 수 있으며 이를 적절히 조정하는 것이 중요해진다.

정책학의 창시자로 평가되는 라쓰웰(Harold D. Lasswell)은 1951년에 "정책 지향 (The Policy Orientation)"이란 논문을 출판했다. 그는 정책을 체계적인 학문의 대상으로 삼아야 한다고 주장하면서 정책학을 "정책결정과 정책집행을 설명하고 정책문제와 관련된 정보를 수집하고 해석하는 학문"으로 정의했다(Lasswell, 1951). 이후에 정책학은 다양한 각도에서 탐구되어 왔으며, 기본적인 접근방식은 기술적·실증적 접근법과 규범적·처방적 접근법으로 대별할 수 있다. 전자는 사실 자체를 명확하게 기술(description)하고 경험적 자료를 바탕으로 인과관계를 분석하는 것에 해당한다. 후자는 가치판단과 처방(prescription)을 중요시하는 관점으로 무엇을 추구할 것이냐, 현실의 문제를 어떻게 해결할 것이냐 등에 초점을 맞춘다. 기술적·실증적 접근법이 사실(sein)의 차원에 주목하고 있다면, 규범적·처방적 접근법은 당위(sollen)의 차원을 강조하고 있는 셈이다. 정책학은 기술적 성격과 처방적 성격을 모두 가지고 있으며, 정책연구에서는 두 가지 접근법을 상호보완적으로 사용하는 것이 필요하다.[90]

---

90 정책학의 초기 역사에 대해서는 이혜영(2003)을 참조.

▌사실과 당위

　　사실명제와 당위명제 사이에는 논리적 연관성이 없으며, 사실에서 당위 혹은 가치를 도출하는 것은 '자연주의적 오류(naturalistic fallacy)'로 불린다. 이에 근거하여 과학은 사실을 다루고 도덕은 당위를 다룬다는 주장이 종종 제기된다. 그러나 현실 세계에서는 사실과 당위가 인간이라는 행위주체 속에서 연결된다는 점에 주목할 필요가 있다. 예를 들어 어떤 사람이 길을 가다가 나무에 열린 사과를 보고 배가 고파 먹으려고 하는 경우에는 '저것은 사과다'라는 사실과 '배가 고프니 저 사과를 먹어야 겠다'라는 당위가 그 사람 속에서 결합되고 있는 것이다. 물론 사실과 당위의 문제가 그렇게 단순하지는 않다. 왜냐하면 '저것은 사과다'라는 사실은 '배가 고프다고 남의 사과를 먹어서는 안 된다'라는 당위와도 공존할 수 있기 때문이다. 사실과 당위는 행위주체 속에서 결합되지만, 그 결합의 구체적인 형태가 사실에만 근거하지는 않는 것이다(홍성욱, 2004: 135-141). 오늘날 많은 사회적 논쟁은 과학적 사실을 강조하고 있지만 실제로는 사실과 당위가 결합된 복합체를 통해 이루어진다.

　　앞서 소개한 정책의 정의에서 드러나듯, 정책의 핵심적인 구성요소로는 정책목표와 정책수단을 들 수 있다. 정책목표는 정책을 통해 이룩하고자 하는 바람직한 상태를 의미하며, 모든 정책은 명시적이든 묵시적이든 목표를 가지고 있다. 정책목표는 광범위한 차원에서 표현되는 상위목표(goal)와 보다 구체적으로 진술되는 세부목표(objective)로 구분할 수 있는데, 상위목표는 '목적' 혹은 '비전'으로 불리기도 한다. 세부목표는 상위목표에 비해 조작적으로 정의되고 달성 시기와 대상 집단이 구체화되는 경향을 보인다([표 6-2] 참조).

표 6-2 상위목표와 세부목표의 비교.

구분	상위목표	세부목표
목표의 진술	광범위하게 진술 (예: 보건치료의 수준을 높인다)	구체적으로 진술 (예: 의사의 수를 10% 증가시킨다)
용어의 정의	형식적 (예: 보건치료의 수준은 진료의 접근가능성을 의미한다)	조작적 (예: 보건치료의 수준은 인구 10만 명당 의사 수를 의미한다)
달성 시기	구체화되지 않음 (예: 장차, 향후)	구체화됨 (예: 향후 5년 후, 2005~2010년에)
측정	비계량적 (예: 적당한 의료보험 가입)	계량적 (예: 인구 천 명당 의료보험 가입자 수)
대상 집단	광범위하게 정의 (예: 치료가 필요한 사람들)	구체적으로 정의 (예: 연소득이 960만 이하인 가정)

자료: 유훈·김지원(2002: 30).

정책수단은 정책목표를 달성하기 위해 사용되는 수단을 의미한다. 예를 들어, 부동산 투기를 억제한다는 정책목표를 달성하기 위해서는 부동산실명제의 실시, 명의신탁의 금지, 주택담보대출의 제한 등과 같은 수단을 사용할 수 있다. 일반적으로 정책목표를 달성하기 위한 정책수단이 한 가지만 있는 경우는 드물고 여러 가지가 존재하기 때문에 정책수단은 '정책대안(policy alternatives)'으로 불리기도 한다. 정책목표와 정책수단의 관계가 상대적이라는 점에도 주목할 필요가 있다. 가령 과학기술의 발전을 위해 연구개발투자를 증가시킨다고 하면 연구개발투자가 정책수단이 되지만, 연구개발투자를 늘리기 위해 새로운 국가연구개발사업을 추진한다면 연구개발투자는 정책목표가 되는 것이다.

정책수단은 활동, 전달방법, 전달체계, 규칙 등과 같은 여러 요소를 포함하는 일종의 패키지이다. 활동의 유형에는 자금 지원, 규제 실시, 정보제공 등이 있으며, 자금 전달의 방법으로는 보조금, 대부금, 바우처, 조세감면 등을 들 수 있다. 전달체계는 정책 활동에 관여하는 일련의 조직들로 구성되는데, 여기에는 중앙정부, 지방정부, 공공기관, 민간기업, 비영리기구 등이 포함된다. 규칙은 전달체계를 구성하는 조직들 사

과학기술의 경영과 정책

이의 관계를 규정하는 공식적 법규나 비공식적 규범을 의미한다(남궁근, 2008: 92-93).

정책목표, 정책수단과 함께 정책의 주요 구성요소로 간주되는 것은 정책의 대상 집단(policy target group)이다. 정책은 궁극적으로 모든 국민에게 영향을 미치게 되지만, 특정한 집단을 대상으로 시행되는 경우가 많다. 어떤 정책을 통해 혜택을 받는 집단은 수혜 집단(beneficiary group), 손해를 입는 집단은 피해 집단(sacrificing group)에 해당한다. 예를 들어 낙동강 인근의 공장폐수에 대해 규제정책이 시행된다고 가정한다면, 공장을 운영하는 주체들은 피해 집단, 강물을 이용하는 주민들은 수혜 집단이 된다. 정부가 기업의 기술혁신 활동을 지원하는 경우에는 해당 기업이 수혜 집단이 되지만, 피해 집단을 명시하기는 쉽지 않다. 규제정책의 피해 집단은 비교적 분명하게 규정할 수 있지만 배분정책의 경우에는 피해 집단을 규정하기 어려운 셈이다.

정책과 유사한 개념으로는 법률, 사업, 계획 등을 들 수 있다. 법률은 매우 안정적인 형태의 정책에 해당하지만, 모든 정책이 법률로 가시화되지는 않는다. 법률은 신체적 혹은 금전적 처벌을 전제하고 있기 때문에 강력한 추진이 필요한 정책에 한정되는 것이 바람직하다. 사업은 특정한 정책이 구체화된 경우를 의미하며, 상위정책을 집행하기 위한 하위정책의 성격을 띤다. 이와 관련하여 '3P'로 부를 수 있는 정책(policy), 사업(program), 세부사업(project) 혹은 과제는 목표와 수단에 따른 계층적 서열을 나타내고 있으며, 이러한 서열에 따라 기획과 평가의 유형이 구분되기도 한다. 계획은 그 구성요소로서 목표와 수단을 표방하고 있으며 정부기관이 공식적으로 수립하기 때문에 정책의 정의와 가장 잘 부합한다고 볼 수 있다. 사실상 정부가 수립한 계획을 파악하는 것은 해당 정책을 학습하는 매우 효과적인 방법에 해당한다. 우리나라에서는 중요한 정책을 새로 추진할 때 법률을 제정 혹은 개정하거나 기본계획을 수립한 후 이를 바탕으로 예산을 확보하고 핵심 기관(agency)을 구성하여 사업을 전개하는 경우가 많다. 그밖에 정책이란 개념을 내재한 용어도 있는데, 대책(對策)과 시책(施策)이 여기에 해당한다. 대책은 어떤 정책문제가 등장한 후에 사후적으로 마련되는 경향을 가지고 있으며, 시책은 이미 시행되고 있거나 조만간 시행될 정책을 뜻한다고 볼 수 있다.

정책의 대표적인 형태인 계획은 대상기간, 종합성 정도, 지리적 범위, 고정성 여부 등에 따라 다양한 유형으로 분류할 수 있다(김신복, 1999: 64-80). 계획은 대상기간에 따라 단기계획, 중기계획, 장기계획으로 나눌 수 있는데, 대략 단기계획은 1~3년, 중기계획은 3~7년, 장기계획은 10~30년을 대상으로 삼는다. 또한 계획은 종합성 정도에 따라 종합계획, 부문계획, 사업계획, 세부사업계획으로 구분된다. 그중 부문계획은 종합계획의 특정한 기술 분야나 정책 영역을 대상으로 삼고 있으며, 세부사업계획은 제안요청서(request for proposal, RFP)와 같은 형태로 지원과제를 공고하는 작업과 결부되어 있다. 그 밖에 계획은 지리적 범위에 따라 지방계획(local plan), 지역계획(regional plan), 국가계획(national plan), 국제계획(international plan)으로, 고정성 여부에 따라 고정계획(fixed plan)과 연동계획(rolling plan)으로 구분되기도 한다. 여기서 과학기술에 관한 국가계획을 대상 기간과 종합성 정도로 구분하여 예시하면 [표 6-3]과 같다. 우리나라의 과학기술종합계획과 관련하여 장기계획 혹은 장기비전은 간헐적으로 마련되어 왔던 반면, 중기계획은 5개년 계획의 형태로 1962년부터 지속적으로 수립되어 왔다.[91]

표 6-3 과학기술 관련 계획에 관한 유형.

종합성 기간	종합계획	부문계획
장기계획	• 2025년을 향한 과학기술발전 장기비전 • 2040 과학기술 미래비전	• 국가에너지기본계획 • 우주개발기본계획
중기계획	• 과학기술혁신 5개년 계획 • 과학기술기본계획	• 생명공학육성기본계획 • 지방과학기술진흥종합계획

3 정책과정의 이해

정책은 일련의 과정 혹은 단계로 구성되어 있다. 앞서 언급한 라쓰웰은 정책학에 필요한 지식으로 '정책과정에 관한 지식'과 '정책과정에서 필요한 지식'을 거론

---

91 5개년 계획을 중심으로 한 과학기술종합계획에 관한 내용분석은 송성수(2005); 송성수(2011: 149-184)를 참조.

함으로써 정책과정의 중요성을 부각시킨 바 있다. 그렇다면 정책은 어떤 생애주기(life cycle)를 밟는가? 이에 대해 정정길 외(2010: 13-15)는 정책과정을 ① 정책의제설정(문제형성), ② 정책분석(대안형성), ③ 정책결정(정책채택), ④ 정책집행, ⑤ 정책평가, ⑥ 정책변동 등의 여섯 단계로 구분하고 있다([그림 6-2] 참조). 이 중에서 정책분석과 정책결정은 매우 밀접하게 연결되어 있기 때문에 '정책형성' 혹은 '정책기획'으로 포괄되기도 한다.[92] 이와 같은 정책과정의 단계는 단일 방향으로 진행되는 것이 아니라 서로 영향을 주고받는 순환적인 관계를 형성한다. 정책과정의 각 단계에 대한 논의는 정책학의 각론(各論)에 해당하는데, 정책의제설정론, 정책분석론 혹은 정책결정론, 정책집행론, 정책평가론, 정책변동론 등이 그것이다.

그림 6-2 정책과정에 대한 개념도.

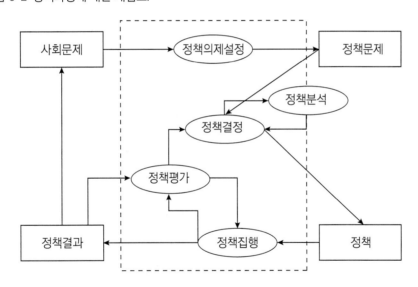

주: 사각형은 정책과정의 투입물과 산출물, 타원형은 정책과정의 주요 활동을 나타냄.
자료: 정정길 외(2010: 14).

---

92 이와 관련하여 남궁근(2008: 374)은 정책과정을 정책의제설정, 정책형성, 정책집행, 정책평가, 정책변동 등의 다섯 단계로 구분하고 있으며, 권기헌(2008: 135)은 정책과정을 정책의제설정, 정책결정, 정책집행, 정책평가, 정책변동으로 나누면서 정책의제설정과 정책결정이 정책형성에 해당된다고 보고 있다.

정책의제설정(policy agenda setting)은 한 사회의 수많은 문제 중에서 특정한 문제가 정책적 고려의 대상으로 채택되는 것을 의미한다. 이러한 과정에서는 해당 문제의 성격이 지속적으로 재구성되는데, 그것은 사회문제(social problem), 사회적 쟁점(social issue), 공중의제(public agenda), 정책의제 혹은 정부의제(government agenda) 등으로 표현된다(Eyestone, 1978; 유훈·김지원, 2002: 90-93). 사회문제는 개인적인 문제와 구별되는 것으로 한 사회의 많은 구성원들이 공통적으로 느끼는 문제를 의미한다. 사회문제에 대해서는 적절한 해결책이 요구되며, 이에 관한 의견이 일치하지 않을 때 사회적 쟁점으로 대두된다. 사회적 쟁점은 공론화 과정을 거쳐 공중의제로 탈바꿈한다. 공중의제란 일반 대중이 정부 차원에서 해결책이 강구되어야 한다고 공감하는 일련의 문제에 해당한다. 공중의제 중에서 공식적인 권한을 가진 정부당국이 적극 검토하게 되는 문제를 정책의제 혹은 정부의제라 한다.[93]

현실 세계에서는 이와 같은 모든 과정을 밟아 정책의제가 설정되지는 않으며 중간의 몇몇 단계가 생략되기도 한다. 사회문제가 곧바로 공중의제나 정책의제로 부상할 수도 있으며, 사회문제, 사회적 쟁점, 정책의제의 순서를 거치는 유형도 있다. 또한 정부가 먼저 정책의제를 선정한 후 여론을 활용하여 공중의제로 만드는 경우와 사회적 쟁점이 의제로 발전하지 않는 경우도 종종 발견할 수 있다. 대중과 여론의 관심을 끌지만 정책의제로 채택되지 못한 쟁점은 '억압된 이슈(depressed issue)' 혹은 '하찮은 이슈(non-issue)'로 불린다.

정책분석의 절차는 다음의 다섯 단계로 나눌 수 있다. ① 해결할 정책문제 혹은 달성할 정책목표를 명확히 하고, ② 정책대안을 광범위하게 탐색 혹은 개발하며, ③ 정책대안이 가져올 결과를 예측하고, ④ 예측된 정책대안의 결과를 비교·평가하며, ⑤ 최선의 정책대안을 선택하는 것이다(정정길 외, 2010: 329-330). 정책대안의 원천에는 기존 정책, 과학적 이론, 통찰력(insight) 등이 있다. 기존 정책은 과거에 사용했던 정책이나 현재 시행 중인 정책을 의미하며, 중앙정부의 정책은 물론 지방자치단체와 민간부문의 경험, 그리고 해외사례도 포함한다. 경험적 사실과 함께 과학적 이론이나

---

93 정부의제 다음의 단계로 결정의제(decision agenda)가 추가되기도 한다. 정부의제가 정부가 해결하기로 결정하고 대안을 강구하는 문제라면 결정의제는 구체적인 대안을 마련하여 의사결정을 앞두고 있는 문제에 해당한다(남궁근, 2008: 382-385).

과학기술의 경영과 정책

모형도 정책대안의 중요한 원천인데, 예를 들어 여러 변수를 고려한 모형을 만들고 특정 변수를 조절해 보면 보다 효과적인 대안을 얻을 수 있다. 기존 정책과 과학적 이론에 한계가 있을 때에는 식견 있는 사람들의 통찰력에 의존할 수 있으며, 이러한 경우에는 브레인스토밍(brainstorming)과 델파이법(Delphi method)이 종종 활용된다.

▌델파이법

델파이법은 1964년에 미국의 랜드 연구소가 개발한 예측 방법에 해당한다. 델파이란 용어는 델포이(Delphoi)에서 유래했는데, 델포이는 예언가들이 미래를 점치던 아폴로 신전이 위치한 도시다. 델파이법의 특징을 나타내는 키워드로는 '반복'과 '피드백'을 들 수 있다. 델파이 조사를 주관하는 중재자는 전문가 패널을 구성한 후 전문가 개인별로 예측치를 제시하도록 요청한다. 첫 번째 라운드의 결과를 분석하고 평균값을 계산해 전문가 개개인에게 통보하면서 수정된 의견을 구한다. 이어 두 번째 라운드의 결과를 분석하고 다시 전문가들에게 알려주면서 재차 새로운 의견이 있는지를 묻는다. 통상적으로 델파이법은 세 번째 라운드를 통해 전문가 패널의 최종 의견을 종합한다. 델파이법의 첫 단계에서는 예측치의 편차가 크지만 라운드가 반복될수록 참여자들이 수긍할 만한 범위 안으로 예측치가 모여지는 경향이 있다. 이러한 델파이법은 오늘날 기술예측, 수요예측, 정책대안 형성, 우선순위 설정 등에서 널리 사용되고 있다. 델파이법은 해당 전문가 집단의 합의를 도출하는 데 유효한 방법이지만 몇 가지 약점도 가지고 있다. 라운드를 반복하면서 참여하는 전문가의 수가 줄어들면 평균값이 달라질 수 있다. 또한 인간의 심리상 부지불식간에 평균값과 가까운 쪽으로 의견을 낼 가능성이 크다(박용태, 2007: 83-92).

정책대안이 갖추어야 할 기본적인 특성으로는 소망성(desirability)과 실현가능성(feasibility)이 거론된다. 소망성을 판단하는 기준으로는 효과성(effectiveness), 효율성 혹은 능률성(efficiency), 형평성(equity) 등을 들 수 있다. 효과성은 계획에 대비하여 목표가 달성된 정도를 의미하고, 효율성은 투입 대비 산출의 비율을 지칭한다. 형평성은 정치적 측면에서 중요한 가치에 해당하는데, 정책효과나 정책비용이 얼마나 공정하고 정당하게 배분되는지에 초점을 맞춘다. 실현가능성은 정책대안의 선택을 제약하는 조건으로 기술적, 재정적, 행정적, 법률적, 정치적 차원으로 구분할 수 있다. 활용할 기술이 없거나 재원이 부족하거나 행정인력이 확보되지 않거나 법률의 내용과 모순되거나 정치적 지지를 받지 못하면 정책대안의 실현가능성이 떨어지는 것이다. 통상적으로는 실현가능성을 먼저 검토하여 부적합한 대안을 제외한 다음에 실현가능한 대안 중에서 가장 소망스러운 것을 선택하는 경우가 많다.

정책대안을 비교하거나 평가할 때 널리 사용되는 방법으로는 비용편익분석(cost-benefit analysis, CBA)을 들 수 있다. 비용편익분석은 특정한 사업이나 프로젝트를 추진할 때 발생하는 비용과 편익을 금전적 가치로 환산한 다음에 비용의 크기와 편익의 크기를 비교하여 가장 효과적인 대안을 찾는 방법에 해당한다. 미래의 비용과 편익은 할인율을 적용하여 현재가치로 환산하는데, 비용편익비율(B/C ratio)이 1을 넘어설 때 경제적 타당성이 있는 것으로 간주된다. 우리나라에서는 김대중 정부 시절인 1999년에 '예타'로 약칭되는 예비타당성조사(preliminary feasibility study) 제도가 도입되면서 총 사업비가 500억 원 이상이고 국가재정지원 규모가 300억 원 이상인 사업에 대해 비용편익분석을 의무화했다. 그러나 비용편익분석은 모든 가치를 금전적으로 환산할 수 없다는 점, 할인율을 선정하는 기준이 모호하다는 점, 대상 집단의 다양한 만족도를 측정하기에 적합하지 않다는 점 등과 같은 한계를 가지고 있다. 국방이나 보건과 같이 목표달성의 정도를 화폐가치로 표현하기 어려운 영역의 경우에는 비용효과분석(cost-effectiveness analysis)이 사용되기도 한다. 비용효과분석은 각 대안의 비용이 동일하여 효과만 비교하는 경우와 각 대안의 효과가 동일하여 비용만 비교하는 경우에 적절히 활용될 수 있다(정정길 외, 2010: 777-784).

정책결정은 정책분석과 상당 부분 중첩되어 있으며, 주로 정책분석 절차의 후반부가 정책결정과 직결된다고 볼 수 있다. 정책결정은 기본적으로 집단적 의사결정의 일종에 해당한다. 집단적 의사결정을 뒷받침하는 논거로는 풍부한 정보와 다양한 시각을 활용할 수 있다는 점, 의사결정의 내용에 대한 정당성을 확보할 수 있다는 점, 의사결정 결과의 수용도와 실행가능성을 높일 수 있다는 점 등이 거론된다(정정길 외, 2010: 501-504). 정책결정의 가장 중요한 키워드로는 '합리성'을 들 수 있는데, 합리성의 용례가 다양하다는 점에 주의해야 한다. 합리성의 유형은 결과적으로 최선의 내용이 선택되었는지에 주목하는 실질적 합리성(substantive rationality)과 대안을 선택하기 위해 밟아가는 과정이 바람직한가에 초점을 두는 절차적 합리성(procedural rationality)으로 대별할 수 있다(Simon, 1978; 김영평, 2000). 또한 합리성은 효과적인 대안에 주목하는 기술적 합리성, 비용편익분석을 강조하는 경제적 합리성, 법률이나 규정에 합치되는 선택을 중시하는 법적 합리성, 가치 있는 사회제도의 유지나 개선을 도모하는 사회적 합리성 등으로 구분되기도 한다.[94]

정책결정은 정책과정에서 가장 인상적인 부분으로 이에 대해서는 매우 다양한 이론이나 모형이 제시되어 왔다. 합리 모형은 정책문제에 관한 정보와 지식을 광범위하게 이용할 수 있다고 전제하며 철저한 분석과 종합을 통해 최선의 대안을 선택할 수 있다고 본다. 합리 모형은 정책결정의 실제적 상황을 반영하지 않은 일종의 이념에 해당한다고 볼 수 있다. 인간의 문제해결능력에는 한계가 있고 정보나 지식을 충분히 수집하기도 어려우며 정책대안을 평가하는 기준도 다양하기 때문이다. 또한 합리 모형을 따르게 되면 엄청난 분석비용이 소요되고 정책결정자에 대한 요구도 가혹해진다. 이와 반대로 쓰레기통 모형(garbage can model)은 일종의 무정부 상태에서 이루어지는 의사결정에 주목하고 있다(남궁근, 2008: 425-433). 쓰레기통 모형은 의사결정 참여자들의 선호가 분명하지 않고 목표와 수단의 인과관계가 명확하지 않으며 참여자들의 구성이 유동적인 상황에 주목한다. 쓰레기통 속의 의사결정은 계속 지연되다가 특별한 촉발계기(triggering event)가 있을 때 이루어지는 경향을 보인다. 또한 중요하지 않은 문제를 슬쩍 끼워 넣거나 당사자가 진이 빠질 때까지 기다리는 경우도 종종 발생한다.

합리 모형과 쓰레기통 모형이 정책결정의 양극단을 상징하고 있다면, 만족 모형과 점증주의(incrementalism)는 그 중간 지점에 위치하고 있다. 1978년 노벨 경제학상 수상자인 사이먼(Herbert A. Simon)은 인간의 인지능력에 한계가 있고 시간과 비용

---

94 독일의 철학자이자 사회학자인 위르겐 하버마스(Jürgen Habermas)는 합리성을 도구적 합리성(instrumental rationality)과 의사소통의 합리성(communicative rationality)으로 구분했다. 도구적 합리성은 정해진 목적을 달성하기 위해 가장 경제적이고 효과적인 수단을 선택하고자 하는 사고방식에, 의사소통의 합리성은 자신이 왜 그렇게 생각하는지, 왜 우리가 그렇게 해야 하는지에 대해 토론하면서 보편적인 합의에 도달하고자 하는 행동방식에 해당한다. 또한 하버마스는 우리가 사는 세상을 생활세계(lifeworld)와 체제(system)로 나누면서 국가와 시장으로 이루어진 체제가 의사소통 행위가 일어나는 생활세계를 잠식하는 것이 근대 사회의 가장 큰 문제라고 지적했다.

이 제약되어 있기 때문에 최선 혹은 최적의 대안을 선택하는 것은 불가능하다고 본다. 사이먼은 이러한 한계와 제약 속에서 현실적인 인간이 도달할 수 있는 합리성을 '제한된 합리성(bounded rationality)'으로 개념화했다(Simon, 1955). 사이먼은 제한된 합리성에 기초하여 만족 모형을 제시했는데, 이에 따르면 정책결정자는 소수의 대안만을 탐색하고 중요한 결과만 예측하며 만족할 만한 대안을 선택한다.[95] 점증주의는 미국의 행정학자 린드블롬(Charles E. Lindblom)이 "진흙 속을 헤쳐 나가는 학문(The Science of Muddling Through)"에서 처음 제안한 것으로 기존 정책을 조금씩 수정·보완해 나가는 정책결정이 바람직하다고 본다(Lindblom, 1959). 점증주의에 따르면, 가치의 선택과 행동대안의 선택은 서로 밀접하게 얽혀 있으며, 좋은 정책인지의 여부는 다양한 관계자들이 그 정책에 얼마나 동의하느냐에 달려 있다. 그 밖에 앞서 살펴본 몇몇 모형을 절충한 경우도 있는데, 사회학을 전공한 에치오니(Amitai Etzioni)가 제안한 혼합주사 모형(mixed scanning model)이 이러한 예에 속한다(남궁근, 2008: 437-439). 그는 정책결정을 기본적인 결정과 세부적인 결정으로 구분한 후 전자는 합리모형, 후자는 점증주의를 따르는 것이 바람직하다고 제안한다. 장기적 전략에 해당하는 기본적인 결정은 합리적 방법으로, 그리고 단기적 전술과 관련된 세부적인 결정은 점진적으로 이루어져야 한다는 것이다.[96]

정책집행(policy implementation)은 결정된 정책을 실행에 옮기는 단계에 해당한다. 정책이 형성되었다고 해서 자동적으로 집행되는 것은 아니며, 정책집행의 양태에 따라 정책성과가 판이하게 달라질 수 있다. 정책집행에 관한 접근법은 하향식(top-down) 접근법과 상향식(bottom-up) 접근법으로 대별된다. 전자가 공식적인 정책목표를 달성하기 위해 집행체제를 어떻게 운영할 것인가에 주목하고 있다면, 후자는 독립적인 다수의 행위자들이 전략적 상호작용을 통해 정책을 구체화하는 과정에 초점을 맞추고 있다.

---

95 만족모형의 영어 표현은 'satisficing model'이다. satisficing은 satisfying과 sufficing의 합성어로 '그 정도면 충분히 만족스러운 수준이다'라는 의미를 가진다. 사이먼은 합리모형에서 가정하는 의사결정자를 경제인(economic man), 제한된 합리성하에서 의사결정을 내리는 존재를 행정인(administrative man)으로 불렀다.

96 여기서 경제학, 행정학, 사회학 등을 거론한 것은 정책학이 여러 학문분야를 바탕으로 형성되었다는 점을 강조하기 위함이다.

과학기술의 경영과 정책

하향식 접근법은 정책목표를 주어진 것으로 보며 정책집행을 기능적인 행동화에 국한하고 있기 때문에 정책집행 현장의 다양한 변수들을 유연하게 고려하지 못하는 경향을 가진다. 이와 반해 상향식 접근법의 경우에는 정책집행의 단계에서 정책의 실질적인 내용이 형성된다고 간주하고 있으며, 전체적인 정책의 목표와 구성을 간과하기 쉬워 정책목표의 달성도를 파악하기 어렵다. 일반적으로 하향식 접근법은 핵심적인 법률이 있는 구조화된 상황에, 상향식 접근법은 핵심적인 법률이 없는 유동적 상황에 적합한 것으로 평가되고 있다([표 6-4] 참조).[97]

표 6-4 하향식 정책집행과 상향식 정책집행의 비교.

구분	하향식 정책집행	상향식 정책집행
집행의 성공요인	결정자의 리더십	집행자의 재량권
결정과 집행	정책결정과 집행의 분리	정책결정과 집행의 통합
정책목표	목표가 명확하여 수정 필요성 적음	수정 필요성 높음
집행자의 재량권	낮음	높음
정책상황	안정적·구조화된 상황	유동적·동태적 상황
정책평가의 기준	집행의 충실성과 성과	환경적응성 중시 (정책성과는 2차적 기준)
유사개념	전향적(forward) 집행, 정형적(formal) 집행	후향적(backward) 집행, 적응적(adaptive) 집행

자료: 권기헌(2008: 30).

정책집행에 영향을 미치는 요인은 집행체제의 내부 요인과 외부 요인으로 구분할 수 있다. 내부 요인으로는 정책목표의 명확성, 자원의 동원가능성, 집행조직의 구조적 특성, 정책집행자의 적극성 등이, 외부요인으로는 이익집단의 규모와 압력, 사회경제적 여건, 대상 집단의 문화적 특성, 여론의 지지 등을 들 수 있다. 정책집행자와 대상 집

---

97 정책집행에서 하향식 접근법과 상향식 접근법의 통합을 지향하는 모형도 다수 제안되었지만, 두 접근법은 상이한 논리에 입각하고 있기 때문에 통합적 모형을 만족스럽게 구축하기는 어렵다(남궁근, 2008: 498-509).

단이 정책에서 요구하는 행태에 순응하는지 불응하는지도 중요한 문제이다(유훈·김지원, 2002: 223-227). 정책불응(policy noncompliance)의 원인에는 정책에 대한 불만, 의사전달의 왜곡, 자원의 결핍, 부담스러운 요구, 권위의 결여 등이 있다. 정책불응을 극복하기 위한 전략이나 방법에는 경제적 보상이나 강압적 제재 이외에도 충분한 정보의 제공, 접근의 용이성 확보, 도덕적 설득 등이 있다. 정책담당자는 정책불응 현상을 무시할 것이 아니라 이를 극복하기 위한 방법을 적극적으로 강구하기 위해 노력해야 한다.

정책집행의 유형

나카무라(Robert Nakamura)와 스몰우드(Frank Smallwood)는 1980년에 발간한 『정책집행의 정치』에서 정책결정자와 정책집행자의 관계를 중심으로 정책집행의 유형을 다음의 다섯 가지로 분류했다(Nakamura and Smallwood, 1980; 정정길 외, 2010: 521-526). 고전적 기술관료(classical technocrats), 지시적 위임자(instructed delegates), 협상자(bargainers), 재량적 실험가(discretionary experimenters), 관료적 기업가(bureaucratic entrepreneurs) 등이 그것이다. 고전적 기술관료형에서는 정책결정자가 집행과정에 대해 강력한 통제력을 행사하며 정책집행자는 기술적인 문제에 대해 약간의 재량권을 가질 뿐이다. 지시적 위임형의 경우에는 정책결정자가 구체적인 정책목표를 설정한 후 정책집행자에게 목표달성에 필요한 수단을 강구할 수 있도록 행정적 권한을 위임한다. 협상형에서는 정책결정자가 기본적인 목표를 설정하지만 구체적인 목표와 수단에 대해서는 정책집행자와 협상한다. 재량적 실험가형의 경우에는 정책결정자가 추상적인 목표를 지지하면서 정책집행자에게 목표를 구체화하고 수단을 강구할 수 있도록 광범위한 재량권을 부여한다. 관료적 기업가형은 정책집행자가 사실상의 정책을 결정하고 공식적인 정책결정자에게 이를 받아들이도록 종용한다.

정책평가는 평가자에 따라 자체평가, 내부평가, 외부평가로, 평가의 시점에 따라 사전평가, 중간평가 혹은 형성평가, 사후평가로 구분된다. 또한 정책평가는 평가의 대상에 따라 정책집행의 과정이나 활동을 평가하는 과정평가(process evaluation)와 정책집행의 성과나 효과를 대상으로 삼는 총괄평가(summative evaluation)로 대별된

과학기술의 경영과 정책

다. 과정평가에 사용되는 질문으로는 ① 원래 계획된 활동이 이루어졌는가? ② 해당 자원이 계획된 시간에 투입되었는가? ③ 원래 의도한 대상 집단에게 실시되었는가? ④ 관련된 법률이나 규정에 순응하고 있는가? 등을 들 수 있다(정정길 외, 2010: 643). 총괄평가에서는 효과성, 효율성, 형평성 등과 같이 정책대안의 소망성을 판단하는 기준을 활용할 수 있다. 효과성 평가는 ① 의도했던 정책효과가 과연 그 정책 때문에 나왔는가? ② 정책목표에 대비한 정책효과의 크기가 어느 정도인가? ③ 정책효과의 크기가 정책문제의 해결에 충분한가? 등이, 효율성 평가는 ① 정책의 직접적 비용은 얼마인가? ② 부작용을 포함한 사회적 비용은 얼마인가? ③ 정책효과는 비용을 상쇄시킬 만큼 큰 것인가? 등이, 형평성 평가는 ① 정책의 주된 수혜집단은 누구인가? ② 정책의 효과가 지역별, 계층별 필요를 적절하게 충족시켰는가? ③ 정책의 비용이 부담되는 경우에 능력에 따른 적절한 부담이 이루어졌는가? 등과 같은 질문을 담고 있다(정정길 외, 2010: 633-639).

정책평가는 매우 다양한 방식으로 이루어지고 있으며, 이에 따라 정책평가에 관한 용어도 복잡다기한 양상을 보이고 있다. 예를 들어 미국 정책평가학회(Evaluation Research Society)는 평가의 유형을 다음의 여섯 가지로 분류하고 있다. 첫째는 착수 직전분석(front-end analysis)으로 채택된 정책을 정교화하기 위해 정책을 집행하기 전에 수행하는 평가에 해당한다. 둘째는 본격적인 평가를 수행하기 전에 평가의 유용성과 실행가능성을 검토하는 평가성 사정(evaluability assessment)이다. 셋째 유형은 정책집행의 과정에서 수행되는 형성평가(formative evaluation)로 정책이 제대로 작동하지 않은 원인을 발견하고 제거하는 것을 목적으로 삼는다. 넷째는 정책집행이 계획대로 이루어지고 있는지, 정책내용이 제대로 전달되고 있는지를 확인하는 점검(monitoring)이다. 다섯째는 정책이 집행된 후 전반적으로 효과가 있었는지를 판단하는 결과평가(outcome evaluation) 혹은 영향평가(impact evaluation)이다. 마지막 유형은 평가 종합(evaluation synthesis)인데, 그것은 기존의 여러 평가에서 발견한 사실들을 다시 분석하는 일종의 메타평가(meta-evaluation)에 해당한다(유훈·김지원, 2002:

238-241).[98]

정책평가를 체계적으로 이해하기 위해서는 프로그램 논리모형(program logic model)에 주목할 필요가 있다(남궁근, 2008: 356-357; 이장재 외, 2011: 180-182). 프로그램 논리모형이란 어떤 프로그램의 진행과정을 투입(input), 활동(activity), 산출(output), 결과(outcome), 영향(impact) 등의 순서에 따라 배열하여 이들 간의 인과관계를 파악하고 활용함으로써 프로그램의 경제성(economy), 효율성(efficiency), 효과성(effectiveness)의 3E를 극대화하고자 하는 논리적 틀에 해당한다. 여기서 투입은 어떤 주체가 물적·인적 자원을 동원하는 것을 의미하고, 활동은 자원을 활용하여 전개하는 프로그램의 내용을 지칭한다. 산출은 해당 프로그램의 시행으로 얻는 직접적인 산물을 의미하며, 결과는 프로그램의 산출을 통해 유발된 효과를 뜻한다. 결과 중에서 장기적 결과에 해당하는 영향은 프로그램이 거시적 상황의 변화에 미친 효과에 주목한다. 결과는 보통 6개월에서 2년, 영향은 3년에서 10년의 기간을 대상으로 삼는다. 이러한 점을 고려할 때 앞서 언급한 총괄평가는 산출평가, 결과평가, 영향평가 등으로 구분할 수 있다. [표 6-5]는 금연 캠페인을 사례로 한 프로그램 논리모형을 보여주고 있다.

표 6-5 프로그램 논리모형의 단계와 적용.

단계	주요 내용	금연 캠페인 사례
투입(input)	물적·인적 자원의 동원	예산, 인력, 시설, 장비 등
활동(activity)	프로그램의 전개	교육, 상담, 광고 등
산출(output)	프로그램의 직접적 산물	교육시간, 상담인원, 광고회수 등
결과(outcome)	태도와 행위의 변화	대상 집단의 흡연 감소
영향(impact)	사회적 상황의 개선	흡연 관련 질병발생률 감소

자료: 남궁근(2008: 357)을 바탕으로 작성함.

98 우리나라에서는 정부업무평가기본법이 정책평가의 근거로 작용하고 있다. 정부업무평가의 대상에는 중앙행정기관, 지방자치단체, 중앙행정기관 또는 지방자치단체의 소속기관, 공공기관 등이 포함되며, 평가의 유형은 자체평가, 특정평가, 합동평가 등으로 구분되고 있다. 특정평가는 복수의 중앙행정기관이 관련된 주요 정책을 제3자가 평가하는 것을 의미하고, 합동평가는 중앙행정기관과 전문가로 구성된 평가단이 지방자치단체의 업무를 평가하는 것에 해당한다.

정책평가는 정책(X)과 효과(Y)의 관계에 대한 정보와 지식을 제공할 수 있으며, 그것은 향후에 바람직한 정책을 수립하는 데 반영될 수 있다. 정책효과를 제대로 평가하면 타당성(validity)을 가지게 되는데, 타당성에는 내적 타당성과 외적 타당성이 있다. 내적 타당성은 특정한 상황에서 찾아낸 효과가 다른 요인이 아니라 해당 정책 때문에 나타난 것이라고 할 수 있는 정도를 가리키며, 외적 타당성은 특정한 상황에서 발휘된 효과가 다른 상황에서도 유사하게 나타난다고 일반화할 수 있는 정도를 의미한다. 정책효과를 타당성 있게 추정하는 대표적인 방법으로는 사회실험을 들 수 있다. 사회실험이란 실험집단에게는 정책을 적용하고 통제집단에게는 정책을 적용하지 않은 후 두 집단의 경우를 비교하여 정책효과를 판단하는 방법이다. 실험집단과 통제집단의 균질성이 확보된 경우에는 진(眞)실험, 그렇지 않은 경우에는 준(準)실험으로 불리기도 한다. 비(非)실험적 방법으로는 정책실시 전후 비교와 사후적 비교집단 구성을 들 수 있다. 전자는 대상 집단의 정책실시 이전 상태와 정책실시 이후 상태를 비교하는 방법을 의미하고, 후자는 대상 집단과 다른 집단을 정책집행 후에 사후적으로 찾아내어 일정한 시점에서 비교하는 방법에 해당한다(정정길 외, 2010: 657-679).

정책과정의 각 단계에서는 다양한 정보가 산출되고 지속적인 환류(feedback)가 이루어지기 때문에 이를 바탕으로 보다 바람직한 정책을 재구성하는 것이 필요하다. 정책변동은 정책혁신(policy innovation), 정책승계(policy succession), 정책유지(policy maintenance), 정책종결(policy termination) 등으로 분류된다(Hogwood and Peters, 1983; 정정길 외, 2010: 705-709). 이러한 분류를 정책문제와 연결시켜보면, 정책혁신은 새로운 문제가 등장하는 경우, 정책승계는 문제가 변경되는 경우, 정책유지는 문제가 지속되는 경우, 정책종결은 문제가 소멸되는 경우에 적용된다고 볼 수 있다. 정책혁신은 정부가 그동안 관여하지 않았던 분야에 개입하기 위해 새로운 정책을 도입하는 것을 뜻한다. 사실상 정책혁신은 앞서 살펴본 정책결정에 해당하기 때문에 좁은 의미의 정책변동에서는 제외된다. 정책승계는 동일한 분야에서 기존의 정책이 새로운 정책으로 대체되는 것을 의미한다. 정책승계의 경우에는 정책의 기본적인 목표는 그대로 두고 정책수단, 담당조직, 예산, 법령 등을 개정하게 된다.[99] 정책유지는 기존의 정책을 존속시키는 것으로 상황변화에 적응하기 위해 정책을 조정해 나가는 경우를 포함한다. 정책종결은 특정한 정책을 의도적으로 종식시키거나 중지하는 것을 의미한다. 정책변동과 종종 연관되는 것은 위기이지만, 위기가 항상 정책변동을 초래하는 것은 아니다. 정책결정자들이 특정한 상황을 위기로 인지하지 않으면 정책변동이 일어나기 어려우며, 이 경우에는 정치적으로 열세에 있는 집단들이 유리한 위치를 차지할 수 있다.

▎스푸트니크 충격과 정책변동

소련이 1957년 10월 4일에 세계 최초의 인공위성인 스푸트니크 1호를 발사하자 미국은 큰 충격을 받았다. 원자폭탄에서는 4년, 수소폭탄에서는 2년 앞섰는데 인공위성에서는 뒤졌던 것이다. 미국은 소위 '스푸트니크 충격(Sputnik shock)'을 받자마자 대통령 직속 과학자문회원회(President's Science Advisory Committee, PSAC)를 설치하여 과학기술과 국방에서 우위를 점하기 위해 총력을 기울이기 시작했다. 1958년에는 고등연구계획국(Advanced Research Projects Agency, ARPA)의 발족, 국가방위교육법(National Defense Education Act)의 제정, 국립항공우주국(National Aeronautics and Space Administration, NASA)의 설치 등과 같은 후속조치가 이어졌다. 그중 국가방위교육법은 과학 교육과정의 개편, 이공계 대학생에 대한 장학금 지원, 과학교사의 처우 개선, 대학의 과학연구 활성화, 외국인 유학생의 유치 등이 대대적으로 추진되는 계기를 제공했다. 우리나라의 과학자 1세대가 미국에서 유학을 할 수 있었던 데에도 미국의 과학교육 개혁이 중요한 배경으로 작용했다.

---

99 정책승계의 유형에는 선형승계(linear succession) 혹은 정책대체(policy replacement), 정책통합(policy consolidation), 정책분할(policy splitting) 등이 있다. 선형승계 혹은 정책대체는 기존의 정책프로그램을 새로운 정책프로그램으로 대체하는 것에 해당하는데, 주차요금을 결재하는 수단이 현금에서 신용카드로 바뀐 것이 이러한 예에 속한다. 정책통합은 둘 이상의 정책을 하나로 합치는 것, 정책분할은 하나의 정책을 두 개 이상으로 나누는 것을 의미하는데, 정책통합이나 정책분할은 정부조직의 개편과 맞물려 이루어지는 경우가 많다. 예를 들어 2008년에는 교육인적자원부와 과학기술부가 교육과학기술부로 합쳐지면서 교육정책과 과학기술정책의 연계가 추진되었고, 1994년에는 재정경제원에서 공정거래위원회가 분리되면서 공정거래정책이 강화되기 시작했다(남궁근, 2008: 556-557).

이상에서 살펴본 정책과정 중에서 정책의제설정이나 정책변동을 잘 설명해주는 이론으로는 킹던(John W. Kingdon)이 제안한 '정책의 창(policy window) 이론' 혹은 '다중흐름(multiple streams) 모형'을 들 수 있다(Kingdon, 1984; 조일홍, 2000). 킹던은 정책과정을 문제 흐름(problem stream), 정치 흐름(political stream), 정책 흐름(policy stream) 등의 서로 다른 독립적인 흐름으로 개념화할 수 있다고 보았다. 정책의 창은 정치 흐름이나 문제 흐름에 의해 열리는 경우가 많은데, 대표적인 예로는 정권의 교체를 비롯한 정치적 사건이나 대형 사고와 같은 사회적 사건을 들 수 있다. 정책의 창이 열리고 정책 흐름에 의해 만들어진 정책대안이 합류하게 되면 정책으로 결정될 기회를 가지게 된다. 킹던은 이와 같은 세 가지 흐름을 결합시키는 데 주도적인 역할을 담당하는 사람들을 '정책기업가(policy entrepreneurs)'로 명명했다. 정책기업가의 자질로는 청취능력, 협상능력, 인내력 등을 들 수 있다. 정책의 창은 매우 짧은 기간에만 열리기 때문에 정책결정이 적시에 이루어지지 않으면 정책의 창은 닫히게 되고 세 개의 흐름은 제각각 흘러가게 된다.

 4 정책네트워크와 거버넌스

　정책과정이란 무대에는 수많은 행위자들이 다양한 방식으로 참여하며 정책은 이러한 행위자들 사이에서 벌어지는 복잡한 상호조정의 산물에 해당한다. 정책과정에 참여하는 개인이나 집단은 공식적 참여자와 비(非)공식적 참여자로 구분할 수 있다. 공식적 참여자에는 행정수반과 보좌진, 정부부처, 입법부, 사법부, 지방자치단체 등이 포함된다. 비공식적 참여자로는 이익집단, 정당, 외부 전문가, 비정부기구, 언론, 일반 시민 등을 들 수 있다.

　정책과정에서 행위자들의 관계에 대해서는 그동안 활발한 논의가 이루어져 왔다. 이에 관한 대표적인 이론으로는 다원주의(pluralism)와 조합주의(corporatism)를 들 수 있다. 다원주의에 따르면, 정책과정에는 다수의 행위자들이 영향을 미치며 각 행위자가 다양한 채널을 동시에 사용하기 때문에 특정한 행위자가 정책과정을 독점하지 못한다. 이에 반해 조합주의는 공공정책을 형성하고 실행하는 과정에서 몇몇 조직화된 이익집단들이 개인과 국가 사이에서 중요한 중개역할을 수행한다고 파악한다. 조합주의의 대표적인 예로는 노동자단체, 기업단체, 정부의 대표가 연합하여 주요 의사결정을 하는 노사정 협의체를 들 수 있다.[100]

그러나 다원주의와 조합주의는 정책참여자들의 다채로운 상호작용을 체계적으로 담아내지 못한다는 비판을 받았다. 두 이론은 기본적으로 정부와 이익집단의 이해관계가 매개되는 방식에 관한 논의이기 때문에 정책과정의 참여자들을 포괄적으로 설명하는 데 한계를 가지고 있다. 게다가 정책과정에서 이해당사자들은 계속해서 변화하며 동시에 그들의 관계도 매우 다양한 형태를 띠게 된다. 또한 다원주의와 조합주의는 정부와 이익집단의 관계가 정책 분야에 따라 다르게 형성될 수 있다는 점을 간과하고 있다. 예를 들어 거시적 차원에서 한 국가가 다원주의적 체제에 해당한다 하더라도 특정한 정책 분야에서는 조합주의적 형태가 나타날 수 있다. 사실상 다원주의와 조합주의의 차별성은 각 이론에서 분화된 하위 모형들이 증가하면서 점점 퇴색하게 되었다.

이러한 맥락에서 다양한 정책참여자들의 관계적 유형들을 포괄할 수 있는 이론을 개발할 필요성이 제기되었다. 특히 1980년대에 들어와 조직화된 이익집단뿐 아니라 다양한 비정부기구들이 정책과정에 참여함에 따라 이들을 포괄하는 정책과정의 역동성을 설명하는 것이 중요한 과제로 부상했다. 이에 일군의 학자들은 '정책네트워크(policy network)'를 표방하면서 정책과정에 참여하는 행위자들과 그들 사이의 상호작용을 규명하기 시작했다. 정책네트워크는 "특정한 정책 분야에 관심을 가지고 참여하는 행위자들의 집합체에서 일정한 관계가 형성된 것"을 지칭한다(정정길, 1997: 227).[101]

---

100 권력관계에 대한 고전적 모형으로는 다원주의와 조합주의 이외에도 엘리트이론과 계급이론이 있다(남궁근, 2008: 303-336). 엘리트이론은 소수 엘리트의 지배력에, 계급이론은 특정 계급의 이해관계에 집착하고 있어 정책과정에 참여하는 행위자들의 역동적인 모습을 포착하기 어려워 보인다.

101 남궁근(2008: 341)은 정책네트워크를 별도로 정의하지 않고 Jordan and Schubert(1992: 12)를 인용하는 것으로 대신하고 있다. "하나의 정책네트워크는 행위자들, 그들 간의 연계, 그리고 그 경계로 이루어져 있다. 정책네트워크는 공공부문 및 민간조직의 행위자들로 구성되며 비교적 안정적인 세트의 행위자들을 포함한다. 행위자들 간의 연계는 의사소통과 전문지식, 신뢰, 그리고 여타 자원을 포함하는 통로로 작용한다. 정책네트워크의 경계는 공식기관이 아니라 기능적인 적합성과 구조적인 틀에 의존하는 상호인지의 과정에 의해 결정된다."

1980년대 이후에 정책네트워크에 대한 논의가 활발해지면서 관련 연구자들은 여러 사례연구를 통해 이론이나 모형을 정교화하는 작업을 수행해 왔다. 그러한 과정에서 정책네트워크의 특징을 잘 드러내는 구성요소는 무엇인가, 정책네트워크의 하위모형에는 어떤 것들이 있는가 등에 대한 다양한 논점들이 제기되어 왔다(Rhodes and Marsh, 1992; Yishai, 1992). 이를 종합해 보면, 정책네트워크의 하위모형으로는 정책커튼(policy curtain), 철의 듀엣(iron duet), 철의 삼각(iron triangle), 정책공동체(policy community), 이슈네트워크(issue network) 등이 거론되고 있고, 정책네트워크의 특성을 분석하기 위한 범주로는 정책과정에 대한 참여자의 수, 주된 참여자의 종류, 참여자들이 서로 의존하는 정도, 다른 참여 희망자를 배제하는 정도, 참여자들의 관계가 지속되는 정도 등이 고려되고 있다. [표 6-6]은 정책네트워크의 각 유형이 어떤 특성을 가지고 있는지를 보여주고 있다. 정책커튼에서 이슈네트워크로 이동할수록 참여자들의 상호의존성이 낮아지고, 정책네트워크의 경계가 불분명하게 되며, 참여자들의 관계도 유동적으로 된다고 볼 수 있다.

표 6-6 정책네트워크의 유형과 특성.

특성 \ 유형	정책커튼	철의 듀엣	철의 삼각	정책공동체	이슈 네트워크
참여자 수	외부참여 없음	매우 제한적	제한적	비교적 제한적	무제한
주된 참여자	정부부처	정부부처, 전문가집단	정부부처, 이익집단, 입법부 상임위	정부부처, 약간의 관련 집단	정부부처, 다수의 관심집단
의존성	-	높음	높음	높음	낮음
배제성	매우 높음 (폐쇄적)	높음	높음	보통	낮음 (개방적)
지속성	-	높음	높음	보통	낮음 (유동적)

자료: 김순양(1995: 418).

정책커튼은 정부기구 내의 권력자에 의해 정책결정이 독점되는 것을 가정하고 있다. 이러한 상황에서 정부엘리트는 엄청난 자율성을 누리는 반면, 외부행위자들이 정책결정에 진입하는 것은 차단된다. 철의 듀엣의 경우에는 전문성을 갖춘 외부인에 대해서 어느 정도 개방적이다. 정부기구가 전문가집단과 밀접한 유대관계를 형성하면서 은밀한 정보 교환을 한다는 것이다. 철의 삼각은 정부관료, 입법부 상임위원회, 이익집단 사이에 존재하는 폐쇄적이고 안정적인 관계를 의미한다. 이 모형은 정부기구와 동맹관계를 가진 제한된 집단만이 참여하는 정책결정 체제를 구축하는 것으로 하위정부(sub-government) 모형으로 불리기도 한다.

정책공동체의 경우에는 정책과정에 제한된 수의 집단이 참여하며 그들 사이에서만 빈번한 상호작용이 이루어진다. 정책공동체의 구성원들은 가치와 관심사를 공유하고 있으며 상대방이 유용하게 활용할 수 있는 자원을 가지고 있다. 정책공동체에서는 정책문제의 해결방안을 놓고 갈등이 발생할 수 있고, 이에 따라 협상에 기초한 상호작용이 중요시된다. 이슈네트워크의 경우에는 정책참여자들의 수가 많은 관계로 협상보다는 협의(consultation)가 관건으로 작용한다. 이슈네트워크에서는 참여자들의 상호의존도가 낮으며, 상호작용은 고정되지 않고 유동적인 성격을 띤다. 또한 새로운 집단이 계속해서 참여하기 때문에 정책형성의 결과도 예측 불가능한 경우가 많다.

오늘날에는 정책네트워크가 점점 개방되어 보다 다양한 목소리들이 정책과정에 영향을 미치고 있다. 정책참여자들은 자신들의 동기 혹은 목적에 따라 참여 여부를 결정하고 입장을 드러내며 다양한 전략을 통해 연계관계를 형성한다. 이러한 점에서 정책네트워크는 논증(argument)이 이루어지는 무대라 볼 수 있으며, 논증은 정책참여자들이 정책선택에 도달하도록 하는 핵심적 과정에 해당한다(남궁근, 2008: 368). 정책참여자들이 정책문제와 그 해결방안을 보는 관점이 다르기 때문에 이를 적절히 조정하면서 문제해결로 나아가는 일이 중요해지는 것이다.[102]

1980년대에 이후에 널리 사용된 또 다른 개념으로는 '거버넌스(governance)'를 들

---

[102] 우리나라에서도 정책네트워크에 관한 다양한 사례연구가 수행되어 왔다. 예를 들어 송성수(2011: 185-222)는 행위자, 상호작용, 구조를 분석요소로 삼아 생명윤리 입법과정에 관한 정책네트워크를 정책의제의 형성, 정책갈등의 심화, 정책조정의 모색 등 세 개의 국면으로 나누어 고찰하고 있다.

과학기술의 경영과 정책

수 있다. "정부에서 거버넌스(from government to governance)"란 어구가 시사하듯, 거버넌스는 정부의 통치(統治)와 구별되는 협력적 지배구조 혹은 협치(協治)를 표방하면서 등장한 용어에 해당한다. 거버넌스에 관한 논의는 관료제, 신공공관리론(new public management, NPM), 신자유주의, 참여민주주의 등의 이론적 배경을 깔고 있다. 관료제는 중앙집권적인 계획에 입각하여 하향적 의사결정이 이루어지는 특징을 갖는다. 신공공관리론에서는 거버넌스가 민간부문의 효율적인 제도를 공공부문에서 활용하고자 하는 시도에 해당하며, 신자유주의적 거버넌스는 시장의 경쟁 메커니즘을 중시하면서 정부의 역할을 축소하려는 경향을 보이고 있다. 이에 반해 참여적 거버넌스 혹은 공유 거버넌스는 정부, 공공기관, 기업, 시민사회 등 이해관계자들 사이의 수평적인 권력구조 속에서 이루어지는 상호조정과 협력적 의사결정에 주목한다.

사실상 거버넌스는 적용범위나 학문분야에 따라 매우 다양한 의미로 사용되고 있다. 이에 대해 이명석(2002)은 거버넌스에 관한 기존의 개념을 종합하여 최광의(最廣義), 광의, 협의의 세 가지로 구분하고 있다. 최광의의 거버넌스는 어떤 사회나 조직이 당면한 공통문제를 해결하는 기제를 의미하며, 정부정책은 물론 기업지배구조, 사회단체, 국제관계 등으로 확장될 수 있다.[103] 광의의 거버넌스는 정부와 관련된 공통문제를 해결하는 기제를 뜻하며, 다양한 이해관계를 가진 정책참여자들 사이의 협상과 타협을 통한 사회적 조정과정에 주목하고 있다. 광의의 거버넌스는 사회적 조정과정에서 정부가 주도적인 역할을 수행하느냐 그렇지 않으냐에 따라 '전통적 거버넌스'와 '새로운 거버넌스(new governance)'로 구분되고 있다. 이중 새로운 거버넌스에 해당하는 것이 협의의 거버넌스라 할 수 있다. 협의의 거버넌스는 정부 이외의 기관과 행위자가 포함되는 네트워크를 통한 사회문제 해결방법으로 정부의 역할이 약화되는 반면 시장과 시민사회의 영향력이 증대되는 특성을 보인다. 새로운 거버넌스에서 정부는 자신의 의지를 일방적으로 관철시킬 수 없지만, 상호의존적 관계를 관리하고자 시도할 수는 있다.

거버넌스의 유형은 다양한 방식으로 분류되고 있지만, 시장, 위계(hierarchy), 네트워크로 분류하는 것이 가장 기본적이다. [표 6-7]은 관계의 기초, 의존의 성격, 교환

---

103 가령 최근에 기업경영의 새로운 화두로 거론되고 있는 'ESG 경영'은 환경 보호, 사회적 책임, 지배구조 개선을 표방하고 있다.

의 매개, 조정의 수단, 지배적 문화 등을 기준으로 시장 거버넌스, 네트워크 거버넌스, 위계 거버넌스가 특징을 비교하고 있다. 예를 들어, 시장, 네트워크, 위계 거버넌스에서 교환의 매개물이 되는 것은 각각 가격, 신뢰, 권위라 할 수 있으며, 지배적 문화의 키워드로는 경쟁, 상보성, 복종을 들 수 있다.[104]

표 6-7 시장, 네트워크, 위계의 비교.

거버넌스 기준	시장	네트워크	위계
관계의 기초	계약과 사유재산권	자원의 교환	고용관계
의존의 성격	독립적	상호의존적	종속적
교환의 매개	가격	신뢰	권위
조정의 수단	흥정과 법원	외교적 교섭	규칙과 명령
지배적 문화	경쟁	상보성	복종

자료: 남궁근(2008: 232); 정정길 외(2011: 260).

시장, 네트워크, 위계는 거버넌스의 이념형(ideal types)에 해당하며, 구체적인 정책분야를 고려하면 거버넌스의 유형이 더욱 복잡해진다. 예를 들어 과학기술정책의 경우에는 정치, 시장, 대중의 조합에 따라 거버넌스의 유형을 임의적(discretionary) 거버넌스, 교육적 거버넌스, 숙의적(deliberative) 거버넌스, 조합주의적(corporatist) 거버넌스, 시장 거버넌스, 논쟁적(agonistic) 거버넌스 등으로 구분할 수 있다(Hagendijk and Kallerud, 2003; 고용수 외, 2005: 6-8). 이러한 유형의 거버넌스들이 다양한 수준에서 복합적으로 작용함으로써 과학기술정책이 형성된다.

임의적 거버넌스에서 정책결정은 대중과의 상호작용이 거의 없는 가운데 정부에 의해 재량껏 이루어진다. 과학기술을 객관적인 것으로 인식하며, 진보, 복지, 성장의

---

104 거버넌스는 그 수준이나 차원에 따라 일상적 거버넌스와 메타 거버넌스로 구분되기도 한다. 전자가 사회문제를 해결하거나 그 기회를 창출하기 위한 행위자들 사이의 상호작용을 의미한다면, 후자는 사회문제의 해결에 필요한 제도적인 틀을 조정하기 위해 이루어지는 상호작용을 뜻한다. 메타 거버넌스는 시장, 네트워크, 위계 중에서 특정 정책에 적합한 유형을 어떻게 활용하는지를 조정해 주는 거버넌스라 볼 수 있으며, 전략적 거버넌스로 불리기도 한다(남궁근, 2008: 230-231).

원동력으로 간주한다. 교육적 거버넌스는 대중의 비수용성 혹은 저항을 인정한다는 점에서 임의적 거버넌스와 구분된다. 교육적 거버넌스는 비수용성의 원인을 충분한 정보와 지식이 제공되지 못한 데서 찾으며, 이를 극복하기 위한 전문가의 역할에 주목한다. 숙의적 거버넌스에서는 공적 논쟁과 토의를 중시하는 공론장(public sphere)을 통해 정책을 형성한다. 교육적 거버넌스가 결핍모형(deficit model)에 입각하고 있다면, 숙의적 거버넌스는 대중의 참여를 강조하고 있다. 조합주의적 거버넌스는 숙의적 거버넌스가 효과적이지 않다고 간주하면서 참여의 대상을 몇몇 집단에 국한시키는 특징을 보인다. 조합주의적 거버넌스에서 권력이 작동하는 구조는 정부 이외의 기구를 얼마나 포함시키느냐에 따라 결정된다. 시장 거버넌스에서는 정책과정이 정치나 대중이 아닌 시장의 논리에 의해 좌우된다. 과학기술의 가치가 상업화를 통한 잉여가치에서 나온다고 보며, 대중의 참여는 소비자로서의 역할에 국한되어 있다. 논쟁적 거버넌스는 입장이 반대이거나 이해관계가 첨예하여 합의가 쉽지 않은 상황에서 형성된다. 논쟁적 거버넌스는 의사결정의 범위를 확대하고 책무성을 향상시키는 효과를 가질 수 있다.[105]

그림 6-3 유엔개발계획이 제시한 좋은 거버넌스의 특징.

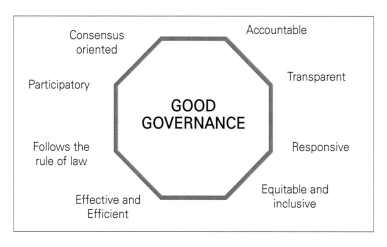

---

105 거버넌스에 관한 과학기술학의 논점에 대해서는 Irwin(2008)을 참조. 홍영득(2016: 147-253)은 거버넌스의 시각에서 미국, 일본, 영국, 프랑스, 독일, 핀란드의 과학기술정책을 검토하고 있다.

그렇다면 어떤 거버넌스가 '좋은 거버넌스'일까? 유엔개발계획(United Nations Development Programme, UNDP)은 좋은 거버넌스의 특징으로 합의지향성, 참여, 적법성, 효과성과 효율성, 책무성, 투명성, 반응성, 공평성과 포용성 등을 들고 있다(UNDP, 1997). Jessop(1998)이 거버넌스의 성공요인을 다음의 네 가지로 정리한 점도 주목할 만하다. 첫째, 복잡한 세계를 단순화하는 과정에서 실제 세계와 조응하는 가운데 거버넌스의 목표, 모형, 실행수단을 도출하고 있다. 둘째, 다양한 인과적 과정, 상호의존적 형태, 행동역량, 조정가능성 등에 대한 역동적인 학습능력을 보유하고 있다. 셋째, 서로 다른 정체성, 이해관계, 의미체계를 가진 다양한 사회적 힘들에 대해 행위를 조정할 수 있는 수단을 개발하고 있다. 넷째, 핵심주체가 지향하는 기대와 규칙을 안정화하기 위해 개인의 행동과 통치의 체계에 대한 공통적인 세계관을 정립하고 있다.

과학기술의 경영과 정책

제7장

과학기술과 공공정책

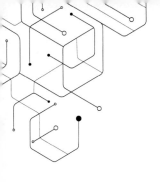

과학기술정책(science and technology policy, STP)은 과학기술을 대상으로 한 정책이다. 과학기술정책의 역사는 그리 길지 않지만 그 중요성은 갈수록 높아지고 있다. 책의 2장에서 살펴보았듯, 선진국의 과학기술정책은 과학정책에서 출발한 후 점차적으로 기술정책이 추가되는 양상을 보였다. 또한 1990년대 중반 이후에는 혁신체제의 관점이 수용되면서 혁신정책 혹은 과학기술혁신정책(science, technology and innovation policy, STI policy)이란 용어도 널리 사용되고 있다. 이와 함께 과거에는 과학기술정책이 경제정책의 일환으로 간주되어 왔지만 최근에는 경제정책은 물론 사회정책의 중요한 요소로 부상하고 있다. 과학정책, 기술정책, 혁신정책, 과학기술정책, 과학기술혁신정책을 엄밀히 구분하기는 어려우며 혼용되는 경우가 많다.[106]

1 과학기술정책의 근거와 유형

과학정책이나 기술정책은 다양한 각도에서 접근될 수 있다. 위키피디아 영어판의 과학정책에 관한 항목에 따르면, "과학정책은 공익을 최상으로 서비스하기 위한 과학의 수행에 필요한 자원의 할당과 관련되어 있다." 1977년에 발간된 과학기술과 사회에 관한 편람(handbook)에서 살로몬(Jean-Jacques Salomon)은 과학정책을 "한편으로 과학기술 연구의 발전을 장려하고, 다른 한편으로 일반적인 정치적 목표의 달성을 위해 이 연구의 결과를 활용하고자 정부가 사용하는 수단의 총체"로 정의한 바

---

106 과학정책, 기술정책, 혁신정책 등의 개념과 용례는 Lundvall and Borras(2005); 이정동(2011: 129-148); 이장재 외(2011: 117-132); Edler and Fagerberg(2017)을 참조.

있다(Salomon, 1977: 45-46). 또한 모워리(David C. Mowery)는 1995년에 발간된 기술
경제학에 관한 편람을 통해 과학정책과 기술정책의 차이를 거론하면서 기술정책을
"기술혁신 주체들이 기술을 개발하고 상업화하거나 신기술을 채택하는 의사결정을
내리는 데 영향을 미치는 정책"으로 규정하고 있다(Mowery, 1995: 514). 이에 반해 브
랜스콤(Lewis M. Branscomb)은 과학정책과 기술정책을 엄밀하게 구분하기 어렵다는
시각을 견지하면서 기술정책이 과학연구와 기술혁신의 요소를 모두 포괄해야 한다
고 강조하고 있다(Branscomb, 1993: 3).

우리나라의 행정학자로서 과학기술정책에 일찍 관심을 기울인 이가종은 과학기
술정책이 제2차 세계대전 이후에 발전했다고 전제한 후 이에 관한 연구 분야로 다음
의 세 가지 전통을 들고 있다. ① 과학기술의 개념과 역사적 발전과정에 관한 연구,
② 과학기술이 정치, 경제, 사회, 문화 등에 어떤 영향을 미치는가에 관한 연구, ③ 과
학기술의 발전을 위한 자원의 적정배분에 관한 연구가 그것이다(이가종, 1990: 19-20).
이처럼 이가종은 과학기술정책에 관한 다양한 학문적 전통을 거론하면서도 본격적
인 의미의 과학기술정책은 기술혁신에 관한 자원 배분이라는 점을 강조하고 있다.
"오늘날 좁은 의미로 사용되고 있는 과학정책은 국가 혹은 기업의 기술개발을 위한
자원의 효율적 혹은 적정 배분에 관한 연구가 주를 이루고 있다"라는 것이다(이가종,
1990: 20).[107]

최근에는 자원의 배분을 넘어 과학기술정책에 관한 보다 광범위한 정의가 시도
되고 있다. 예를 들어 이정동(2011: 15-16)은 기술정책을 "혁신을 촉진하거나 제어하
는 일종의 공적 개입"으로 정의하면서 기술정책이 기술혁신의 촉진과 제어를 포괄
해야 하며 공적인 합의 절차를 거친 제도로 구현된다는 점을 강조하고 있다. 이장재
외(2011: 15)는 과학기술정책을 "국민생활에 영향을 미치기 위해 정부가 과학과 기술,

---

107 자원의 효율적 배분과 관련하여 자주 거론되는 개념으로는 '선택과 집중'이 있다. 물적·인적 자
원이 한정되어 있으므로 특정한 부분을 선택하여 거기에 집중하자는 뜻이다. 사실상 선택과 집중
은 정책의 기본적 성격을 보여주는 것으로 과학기술정책뿐만 아니라 거의 모든 정책에서 접할 수
있는 논리이다. 문제는 선택과 집중이란 논리가 적재적소적기에 제대로 사용되는지의 여부에 달
려 있다. 또한 정답이 없는 개념설계에 도전하기 위해서는 선택과 집중에 기초한 '빅 베팅 전략'
이 효과적이지 않으며, 다수의 작은 탐색적 과제에서 시작하여 중장기적으로 꾸준히 스케일업 해
나가는 '스몰 베팅 전략'이 요구된다는 의견도 있다(이정동, 2017: 252-254).

그리고 기술혁신 과정에 개입하거나 혹은 회피하고 있는 일정한 조건을 갖춘 활동 전체"로 정의하면서 일정한 조건으로 "특정의 목표 또는 목적, 바람직한 사건의 경로, 선택된 행동노선, 의도의 선언, 의도의 집행"을 들고 있다. 또한 최석식(2011: 25)은 "과학기술정책은 과학기술혁신을 촉진하고 과학적 문화를 창달하기 위한 정책"이라고 규정하면서 "과학기술혁신의 촉진은 물질문명에 중점을 두고, 과학적 문화의 창달은 정신세계에 주목한다"라고 덧붙이고 있다.

▌한국의 과학기술정책 연구

1997년에 창립된 한국기술혁신학회는 20주년을 기념하여 『한국 과학기술정책 연구: 성찰과 도전』을 발간했다(이찬구 외, 2018). 저자들은 과학기술정책학을 "과학기술 활동 및 과학기술과 관련된 정치·경제·사회·문화의 제반 현상을 분석·연구함으로써 ① 과학기술 자체의 발전을 도모하면서 ② 과학기술을 활용하여 국가와 공공부문의 문제해결능력을 높이고자 하는 정책지향적인 응용학문"으로 정의하고 있다(이찬구 외, 2018: 45). 과학기술정책의 지향점을 과학기술 자체를 발전시키는 것과 과학기술을 활용하여 공공문제를 해결하는 것으로 간주하고 있는 셈이다. 또한 『한국 과학기술정책 연구』는 2016년까지 『기술혁신연구』와 『기술혁신학회지』에 게재된 논문 1,166편을 대상으로 주제별 연구수행 현황을 분석했다. 국가 수준의 '과학기술정책 과정'은 10.3%, 정부부처 및 연구관리기관 수준의 '과학기술 공공관리'는 20.5%, 연구(수행)기관 및 연구자 수준의 '연구관리'는 34.6%, 모든 수준의 논의에 기반으로 작용하는 '기술혁신'은 34.6%로 집계되었다. 이와 함께 『한국 과학기술정책 연구』는 과학기술정책과 관련된 국내 단행본 19권을 분석하면서 "과학기술정책학에 대한 정의와 핵심 연구범위에 대한 학문공동체의 공감도가 낮으며" 우리나라의 과학기술정책학이 "패러다임 형성 이전의 단계"에 머물고 있다고 진단했다(이찬구 외, 2018: 57).

표 7-1 과학기술정책 연구와 관련된 한국의 단체 및 학술지.

단체	설립연도	홈페이지	학술지
한국행정학회	1956년	kapa21.or.kr	『한국행정학보』
한국과학사학회	1960년	www.khss.or.kr	『한국과학사학회지』
과학기술정책연구원	1987년	www.stepi.re.kr	『과학기술정책』
한국정책학회	1992년	kaps.or.kr	『한국정책학회보』
기술경영경제학회	1992년	technology.or.kr	『기술혁신연구』
한국기술혁신학회	1997년	innovation.jams.or.kr	『기술혁신학회지』
한국과학기술학회	2000년	kasts.jams.or.kr	『과학기술학연구』
한국혁신학회	2005년	www.ksoi.or.kr	『한국혁신학회지』
혁신클러스터학회	2007년	innocluster.jams.or.kr	『혁신클러스터연구』
과학기술과 사회 네트워크	2021년	stsnetwork.kr	『과학기술과 사회』

1981년에 『과학기술정책』이란 단행본을 출간했던 티스달(Clem A. Tisdall)은 과학기술정책의 근거로 다음의 일곱 가지를 들고 있다(Tisdall, 1981: 3-9). ① 개인이나 기업은 과학기술적 노력에 상응하는 이익을 얻기 어렵다. ② 과학기술적 노력과 관련된 위험과 불확실성을 민간부문이 충분히 고려할 수 없다. ③ 과학기술적 정보의 전달에서 사회적 실패가 발생할 수 있다. ④ 과학적 노력과 기술적 변화에 자금을 제공하는 데 자본시장의 한계가 존재한다. ⑤ 표준과 같은 과학적 서비스의 통일성을 확보하여 소모적인 복제를 피해야 한다. ⑥ 국가안보와 직결된 과학기술을 고려해야 한다. ⑦ 바람직하지만 규모가 큰 사업을 조정하고 지시하는 데는 시장의 실패가 발생할 수 있다.

여기서 대부분의 사항, 특히 ①은 긍정적 외부효과(positive externality)와 직결되어 있다. 연구개발의 경우에는 사적 수익보다 사회적 수익이 커서 시장 메커니즘에 의존하게 되면 과소투자가 유발된다는 것이다. 달리 표현하면, 혁신주체가 연구개발로 인한 이익을 배타적으로 누릴 수 없다는 비(非)전유성(inappropriability) 문제가 발생하기 때문에 자원과 능력을 보유하고 있더라도 투자를 꺼리게 되는 셈이다. 더 나아가 과학기술에 대한 정부의 개입은 과학기술의 고유한 특성을 고려할 필요가 있는

데, ②는 과학기술의 장기성, ④와 ⑦은 과학기술의 불가분성(indivisibility)과 관련된 근거라고 볼 수 있다. 연구개발 활동에는 장기적인 시간과 노력이 필요하며, 여기에는 미리 예상하기 어려운 위험과 불확실성이 게재된다. 또한 과학기술 활동은 세부적인 과제로 분할하기 어려워 대규모로 추진되는 경향이 있으며, 여기에는 개별 주체가 감당하기 어려운 자원의 동원이 요구된다. 그밖에 ③과 ⑤는 과학기술 하부구조, ⑥은 국가안보의 중요성을 감안한 과학기술정책의 논거에 해당하는 것으로 공공재로서의 과학기술에 주목하고 있다.

1987년에 『경제학과 기술변화』란 단행본을 출간했던 쿰즈(Rod Coombs) 등은 기술변화에 정부가 개입하는 실질적 근거로 다음의 아홉 가지를 들고 있다(Coombs et al, 1987: 207-210). 첫째, 신기술에 기반한 산업에 필요한 자본투자나 연구개발투자는 종종 개별 기업이 조달할 수 있는 규모를 넘어선다. 둘째, 정부는 국제적 경쟁에 직면한 산업을 지원하기 위해 자금을 제공한다. 셋째, 에너지, 교통, 통신 등과 같이 산업이나 사회 전체에서 중요성이 높은 영역이 존재한다. 넷째, 기초적 지식은 장기적으로 기술변화나 경제성장에 유익하다. 다섯째, 시장 메커니즘은 기초적이고 학술적인 연구 분야에 대한 자원배분을 비효율적으로 만든다. 여섯째, 농업과 같은 영세 업종에서는 경제적, 사회적으로 필요하고 소망스러운 기술변화를 일으키기 어렵다. 일곱째, 건강과 복지와 같은 필수적인 서비스 분야가 시장 메커니즘에 지배되어서는 안 된다. 여덟째, 외부의 침략으로부터 자기 나라를 보호하기 위한 방위비 지출은 당연히 인정되어야 한다. 아홉째, 정부는 기술변화의 바람직하지 않은 결과를 통제할 필요가 있다. 쿰즈 등은 정부개입의 근거로 경쟁력 제고와 기술진흥은 물론 삶의 질 향상과 기술규제에도 주목하고 있는 셈이다.[108]

과학기술정책의 유형은 다양한 기준에 따라 분류될 수 있다. 정부개입의 범위를 기준으로 삼는다면 과학기술정책은 다음과 같은 다섯 가지 유형으로 구분할 수 있다(김종범, 1993: 3-4). ① 정부의 무(無)개입 정책, ② 기초과학 및 과학교육에만 정부가 개입하는 정책, ③ 응용연구에도 정부가 개입하는 정책, ④ 신제품개발의 단계까지

---

108 그밖에 이원영(2008: 211)은 "과학기술혁신정책은 정부의 개입으로 인해서 시장의 자원배분 기능에 대한 왜곡이 별로 없는 정책"이라고 평가하고 있다. 이러한 인식은 정권의 변동과 무관하게 과학기술투자가 꾸준히 증가하는 기본적 배경으로 작용한다.

정부가 지원하는 정책, ⑤ 기술혁신의 전 과정에 정부가 종합적으로 개입하는 정책 등이 그것이다. 이러한 분류는 연구개발 혹은 기술혁신의 과정이나 단계를 감안한 것으로 선진국에서 과학기술정책이 역사적으로 진화해 온 과정과 일맥상통한다.[109]

정책지향 혹은 정책방향을 고려할 경우에 과학기술정책은 진흥정책(promotion policy)과 규제정책(regulation policy), 임무지향형 정책(mission-oriented policy)과 확산지향형 정책(diffusion-oriented policy), 과학을 위한 정책(policy for science)과 정책을 위한 과학(science for policy), 산업혁신정책(industrial innovation policy)과 사회혁신정책(social innovation policy) 등으로 구분할 수 있다.

과학기술정책은 진흥정책의 일종으로 간주되는 경우가 많지만, 규제정책의 성격도 동시에 가지고 있다. 여기서 주목해야 할 점은 특정한 과학기술에 대한 규제가 다른 기술혁신을 자극 혹은 유발하기도 한다는 사실이다. 프레온 가스에 대한 규제는 그 대표적인 예이다. 프레온 가스가 오존층 파괴의 주범으로 밝혀지면서 이에 대한 규제가 강화되자 대체 냉매에 대한 개발이 가속화되었던 것이다. 또한 특정 분야를 규제하는 정책이 다른 분야를 진흥하는 성격을 띨 수 있다는 점에도 주목해야 한다. 예를 들어 화석연료에 관한 규제는 대체에너지(alternative energy)의 개발을 촉진하며, 대체에너지 중에서 원자력에 관한 규제는 재생에너지(renewable energy)의 확충으로 이어진다.

과학기술정책은 임무지향형 정책과 확산지향형 정책으로 구분되기도 한다(Ergas, 1987; 이석민, 2008: 33-39). 임무지향형 정책은 국가가 특정 산업이나 과학기술을 선택하여 목표를 설정하고 이에 도달하기 위해 집중적으로 지원하는 방식의 정책에 해당한다. 투입 비용에 대한 고려보다는 기술적 목표의 달성이 중시되며, 대부분 정부의 주도하에 하향식으로 추진된다. 이에 반해 확산지향형 정책은 혁신주체들의 전반적인 능력을 향상시키기 위해 과학기술의 확산과 활용을 중심으로 정부가 지원하는 성격을 띠고 있다. 기술적 목표보다는 경제적 효과가 우선시되며, 다양한 혁신주체들의 참여를 통해 추진된다. 임무지향형 정책은 기술수명주기 중 태동기나 성장기에 있는 기술을 개발하기 위해 충분한 역량을 갖춘 혁신주체들을 선별적으로 지원하는 데 초점을 두는 반면, 확산지향형 정책은 기술수명주기와는 무관하게 광범위한 영향

---

[109] 과학기술정책의 역사적 진화에 대해서는 Elzinga and Jamison(1995); 송위진(2014)을 참조.

력을 가진 핵심기술(key technology)을 대상으로 산학연협동, 기술이전, 기술사업화 등을 촉진하는 것에 주목하고 있다.

'과학을 위한 정책'과 '정책을 위한 과학'은 미국의 물리학자이자 과학정책가인 브룩스(Harvey Brooks)가 주창한 개념이다(Brooks, 1964). 그에 따르면, 과학을 위한 정책은 과학적 지식의 체계적인 추구를 어떻게 지원하고 구조화할 것인가에 대한 의사결정에 해당하고, 정책을 위한 과학은 정책적 의사결정을 용이하게 하거나 개선하기 위해 과학적 지식을 활용하는 것을 의미한다. 전자가 과학기술의 발전을 정부가 적극적으로 지원해야 한다는 점을 강조하고 있다면, 후자는 과학기술정책의 과학화를 위해 전문가를 적극 활용해야 한다는 점을 시사하고 있다.

▌과학기술정책에서 전문가의 활용

과학기술정책의 과정에는 많은 전문가들이 참여하고 있으며, 그들은 정부의 결정에 권위와 무게를 실어주는 역할을 담당한다. Webster(2002: 69-74)는 과학기술정책에서 전문가 자문의 효력이 제한적이고 가변적이라는 점을 지적하고 있다. 우선, 중요한 과학기술정책을 수립하는 과정에는 전문적인 지식보다는 극적인 사건이나 정치적 변화가 더욱 큰 영향을 미친다. 또한 전문가는 정부의 판단을 미리 예상할 수 있기 때문에 방법론적 차원에 국한된 자문을 제공하는 경우가 많다. 게다가 전문가는 자신의 분야를 발전시키려는 이해관계에서 자유롭지 못하며 이에 따라 동일한 정책에 대해서도 전문가들 사이의 의견이 통일되지 않을 수 있다. 이러한 진단을 수용한다면 과학기술정책에서 전문가를 활용하는 것이 통과의례가 되지 않도록 하는 방안이 필요하다. 이를 위해서는 가능한 한 과학기술정책이 형성되는 초기 단계부터 전문가의 참여가 보장되어야 하며, 전문가의 의견을 수렴할 때 정부의 입장은 되도록 느슨하게 규정하는 것이 바람직하다. 그리고 과학기술의 정책적 이슈에 대하여 상반된 입장이 존재하는 경우에는 전문가의 풀을 다양하게 구성하고 각 입장에 따른 주장과 근거를 충분히 검토함으로써 의사결정의 정당성을 제고해야 한다.

브룩스가 제안한 개념은 다른 방식으로도 풀이될 수 있다. 과학기술과 정책 중에 어떤 것이 목표이고 수단인가에 따라 과학기술정책을 '과학을 위한 정책'과 '정책을 위한 과학'으로 구분할 수 있는 것이다. 전자가 과학기술 자체의 발전을 위한 정책적 지원이 강화되어야 한다는 점을 강조하고 있다면, 후자는 과학기술이 정책문제 혹은 사회문제의 해결에 기여해야 한다는 점을 촉구하고 있다. 이러한 의미의 정책을 위한 과학은 사회적 혁신이나 사회혁신정책에 관한 논의와 맞닿아 있다(Mulgan, 2012; 송위진·성지은, 2013: 59-84).[110]

사회혁신정책의 시각에 따르면, 기존의 혁신정책은 경쟁우위를 확보하고 경제성장을 촉진하기 위한 산업혁신정책이었다. 이에 반해 사회혁신정책은 환경, 보건, 안전 등과 같은 공공복지 분야에서 사회문제를 직접적으로 해결하는 것을 지향한다. 산업혁신정책이 경쟁력 제고에 초점을 두고 있다면, 사회혁신정책은 삶의 질 향상을 강조하고 있는 셈이다. 또한 산업혁신정책에서는 기업이 핵심 주체이며 공공부문이 이를 지원하는 체제를 형성하고 있는 반면, 사회혁신정책의 경우에는 시민사회를 중심으로 사회적 기업이나 공공부문이 결합하는 형태를 띤다. 사회혁신정책을 효과적으로 추진하기 위해서는 산업혁신정책과 차별화된 정체성 정립, 정책개발에 관한 통합적 관점의 도입, 사회적 혁신주체의 육성과 강화, 사회문제 해결을 위한 연구개발 사업의 확대 등이 필요하다.

---

[110] 브룩스가 원래 제기했던 개념과 오늘날 재해석되고 있는 개념의 혼동을 피하기 위해서는 후자의 경우를 '혁신을 위한 정책(policy for innovation)'과 '정책을 위한 혁신(innovation for policy)'으로 표현하는 것도 필요해 보인다.

과학기술의 경영과 정책

▍사회적 혁신의 산실, 리빙랩

　　리빙랩(living lab)은 사회문제의 해결을 위해 사용자나 지역 주민이 주도적으로 기술혁신을 수행하는 실험적 공간으로 정의할 수 있으며, '살아 있는 실험실', '사용자 참여형 혁신 공간', '우리 마을 실험실' 등으로 표현되기도 한다. 리빙랩은 2004년에 미국 MIT 미디어랩의 미첼(William Mitchell)이 처음 제안한 후 2006년에 유럽연합의 19개 도시가 '유럽 리빙랩 네트워크(European Network of Living Labs, ENoLL)'를 결성하면서 본격화되었다. 리빙랩이 미첼에게는 연구자가 사용자를 관찰하고 실험하는 공간이었지만, 유럽에서는 일반 시민이 직접 실험을 설계하고 실행하는 적극적인 의미를 띠게 되었다. 우리나라에서는 2010년대에 들어와 리빙랩이 시작되었는데, 대표적인 예로는 '성대골 리빙랩'과 '건너유 프로젝트'를 들 수 있다. 서울시 동작구에 위치한 성대골은 2011년에 에너지 전환에 대한 실험을 시작했고, 2012년에는 서울시가 추진하던 에너지 자립마을 사업에 선정되었으며, 2016년부터 미니태양광을 개발하고 보급하는 활동을 전개하고 있다. 대전시 유성구의 물고기다리에서는 비가 많이 내리면 안전사고가 빈번히 발생했는데, 2014년에 지역 주민들이 대전시 사회적 자본 지원센터의 지원을 바탕으로 청년 메이커커뮤니티와 합세하여 스마트폰으로 실시간 확인이 가능한 웹서비스를 개발했다. 중앙정부의 경우에도 '사회문제 해결형 연구개발사업'과 '에너지기술 수용성 제고 및 사업화 촉진 사업' 등을 통해 리빙랩에 대한 지원을 강화하고 있다. 2017년에는 리빙랩 활동가들과 연구자들을 중심으로 '한국 리빙랩 네트워크(https://livinglabs.kr/knoll)'가 결성되어 전국 곳곳을 누비고 있다(성지은 외, 2016).

　　최근에 많은 주목을 받고 있는 과학기술정책의 유형으로는 임무지향적 혁신정책(mission-oriented innovation policy, MOIP)을 들 수 있다(Mazzucato, 2018; 송위진·성지은, 2019). MOIP는 유럽연합의 제9차 프레임워크 프로그램(2021~2027년)의 핵심 정책방향으로 제시되었으며, 혁신 그 자체가 아니라 혁신을 통한 사회적 문제해결이 중요하다는 점을 강조하고 있다. MOIP는 사회적 도전과제(societal challenges)의 선정, 달성해야 할 임무의 구체화, 산업이나 분야와의 연계, 연구개발과제의 수행 등과 같은 틀로 이루어진다. MOIP는 전통적인 임무지향형 정책과 다른 차원의 개념으로 다음과 같은 특성을 가지고 있다. 첫째, MOIP를 통해 해결 혹은 완화해야 할 사회적 도전과제는 문제가 복잡하고 이해관계의 대립이 첨예한 '난제(wicked problem)'인 경우가 많다. 둘째, MOIP에서 임무는 정부와 전문가가 하향식으로 정하는 것이 아니라 시민사회의 참여를 바탕으로 숙의하는 과정 속에서 도출된다. 셋째, MOIP는 정부가 문제해결을 위해 다양한 정책과 사업을 조정하고 새로운 주체, 기술, 산업을 연계하는 동태적 능력을 확보할 것을 주문한다. 정부는 사회적 문제해결을 위해 새로운 기술과 시장을 형성하는 선도적인 투자를 수행해야 하며, 이를 매개로 민간부문의 참여와 후속투자를 유도해야 한다.[111]

과학기술정책의 유형은 정책수단의 성격에 따라 분류되기도 한다. 이에 관한 대표적인 개념으로는 기술공급정책과 기술수요정책을 들 수 있다(Branscomb, 1993; Mowery, 1995). 기술공급정책은 정부가 기술개발을 직접 수행하거나 이를 지원함으로써 필요한 기술을 적기에 공급하는 정책을 뜻한다. 여기에는 정부기관의 연구개발 수행, 연구개발에 대한 보조금 지원, 연구개발에 대한 세액공제, 공동연구개발의 촉진, 과학기술인력의 확충에 관한 지원 등이 포함된다. 기술수요정책은 개발된 기술의 신속한 채택이나 활용을 촉진하여 수요를 확충하기 위한 정책으로 '기술채택정책(technology adoption policy)'으로 불리기도 한다. 기술수요정책에는 정부조달(government procurement) 혹은 정부구매, 신기술 구입에 대한 보조금 지원, 신기술·신제품 인증, 표준화 정책, 기술이전 및 사업화 정책 등이 포함된다.

또한 과학기술정책의 수단은 지원의 직간접성에 따라 제도적 지원, 간접 지원, 간접특정지원(indirect specific support), 직접 지원으로 구분되기도 한다(정선양, 2006: 161-169). 제도적 지원은 공공연구기관 및 대학의 설립이나 운영에 관한 지원으로 주로 기술혁신과정의 초반에 이루어지며 공급 측면에 대한 지원에 해당한다. 간접 지원은 특정 기술이나 프로젝트에 얽매이지 않고 연구개발능력을 광범위하게 강화시

---

111 이와 관련하여 OECD는 MOIP를 "사회문제 해결을 목표로 하는 연구혁신 정책대안 패키지"로 정의한 후 그 특징으로 ① 기초연구부터 상업화에 이르는 혁신의 전 주기에 해당될 수 있고, ② 공급 측면과 수요 측면, 상향식과 하향식의 다양한 정책수단을 모두 활용할 수 있으며, ③ 여러 부처 간의 협력을 필요로 하는 정책분야와 관련이 있고, ④ 정책목표가 야심차고 명확히 정의되며, ⑤ 임무 완수를 위한 기간(time-frame)이 지정된다는 점을 들고 있다(홍성주 외, 2022: 30). 이러한 논의를 바탕으로 홍성주 외(2022)는 정책수립(전략적 지향), 정책조정, 정책실행의 분석틀을 바탕으로 '임무중심혁신정책'의 의미와 국내외 사례를 검토하고 있다.

과학기술의 경영과 정책

키는 것에 목표를 두고 있다. 간접 지원을 위한 수단에는 포괄적 재정보조금의 지급, 특별상각의 허용, 연구개발비에 대한 조세경감 등이 있다. 직접 지원은 국가적으로 매우 중요한 핵심기술을 임무지향적으로 개발할 때 사용되는 방법이다. 기술혁신과 정의 초기 혹은 중기에 활용되며, 수요조사부터 사후평가까지 상당한 관리비용이 요구된다. 연구개발 보조금과 연구개발비 세액공제는 모두 기술공급정책에 해당하지만, 전자는 직접 지원, 후자는 간접 지원의 성격을 띠고 있다. 간접특정지원은 간접 지원과 직접 지원의 중간에 위치한다. 연구개발의 목표나 수혜 집단이 정부에 의해 결정되지 않는다는 측면에서 간접적이며, 지원효과의 극대화를 위해 어떤 분야를 집중적으로 지원한다는 측면에서 특정적 성격을 띤다. 미국의 세마테크(semiconductor manufacturing technology, SEMATECH) 컨소시엄과 독일의 제조기술 프로그램이 이러한 예에 속한다. 연구개발의 내역을 구체화하지 않고 반도체나 자동화와 같은 중간 범위의 기술 전반을 대상으로 삼는 것이다.[112]

2 과학기술정책의 범위를 찾아서

과학기술정책의 범위는 국가별, 시기별로 달라진다. 오늘날 한국에서 추진 중인 과학기술정책의 범위를 엿볼 수 있는 렌즈로는 과학기술기본법을 들 수 있다. 과학기술기본법은 과학기술에 관한 최상위 법률로 2001년 1월 16일에 제정되었다. 동 법 제7조는 과학기술기본계획이 포함해야 할 내용을 다음의 13개 항목으로 규정하고 있다. ① 과학기술의 발전목표 및 정책의 기본방향, ② 과학기술투자의 확대, ③ 과학기술 연구개발의 추진 및 협동연구개발 촉진, ④ 연구성과의 확산, 기술이전 및 실용화 촉진, ⑤ 기초과학의 진흥, ⑥ 과학기술교육의 다양화 및 질적 고도화, 과학기술인력의 양성 및 활용 증진, ⑦ 과학기술지식·정보자원의 확충·관리 및 유통체제의 구

---

[112] 그 밖에 학문적 분류는 아니지만 과학기술지원에 관한 사업은 연구개발(R&D)사업과 비(非)연구개발사업으로 구분되기도 한다. 비R&D사업은 기반조성사업으로 불리기도 하며, 여기에는 연구시설장비, 인력양성, 표준화, 산학연 연계, 국제협력 등이 포함된다.

축, ⑧ 지방과학기술의 진흥, ⑨ 과학기술의 국제화 촉진, ⑩ 남북 간 과학기술 교류협력의 촉진, ⑪ 과학기술문화의 창달 촉진, ⑫ 민간부문의 기술개발 촉진, ⑬ 그 밖에 대통령령이 정하는 과학기술진흥에 관한 중요사항 등이 그것이다.

과학기술기본법은 여러 차례에 개정되어 왔는데, 동 법 제7조가 개정된 최근의 시점은 2021년 4월 20일로 확인된다. 여기에는 과학기술기본계획에 포함되어야 할 내용으로 다음과 같은 16개의 항목이 제시되고 있다. 1) 과학기술의 발전목표 및 정책의 기본방향, 2) 과학기술혁신 관련 산업정책, 인력정책 및 지역기술혁신정책 등의 추진방향, 3) 과학기술투자의 확대, 4) 과학기술 연구개발의 추진 및 협동·융합연구개발 촉진, 4-2) 미래유망기술의 확보, 5) 기업, 교육기관, 연구기관 및 과학기술 관련 기관·단체 등의 과학기술혁신 역량의 강화, 6) 연구개발성과의 확산, 기술이전 및 실용화의 촉진, 기술창업의 활성화, 6-2) 과학기술에 기반을 둔 성장동력의 발굴·육성, 6-3) 과학기술을 활용한 삶의 질 향상, 경제적·사회적 현안 및 범지구적 문제의 해결, 7) 기초연구의 진흥, 8) 과학기술교육의 다양화 및 질적 고도화, 9) 과학기술인력의 양성 및 활용 증진, 10) 과학기술지식과 정보자원의 확충·관리 및 유통체제의 구축, 11) 지방과학기술의 진흥, 12) 과학기술의 국제화 촉진, 13) 남북 간 과학기술 교류협력의 촉진, 14) 과학기술문화의 창달 촉진, 15) 민간부문의 과학기술혁신 촉진, 15-2) 과학기술혁신의 촉진을 위한 제도나 규정의 개선, 15-3) 과학기술에 기반을 둔 지식재산의 창출·보호·활용의 촉진과 그 기반의 조성, 15-4) 성별 등 특성을 고려하고 사회적 가치를 증진하기 위한 과학기술의 구현, 16) 그 밖에 대통령령으로 정하는 과학기술진흥에 관한 중요 사항 등이 그것이다.

2001년과 2021년의 과학기술기본법 제7조를 비교하면서 20년 사이에 어떤 과학기술정책이 신설 혹은 보강되었는지 살펴보자. 2021년에 신설된 항목으로는 제2항인 과학기술혁신 관련 산업정책, 인력정책 및 지역기술혁신정책 등의 추진방향과 제5항인 기업, 교육기관, 연구기관 및 과학기술 관련 기관·단체 등의 과학기술혁신 역량의 강화가 있다. 또한 2001년의 제6항은 2021년에 제8항인 과학기술교육의 다양화 및 질적 고도화와 제9항인 과학기술인력의 양성 및 활용 증진으로 분리되었다. 그 밖에 항목명이 보완되었거나 추가된 경우가 다수 존재하는데, 특히 2021년의 제4항인 과학기술 연구개발의 추진 및 협동·융합연구개발 촉진, 제6항인 연구개발성과

과학기술의 경영과 정책

의 확산, 기술이전 및 실용화의 촉진, 기술창업의 활성화, 제15항인 민간부문의 과학기술혁신 촉진의 경우에는 몇몇 부수적인 항목들이 마련되었다. 이러한 항목들을 살펴보면, 융합연구, 미래유망기술, 기술창업, 성장동력, 삶의 질, 지식재산, 양성평등 등이 과학기술정책의 중요한 키워드로 부상하고 있다는 점을 알 수 있다.

그렇다면 실제적인 과학기술기본계획은 어떤 부문으로 구성되어 있고 각 부문은 어떤 주제를 다루고 있는가? 여기서는 과학기술기본계획의 실례로 제2차 과학기술기본계획에 해당하는 '이명박 정부의 과학기술기본계획(2007~2013년)'을 출발점으로 삼고자 한다(기획재정부 외, 2008). 그것은 상당히 명료하게 구조화되어 있고 다양한 하위정책들의 내용을 충실히 담아내고 있다. 게다가 정권의 교체에도 불구하고 제1차 과학기술기본계획의 구조와 내용을 적절히 계승하고 있다. 이에 반해 제3차 기본계획과 제4차 기본계획은 과학기술 일자리 창출에 관한 부분을 추가하고 있는 특징을 가지고 있지만, 몇몇 하위정책들에 대해서는 간단한 언급으로 그치고 있기 때문에 과학기술정책의 범위를 한눈에 알아보기 어렵게 되어 있다.

제2차 과학기술기본계획의 목차와 과학기술정책의 범위를 연결시켜 보면 [표7-2]와 같다. 과학기술정책을 구성하는 하위정책으로는 ① 연구개발정책, ② 과학기술투자정책, ③ 과학기술인력정책, ④ 기초연구정책, ⑤ 기술혁신지원정책, ⑥ 과학기술국제화정책, ⑦ 지역기술혁신정책, ⑧ 과학기술하부구조정책, ⑨ 과학기술문화정책, ⑩ 과학기술사회정책 등을 들 수 있는 것이다. 물론 이와 다른 식으로 하위정책을 분류할 수도 있고 해당 정책의 명칭도 다르게 제시할 수 있다. 여기서는 편의상 과학기술정책의 범위를 위의 10가지로 상정하고 각 하위정책에서 어떤 정책과제를 다루고 있는지에 대해 논의하고자 한다.[113]

---

[113] 이러한 하위정책별로 과학기술정책을 논의한 시도로는 이공래·송위진 외(1998); 최석식(2011)이 있다.

표 7-2 제2차 과학기술기본계획의 목차와 정책범위.

부	장	비고
제1부 국가과학기술 비전	1-1. 수립배경 1-2. 과학기술 환경변화와 역할 1-3. 비전, 목표 및 정책과제	–
제2부 전략적 과학기술투자	2-1. 과학기술투자의 확대 및 효율화	과학기술투자정책
	2-2. 국가 중점과학기술 개발	연구개발정책
제3부 연구주체의 핵심역량 제고	3-1. 세계적 과학기술인재 양성·활용	과학기술인력정책
	3-2. 기초·원천연구 진흥	기초연구정책
	3-3. 중소·벤처기업 기술혁신 지원	기술혁신지원정책
제4부 개방형 과학기술체제 강화	4-1. 전략적 과학기술 국제화	과학기술국제화정책
	4-2. 지역 기술혁신역량 강화	지역기술혁신정책
	4-3. 과학기술 하부구조 고도화	과학기술하부구조정책
제5부 국민과 함께하는 과학기술문화 확산	5-1. 과학기술의 생활화	과학기술문화정책
	5-2. 과학기술의 사회적 역할 증대	과학기술사회정책

　　연구개발정책(R&D policy)은 과학기술정책을 대표하는 하위정책으로 볼 수 있다. 연구개발정책은 가장 많은 예산이 투입되는 영역으로 국가연구개발사업을 통해 추진되는 경우가 많다. 제2차 과학기술기본계획은 산업이나 기술의 분야를 감안하여 연구개발정책에 관한 중점추진과제를 다음과 같이 제시하고 있다. ① 주력기간산업 기술 고도화, ② 신산업 창출을 위한 핵심기술개발 강화, ③ 지식기반서비스산업 기술개발 확대, ④ 국가주도기술 핵심역량 확보(교통·통신, 우주·항공, 원자력, 국방 등), ⑤ 현안 관련 특정분야 연구개발 강화, ⑥ 글로벌 이슈 관련 연구개발 추진, ⑦ 기초·기반·융합기술 개발 활성화 등이 그것이다. 연구개발정책은 이러한 주요 분야에서 중점기술이나 전략기술을 도출하고 해당 연구개발사업의 추진 현황을 조사·분석하며 그 성과를 평가·관리하는 일련의 과정으로 이루어져 있다.

그림 7-1 기술혁신학 분야의 세계적 저널인 『리서치 폴러시』의 표지.

　　과학기술 활동에 대한 주된 투입 요소로는 투자와 인력을 들 수 있다. 과학기술투자정책과 과학기술인력정책은 일찍부터 강조된 정책으로 전자는 과학기술투자의 확대와 효율화에, 후자는 과학기술인력의 양성과 활용에 주목한다. 제2차 과학기술기본계획은 과학기술투자정책의 중점추진과제로 ① 연구개발투자의 지속적 확충, ② 정부R&D투자의 전략적 배분, ③ R&D기획 및 성과확산 시스템 선진화, ④ 연구자 친화적 R&D관리·평가제도 구축 등을 들고 있다. 과학기술인력정책에 관한 과제로는 ① 과학영재 발굴·육성 체계화, ② 고등교육과 연구개발 연계를 통한 우수인재 양성, ③ 해외 우수과학기술인력의 유치·활용 촉진, ④ 과학기술인력의 수요지향성 및 진로 다양화 강화, ⑤ 여성과학기술인 육성·지원 활성화, ⑥ 과학기술인력의 사기 진작 등이 제시되고 있다. 이처럼 투자와 인력은 그 자체로 과학기술정책의 핵심적인 주제가 되지만, 과학기술정책의 다른 하위정책에서도 중요하게 다루어지고 있다.

　　과학기술 활동 중에 정부가 지원해야 할 영역으로 널리 거론되는 것으로는 기초연구에 대한 지원과 중소기업에 대한 지원을 들 수 있으며, 이를 다루는 정책이 기초연구정책과 기술혁신지원정책이다. 전자는 기초'과학'정책으로, 후자는 기술혁신지원'제도'로 불리기도 하지만, 기초연구가 기초과학에 국한되는 것은 아니고 지원제도는 지원정책이 구현된 형태에 해당한다. 제2차 과학기술기본계획은 기초연구정책에 관한 중점추진과제로 ① 기초원천연구투자의 전략적 확대, ② 연구자 중심 기초연구지원사업 체계화, ③ 창의적·도전적 연구지원 강화, ④ 대학의 연구역량 강화, ⑤ 기초원천연구의 사회적 역할 강화 등을 제시하고 있다. 기술혁신지원정책이 포괄하는 주제에는 ① 중소·중견기업의 R&D지원 확대, ② 신기술 벤처창업 지원 강화, ③ 기술이전·사업화 지원 확대, ④ 기술금융 활성화 및 역할 강화 등이 있다. 기술혁신이 기술개발과 기술사업화로 구성되어 있으므로 기술혁신지원정책을 기술개발지원정책과 기술사업화촉진정책으로 나눌 수도 있다.

하부구조는 자주 사용되고 있지만 엄밀하게 규정하기 어려운 개념이다. 그 동안 우리나라에서 수립된 과학기술종합계획에서도 하부구조가 포괄하는 범위는 계속적으로 변화해 왔다. [표 7-3]은 1997년 이후에 과학기술하부구조의 위상이 어떻게 달라져 왔는가를 보여주고 있다. 1997년에는 과학기술하부구조는 매우 광범위한 영역을 포괄하고 있었지만, 2003년에는 연구시설·장비, 과학기술정보, 법·제도·환경 등을 포함하는 협의의 개념으로 설정되었다. 과학기술국제화, 지방과학기술혁신, 과학기술문화, 과학기술사회 등은 독자적인 정책영역으로 자리를 잡았던 것이다.

표 7-3 과학기술하부구조의 위상 변화.

과학기술혁신 5개년 계획 (1997~2002년)	과학기술혁신 5개년 수정계획 (2000~2002년)	과학기술기본계획 (2002~2006년)	참여정부의 과학기술 기본계획 (2003~2007년)
과학기술하부구조 - 연구기자재·시설 - 과학기술정보 - 과학기술지방화 - 과학기술세계화 - 과학기술국민이해	지방과학기술진흥	과학기술하부구조 - 연구시설·장비 - 과학기술정보 - 지방과학기술진흥 - 법·제도/환경	지방과학기술혁신
	과학기술하부구조 - 연구기자재·시설 - 과학기술정보 - 과학기술세계화 - 과학기술국민이해 - 법·제도/환경		과학기술하부구조 - 연구시설·장비 - 과학기술정보 - 법·제도/환경
		과학기술국제화	과학기술국제화
		과학기술문화	과학기술문화
			과학기술사회

자료: 송성수(2005: 182); 송성수(2011: 172).

과학기술의 세계화와 지방화는 1990년대에 들어와 본격적으로 거론되기 시작한 개념으로 세계화와 지방화를 묶어 글로컬라이제이션(glocalization) 혹은 세방화(世方化)로 칭하는 경우도 있다. 제2차 과학기술기본계획은 과학기술국제화정책의 중점추진과제로 ① 글로벌 공동연구의 전략적 확대, ② 권역별 과학기술협력 특화 추진, ③ 국제기구 및 국제프로그램 참여 촉진, ④ 남북한 과학기술 교류·협력 확대, ⑤ 과학기술국제화 투자 확충과 효율성 제고 등을 들고 있다. 지역기술혁신정책에 관한 주제로는 ① 지역 과학기술인력 유입·활용 촉진, ② 지역 연구주체의 역량 강화, ③ 지역혁신거점과 클러스터 구축 강화, ④ 지자체의 연구개발사업 기획·관리역량 제고, ⑤ 지역의 자발적인 연구개발투자 환경 조성 등이 거론되고 있다.

오늘날의 과학기술하부구조정책은 연구시설·장비, 과학기술정보, 지식재산, 기술표준 등을 포괄하고 있는데, 제2차 과학기술기본계획은 생명자원에 관한 사항을 추가한 특성을 보이고 있다. 동 계획은 과학기술하부구조정책에 관한 중점추진과제로 ① 연구시설·장비의 전략적 확충 및 활용, ② 생명자원 확보 및 관리의 체계화, ③ 과학기술정보 공유 및 활용체제 고도화, ④ 지식재산의 창출·활용·보호 체제 구축, ⑤ 국가표준체제 선진화 및 국제화 강화 등을 들고 있다.

과학기술문화정책은 대중의 과학기술에 대한 관심과 이해를 제고하는 것을 일차적인 목적으로 삼는다. 제2차 과학기술기본계획이 주목하고 있는 과학기술문화정책에 관한 주제에는 ① 창의적인 청소년 성장환경 조성, ② 국민의 과학기술 생활화 촉진, ③ 타 분야 전문가 대상 과학기술문화 확산, ④ 민간 주도의 과학기술문화 산업기반 육성, ⑤ 전국적 과학관 확충 및 과학방송 활성화, ⑥ 과학기술문화 활동의 효율적 추진 등이 있다. 과학기술사회정책은 과학기술의 사회적 역할을 증대시키기 위한 정책에 해당한다. 제2차 과학기술기본계획은 이에 관한 주제로 ① 공동체 문제해결을 위한 과학기술과 사회 연구 강화, ② 과학기술과 사회의 커뮤니케이션 체제 구축, ③ 과학기술인의 사회적 책임 강화 등을 거론하고 있다. 우리나라에서 과학기술사회정책은 아직까지 충분히 발달하지 못한 영역에 해당하며, 과학기술문화정책

의 일부로 간주되기도 한다.[114]

과학기술기본계획 이외에도 정책영역별로 참조해야 할 계획이나 문건이 있으며, 이를 10개의 하위정책별로 정리하면 [표 7-4]와 같다. 이 중에서 정부연구개발투자방향은 매년 초에 발표되고 있으며,『국가연구개발사업 조사·분석 보고서』와『기술혁신지원제도』도 해마다 발간되고 있다. 5년 주기로 수립되는 법정계획에는 과학기술인재 육성·지원 기본계획, 기초연구진흥종합계획, 중소기업 기술혁신 촉진계획, 지방과학기술진흥종합계획, 과학기술문화기본계획 등이 있다. 또한 과학기술 분야별로는 산업기술, 정보통신, 생명공학, 나노기술, 에너지, 우주, 국방, 문화 등에서 별도의 계획이 수립되고 있다. 산업기술혁신계획, 소재부품장비산업 경쟁력강화 기본계획, 지능정보사회종합계획, 지능형 로봇 기본계획, 생명공학육성기본계획, 뇌(腦)연구촉진 기본계획, 나노기술종합발전계획, 에너지기술개발계획, 원자력진흥종합계획, 우주개발진흥 기본계획, 국방과학기술혁신 기본계획, 문화기술 연구개발 기본계획 등이 그것이다.

표 7-4 과학기술정책의 영역별 주요 자료(예시).

정책영역	주요 자료	작성주기
연구개발정책	중점과학기술/국가전략기술	5년 내외
	국가연구개발 성과평가 기본계획	5년
	연구성과 관리·활용 기본계획	5년
	『국가연구개발사업 조사·분석 보고서』	매년
과학기술투자정책	국가연구개발 중장기 투자전략	5년
	정부연구개발 투자방향	매년
과학기술인력정책	과학기술인재 육성·지원 기본계획	5년
	여성과학기술인 육성·지원 기본계획	5년
	과학영재 발굴·육성 종합계획	5년

114 이와 관련하여 제3차 과학기술기본계획(2013~2018년)은 과학기술사회정책에 관한 세부과제로 ① 국가 현안 대응 과학기술 담론 형성 활성화, ② 과학과 사회 연구센터 설립·운영, ③ 과학기술의 경제·사회적 영향평가 강화, ④ 연구윤리 확보를 위한 종합적인 제도 개선, ⑤ 국가연구개발사업의 연구윤리 강화 등을 들고 있다(기획재정부 외, 2013: 170-171).

기초연구정책	기초연구진흥종합계획	5년
기술혁신지원정책	중소기업 기술혁신 촉진계획	5년
	기술이전·사업화 촉진계획	3년
	중소기업 창업지원계획	3년
	『기술혁신지원제도』	매년
과학기술국제화정책	과학기술국제화 촉진 시행계획	1년
지역기술혁신정책	지방과학기술진흥종합계획	5년
	연구개발특구 육성 종합계획	5년
과학기술하부구조정책	국가연구시설장비 고도화계획	5년
	국가과학기술지식정보서비스(www.ntis.go.kr)	상설
	국가지식재산기본계획	5년
	국가표준기본계획	5년
과학기술문화정책	과학기술문화기본계획	5년
	과학관육성기본계획	5년
과학기술사회정책	과학기술기반 사회문제해결 종합계획	5년

주: 주요 자료의 구체적인 명칭은 다소 달라질 수 있음.

3 과학기술정책의 기획

과학기술정책은 다른 활동과 마찬가지로 기획, 집행, 평가의 사이클을 밟는데, 그 특성이 잘 드러나는 지점은 기획이라 할 수 있다. 정책학에서 기획에 관한 논의는 오래전부터 이루어져 왔으며, 이를 개척한 학자로는 드로어(Yehezkel Dror)를 들 수 있다. 그는 기획이 내포하고 있는 본질적인 특징을 다음의 일곱 가지로 요약하고 있다 (Dror, 1963; 김신복, 1999: 12-14). 첫째, 기획은 계속적인 활동이다. 기획은 하나의 계획을 작성하는 데 그치지 않으며 그 결과를 평가하여 후속 계획에 반영하는 일련의 과정이다. 둘째, 기획은 준비의 과정이다. 기획은 더 나은 의사결정을 위해 시안을 마련하는 과정으로 의사결정을 승인하고 집행하는 것과 구분되는 별도의 기능을 가진다. 셋째, 기획은 일련의 복합적인 결정을 대상으로 한다. 기획은 하나의 의사결정이 아니라 한 묶음(set)의 의사결정들을 다루며 그러한 결정들은 대부분 체계적으로 연결되어 있다. 넷째, 기획은 행동지향적인 활동이다. 기획은 순수연구나 교육훈련과 달리 구체적인 실천과 행동을 통해 현실을 개선하는 것을 목적으로 삼는다. 다섯째, 기획은 미래를 대상으로 한다. 기획은 과거와 현재에 관한 분석에 의존하지만 그 핵심은 장래에 취할 행동방안을 강구하는 데 있다. 여섯째, 기획은 목표를 성취하기 위한 활동이다. 장래에 달성하려고 하는 목표가 어느 정도 명시되지 않고서는 기획이 이루어질 수 없다. 일곱째, 기획은 효율적인 수단을 강구하는 과정이다. 기획은 원하는 목표를 달성할 수 있는 바람직하고 실현가능한 대안을 제시해야 한다.

▎미래의 개연성, 가능성, 소망성

　　미래는 개연적인 미래(probable future), 가능한 미래(possible future), 소망스러운 미래(desirable future)로 구분되기도 한다. 개연적인 미래는 현재의 추세가 계속된다면 십중팔구 나타날 것으로 보이는 미래의 상태를 뜻한다. 가능한 미래는 우리가 선택할 수 있는 다양한 형태의 미래를, 소망스러운 미래는 우리가 실현되기를 바라는 바람직한 상태의 미래를 가리킨다. 이러한 용례를 감안하면, 기획은 우선 개연적인 미래를 예측하여 적합 여부를 판단하고, 그것이 만족스럽지 못할 경우에는 여러 형태의 가능한 미래 중에서 가장 소망스러운 미래를 선택하는 과정이라 할 수 있다(김신복, 1999: 15-16).

　　기획의 의미는 기획의 과정을 살펴봄으로써 보다 구체화될 수 있는데, 김신복(1999: 128-146)은 기획의 과정을 다음의 다섯 단계로 구분하고 있다. 첫째는 목표의 설정이다. 기획을 통해 달성하려고 하는 목표가 무엇인지를 규정하고 그것을 구체화하는 일이다. 둘째는 상황의 분석이다. 상황 분석에서는 현황뿐만 아니라 미래에 예상되는 상태에 관한 예측도 병행된다. 셋째는 기획전제의 설정이다. 기획전제는 계획에 지대한 영향을 미치는 외생변수에 대한 가정으로서 통제가 어렵거나 불가능한

과학기술의 경영과 정책

것을 포함한다. 넷째는 대안의 모색과 평가이다. 문제를 해결하기 위해 선택할 수 있는 대안들이 어떤 것이 있는지를 광범위하게 탐색하고 그것들을 서로 비교·평가하는 것이다. 다섯째는 최종안의 선택이다. 최종안의 선택은 복합적인 기준과 절차에 따라 이루어지며 분석과정과 근거자료를 재검토하고 외부의 동의를 확보하는 과정을 수반한다.

기획은 목표의 성격에 따라 통상적 기획과 전략적 기획으로 구분할 수 있다. 전자가 특정한 환경하에서 주어진 목표를 달성하기 위한 체계적인 노력을 의미한다면, 후자는 환경변화를 감안하여 새로운 목표를 설정하고 이를 달성하기 위해 준비하는 과정이라 볼 수 있다. 특히 전략적 기획의 경우에는 조직이 무엇이며, 무엇을 해야 하고, 왜 그것을 해야 하는가 등과 같이 조직의 생존과 성장에 관련된 근본적인 결정과 행동을 만들어 내는 것을 지향한다(현병환 외, 2006: 105). 또한 기획은 접근방식에 따라 청사진 중심의 기획(blueprint mode of planning)과 과정 중심의 기획으로 구분할 수 있다. 청사진 중심의 기획은 사전에 확정적이고 상세한 계획을 작성하는 데 초점을 둔다. 계획된 목표는 반드시 달성되어야 하며 집행과정에서 수정되어서는 곤란하다. 이에 반해 과정 중심의 기획은 수립된 계획을 집행 도중에도 얼마든지 수정, 보완할 수 있는 것으로 본다. 따라서 계획문서 자체는 큰 의미가 없으며, 계속적인 정보의 수집과 환류, 그리고 그것을 토대로 한 조정이 중요하다(김신복, 1999: 106-108).

과학기술기획은 과학기술과 관련된 의사결정 혹은 정책결정을 준비하는 과정에 해당한다. 과학기술기획은 해당 기간에 달성하려는 과학기술의 모습이 무엇인가를 그려봄으로써 시작되며, 이러한 목표를 설정하는 데는 현재와 미래의 상황에 대한 분석이 병행된다. 목표를 달성하기 위한 대안들은 새로운 기회포착의 가능성, 과학기술자원의 활용가능성, 제도적 환경의 적절성 등을 고려하여 제안되며, 여러 대안들 중에서 타당성이 높고 효과성이 뛰어난 것을 선택하는 절차를 거치게 된다. 최선의 혹은 최적의 대안이 선택되고 나면 이를 집행하기 위한 세부계획을 수립하는 단계로 나아간다. 특히 과학기술은 불확실성이 높고 그 성과가 비가시적인 성격을 띠

기 때문에 기획의 전제를 명확히 하는 것이 요구된다(송성수, 2005: 30-31).[115]

　공공부문의 과학기술기획은 그것을 담당하는 조직의 수준에 따라 국가 차원, 부처 차원, 기관 차원 등으로 구분할 수 있다(현병환 외, 2006: 111-112). 국가 차원의 과학기술 기획은 소위 '과학기술정책 컨트롤타워'로 불리는 종합조정기구가 담당하는데, 우리나라의 경우에는 국가과학기술위원회(1999~2013년), 국가과학기술심의회(2013~2017년), 국가과학기술자문회의(2017년 이후) 등으로 변경되어 왔다. 부처 차원의 과학기술 기획에는 과학기술정보통신부, 산업통상자원부, 교육부, 보건복지부 등을 포함한 대부분의 정부부처가 관여하고 있으며, 한국과학기술기획평가원, 한국산업기술평가관리원, 한국산업기술진흥원, 한국연구재단, 한국보건산업진흥원 등 연구관리전문기관(R&D agency)이 그 실무를 담당하고 있다. 기관 차원의 과학기술기획은 정부출연 연구기관과 국공립연구기관을 포함한 공공연구기관이 기관별 사업에 대한 자체적 기획을 실시하는 것을 의미한다. 이러한 기관을 관리하는 국가과학기술연구회, 정부부처, 지방자치단체 등이 소관 기관이 기획한 사업을 점검하고 있다. 최근에는 지방자치단체가 산하 기관을 활용하여 해당 지역의 과학기술발전을 위한 기획을 강화하는 추세를 보이고 있다.

　이와 같은 과학기술기획의 체제는 자연스럽게 거버넌스에 관한 논의로 이어질 수 있다. 현재 우리나라의 과학기술정책 거버넌스는 다음과 같은 네 개의 층위로 구성되어 있다(홍형득, 2016: 133-138; 홍성주, 2017). 제1층위에서는 대통령(실)과 종합조정기구를 중심으로 국가과학기술전략을 수립하고 부처별 과학기술정책을 조정하는 작업이 이루어진다. 제2층위는 정부부처가 해당 분야별로 과학기술에 관한 정책을 수립하고 추진하는 층위에 해당한다. 제3층위에서는 연구회, 연구관리전문기관, 지원기관 등의 중간조직이 국가연구개발사업을 비롯한 각종 사업을 운영하고 관리하는 활동이 이루어진다. 제4층위에서는 기업, 대학, 공공연구기관 등의 연구개발주체가 세부적인 연구과제를 수행한다. 과학기술기획을 정책기획, 사업기획(program planning), 과제기획(project planning)으로 구분한다면, 정책기획은 제1층위와 제2층

---

115 이와 관련하여 기획의 과정은 거시계획 창출(creating the macro-plan)과 계획 채우기(filling in the plan)로 구분되기도 하는데, 전자에는 미래예측, 동향분석, 방향설정 등이 포함되고, 후자에서는 거시계획을 달성하기 위한 과제의 제안, 평가, 통합 등이 이루어진다(현병환 외, 2006: 105).

위, 사업기획은 제2층위와 제3층위, 과제기획은 제3층위와 제4층위가 주로 담당한다고 볼 수 있다.

▌과학기술정보통신부의 연구개발사업에 관한 기획

과학기술정보통신부 훈령 제56호에 해당하는 '과학기술정보통신부 소관 과학기술분야 연구개발사업 처리규정'은 제13조에서 연구개발사업의 기획에 관한 사항을 다루고 있다. 제1항에서는 연구개발사업을 신규로 추진할 경우에 포함해야 할 내용으로 ① 연구개발사업의 목표, 세부추진내용 및 추진체계, ② 연구개발사업의 평가계획, ③ 필요한 자원의 규모 및 인력 확보방안, ④ 정부지원의 타당성 검토 결과, ⑤ 연구개발성과의 활용방안 및 기대효과, ⑥ 국내외 특허 및 기술동향 등을 제시하고 있다. 또한 제5항은 연구개발사업을 기획하는 과정에서 추진하는 연구개발과제로 ① 연구기획·평가 과제, ② 국가가 정책적으로 추진해야 할 과제, ③ 새로운 연구분야로 인력 및 인프라 등이 부족한 과제, ④ 국가안보, 사회·경제적 파장이 우려되는 분야의 과제, ⑤ 시급성에 비추어 정상적인 추진이 어려운 과제, ⑥ 그 밖에 장관이 인정하는 특수한 과제를 들고 있다.

그렇다면 국가 차원의 과학기술정책을 기획하기 위해 이루어지는 구체적인 활동에는 무엇이 있는가? 이러한 질문에 답하기 위해서는 과학기술기본법을 살펴볼 필요가 있는데, 동 법 제13조는 과학기술예측을, 제14조는 기술영향평가와 기술수준평가를 주제로 삼고 있다. 제13조 1항은 "정부는 주기적으로 과학기술의 발전 추세와 그에 따른 미래사회의 변화를 예측하여 그 결과를 과학기술정책에 반영하여야 한다"라고 명시하고 있다. 또한 제14조 1항은 "정부는 새로운 과학기술의 발전이 경제·사회·문화·윤리·환경 등에 미치는 영향을 사전에 평가하고 그 결과를 정책에 반영하여야 한다"라고 주문하고 있으며, 제14조 2항은 "정부는 과학기술의 발전을 촉진하기 위하여 국가적으로 중요한 핵심기술에 대한 기술수준을 평가하고 해당 기

술수준의 향상을 위한 시책을 세우고 추진하여야 한다"라고 규정하고 있다.[116]

과학기술예측 혹은 기술예측(technological forecasting)은 사회 전반에 대한 미래상을 바탕으로 과학기술의 변화를 예측함으로써 과학기술이나 연구개발에 관한 계획을 수립할 때 필요한 정보를 제공한다. 사실상 미래의 불확실성은 의사결정을 제약하는 요인으로 작용하는데, 기술예측은 이러한 점을 어느 정도 완화시키는 데 기여할 수 있다. 우리나라에서는 5년을 주기로 향후 20~30년을 대상으로 하는 과학기술예측조사가 실시되어 왔다. 1994년에는 제1회 과학기술예측조사(1995~2015년)가 시도되었으며, 가장 최근의 것으로는 제6회 과학기술예측조사(2021~2045년)를 들 수 있다. 기술예측에 사용되는 방법도 매우 다양하지만, 20세기에는 6장에서 언급한 델파이법이 주로 사용되다가 21세기에 들어서는 시나리오 기법이 병행하는 경향을 보이고 있다. 이전에는 하나의 미래를 상정하고 과학기술의 실현시기와 그 속도를 저울질하는 것이 주종을 이루었다면, 최근에는 낙관적 가능성과 비관적 가능성을 함께 고려하면서 다양한 시나리오를 작성하는 것으로 변모하고 있는 셈이다. 이와 같은 새로운 방식의 기술예측은 '기술조망(technological foresight)'으로 불리기도 한다(현병환 외, 2006: 43-62).[117]

그림 7-2 미래학(futures studies)에 관한 로고.

---

116 과학기술예측, 기술영향평가, 기술수준평가 이외에 과학기술기획의 방법으로 거론되는 것으로는 기술정보활동(technology intelligence, TI)을 들 수 있다. 기술정보활동은 과학기술에 관한 자료를 수집, 분석, 가공하여 전략 수립이나 사업 추진에 반영하는 일련의 활동을 의미한다(이장재 외, 2011: 184-185).

117 미래 트렌드의 예측에 종종 사용되는 개념으로는 'STEEP 분석'을 들 수 있는데, STEEP은 사회적 (social), 기술적(technological), 경제적(economic), 환경적(environmental), 정치적(political)의 영문 앞 글자를 딴 것이다. STEEP과 유사한 용어로는 'PEST'와 'PESTEL'이 있다. PEST는 STEEP에서 '환경적'이 빠진 것이고, PESTEL은 '법적(legal)'이 추가된 것이다.

과학기술의 경영과 정책

기술영향평가(technology assessment, TA)는 기술의 사회적 영향을 평가한다는 점에서 기술의 경제적 가치를 평가하는 기술가치평가(technology evaluation)와 대비된다. TA는 기술이 긍정적 측면과 부정적 측면을 모두 지니고 있다는 전제에 기반하고 있으며, 전자를 극대화하고 후자를 최소화하여 기술에 대한 사회적 수용성을 제고하는 것을 목적으로 삼는다. TA는 평가주체가 누구인가에 따라 전문가 중심의 TA와 일반인 중심의 TA로 구분할 수 있는데, 전문가 패널과 일반인 패널을 동시에 구성할 수도 있다. 우리나라의 경우에는 2003년에 시범사업이 진행된 후 2005년부터 매년 대상기술을 선정하여 TA를 수행하고 있지만, 그 결과가 실제적인 정책에 반영되는 정도는 미약한 편이다(이영희, 2011: 215-232).

▌기술영향평가의 진화

기술영향평가(TA)는 도구적(instrumental) TA, 구성적(constructive) TA, 실시간(real-time) TA 등으로 진화해 왔다. 도구적 TA는 사후적 성격을 띠고 있어서 기술 그 자체는 주어진 것으로 받아들이고 다만 그것이 야기할 수 있는 문제점들을 최소화하는 데 초점을 둔다. 또한 도구적 TA는 전문지식으로 무장된 과학기술자들이 기술의 발전과 기술의 사회적 영향을 가장 잘 분석할 수 있다는 엘리트주의적 관점에 입각하고 있다. 이에 반해 구성적 TA는 기술변화의 속도와 방향이 근본적으로 사회적 행위자들의 목적의식적인 개입에 의해 변화될 수 있다는 인식에서 출발한다. 이를 위하여 구성적 TA는 전문적인 과학기술자에게 기술개발을 전적으로 위임하지 않고 이해당사자들을 기술개발의 초기 단계부터 포괄적으로 참여시킴으로써 사회적으로 유용한 기술을 개발하려고 한다. 실시간 TA는 첨단기술에 관한 대형 연구개발사업과 병행하여 추진되는 것으로 과학기술자와 인문사회과학자의 협업을 바탕으로 보다 책임 있는 연구개발을 수행하는 것을 목표로 삼는다(Guston and Sarewitz, 2002). 실시간 TA의 초보적 형태로는 인간유전체계획(Human Genome Project)의 윤리적·법적·사회적 함의(Ethical, Legal, and Social Implications, ELSI)에 대한 연구를 들 수 있다. 그러나 ELSI는 실제적인 기술개발과정과 별도로 이루어졌다는 비판을 받았고, 이후에 나노기술 분야에서 이루어지고 있는 실시간 TA에서는 연구개발의 초기 단계부터 개입하면서 평가결과를 정책수립에 반영하는 체제를 구축하고 있다.

기술수준평가는 최고 기술을 보유한 국가와 대비하여 기술수준과 기술격차를 평가하는 것을 의미한다. 최고기술 보유국의 기술수준을 100%로 보았을 때의 상대적 수준(%)과 최고기술 보유국의 기술수준에 도달하는 데 소요될 것으로 예측되는 기간(년)을 파악하는 것이다. 평가대상 국가로는 미국, 유럽, 일본, 중국 등이 고려되고 있다. 평가방법에는 정성평가와 정량평가가 있으며, 두 가지 방법을 함께 사용하는 것이 바람직하다. 정성평가는 설문조사나 델파이법을 활용하여 전문가의 의견을 조사하는 것으로 응답자가 산업계, 학계, 연구계 중 한쪽으로 편향되지 않도록 주의해야 한다. 정량평가의 경우에는 논문이나 특허와 같은 통계자료를 바탕으로 점유율과 영향력을 분석하여 해당 과학기술의 수준을 평가한다.[118]

이와 같은 조사와 평가의 결과를 감안하여 국가 차원의 개입과 투자가 필요한 중점과학기술 분야의 목록이 도출된다. 중점과학기술을 선정하는 작업은 대체로 5년 주기의 과학기술기본계획을 마련하는 것과 병행하여 이루어지고 있다. 중점과학기술에 대해서는 과학기술혁신의 방향과 전략을 담은 국가기술지도(national technology roadmap, NTRM) 혹은 전략로드맵(strategic roadmap)이 작성된다. 중점과학기술의 내역은 성장동력(growth engine)이나 국가전략기술과 같은 특별한 범주로 재구성되어 집중적으로 관리되기도 한다. 최근의 예를 들면, 제5차 과학기술기본계획(2003~2007년)이 준비되고 있던 2022년 10월 28일에 반도체·디스플레이, 이차전지, 첨단모빌리티, 차세대 원자력, 첨단바이오, 우주항공·해양, 수소, 사이버보안, 인공지능, 차세대 통신, 첨단로봇·제조, 양자 등이 12대 국가전략기술'로 도출되었다([표 7-5] 참조). 이어 2023년 3월 21일에는 '국가전략기술 육성에 관한 특별법'이 제정되었는데, 동 법은 국가전략기술을 "외교·안보 측면의 전략적 중요성이 인정되고 국민경제 및 연관 산업에 미치는 영향이 크며 신기술·신산업 창출 등 미래 혁신의 기반이 되는 기술"로 정의하고 있다.[119]

---

118 특허분석 기획과 논문분석 기획에 대해서는 현병환 외(2006: 129-217)를 참조.

119 이에 앞서 박근혜 정부는 2016년 8월 10일에 인공지능, 가상·증강현실, 자율주행차, 경량 소재, 스마트시티(이상 성장 동력 확보), 정밀의료, 신약, 탄소자원화, 미세먼지(이상 삶의 질 제고)를 '9대 국가전략 프로젝트'로, 문재인 정부는 2021년 12월 22일에 인공지능, 5G·6G, 첨단바이오, 반도체·디스플레이, 이차전지, 수소, 첨단로봇·제조, 양자, 우주·항공, 사이버보안을 '10대 국가필수 전략기술'로 선정한 바 있다.

표 7-5 윤석열 정부의 12대 국가전략기술.

부문	추진방향	국가전략기술
혁신선도	민간주도 초격차 기술개발 및 핵심소재부품 의존도 완화	① 반도체·디스플레이, ② 이차전지, ③ 첨단 모빌리티, ④ 차세대 원자력
미래도전	민관협업 시장 스케일업 및 대체불가 원천기술 확보	⑤ 첨단바이오, ⑥ 우주항공·해양, ⑦ 수소, ⑧ 사이버보안
필수기반	공공주도 핵심원천기술 고도화, 타 전략분야 융합·활용에 민관 역량결집	⑨ 인공지능, ⑩ 차세대 통신, ⑪ 첨단로봇·제조, ⑫ 양자

주: 2023년 3월에는 시스템반도체, 디스플레이, 이차전지, 바이오, 미래차, 로봇이 6대 국가첨단산업으로 선정되었음.

과학기술정책의 기획과 관련하여 매년 이루어지는 활동으로는 과학기술기본법 제12조에 명시된 '국가연구개발사업에 대한 조사·분석·평가'와 '국가연구개발사업 예산의 배분·조정'을 들 수 있다. 국가연구개발사업에 대한 조사·분석·평가는 정부 예산(일반회계와 특별회계)과 기금 중에서 연구개발예산으로 편성된 거의 모든 사업과 과제를 대상으로 삼으며, 그 결과를 예산 편성과 정책 수립에 반영하고 있다. 국가연구개발사업 예산의 배분·조정에서는 중앙행정기관의 장이 해당 기관의 사업계획서를 제출하면 기획재정부와 과학기술정보통신부를 중심으로 예산을 사전에 조정하여 매년 초에 '연도별 정부연구개발 투자방향'을 발표하는 절차를 밟고 있다. 국가연구개발사업에 대한 조사·분석·평가와 국가연구개발사업 예산의 배분·조정이 자원을 최적으로 활용하기 위한 기획과 연관되어 있다면, 과학기술예측, 기술영향평가, 기술수준평가는 새로운 기회를 포착하기 위한 기획에 해당한다고 볼 수 있다.

정책기획에서 중요하게 고려되는 개념으로는 '우선순위 설정(priority setting)'을 들 수 있다(OECD, 1991; 이장재 외, 2011: 196-200). 정책우선순위는 정책을 통해 구현하려는 가치를 그 중요성의 정도에 따라 정렬한 것으로 우선순위 설정에서는 한정된 자원을 배분할 때 어떠한 요소를 중요하게 고려할 것인가가 관건으로 작용한다. 과학기술정책에서 자주 거론되는 우선순위는 연구개발투자에 관한 우선순위이며, 그것은 기본적으로 달성하고자 하는 목표에 따라 좌우된다. 그러나 목표가 아무리 구체적으로 제시되더라도 모든 투자를 합리적으로 배분하는 것은 현실적으로 매우 어려운 일이다. 정부가 선도적 역할을 담당할 수 있는 부문에 집중하면서도 가급적 부문 간의 조화와 균형을 이루는 것이 요구된다. 선택과 집중의 논리를 과도하게 적용할 경우에는 정책 쏠림 현상이 나타나 예기치 않았던 부작용이 발생할 수 있는 것이다. 연구개발투자의 우선순위를 설정할 때 고려되는 요소에는 전략적 투자방향과의 부합성, 과학기술적·경제사회적 파급효과, 중복투자의 여부, 효율적 예산집행의 가능성 등이 있다.

▋ 분석적 계층화 과정

우선순위의 설정에는 분석적 계층화 과정(analytic hierarchy process, AHP)이 종종 활용된다(Saaty, 1995; 박용태, 2007: 242-254). AHP는 주어진 문제를 몇 단계로 이루어진 계층(hierarchy)으로 모형화한 후 동일한 계층에 있는 요소들을 쌍대비교(pair-wise comparison)함으로써 의사결정을 체계적으로 수행하도록 설계되어 있다. 여기서 계층화는 다양한 평가기준을 그 수준의 차이에 따라 상위 계층과 하위 계층으로 나눈 다음, 상위 계층에서 평가를 한 후 그 결과를 바로 아래 계층의 평가에 반영하고 또 그 아래의 계층에 반영하는 순서로 진행된다. 쌍대비교란 한 쌍의 의사결정 요소들 간의 중요도 혹은 선호도만을 비교하는 것으로 일반적인 인간의 인지능력으로는 모든 요소를 동시에 평가하는 것보다 두 개씩 비교하는 것이 더욱 정확하다는 전제에 입각하고 있다. AHP의 기본적인 아이디어는 의사결정 문제를 모형화할 때는 계층을 구조화하는 정성적 방법을 활용하고 평가를 수행할 때는 쌍대비교를 통해 정량적 결과를 도출하는 데 있다.

우선순위는 설정대상에 따라 주제별 우선순위(thematic priority)와 구조적 우선순위(structural priority)로 구분되기도 한다(이장재 외, 2011: 168). 주제별 우선순위는 정부의 지원을 우선적으로 받게 되는 분야나 프로젝트를 선택하는 것을 의미한다. 이 경우에는 과학기술의 내적 논리와 발전방향이 중요하게 고려된다. 주제별 우선순위가 무엇을 개발할 것인가에 초점을 둔다면 구조적 우선순위는 어떻게 개발할 것인가에 관심을 기울인다. 구조적 우선순위는 참여자들의 상호작용을 중시하며 사회경제적 필요나 정치적 요구의 수용에 중점을 둔다. 과학기술정책체계의 구성, 연구개발사업의 확충, 혁신주체의 육성, 산학연 협력 등이 이러한 사례에 속한다. 우리나라의 과학기술종합계획은 크게 총괄 편, 기술 편, 정책 편으로 구성되어 있는데(송성수, 2005: 181), 여기서 기술 편의 내용은 주제별 우선순위, 정책 편의 내용은 구조적 우선순위를 고려한다고 볼 수 있다.

아무리 우수한 기획이라도 문제점은 있기 마련이다. 일찍이 염재호(1990)는 국가 과학기술기획에서 나타날 수 있는 문제점을 기획과정, 기획체계, 계획집행의 측면에서 검토한 바 있다. 기획과정에서는 정책수단의 실현가능성 여부에 따라 정책목표가 변화하게 되는 '수단과 목표의 전치(傳置)현상'이 나타날 수 있고, 기획목표가 모호하거나 복합적이어서 정책의지가 분명히 드러나지 않을 수 있다. 기획체계의 경우에는 정부부처별로 과학기술정책에 접근하게 되면 정책 사이의 갈등과 정책운영의 비능률이 발생할 수 있다. 이와 함께 정부부처 내의 상위 담당자와 하위 담당자, 그리고 정책기획 주체와 정책집행 기관 사이에 효과적인 조정이 이루어지지 않을 수 있다. 계획집행의 측면에서는 계획으로 확정된 내용이 경직되어 있으면 새로운 상황에 대한 대처가 어려워져 계획 자체가 무의미해질 수 있으며, 집행과정에서 나타날 문제들을 사전에 고려하여 정책을 기획하지 않으면 정책목표와 정책결과 사이에 괴리가 발생할 수 있다.

이장재(2011)는 국가 기술기획에서 해결되어야 할 과제로 다음의 여섯 가지를 들고 있다. 첫째, 과학기술정책연구원과 한국과학기술기획평가원을 중심으로 과학기술정책에 관한 연구와 실무가 이루어지고 있지만, 아직까지 기술기획에 대한 지식체계가 미흡한 편이다. 둘째, 기술기획이 일정한 한계를 가지고 있음에도 불구하고 그 과정과 결과에 대해 과도하게 신뢰하는 현상이 나타나고 있다. 셋째, 소수 전문가들의 능력과 리더십에 의존하는 엘리트주의적 기획이 이루어지고 있어 다양한 이해관계와 가치판단이 적절히 반영되지 않고 있다. 넷째, 정부부처별로 이루어지는 기술기획의 개방성과 투명성이 낮아 부처별 할거주의(sectionalism) 현상이 나타나고 있다. 다섯째, 기술기획의 과정에 부여되는 시간과 활용 가능한 물적·인적 자원이 부족하다. 여섯째, 기술기획에 관한 전문가가 부족하고 이에 대한 교육시스템이 충분하지 않다.

또한 성지은·정연진(2013)은 우리나라 과학기술정책에 관한 기획이 가진 특징 혹은 문제점으로 ① 부처주의 경향이 강하며 부처 사이의 협력이나 조정이 미흡하다는 점, ② 소수의 공무원과 전문가를 중심으로 단기적이고 폐쇄적으로 기획이 이루어진다는 점, ③ 상위 조정기구의 심의를 받는 계획이 30~40%에 그치고 있으며 유효한 조정이 이루어지지 않고 있다는 점, ④ 획기적인 의제 혹은 목표를 부각시키는 데 집착하거나 다양한 기획 활동이 서로 연계되지 않아 계획의 실효성이 담보되지 않는다는 점, ⑤ 기술공급자 중심의 기획으로 인하여 수요정책과의 연계와 사회적 수용도가 부족하다는 점 등을 들고 있다. 이러한 문제점을 개선하기 위한 방안으로는 설계부터 집행까지 이어지는 실질적인 정책통합, 공동의 정책 비전을 향한 사회적 합의와 지지의 도출, 계획 사이의 연계를 기반으로 한 실천성 확보 등이 제안되고 있다.

4 과학기술정책에 관한 주요 통계

과학기술정책을 기획하고 평가하는 과정에는 통계지표가 자주 활용된다. 이에 관한 대표적인 일차적 자료에는 과학기술정보통신부와 한국과학기술기획평가원이 매년 발간하는 『연구개발활동 조사보고서』와 『국가연구개발사업 조사·분석 보고서』, 그리고 OECD가 매년 발간하는 『주요 과학기술지표(Main Science and Technology Indicators, MSTI)』와 『과학, 기술 및 산업 스코어보드(Science, Technology and Industry Scoreboard)』 등이 있다.[120] 이러한 자료들을 바탕으로 과학기술주무부처가 매년 발간하는 『과학기술연감』은 부록의 일부분으로 '주요 과학기술통계'를 수록하고 있다. 과학기술정책에 관한 자세한 통계는 국가과학기술지식정보서비스(www.ntis.go.kr)와 『과학기술통계백서』를 통해서도 제공되고 있다.

---

[120] 참고로 OECD는 과학기술지표에 관한 국별 전문가 작업반(Working Party of National Experts on Science and Technology Indicators, NESTI)을 통해 연구개발, 혁신, 인력, 특허, 기술무역 등의 분야에서 지표체계를 발전시켜 왔는데, 연구개발, 혁신, 인력에 관한 가이드라인은 각각 프라스카티 매뉴얼, 오슬로 매뉴얼, 캔버라 매뉴얼(Canberra manual)로 불리고 있다.

[표 7-6]은 2003년부터 2019년까지 우리나라의 주요 과학기술통계를 보여주고 있다. 여기서 투자와 인력은 투입(input) 지표에, 논문과 특허는 산출(output) 지표에, IMD(International Institute for Management and Development) 평가는 종합 지표에 해당한다. 2019년을 기준으로 한국의 총 연구개발비와 FTE(full time equivalent) 기준 연구원 수는 세계 5위권, GDP 대비 연구개발투자와 경제활동인구 천 명당 연구원 수는 세계 최상위권, SCI(science citation index) 논문 발표 수는 세계 12위, PCT(patent cooperation treaty) 출원 수는 세계 5위를 기록했다. 2010년대의 IMD 평가에서는 국가경쟁력이 세계 25위 내외였던 반면, 과학경쟁력은 세계 5위 내외를 차지했다.

이하에서는 주요 과학기술통계가 어떤 내용을 담고 있는지 보다 자세히 살펴보기로 하자. 과학기술통계 전반을 검토하는 것은 매우 방대한 작업이기 때문에 여기서는 『과학기술연감』에서 제시되고 있는 주요 통계에 국한하기로 한다. 또한 2020년 이후에는 세계적인 코로나 사태로 인해 몇몇 통계지표의 안정성을 담보하기 어렵다는 점을 감안하여 기준이 되는 연도를 2019년으로 삼고자 한다.

표 7-6 주요 과학기술통계의 추이(2003~2019년).

구분		2003년	2007년	2011년	2015년	2019년
투자	총 연구개발비(억 원)	190,687	313,014	498,904	659,594	890,471
	GDP 대비 연구개발투자(%)	2.63	3.47	3.74	4.22	4.64
	정부·공공 대 민간 (%)	26 : 74	26 : 74	26 : 74	25 : 75	21 : 79
	기초연구의 비중(%)	14.5	15.7	18.1	17.2	14.7
	정부연구개발예산(억 원)	65,154	97,629	148,902	188,900	208,532
인력	연구원 수(명)	198,671	289,098	375,176	453,262	538,136
	FTE 기준 연구원 수(명)	151,254	221,928	288,901	356,447	430,690
	경제활동인구 천 명당 연구원 수(명)	6.8	9.2	11.5	13.2	15.4

논문	SCI 논문 발표 수(편)	18,830	29,595	46,290	58,940	69,618
	세계점유율(%)	1.86	2.82	3.21	3.52	3.45
	5년 주기별 평균 피인용 횟수(회)	2.63	2.79	4.09	5.43	6.90
특허	국내 출원(건)	118,652	172,469	178,924	213,694	218,975
	PCT 출원(건)	3,389	7,064	10,357	14,564	19,079
	삼극 특허(건)	2,194	1,977	2,368	2,703	2,558
IMD 평가	국가경쟁력(순위)	32	29	22	25	28
	과학경쟁력(순위)	14	7	5	6	3
	기술경쟁력(순위)	24	6	14	13	22

자료: 『과학기술연감』 중의 '주요 과학기술통계' 단락을 바탕으로 작성함.

2019년을 기준으로 우리나라의 총 연구개발비는 89조 471억 원(764억 달러)이며, 미국(6,575억 달러), 중국(3,205억 달러), 일본(1,647억 달러), 독일(1,232억 달러)에 이어 세계 5위를 차지하고 있다. 한국의 GDP 대비 연구개발투자는 4.64%로 일본 3.20%, 독일 3.19%, 미국 3.07%, 중국 2.23%, 프랑스 2.20%, 영국 1.76%를 모두 앞서고 있다. 2021년의 경우에는 우리나라의 총 연구개발비가 102조 1,352억 원으로 연구개발투자 100조 원 시대를 열게 되었고, GDP 대비 연구개발투자는 4.96%로 이스라엘에 이어 세계 2위를 기록했다.[121]

총 연구개발비에 관한 세부적 통계지표에는 재원별 연구개발비, 연구수행주체별 연구개발비, 연구개발단계별 연구개발비, 지역별 연구개발비, 미래유망기술별 연구개발비 등이 있다. 2019년을 기준으로 재원별 연구개발비는 정부·공공재원 21.4%, 민간재원 76.9%, 외국재원 1.6%로 집계되고 있다. 주요국의 정부·공공재원 비중은 중국 20.5%, 일본 20.5%, 독일 28.2%, 미국 29.2%, 영국 31.5%, 프랑스 35.3%를 기록하고 있다. 연구수행주체별 연구개발비는 기업체 80.3%, 공공연구기관 11.4%,

---

[121] 연구개발투자와 관련하여 종종 사용되는 개념으로는 '연구개발 집중도(R&D intensity)'를 들 수 있다. 그것은 국가 차원에서는 GDP 대비 연구개발투자를, 기업 차원에서는 매출액 대비 연구개발투자를 가리킨다.

대학 8.3%로 집계되고 있으며, 연구개발단계별 연구개발비는 기초 14.7%, 응용 22.5%, 개발 62.8%로 나타나고 있다. [표 7-7]은 주요국의 연구수행주체별 연구개발비와 연구개발단계별 연구개발비를 비교하고 있는데, 동아시아와 유럽은 주체별, 단계별 비중에서 상당한 차이를 보이고 있다. 지역별 연구개발비는 경기 51.6%, 서울 15.1%, 대전 9.5%, 충남 3.9%, 경남 3.6%, 인천 3.2% 등의 순서를 보이고 있다. 수도권이 69.9%를 차지하고 있으며 수도권과 대전을 합치면 79.4%가 된다. 미래유망기술별 연구개발비는 정보기술(IT) 37.1%, 나노기술(NT) 9.9%, 환경기술(ET) 8.7%, 생명공학기술(BT) 8.6%, 우주항공기술(ST) 1.7%, 문화기술(CT) 0.9%, 기타 33.1%로 집계되고 있다.

표 7-7 주요국의 주체별, 단계별 연구개발비(2019년).

단위: %

구분		한국	중국	일본	미국	영국	프랑스
연구수행주체별 연구개발비	기업체	80.3	76.4	79.2	73.9	67.6	65.8
	공공연구기관	11.4	15.5	9.2	14.1	9.0	14.1
	대학	8.3	8.1	11.7	12.0	23.4	20.1
연구개발단계별 연구개발비	기초	14.7	6.0	12.5	16.4	18.3	22.7
	응용	22.5	11.3	18.6	19.0	43.2	41.4
	개발	62.8	82.7	64.8	64.4	38.5	36.0

민간부문 혹은 기업부문의 연구개발비에 관한 통계지표에는 산업별 연구개발비, 기업유형별 연구개발비, 기업용도별 연구개발비 등이 있다. 산업별 연구개발비는 한국표준산업분류코드(Korea Standard of Industry Classification, KSIC)에 따라 집계되는데, 제조업 전체 87.5%, 전자부품, 컴퓨터, 영상, 음향 및 통신장비제조업은 49.2%, 자동차 및 트레일러 11.8%, 코크스, 석유, 화합물 및 화학제품, 고무 및 플라스틱 제품 9.6%, 서비스업 전체 10.6%를 기록하고 있다. 기업유형별 연구개발비의 경우에는 2016년까지는 대기업, 중소기업, 벤처기업으로 분류되다가 2017년부터는 대기업 중 일부가 중견기업으로 분화되어 집계되고 있다. 2019년을 기준으로 기업유형별 연구개발비는 대기업 62.5%, 중견기업 14.2%, 중소기업 11.2%, 벤처기업 12.1%를

기록하고 있다. 기업용도별 연구개발비는 신제품 개발 47.7%, 기존제품 개선 21.3%, 신공정 개발 13.4%, 기존공정 개선 17.6%로 나타나고 있다. 그 밖에 주목할 만한 통계지표로는 연구개발투자 세계 50대 기업을 들 수 있다. 2019년을 기준으로 세계 15위 안에 드는 기업에는 알파벳(구글의 지주회사), 마이크로소프트, 화웨이(중국), 삼성전자(한국), 애플, 폴크스바겐(독일), 페이스북, 인텔, 로체(스위스), 존슨앤드존슨, 다임러(독일), 도요타(일본), 머크, 노바티스(스위스), 길리어드 사이언스가 있다. 이러한 15개 기업 중에 미국 국적은 8개, 정보통신 계통은 7개이다.

　　정부연구개발비에 관한 통계지표에는 연구개발예산의 구성, GDP 대비 연구개발예산, 정부예산 대비 연구개발예산, 부처별 국가연구개발사업 투자, 연구개발예산의 지역별 투자, 연구개발예산의 미래유망기술별 투자 등이 있다. 2019년의 총 연구개발예산은 20조 8,532억 원으로 일반회계 16조 6,774억 원, 특별회계 2조 4,361억 원, 기금 1조 7,396억 원 등으로 구성되었다. 주요국의 GDP 대비 연구개발예산은 한국 1.09%, 독일 0.98%, 일본 0.76%, 미국 0.70%, 프랑스 0.63%, 영국 0.56%로 집계되었다. 정부예산 대비 연구개발예산은 2013년 5.6%, 2016년 5.4%, 2019년 4.7%를 기록했다. 2019년을 기준으로 부처별 국가연구개발사업 투자는 과학기술정보통신부 6조 9,851억 원, 산업통상자원부 3조 2,339억 원, 방위사업청 3조 1,657억 원, 교육부 1조 9,089억 원, 중소벤처기업부 1조 194억 원 등의 순서를 보였다. 지역별 투자는 수도권 38.8%, 대전 32.6%, 기타 28.6%로 수도권과 대전에 크게 편중되어 있다. 미래유망기술별 투자는 생명공학기술 19.1%, 정보기술 18.0%, 환경기술 11.8%, 우주항공기술 9.1%, 나노기술 4.3%, 문화기술 1.1%, 기타 36.5%를 기록하고 있다. 총연구개발비에서는 정보기술이 37.1%로 압도적인 1위를 차지하고 있지만, 정부연구개발비에서는 생명공학기술과 정보기술이 비슷한 비중을 보인다는 점도 흥미롭다.

　　인력에 관한 통계는 연구개발인력 수와 연구원 수에서 출발한다. 여기서 연구개발인력에는 연구원은 물론 관리자, 행정직, 사무원 등이 포함된다. 연구개발인력 수와 연구원 수를 측정하는 기준에는 총 인원을 뜻하는 HC(head count)와 상근 상당 인원을 가리키는 FTE가 있다. FTE는 연구개발 활동에 전념하는 비율을 반영한 개념인데, 예를 들어 1년에 6개월만 연구개발에 전일로 종사한 사람은 상근상당 0.5명으로 간주된다. 2019년 한국의 연구개발인력 수는 HC 기준 718,759명, FTE 기

과학기술의 경영과 정책

준 525,675명, 연구원 수는 HC 기준 538,136명, FTE 기준 430,690명으로 집계되고 있다. 국제비교에서는 FTE 기준 연구원 수가 널리 사용되고 있으며, 2019년을 기준으로 한국(430,690명)은 중국(2,109,460명), 미국(1,586,497명), 일본(681,821명), 독일(450,697명)에 이어 세계 5위를 차지하고 있다.[122]

연구원 수에 관한 세부적인 지표에는 인구 만 명당 연구원 수, 경제활동인구 천 명당 연구원 수, 연구수행주체별 연구원 수, 학위별 연구원 수, 전공별 연구원 수 등이 있다. 2019년을 기준으로 우리나라의 인구 만 명당 연구원 수는 83.3명으로 독일 54.2명, 일본 54.0명, 미국 48.3명, 영국 47.4명, 프랑스 46.2명, 중국 15.0명을 모두 앞서고 있다. 경제활동인구 천 명당 연구원 수는 한국 15.4명, 프랑스 10.6명, 독일 10.3명, 일본 9.9명, 미국 9.6명, 영국 9.3명, 중국 2.7명의 순서를 보이고 있다. 연구수행주체별 연구원 수는 기업체 72.0%, 대학 20.6%, 공공연구기관 7.4%로, 학위별 연구원 수는 박사 20.8%, 석사 27.8%, 학사 46.0%, 기타 5.5%로 집계되고 있다. 전공별 연구원 수는 이학 16.0%, 공학 65.0%, 의약보건학 5.9%, 농업과학 2.1%, 인문학 5.4%, 사회과학 5.6%의 분포를 보이고 있다.

논문에 관한 통계지표에는 과학기술논문 발표 수, 세계점유율, 논문 1편당 평균 피인용 횟수, 3대 저널 논문 발표 수 등이 있다. 여기서 논문 발표 수와 점유율이 정비례하지는 않는다는 점에 유의해야 한다. 논문 1편을 여러 국가의 과학자들이 공동으로 저술하는 경우가 제법 있기 때문에 국가별 논문 발표 수의 합계는 세계 총 논문 수보다 많은 것이다. 2019년을 기준으로 우리나라는 논문 발표 수 69,618편, 점유율 3.45%로 세계 12위를 차지하고 있는데, 세계 5위권에 포함되는 국가에는 중국, 미국, 영국, 독일, 일본이 있다. 논문 1편당 평균 피인용 횟수는 논문 발표일로부터 5년간 누적된 피인용 횟수의 평균을 기준으로 삼는다. 2015~2019년을 대상으로 할 때 우리나라의 논문 1편당 평균 피인용 횟수는 6.90회로 독일 9.01회, 영국 8.96회, 프랑스 8.88회, 미국 8.58회, 중국 7.22회보다 낮으며, 일본 6.68회보다 약간 높다. 주요 3대 저널은 흔히 'NSC'로 약칭되는 『네이처(Nature)』, 『사이언스(Science)』, 『셀

---

[122] 연구개발비와 연구원 수를 연계한 지표에는 연구원(TFE) 1인당 연구개발비가 있는데, 2019년을 기준으로 미국 427,737달러, 독일 273,289달러, 일본 241,572달러, 프랑스 190,862달러, 한국 177,417달러, 영국 155,448달러, 중국 151,950달러의 순서를 보이고 있다.

(Cell)』을 가리키는데, 우리나라의 경우에는 2010년 40편, 2013년 42편, 2016년 48편을 거쳐 2019년 65편을 기록했다.

논문과 함께 과학기술성과에 대한 지표로 많이 활용되는 것으로는 특허와 기술무역을 들 수 있다. 우리나라의 특허출원 건수는 2010년 170,101건, 2013년 204,589건, 2016년 208,830건, 2019년 218,975건으로, 특허등록 건수는 2010년 68,483건, 2013년 127,330건, 2016년 108,875건, 2019년 125,661건으로 집계되고 있다. 특허에 관한 국제비교에 널리 사용되는 지표는 PCT 특허출원 건수인데, 이를 활용하면 한 번의 출원으로 모든 조약체결국에 출원한 것과 동일한 효과를 가질 수 있다. 2019년을 기준으로 PCT 특허출원 건수는 중국 59,160건, 미국 57,556건, 일본 52,690건, 독일 19,317건, 한국 19,079건의 순서를 보이고 있다. 미국, 유럽, 일본의 특허청에 모두 등록된 삼극 특허(triad patent families)의 경우에는 2019년을 기준으로 일본 17,702건, 미국 12,881건, 중국 5,597건, 독일 4,621건, 한국 2,558건을 기록하고 있다.

2019년 우리나라의 기술무역규모는 316억 3,200만 달러로 기술수출은 137억 5,600만 달러, 기술수입은 178억 7,600만 달러, 기술무역수지는 △41억 2,100만 달러이다. 기술수출액 대비 기술수입액의 비율은 기술무역수지비로 불리는데, 우리나라는 2010년 0.33, 2013년 0.57, 2016년 0.72, 2019년 0.77을 기록했다. 기술무역수지비가 1이 넘는 국가에는 일본, 영국, 미국, 독일 등이 있다. 기술무역수지를 보완하는 지표에는 하이테크산업 무역수지가 있는데, 여기서 하이테크산업은 OECD가 연구개발집약산업(R&D-intensive industries)으로 정의한 제약산업, 컴퓨터·전자·광(光)산업, 항공우주산업을 지칭한다. 2019년을 기준으로 하이테크산업 무역수지는 중국 12억 9,800만 달러, 한국 5억 4,100만 달러, 독일 5억 400만 달러, 프랑스 2억 4,700만 달러, 영국 △1억 8,500만 달러, 일본 △1억 8,500만 달러, 미국 △19억 4,500만 달러이며, 하이테크산업의 무역수지비는 한국 1.50, 독일 1.22, 프랑스 1.21, 중국 1.20, 영국 0.85, 일본 0.72, 미국 0.67로 집계되고 있다.

이상과 같은 통계지표가 과학기술에 관한 경쟁력을 체계적으로 담아내기는 어렵다. 이를 보완하기 위해 종종 사용되는 지표에는 IMD가 매년 『세계경쟁력연감(World Competitiveness Yearbook)』을 통해 발표하는 국가경쟁력, 과학경쟁력, 기술경쟁력 등에 관한 순위가 있다.[123] 국가경쟁력은 ① 국내경제, 국제무역, 국제투자, 고용, 물가 등의 경제성과, ② 재정, 조세정책, 제도여건, 기업여건, 사회여건 등의 정부 효율성, ③ 생산성, 노동시장, 금융시장, 경영활동, 행태가치 등의 기업효율성, ④ 기본인프라, 기술인프라, 과학인프라, 보건환경, 교육 등의 인프라 분야로 구성되어 있다. 이 중에서 과학인프라 혹은 과학경쟁력에 관한 세부지표로는 총 연구개발투자, GDP 대비 총 연구개발투자비 비중, 기업의 연구개발비 지출, 총 연구개발인력, 인구 천 명당 연구개발인력, 기업의 총 연구개발인력, 과학기술논문, 노벨상 수상, 특허출원 수, 지적재산권의 보호 정도, 산학협동의 정도 등이 사용되고 있고, 기술인프라 혹은 기술경쟁력의 경우에는 이동전화요금, 인터넷 사용자 수, 디지털 기술의 사용 용이성 등과 같은 정보통신에 관한 지표를 중심으로 수준급 엔지니어의 공급 정도, 기술개발자금의 충분성, 제조업 수출액 중 첨단기술제품의 비중 등이 고려되고 있다. [표 7-8]은 2011~2021년에 발표된 주요국의 IMD 평가 순위를 보여주고 있는데, 과학경쟁력은 2~8위였던 반면 국가경쟁력은 22~29위에 그쳤다.

표 7-8 주요국의 IMD 평가 순위(2011~2021년).

국가	2011년	2013년	2015년	2017년	2019년	2021년
한국	22(5)14	22(7)11	25(6)13	29(8)17	28(3)22	23(2)17
미국	1(1)2	1(1)2	1(1)3	4(1)6	3(1)6	10(1)5
일본	26(2)26	24(2)21	27(2)23	26(2)19	30(6)20	31(8)32
독일	10(3)13	9(5)10	10(4)15	13(6)12	17(5)23	15(4)25
프랑스	29(15)21	28(11)15	32(13)17	31(13)13	31(12)9	29(14)11
영국	20(9)17	18(9)17	19(10)19	19(9)16	23(11)12	18(9)14
중국	19(10)20	21(8)20	22(7)14	18(3)4	14(2)2	16(10)9

주: 괄호 밖 왼쪽은 국가경쟁력 순위, 괄호 안은 과학경쟁력 순위, 괄호 밖 오른쪽은 기술경쟁력 순위에 해당함.

[123] IMD 평가 이외에 종종 거론되는 국가별 순위로는 블룸버그 혁신지수(Bloomberg innovation index)를 들 수 있다. 블룸버그 혁신지수는 연구개발 집중도, 제조업 부가가치, 생산성, 첨단기술 집중도, 고등교육 효율성, 연구자 집중도, 특허 활동 등을 기준으로 산출되는데, 한국은 2014년 이후 계속해서 세계 1~2위를 기록하고 있다.

그러나 IMD 평가가 국가별 과학기술경쟁력을 충실하게 담아내는 데는 한계가 있다. 예를 들어 IMD 평가의 과학경쟁력에 관한 세부지표에는 투자와 인력을 비롯한 투입에 관한 항목이 많으며, 기술경쟁력에 관한 세부지표는 정보통신을 중심으로 구성되어 있는 것이다. 이러한 점을 보완하기 위해 한국과학기술기획평가원(KISTEP)은 2006년부터 OECD 회원국의 과학기술혁신역량지수(Composite Science and Technology Innovation Index, COSTII)를 산출하여 국가별 과학기술혁신역량을 평가하는 작업을 전개하고 있다. 평가의 기본 틀은 자원(resources), 활동(activities), 네트워크(network), 환경(environment), 성과(performance)의 5개 부문으로 구성되어 있다. 2019년의 국가 과학기술혁신 역량평가에 사용된 지표체계는 [표 7-9]와 같다.[124]

표 7-9 국가 과학기술혁신 역량평가의 지표체계(2019년).

부문	항목	지표
자원	인적자원	1-1-1. 총 연구원 수
		1-1-2. 인구 만 명당 연구원 수
		1-1-3. 인구 중 이공계 박사 비중
	조직	1-2-1. 미국특허 등록 기관 수
		1-2-2. 세계 상위 대학 및 기업 수
	지식자원	1-3-1. 최근 15년간 SCI 논문 수
		1-3-2. 최근 10년간 특허 수
활동	연구개발투자	2-1-1. 연구개발투자 총액
		2-1-2. GDP 대비 연구개발투자 총액 비중
		2-1-3. 연구원 천 명당 연구개발투자
		2-1-4. 산업부가가치 대비 기업연구개발투자 비중
		2-1-5. GDP 대비 정부연구개발예산

---

124 이와 유사한 방식으로 KISTEP은 2009년부터 R-COSTII(Regional Composite Science and Technology Innovation Index)를 통해 지역별 과학기술혁신역량을 평가하고 있다.

과학기술의 경영과 정책

	창업활동	2-2-1. 인구 중 기회형 창업 비중
		2-2-2. GDP 대비 벤처캐피탈 투자금액 비중
네트워크	산학연 협력	3-1-1. 연구원 천 명당 산·학·연 공동특허건수
		3-1-2. 정부·대학의 연구개발비 중 기업재원 비중
	기업간 협력	3-2-1. 기업 간 기술협력*
	국제협력	3-3-1. 연구원 천 명당 국제공동특허 수
		3-3-2. GDP 대비 (해외투자+외국인투자) 비중
환경	지원제도	4-1-1. 기업 연구개발비 중 정부재원 비중
		4-1-2. 법·제도적 지원 정도*
	물적 인프라	4-2-1. 인구 백 명당 유선 및 모바일 브로드밴드 가입자 수
		4-2-2. 인터넷 사용자 비중 및 디지털기술의 활용 용이성*
	문화	4-3-1. 새로운 문화에 대한 태도*
		4-3-2. 학교에서 과학교육이 강조되는 정도*
성과	경제적 성과	5-1-1. 국민 1인당 산업부가가치
		5-1-2. 하이테크산업의 제조업 수출액 비중
		5-1-3. 연구개발투자 대비 기술 수출액 비중
	지식창출	5-2-1. 연간 특허 수
		5-2-2. 연간 R&D 투자 대비 특허건수
		5-2-3. 연구원 1인당 SCI 논문 수 및 인용도

주: *표는 설문지표이며, 4-2-2의 경우에는 2개 세부지표 중 1개 세부지표만 설문지표에 해당함.

자료: 한국과학기술기획평가원(2019: 12).

2019년의 국가 과학기술혁신 역량평가는 35개 OECD 회원국을 대상으로 실시되었다. 그 결과 종합 1위는 미국이 차지했으며, 우리나라는 7위로 평가되었다. 미국과 한국 이외에 10위 내에 포함된 국가에는 스위스(2위), 네덜란드(3위), 일본(4위), 독일(5위), 이스라엘(6위), 스웨덴(8위), 룩셈부르크(9위), 덴마크(10위) 등이 있었다. 우리나라의 항목별 순위를 살펴보면, 연구개발투자(1위), 산학연 협력(3위), 인적자원(5위), 조직(6위), 지식자원(6위)에 관한 항목은 종합순위(7위)보다 높았던 반면, 지원제도(31

위), 기업 간 협력(29위), 문화(24위), 지식창출(24위)에 관한 항목은 20위권 밖의 낮은 순위를 기록했다.

과학기술 통계지표에 관한 논의는 과학기술정책의 과학화(science of science and innovation policy, SciSIP)를 촉구하는 흐름과 연결되어 있다(황용수 외, 2008; 이장재 외, 2011: 136-139). 과학기술정책의 과학화는 2005년에 미국의 대통령 과학자문관인 마버거(John Marburger)가 주창했으며, 이후에 국립과학재단을 중심으로 세부적인 프로그램이 추진되고 있다. 미국은 과학기술정책의 과학화를 위해 이해의 증진, 측정의 발전, 커뮤니티의 구축 등을 추구하고 있다. 과학기술정책을 뒷받침할 지식과 이론을 개발하고, 평가모형과 분석도구의 개선을 도모하며, 이를 담당하는 학제적 실무공동체를 육성한다는 것이다. 평가모형의 차원에서는 투입과 산출을 넘어 활동(activity), 결과(outcome), 영향(impact)에 관한 평가지표를 보강하는 것이 필요해 보인다. 과학기술정책을 과학화하려는 노력은 계속되어야 하지만, 과학기술의 비가시성과 불분명한 파급효과 등으로 과학기술정책에 엄밀한 과학적 기반을 적용하는 데는 한계가 있다는 점에도 유의해야 한다.[125]

끝으로 주요 과학기술통계의 내역에 대해 첨언하고자 한다. 과학기술 주무부처가 매년 발간하는 『과학기술연감』은 각종 조사결과를 활용하여 주요 과학기술통계를 제시하고 있다. 그것은 우리나라의 과학기술정책이 어떤 주제에 주목하고 있는지 혹은 어떤 주제를 간과하고 있는지를 반영하는 잣대에 해당한다고 볼 수 있다. 그런데 최근에 발간된 『과학기술연감』을 보면, 과학기술정책에서 중요하게 고려되어야 할 몇몇 지표들이 충분히 고려되지 않고 있다는 점을 알 수 있다. 경제사회목적별 연구개발비의 구성과 국제비교, 정부연구개발예산에서 중소기업 전용 예산의 규모와 비중, 지방자치단체의 총예산에서 연구개발투자가 차지하는 비중, 연구원 수에서 여성이 차지하는 비중, 과학기술에 대한 국민의 관심도와 이해도 등이 여기에 해당한다.

---

125 보다 넓은 맥락에서 보면, 과학기술정책의 과학화는 '근거기반 정책(evidence-based policy)'을 지향한다고 볼 수 있다. 근거기반 정책은 최선의 활용 가능한 근거를 바탕으로 문제의 원인을 찾아 실질적인 해결책을 강구하는 정책을 의미한다. 근거기반의 관점은 1980년대 말에 의학 분야에서 강조되기 시작했다. 미국 질병예방관리본부는 증거의 위계를 ① 전문가의 개인적 소견, ② 환자-대조군 연구 혹은 증례(證例) 보고, ③ 코호트 연구(cohort studies), ④ 무작위 대조군 실험연구, ⑤ 개별 문헌에 대한 비평적 분석, ⑥ 해당 주제에 대한 비평적 분석, ⑦ 체계적 문헌 고찰 등으로 분류하고 있다(현재환, 2016).

제8장

혁신체계론의 이해

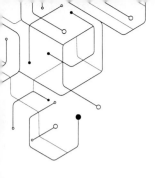

　시스템(system)은 원래 자연과학이나 공학에서 사용되어 온 개념이지만, 최근에는 복잡다기한 여러 현상을 설명하기 위해 많은 학문분야에서 채택되고 있다. 시스템은 구성요소(element) 혹은 부품(component)에 대비되는 용어이다. 구성요소가 합쳐져서 시스템이 만들어지지만, 전체로서의 시스템은 부분으로서의 구성요소를 합친 것보다 더욱 큰 효과를 발휘한다. 그것은 '시너지(synergy) 효과'로 불리고 있는데, 시너지는 시스템과 에너지의 합성어에 해당한다. 이러한 관점을 바탕으로 기술혁신에 접근하는 이론이 바로 '혁신체제론(innovation system theory)'이다. 기존의 이론이나 모형이 기술혁신의 복잡성, 다양성, 역동성 등을 설명하는 데 한계를 보이면서 보다 포괄적이고 유연한 시스템의 관점에서 기술혁신에 접근하는 이론이 요청된 것이다.[126]

1 일본의 혁신체제

　혁신체제라는 개념은 1970~1980년대 일본의 성공을 설명하는 과정에서 프리만 (Christopher Freeman)이 본격적으로 제기했다(Freeman, 1987).[127] 당시에 일본은 내수

---

126 이 장은 송성수(2014a: 77-102)를 보완하고 확장한 것이다. 경제학의 시각에서 혁신체제론을 검토한 저작으로는 안두순(2009)이 있다.

127 '혁신체제'라는 개념을 선도한 인물로는 프리만과 룬드발(Bengt-Åke Lundvall)이 꼽힌다. 공식적으로는 프리만이 1987년에 제창했지만, 비공식적으로는 룬드발이 1985년에 처음 사용했던 것으로 전해진다. 이에 대해 두 학자는 서로에게 공을 돌리고 있고, 결국 혁신체제라는 용어는 두 학자의 공동합작으로 간주되고 있다(Sharif, 2006: 750). 국가시스템의 개념을 처음 제기한 저작으로는 독일의 경제학자인 리스트(Friedrich List)가 1841년에 발간한 『정치경제학의 국가시스템(Das nationale System der politischen Ökonomie)』이 꼽히고 있다.

시장을 넘어 세계시장을 공략했으며, 미국을 능가하는 세계 최고의 강대국이 될 것이라는 찬사를 받았다. 이에 대해 프리만은 일본이 다른 선진국에 비해 혁신자원의 양과 질에서 열위에 있었지만 혁신주체들의 긴밀한 상호작용을 촉진할 수 있는 제도상의 네트워크가 구성되어 있었기 때문에 높은 성과를 달성할 수 있었다고 주장했다. 이러한 논의를 바탕으로 프리만은 혁신체제를 "새로운 기술을 획득, 개선, 확산하기 위하여 공공부문과 민간부문의 행위와 상호작용을 매개하는 제도들의 네트워크"라고 규정하고 있다(Freeman, 1987: 1). 여기서 그가 말하는 제도는 연구개발에 직접 관련되는 것뿐만 아니라 기업이나 국가 수준에서 가용한 자원들이 관리되고 조직되는 방식을 포함하는 개념에 해당한다.

▍미국과 일본의 공작기계산업

일본과 미국의 공작기계산업에 관한 역사를 보면 몇 가지 대조점이 분명히 드러난다(Morris-Suzuki, 1998: 243-245). 미국에서는 1950년대에 수치제어 (numerical control, NC) 공작기계가 군부의 필요에 의해 제작되었으며 고도의 기능을 가진 하드웨어와 소프트웨어의 개발이 강조되었다. 군부의 강력한 지원으로 설계자들은 가격 대비 효능에는 관심이 없었으며 저렴한 상업적 기계를 생산할 이유가 전혀 없었다. 또한 미국에서는 일반 제조업체들이 NC를 수용하는 속도가 매우 느렸으며 그 기술의 영향이 일본처럼 극적이지 않았다. 반면에 일본에서는 처음부터 상업용 시장을 염두에 두고 공작기계가 개발되었다. 일본의 통산성(Ministry of International Trade and Industry, MITI)은 공작기계업체, 컴퓨터업체, 기계기술연구소를 포함하는 연구그룹을 구성했다. 이 그룹은 일련의 연구를 수행하여 1970년대와 1980년대에 공장자동화에 관한 기초기술을 축적했다. 중소기업협회와 공작기계산업회와 같은 중간단체는 새로운 기술용어를 유포시켰고 모(母)기업은 하청업체에게 자동장비의 도입을 권장했다. 그것은 일본 경제의 확장과 맞물려 공작기계의 광범위한 확산으로 이어졌다.

프리만은 일본의 혁신체제를 분석하면서 정부의 정책, 기업 내 제도, 기업 간 관계 등에 주목했다.[128] 정부의 정책과 관련하여 일본 정부는 통산성을 중심으로 핵심 산

---

128 일본의 기업조직과 혁신체제에 대한 다양한 논점에 대해서는 이마이 겐이찌 편(1992); 황혜란 (1993)을 참조.

업을 전략적으로 육성하는 것은 물론 기술혁신을 기획하고 추진하는 과정에서도 적극적으로 개입하는 모습을 보였다.[129] 특히 일본 정부는 단순히 특정한 기업을 지원한 것이 아니라 경쟁기업 사이의 네트워크를 구축하는 데 주의를 기울였으며, 이를 통해 공통기반기술(generic technology) 개발에서의 협력과 제품 생산에서의 경쟁을 조화시킬 수 있었다. 그동안 반대말로 사용되어 왔던 협력과 경쟁이 '경쟁적 협력' 혹은 '협력적 경쟁'을 의미하는 '코피티션(copetition)'이라는 한 단어로 결합되었던 셈이다.

이러한 점은 일본의 국가연구개발사업에서도 잘 드러난다. 1970년대 중반에 들어와 일본 정부는 '새로운 기술패러다임에서의 기술적 추격을 통한 지속적인 경제성장'을 과학기술정책의 목표로 설정한 후 초고밀도 집적회로 프로젝트(1976~1980년), 과학기술용 고속계산시스템(1981~1989년), 제5세대 컴퓨터 개발계획(1982~1991년) 등과 같은 대규모 연구개발사업을 기획·운영했다. Fransman(1994)에 따르면, 이러한 연구개발사업은 다음과 같은 공통점을 지니고 있었다. 첫째, 연구개발사업의 주요 목표가 급진적 혁신을 포함하는 미래 기술의 개발에 있었다. 둘째, 개별 기업의 능력만으로는 도전하기 어려운 시스템적 성격의 기술개발에 정부가 지원함으로써 성공적인 연구결과가 도출될 수 있었다. 셋째, 이러한 사업들은 목적기초적 연구의 성격을 띠고 있었으므로 경쟁 기업들을 유인하기에 적합했다. 넷째, 통산성은 시장원리 대(對) 정부개입이라는 이분법적 구도를 벗어나 경쟁 기업들 사이의 실질적인 협동연구를 진작시키는 경험을 축적할 수 있었다.

일본에서 구축된 기업 내 제도로는 적기(just-in-time, JIT) 방식과 병렬적 개발 시스템(parallel development system)을 들 수 있다. 적기 방식은 재고를 남기지 않기 위해 각 공정을 긴밀히 연계하는 것은 물론 불량품이 있으면 생산의 흐름을 중단함으로써 문제의 해결을 강제하는 효과를 가지고 있다. 병렬적 개발 시스템은 연구개발, 생산, 마케팅의 각 국면을 명확하게 구분하지 않고 생선회 모양으로 겹치게 하여 프로젝트 참여자들이 서로의 기능을 침범하면서 이동해가는 동기화 방식을 취한다. 이를 통해 일

---

129 이와 관련하여 존슨(Charlmers Johnson)은 1982년에 발간한 『통산성과 일본의 신화(MITI and Japanese Miracle)』에서 제2차 세계대전 후 일본의 고도성장에는 통산성에 의해 효과적으로 실행된 산업정책이 결정적인 역할을 담당했다고 주장한 바 있다. 이 책은 '발전국가론(developmental state theory, '개발국가론'으로 번역되기도 함)'으로 대표되는 국가주의적 시각을 확산하는 데 크게 기여했다. 발전국가론의 관점에서 한국의 사례를 검토한 저작으로는 Amsden(1989)이 있다.

본의 기업은 생산부문과 마케팅부문을 연구개발부문에 연계시킴으로써 시장성이 높은 기술을 개발하고 신기술을 신속하게 상업화할 수 있었다. 병렬적 개발 시스템은 연구자들의 직무경로에 의해서도 뒷받침되었는데, 그들은 입사 후 5~7년 동안 연구소에서 근무한 다음 제품사업부로 이동하여 수년 동안 엔지니어링 활동을 담당했다.

▌도요타 생산방식(Toyota production system, TPS)

1950년에 포드사의 루지 공장을 방문했던 도요타 에이지(豊田英二)는 '미국의 절반만 하자'는 방침을 세웠다. 설비투자도 절반만 하는 대신 자동차 생산에 소요되는 시간도 절반으로 줄이자는 것이었다. 오노 다이이치(大野耐一)를 비롯한 도요타의 엔지니어들은 시간을 획기적으로 줄이는 방법을 간단한 금형교환기술에서 찾았다. 금형을 쉽게 움직일 수 있는 롤러와 조정기계를 만들어 자주 교환해 주면, 자동차 부품의 성형작업을 위해 값비싼 전용 기계를 설치할 필요가 없다는 것이었다. 1956년에 오노는 미국의 슈퍼마켓에 큰 감동을 받고 공장의 생산라인을 슈퍼마켓의 진열대처럼 바꾸는 혁신적인 아이디어를 제안했다. 후속 공정에서 필요한 만큼만 앞 공정의 부품들을 인수함으로써 재고를 거의 남기지 않는다는 것이었다. 이러한 공정상의 혁신은 '적기 방식'으로 불리게 되었는데, 이를 가능하게 한 것은 칸반(Kanban, 看板)이었다. 칸반은 각종 정보를 담은 종이쪽지를 조그만 비닐 봉투에 집어넣은 것으로 칸반이 부품과 함께 움직임으로써 누구나 생산 공정의 현황을 쉽게 파악할 수 있었다. 이에 더해 도요타사는 불량 부품이 만들어지거나 조립과정에서 문제가 생길 때 노동자들에게 생산라인을 정지시킬 수 있도록 조치했다. 또한 도요타사의 노동자들은 가이젠(Kaizen, 改善)으로 알려진 일본식 혁신운동을 통해 재고와 낭비를 줄이고 생산성을 향상시키는 일에 지속적으로 참여해 왔다. 이와 관련하여 도요타사는 미국식의 자동화에 대비하여 '지도카(Jidoka, 自働化)'라는 용어를 사용했는데, 이는 인간의 지능과 손길을 기계에 부여하는 자동화를 의미했다. MIT의 경영학자들은 1990년에 발간한 『세상을 바꾼 기계(The Machine That Changed the World)』를 통해 도요타 생산방식을 대량생산에 대비하여 '린 생산(lean production)'으로 불렀다.

기업 간 관계와 관련하여 일본은 '케이레츠(系列, keiretsu)'라는 독특한 구조를 보유하고 있었다. 계열 구조에서는 소속 기업들이 상호지분소유, 자금신용거래, 임원

파견 등과 같은 전통적 관계 이외에도 모기업과 하청기업의 기술협력, 다른 업종들 간의 기술융합 등을 통해 기술혁신에서 상호보완적인 관계를 형성했다. 특히 일본의 모기업과 하청기업은 장기적 거래를 바탕으로 공동이익을 창출하는 특징을 보였다. 모기업과 하청기업은 부품개발의 초기단계에서 상호협의하에 목표원가를 설정하고 그것에 도달할 수 있는 원가절감 방안을 함께 구상했다. 생산이 개시된 이후에도 생산단계별로 원가를 상세히 분석함으로써 추가적인 원가절감의 가능성을 탐색했으며, 결함부품이 발견될 때에는 모기업의 기술자를 하청기업에 상주시켜 원인을 탐색하고 문제를 해결하는 작업을 추진했다.[130]

프리만의 혁신체제에 대한 개념은 이 책의 3장에서 소개한 기술경제 패러다임 이론과 밀접히 연관되어 있다고 볼 수 있다(Freeman and Perez, 1988). 요컨대, 프리만의 혁신체제는 기술경제 패러다임 이론에서 거론되는 사회제도적 틀과 유사한 성격을 띠고 있는 것이다. 그것은 혁신체제가 기술경제 패러다임과 조응할 때에만 기술이 효과적으로 창출, 소화, 흡수, 개량되며 결국 경제성장으로 연결될 수 있다는 점을 의미한다. 이러한 관점에서 보았을 때, 일본의 급속한 발전은 제5차 장기파동이 근거하고 있는 정보기술 패러다임과 정합하는 혁신체제가 일본 사회에 형성되었기 때문에 가능했던 것으로 평가할 수 있다.

2 혁신체제론의 전개

일본의 급속한 성장을 설명하기 위해 등장한 혁신체제론은 다른 국가들에 대한 연구에도 적용되기 시작했다. 예를 들어, 파빗 등은 독일-영국, 일본-미국, 스웨덴-영국으로 세 개의 짝을 지은 후, 전자에 속한 국가의 혁신체제를 역동적 체제(dynamic system), 후자에 속한 국가의 혁신체제를 정체적 체제(myopic system)로 분류했다(Pavitt and Patel, 1988; 이공래, 2000: 156-157). 그들에 의하면, 역동적 체제를 갖는 국가

---

130 이러한 과정을 거치면서 하청기업은 독자적인 전문업체로 성장하기도 했다. 이와 관련하여 Kodama(1992)는 일본의 중소기업이 대기업에서 이전된 기술을 소화하고 개량함으로써 오히려 대기업보다 많은 기술혁신을 성취했다고 분석한 바 있다.

는 정체적 체제를 갖는 국가에 비해 다음과 같은 특징을 보이고 있다. ① 금융기관은 단기적인 이익을 넘어 장기적인 안목에서 기업에 대한 금융지원을 수행했다. ② 과학기술자들이 기업의 경영진이나 임원직에서 차지하는 비중이 높았다. ③ 근로자들의 교육훈련에 대한 수준이 비교적 높았다. ④ 기업의 연구개발 투자율과 지적재산권 보유율이 높았다. ⑤ 기업이 새로운 시장을 개척하기 위해 기술적 잠재력을 확보하고 조직을 혁신하는 데 보다 유연한 자세를 취했다. ⑥ 특정 기술의 전문화에 있어서 기업은 이미 축적한 비교우위의 기술을 활발하게 활용했다.

진화경제학의 선구자인 넬슨(Richard R. Nelson)은 1993년에 편집한 『국가혁신체제의 비교분석』에서 '국가혁신체제(national innovation systems, NIS)'라는 용어를 명시적으로 사용했다. 넬슨 등은 국가혁신체제를 "기술혁신의 성과에 영향을 미치면서 주된 역할을 수행하는 제도적 행위자들의 집합"으로 규정했다(Nelson, 1993: 4-5). 이어 그들은 혁신활동을 활발히 전개하고 있는 자본주의 국가들을 인구규모와 소득수준에 따라 세 가지 그룹으로 구분한 후 해당 그룹의 국가혁신체제가 가진 특징을 비교했다. 대규모 고소득 국가(large high-income countries), 소규모 고소득 국가(smaller highincome countries), 저소득 국가(lower income countries)가 그것이다. 넬슨 등에 의하면, 대규모 고소득 국가는 연구개발집약적 산업이 국민 경제에서 차지하는 비중이 크고, 소규모 고소득 국가는 자연자원을 적극적으로 활용하여 삶의 질을 향상시키는 데 초점을 두고 있으며, 저소득 국가는 정부의 강력한 개입을 바탕으로 수출지향적 산업구조를 가지는 경향을 보인다. 여기서 대규모 고소득 국가에는 미국, 일본, 독일, 영국, 프랑스, 이탈리아 등이, 소규모 고소득 국가에는 덴마크, 스웨덴, 캐나다, 호주 등이, 저소득 국가에는 한국, 대만, 브라질, 아르헨티나, 이스라엘 등이 포함된다.

넬슨 자신도 인정하고 있듯, 이러한 유형화가 완벽한 것은 아니다. 예를 들어, 일본은 ①에 속한 것으로 분류되고 있지만 ③에 못지않게 정부가 중요한 역할을 담당하고 있다. 이와 함께 각 국가의 혁신체제가 갖는 연속성은 해당 국가의 역사적 유산에 따라 달라지는 경향이 있다는 점도 지적되어야 한다. 가령 유럽이나 미국의 대학에 비해 일본의 대학은 기술혁신에 기여하는 정도가 낮은 차원에 머물러 있다. 그밖에 넬슨 등의 분류는 1990년대 초반을 기준으로 삼았기 때문에 최근의 상황을 적절히 반영하기 어렵다. 예를 들어, 한국은 1990년대 초반만 해도 상대적으로 소득이 낮은 국가에 속했지만 2019년에는 인구 5,000만 명 이상이면서 1인당 국민소득 3만 달러 이상인 국가를 지칭하는 '3050클럽'에 7번째로 진입했던 것이다.

이와 관련하여 송위진(2010: 18-20)은 자본주의 경제체제를 자유시장경제(liberal market economy)와 조정시장경제(coordinated market economy)로 구분한 '자본주의의 다양성(Varieties of Capitalism, VoC)'에 관한 논의를 바탕으로 국가혁신체제의 유형을 영국·미국형 혁신체제와 독일·일본형 혁신체제로 대별하고 있다([표 8-1] 참조).

표 8-1 영국·미국형 혁신체제와 독일·일본형 혁신체제의 비교.

구분	영국·미국형 혁신체제	독일·일본형 혁신체제
기술혁신의 성격과 지적재산권 체제	- 연구에 기반한 혁신이 중요하며 주로 급진적 혁신에 초점 - 특허체제를 중심으로 한 기술혁신 결과의 전유 - 기초연구에 대한 지적재산권의 강화	- 개발에 기반한 혁신이 중요하며 점진적 혁신에 초점 - 지적재산권보다는 기업비밀 유지나 보완적 자산이 중요 - 기초연구를 개방하여 공공재로 활용
교육과 노동시장	- 혁신 활동에 필요한 전문성을 지닌 인력들이 유연하게 공급되는 외부노동시장의 발전	- 기업 내부에서 축적된 능력을 바탕으로 한 내부노동시장의 발전
기업지배 구조와 금융시스템	- 주주에 의한 통제가 강하여 외부자(outsider)에 의한 의사결정이 중요 - 자본시장 중심의 혁신자금 조달	- 노동조합과 같은 내부자(insider)와 금융기관의 역할이 중요 - 주거래은행을 통한 혁신자금 조달
주요 산업	- 정보통신산업 - 생명공학산업	- 규모집약형 산업(자동차 등) - 전문공급자 산업(공작기계 등)

자료: Coriat and Weinstein(2004); 송위진(2010: 19).

영국·미국형 혁신체제는 과학연구에 입각한 급진적 혁신에 유리하고 인력과 자금 공급의 유연성을 필요로 한다. 이에 반해 독일·일본형 혁신체제는 현장의 노하우에 기반한 점진적 혁신에 적합하고 내부 노동시장과 장기적 거래관계를 활용하는 특징을 가지고 있다. 미국과 독일에서 특허가 많이 출원되는 산업부문과 그렇지 않은 부문이 서로 대조적이라는 점도 흥미롭다. 물론 이러한 두 유형은 이념형(ideal type)에 해당하는 것이며, 현실에 존재하는 각국의 혁신체제는 이 양극단의 중간에 위치하는 경우가 많다. 예를 들어 스웨덴의 경우에는 전반적으로 독일형 혁신체제와 유사하지만 시스타 지역의 이동통신산업은 벤처기업의 창업활동과 과학기술자의 유동성이 높은 미국형 혁신체제의 특징을 보이고 있다. 이러한 점을 고려할 때 한국의 혁신체제가 어떤 성격을 띠고 있는지를 생각해 보는 것도 흥미로운 과제가 될 것이다.[131]

이처럼 국가별 혁신체제의 특성을 탐구하는 작업과 함께 혁신체제론을 이론적으로 정교화하려는 시도도 있었다. 대표적인 예로 덴마크의 유명한 기술혁신학자로 '미스터 NIS'란 애칭을 가진 룬드발은 1992년에 편집한 『국가혁신체제』에서 '사용자-생산자 관계(user-producer relationships)'를 중심으로 혁신체제론을 이론적으로 종합하고자 했다(Lundvall, 1992; 정선양, 2006: 172-178).[132] 룬드발은 혁신이 사용자의 필요, 기술적 기회, 생산자의 능력이 서로 충돌하는 과정에서 창출되며, 사용자-생산자 관계를 조직화하여 혁신의 불확실성을 낮추는 것이 중요하다고 간주한다. 사용자-생산자 관계의 주요 기능으로는 ① 효율적인 의사소통과 질적인 정보의 전달, ② 문제점 해결 및 혁신의 활용에 대한 직접적 협력, ③ 상호신뢰에 입각한 거래비용(transaction cost)의 감소 등을 들 수 있다. 여기서 사용자와 생산자가 특정한 주체 혹은 조직으로 고정되지는 않으며, 대학, 공공연구기관, 기업 등의 혁신주체는 경우에 따라 혁신의 생산자가 될 수도 있고 사용자가 될 수도 있다. 또한 각 경우에 형성된 사용자-생산자 관계는 일종의 위계질서를 내포하고 있기 때문에 권력을 많이 가진 주체의 목적에 따라 혁신의 방향이 달라지는 경향이 있다.

룬드발은 사용자-생산자 관계가 통합적으로 조직된 시장(organized market)을 국가로 상정하면서 국가혁신체제의 개념에 접근하고 있다. 그는 사용자-생산자 관계의 공간적인 측면을 경제적 공간, 조직적 공간, 지리적 공간, 문화적 공간으로 나누어 분석하면서 혁신을 둘러싸고 중요하게 대두되는 상호작용적 학습(interactive learning)에서는 문화적 공간이 핵심적 역할을 담당한다는 점을 강조하고 있다. 이어 룬드발

---

131 이와 관련하여 Amable(2003: 103-106)은 현실 자본주의의 유형을 ① 영국과 미국 등의 앵글로색슨 시스템, ② 스웨덴을 비롯한 북유럽 시스템, ③ 일본과 한국 등의 동아시아 시스템, ④ 독일과 프랑스 등의 유럽대륙 시스템, ⑤ 이탈리아와 스페인 등의 남유럽 시스템으로 구분하고 있다.

132 국가혁신체제에 관한 영어 표기로 룬드발은 'National System of Innovation(NSI)'을, 넬슨은 'National Innovation System(NIS)'을 사용했는데, 1990년대 후반이 되면 NIS로 통일되는 경향을 보였다.

과학기술의 경영과 정책

은 이러한 네 가지 공간적 차원들이 서로 보완적인 관계를 형성하고 있으며, 국가에 따라 각 공간의 통합 정도가 두드러진 차이를 보인다고 지적한다. 국가의 수준에서는 법률이 동일하고 언어가 유사하므로 공간적 통합이 강화될 수 있는 것이다. 이러한 논의를 바탕으로 그는 국가혁신체제를 다양한 사용자와 생산자의 "탐색, 탐구, 학습에 영향을 미치는 제도적 구성"으로 규정하고 있다(Lundvall, 1992: 12). 제도의 역할에 관한 룬드발의 견해도 주목할 만하다. "제도는 불확실한 세계 속에서 경제시스템이 존속하고 작동하는 것을 가능하게 한다. 제도는 생산, 분배, 소비에서 일상적인 행위를 유도하는 루틴(routines)이기도 하지만, 변화를 위한 가이드포스트(guideposts)일 수도 있다"(Lundvall, 1992: 12).

1990년대 중반에 들어와 몇몇 국가들은 혁신체제론에 입각하여 자국의 혁신활동을 분석하고 정책과제를 도출하는 작업을 추진하기 시작했다. 예를 들어, 호주의 과학기술산업부는 1996년에 혁신주체의 능력, 변화의 추동요인, 과학기술하부구조, 제도부문 등으로 나누어 자국의 혁신체제를 분석했다. 우리나라의 경우에는 과학기술정책관리연구소(현재의 과학기술정책연구원)를 중심으로 혁신체제론이 도입되면서 이를 한국의 상황에 적용하는 연구가 이루어졌다(이공래·송위진 외, 1998). 급기야 1999년에는 OECD가 『국가혁신체제를 경영하기』를 발간함으로써 혁신체제론은 세계 각국이 널리 수용하는 이론으로 자리 잡기 시작했는데, OECD(1999: 24)는 국가혁신체제를 "신기술의 개발과 확산에 기여하는 기업, 연구기관, 대학 등 기관의 집합 혹은 지식이나 기술의 창출, 축적, 이전 등에 기여하는 상호연관된 제도의 집합"으로 규정했다. 2001년에는 스웨덴이 혁신체제청(Swedish Governmental Agency for Innovation Systems, VINNOVA)이라는 정부조직을 별도로 설립하기도 했다.[133]

1990년대 중반 이후에는 다양한 이론적·정책적 이슈를 매개로 혁신체제에 대한 논의를 정교화하는 작업도 이루어졌다(OECD, 1999; 송위진, 2006: 15-39). 이를 종합하여 혁신체제론의 기본적인 관점을 정리하면 다음과 같다. 첫째, 혁신은 특이한

---

[133] 우리나라의 경우에도 참여정부 시절에 NIS의 구축이 과학기술정책의 핵심적인 의제로 다루어진 바 있다. 당시에는 NIS에 대한 번역어로 '국가혁신체제' 대신에 '국가기술혁신체계'가 사용되었는데, 사실상 NIS에 대한 번역어는 논의의 출발점을 어디에서 찾느냐에 따라 달라질 수 있다. 기술혁신에서 출발하여 국가 차원의 시스템으로 확장하면 국가혁신체제가 되고, 국가의 전체적인 시스템에서 기술혁신에 대한 하위시스템을 고려하면 국가기술혁신체계가 되는 것이다.

현상이 아니라 일상적으로 발생하며 어디에나 편재(ubiquitous)한다. 둘째, 혁신주체는 불완전한 정보를 바탕으로 불확실한 상황에서 의사를 결정하는 제한된 합리성(bounded rationality)을 가진 존재이다. 셋째, 혁신은 개별 주체에 의해 수행되는 것이 아니라 다양한 주체들의 상호작용을 통해 이루어진다. 넷째, 혁신은 관련 주체들이 공유하는 루틴을 매개로 제도화된 패턴을 따라 이루어진다. 다섯째, 혁신체제의 성공 여부는 기존의 자원과 루틴을 통합하여 새로운 자원과 루틴을 형성하는 혁신능력(innovating capabilities)에 달려 있다. 여섯째, 혁신주체들의 상호작용적 학습을 통해 혁신능력이 향상되며 이러한 학습을 촉진하는 제도적 구성이 중요하다.

▌정부개입의 새로운 논리, 시스템실패

　　혁신체제론이 기술혁신의 진화를 제약하거나 지체시키는 구조적 요인을 '시스템 실패(system failure)'로 파악하고 있다는 점도 주목할 만하다(송위진, 2006, 22-27; 이장재 외, 2011, 55-61). 시스템 실패의 유형으로는 ① 하부구조에 대한 투자가 부족하여 혁신활동이 제약되는 하부구조의 실패, ② 기존 지식을 벗어나 새로운 기술패러다임이 요구하는 지식을 획득하지 못하는 이행의 실패, ③ 신기술의 개발과 상업화에 필요한 새로운 제도의 정착이 제약됨으로써 나타나는 고착의 실패, ④ 각종 제도가 적절히 작동하지 않거나 제도들 사이에 모순이 존재할 때 나타나는 제도의 실패 등이 거론되고 있다(Smith, 1999). 혁신체제론은 기술혁신에 정부가 개입하는 근거로 시장실패를 넘어 시스템실패를 들고 있는 셈이다.

3 　국가혁신체제의 구성요소

　　그렇다면 국가혁신체제를 구성하는 요소에는 무엇이 있을까? 이에 대해서는 연구자에 따라 다양한 견해가 표출되고 있다. 예를 들어, 이공래·송위진 외(1998: 8-10)는 민간부문의 기술혁신체제, 정부의 정책, 국제경제 및 기술환경, 국내의 경제적·제도적 환경, 국내의 과학기술 하부구조, 국가의 사회·문화환경을 제안하고 있는 반면, Whitley(2001: 10307-10309)는 연구시스템, 과학기술정책, 교육훈련시스템, 비즈니스시스템을 거론하고 있다. 여기서는 국가혁신체제에 관한 이론적 논의를 선도한 룬드발의 견해를 출발점으로 삼고자 한다. 그는 국가혁신체제의 주요 구성요소로 기업 내 조직, 기업 간 관계, 공공부문의 구성, 정부의 역할, 금융시장의 구조, 교육훈련제도 등을 들고 있다. 여기서 공공부문은 다시 대학과 공공연구기관으로 나눌 수 있으며[134], 금융시장의 구조와 교육훈련제도는 혁신환경으로 포괄할 수 있을 것이다.

그림 8-1 국가혁신체제의 구성요소.

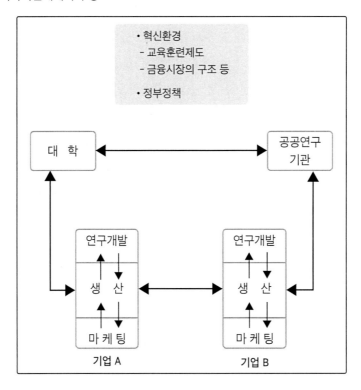

---

[134] 공공부문의 범위는 최광의(最廣義), 광의, 협의로 구분할 수 있다. 가장 넓은 의미의 공공부문은 민간부문과 대비되는 개념으로 정부, 공공연구기관, 대학을 포괄한다. 광의의 공공부문은 공공연구기관과 대학을 포함하며, 협의의 공공부문은 공공연구기관을 지칭한다. 공공연구기관은 국립연구기관과 공립연구기관을 포함하는데, 우리나라의 경우에는 정부출연연구기관이 발달된 특징을 가지고 있다.

기업은 국가혁신체제를 구성하는 가장 핵심적인 요소로 간주되고 있다. 오늘날의 대다수 기업은 연구개발부문을 내부화하고 있지만, 기업 내부의 연구개발만으로 효과적인 혁신이 창출되기는 어렵다. 사슬연계 모형(chain-linked model)을 제안한 클라인과 로젠버그가 지적했듯, 혁신이 제대로 이루어지기 위해서는 생산과 마케팅에서 연구개발로 피드백하는 경로가 존재해야 하며 기업 내부의 지식기반을 적극 활용하고 보완하는 작업이 이루어져야 한다(Kline and Rosenberg, 1986). 기업 간 관계와 관련하여 [그림 8-1]에서 기업 A는 기업 B에 대해 사용자기업, 생산자기업, 경쟁기업일 수 있다. 사용자기업과 생산자기업은 동반자적 관계를 이루고 경쟁기업들은 선의의 경쟁을 벌이는 것이 중요하다. 이러한 기업들의 상호작용을 바탕으로 특정한 산업에 대한 클러스터가 형성되는 것으로 이어질 수 있다. 산업발전의 단계에 따라 네트워크 형성의 주요 대상이 달라진다는 점에도 주의할 필요가 있다. 산업발전의 단계를 혁신단계, 경쟁단계, 과점단계, 사양단계로 구분한다면, 혁신단계에서는 외부 혁신조직과의 비공식적 네트워크가, 경쟁단계에는 장비생산자와의 공식적 관계가, 과점단계에서는 기업 내부의 노무부서와의 관계가 중요해질 수 있는 것이다(Lundvall, 1992: 116-128).

대학은 혁신활동을 수행하는 과학기술자들을 교육시키고 혁신활동에 기초가 되는 지식을 생산하는 역할을 담당해 왔으며, 공공연구기관은 민간조직에서 수행되기 어려운 거대과학기술, 공공복지, 기술서비스 등과 관련된 연구를 통해 혁신활동에 참여해 왔다. 특히, 대학 및 공공연구기관에서 이루어진 혁신 성과는 대체로 공공적 성격을 띠고 있기 때문에 다른 혁신주체들이 이를 자유롭게 활용할 수 있다는 점에서 그 파급효과가 크다. 최근에 들어올수록 대학과 기업의 관계는 더욱 긴밀해지는 경향을 보이고 있는데, 기업을 위한 위탁연구의 수행, 기술이전전담조직(technology licensing office, TLO)의 설립, 과학기술단지(science and technology park)의 조성, 창업보육센터(incubation center)의 운영 등은 그 대표적인 예라 할 수 있다.

정부는 기술혁신에 대한 지원을 제공하는 것은 물론 ① 정부구매와 같은 기술혁신 사용자로서의 역할, ② 환경, 건강, 안전 등의 문제에 관한 기술혁신 규제자로서의 역할, ③ 연구개발의 수행, 과학기술인력의 배출 등과 같은 기술혁신 생산자로서의 역할을 담당한다. 국가혁신체제에서 정부가 차지하는 위상은 자전거 경주의 보조조정자(pacer)에 비유할 수 있다. 즉 기술혁신에 대한 정부의 수요가 너무 앞서면 혁

과학기술의 경영과 정책

신주체의 능력과 연결되기 어렵고, 너무 뒤지는 경우에는 혁신주체의 인센티브를 감소시켜 혁신이 지체될 수 있다. 따라서 정부는 각 혁신주체 간의 상호작용적 학습에 대한 올바른 이해를 바탕으로 최적의 보조조정을 수행해야 할 것이다(Lundvall, 1992: 129-145).[135]

▌ 마추카토의 『기업가적 국가』

런던 대학의 마리아나 마추카토(Mariana Mazzucato) 교수는 2013년에 『기업가적 국가(The Entrepreneurial State)』를 발간했다(Mazzucato, 2013). 책에서 그녀는 국가의 역할이 시장실패나 시스템실패를 시정하거나 혁신에 유리한 환경을 조성하는 데 그쳐서는 곤란하며 새로운 시장을 창출하는 것으로 나아가야 한다고 주장했다. 마추카토는 미국의 정보통신산업과 생명공학산업이 성장할 수 있었던 주요 원인을 1958년에 설립된 고등연구계획국(ARPA)이나 1983년에 제정된 희귀약품법을 통해 정부가 선도적인 연구개발투자를 지속적으로 수행해 왔다는 점에서 찾고 있다. 특히 그녀는 별도의 장을 할애하여 애플의 사례에 주목하면서 애플이 인터넷, GPS, 터치스크린 화면, 통신기술 등에 대한 정부의 기존 투자 덕분에 아이폰과 아이패드를 개발할 수 있었다고 진단한다. 여기서 마추카토는 정부의 '인내자본(patient capital)'에 힘입어 성공한 기업이 모든 수익을 차지하고 정부가 보상받지 못하는 문제를 제기하고 있다. 그녀는 투자와 관련된 '위험의 사회화'를 넘어 성과에 대한 '보상의 사회화'가 필요하다고 지적하면서 ① 로열티를 받아 혁신기금을 마련하는 방법, ② 개발이익금의 일부를 환수하는 방법, ③ 국영 투자은행을 운영하는 방법 등을 제안하고 있다. 정부는 투자에서든 보상에서든 기업처럼 행동할 수 있어야 하며 이를 바탕으로 정부와 기업이 공생하는 혁신생태계가 조성되어야 한다는 것이다.

---

135 국가혁신체제론의 관점을 채택하면 혁신정책의 개념도 재구성할 필요가 있다. 이와 관련하여 이우성(2005: 21)은 혁신정책을 "국가혁신체제 내의 혁신주체들의 역량, 이들 상호 간의 네트워크, 그리고 혁신활동을 조성하는 제도적 환경에 정부가 영향을 미침으로써 혁신활동의 활성화, 성과 창출, 그리고 경제성장을 촉진하는 모든 정책"으로 규정하고 있다.

금융시장의 구조는 혁신활동에 대한 투자의 규모와 패턴에 지대한 영향력을 행
산한다. 사실상 기술혁신은 투자의 위험성이 높은 영역이며, 연구개발의 단계에서
도 많은 투자가 소요될 뿐만 아니라 상업화 단계에서는 더 많은 투자를 필요로 한다.
게다가 세계 어느 국가를 막론하고 민간부문의 혁신활동이 활발해지면서 민간부문
의 자금동원 구조가 국가혁신체제 전체의 성패와 직결되고 있다. 또한 과학기술인력
에 대한 교육훈련과 기업 내 숙련형성의 구조도 혁신활동에 중요한 영향을 미친다.
과학기술인력이 갖추어야 할 능력이 혁신활동의 수준에 따라 달라진다는 점에도 유
의할 필요가 있다. 과거에는 신기술의 개발을 촉진하고 그것을 적절히 활용할 수 있
는 인력을 확보하는 문제가 중요했지만, 최근에 들어서는 문제를 새롭게 정의할 수
있는 인력, 전략적 기획능력을 가진 인력, 다양한 분야의 통합적 지식을 지닌 인력의
중요성이 부각되고 있는 것이다(송위진, 2006: 167).

국가혁신체제의 구성은 그것의 하위시스템을 통해서도 접근될 수 있다. 국가혁
신체제를 구성하는 대표적인 하위시스템으로는 산업혁신체제(sectoral innovation
systems, SIS)와 지역혁신체제(regional innovation systems, RIS)를 들 수 있다. 그것이 국
가혁신체제의 단순한 구성요소가 아니라 하위시스템인 이유는 산업혁신체제와 지역
혁신체제도 기업, 대학, 공공연구기관 등과 같은 구성요소로 이루어져 있기 때문이
다.[136] 룬드발 식으로 표현한다면, 주요 산업이나 지역에도 혁신을 둘러싼 사용자-생
산자 관계가 형성되어 있다고 볼 수 있는 것이다. 이러한 관계가 적절히 형성된 산업
이나 지역은 높은 경쟁력을 가지고 있고, 그렇지 못한 산업이나 지역의 경쟁력은 낮
을 것이다. 이와 같은 논의는 한 국가가 모든 산업과 지역에서 경쟁력을 가지지 못하
는 이유를 설명해주며, 반대로 산업혁신체제와 지역혁신체제를 잘 구축하면 국가경
쟁력이 강화될 수 있다는 점을 시사하고 있다. 즉, 국가혁신체제를 하위시스템별로 분
석하는 것은 한 국가에서 혁신활동이 강력한 부분과 취약한 부분을 구체적으로 도출
함으로써 효과적인 국가혁신체제를 구축하는 데 중요한 판단기준을 제시할 수 있다.

---

136 기업이나 대학도 일종의 시스템으로 간주될 수 있다. 기업의 기술혁신에는 연구개발, 생산, 마케
팅 부문이 모두 관여하기 때문에 기업혁신체제(corporate innovation system)라는 용어가 사용되기
도 한다. 또한 과학지식이 창출, 확산, 활용되는 과정은 대학이 중심이 되긴 하지만 다양한 주체와
하부구조가 필요하기 때문에 과학시스템(science system)의 성격을 띤다고 볼 수 있다.

표 8-2 국가혁신체제의 하위시스템.

산업＼지역	지역 A	지역 B	지역 C	‥‥‥‥	
산업 1	◇△▽○●	◇△▽○●	◇△▽○●	···	산업혁신체제 1
산업 2	◇△▽○●	◇△▽○●	◇△▽○●	···	산업혁신체제 2
산업 3	◇△▽○●	◇△▽○●	◇△▽○●	···	산업혁신체제 3
·	·	·	·		**국가혁신체제**
·	·	·	·		**(NIS)**
·	·	·	·		
·	지역혁신체제 A	지역혁신체제 B	지역혁신체제 C		

주: ◇ 기업, △ 대학, ▽ 공공연구기관, ○ 지방정부, ● 중앙정부

자료: 정선양(2006: 181).

이상과 같은 논의가 국가혁신체제의 모든 구성요소와 하위시스템을 포괄적으로 설명한다고 보기는 어렵다. 혁신환경을 예로 들면, 어떤 사람은 국내총생산, 실업률, 물가지수 등과 같은 거시경제지표가 중요하다고 할 것이고, 다른 사람은 공정거래법, 지적재산권 제도 등의 법제가 기술혁신에 미치는 영향에 주목할 것이며, 또 다른 사람은 혁신주체들 사이의 의사소통에 필요한 문화적 하부구조가 어느 정도 구축되어 있는가를 중시할 것이다. 혁신환경의 또 다른 구성요소로 시장을 추가할 수도 있으며, 그것은 제품이나 서비스를 거래하는 생산물시장(product market)과 자본이나 노동을 거래하는 요소시장(factor market)으로 구분할 수 있다. 더 나아가 오늘날과 같이 세계화가 급속히 진전되고 있는 상황에서 국가 단위로 혁신체제를 구획하는 것에 이의를 제기하는 사람도 있을 것이다. 이것은 국가혁신체제의 구성이 다양한 형태로 제시될 수 있으며, 국가혁신체제가 역동적인 개방 시스템(open system)으로 간주되어야 한다는 점을 시사하고 있다.[137]

---

137 이와 관련하여 유명한 기술사학자 휴즈(Thomas P. Hughes)가 제창한 기술시스템(technological system) 이론에도 주목할 필요가 있다. 휴즈의 기술시스템은 물리적 인공물, 조직, 과학기반, 법적 장치, 자연자원 등으로 구성되며, 각 요소는 다른 요소들과 상호작용하면서 시스템 전체의 목표에 기여하게 된다. 기술시스템에 포함되지 않은 요소들은 주변 환경(surroundings)에 해당하는데, 기술시스템과 주변환경은 정태적으로 분리된 것이 아니라 기술시스템이 진화하면서 주변 환경의 일부를 시스템의 구성요소로 포섭하기도 하며 반대로 시스템의 구성요소가 주변 환경으로 해체되기도 한다(Hughes, 1987).

이러한 점을 고려하여 OECD는 여러 회원국들의 의견을 종합한 후 이전의 논의
보다 훨씬 포괄적인 국가혁신체제의 개념도를 제안하고 있다. 이에 따르면, 혁신은
지식의 창출, 확산 및 활용과 직결되어 있고, 국가혁신체제의 핵심적인 구성요소에
는 기업, 연구기관, 지원기관, 과학시스템이 있다. 국가혁신체제는 산업클러스터, 지
역혁신체제, 글로벌 혁신네트워크(global innovation networks) 등과 같이 산업, 지역,
세계의 차원과 연관되어 있고, 혁신환경에는 거시경제와 규제환경, 교육훈련 시스
템, 커뮤니케이션 하부구조(communication infrastructure), 요소시장 조건, 제품시장
조건 등이 포함된다. 이러한 국가혁신체제의 구성은 한 국가의 혁신능력을 규정하게
되며, 그것은 다시 성장, 고용, 경쟁력 등에 대한 성과로 이어진다.

그림 8-2 OECD의 국가혁신체제에 대한 개념도.

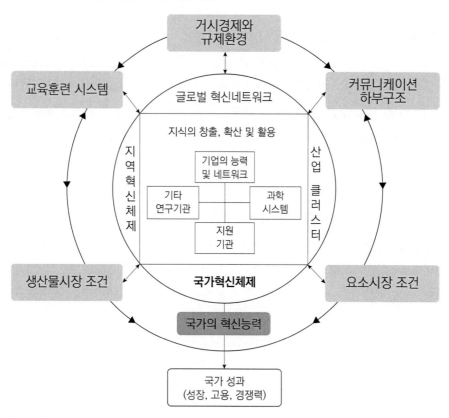

자료: OECD(1999: 23).

과학기술의 경영과 정책

혁신체제론에 대한 평가

　OECD에서 국가혁신체제에 대한 논의를 본격화하는 것을 전후하여 많은 연구자들과 정책담당자들은 혁신체제라는 개념을 적극적으로 활용하기 시작했다.[138] 특히 혁신체제론은 오늘날 기술혁신과 과학기술정책에 대한 지배적인 패러다임이라고 해도 과언이 아닐 정도로, 각국 정부는 혁신체제의 개념을 활용하여 혁신활동의 현황과 특징을 파악하고 효과적인 정책대안을 모색하는 데 많은 주의를 기울이고 있다. 그것은 각국 정부가 통계지표를 확보하기 위한 사업의 일환으로 혁신활동을 조사하는 것을 넘어 각종 제도의 구성을 혁신활동과 관련시켜 논의하고 있다는 점을 의미한다.

　이와 관련하여 송위진(2006: 27-37)은 혁신체제론이 기존의 과학기술정책이 잘 포착하지 못했던 주제를 부각시킨다는 점을 강조하고 있다. 첫째, 혁신체제론은 혁신자원의 투입에 관한 정책에서 혁신능력의 향상을 위한 정책으로 초점을 이동시키고 있다. 이러한 입장을 취하게 되면, 과학기술정책의 성격이 기술혁신과 관련된 자금, 인력, 정보 등과 같은 자원을 원활히 공급하는 것을 넘어서게 된다. 정부가 자원을 직접적으로 지원하는 것을 넘어 그러한 자원을 기업, 연구기관, 대학 등과 같은 혁신주체들이 효과적으로 활용할 수 있는 능력을 배양하는 것이 중요해진다. 혁신주체들에게 물고기를 직접 공급해주는 것보다는 물고기를 잡는 법을 가르쳐주는 것이 더 좋은 정책이 되는 셈이다. 특히 혁신능력이 열위에 있는 조직은 혁신능력이 우위에 있는 조직과의 상호작용을 통해 문제와 대안을 발견하고 집행하는 과정에 관한 지식을 학습할 필요가 있다.

　이러한 진단은 정부개입으로 인한 '부가성(additionality)'에 관한 논의로 이어질 수 있다(OECD, 2006: 12-13; 송위진, 2010: 23-24). 부가성은 정부의 지원으로 인한 추가적 효과를 의미하는데, 그 유형은 투입 부가성(input additionality), 행동 부가성

---

138 이와 관련하여 Fagerberg, et al(2012)은 지난 50년 동안 기술혁신학의 핵심 지식을 구성하는 주요 문헌들의 학문적 배경으로 경제학 기반의 연구, 조직론 전통의 연구와 함께 혁신체제론을 들면서 혁신체제론이 앞의 두 영역을 연결하는 가교 역할을 담당하고 있다고 분석했다.

(behavioral additionality), 산출 부가성(output additionality)으로 구분할 수 있다. 이러한 세 가지 유형의 부가성이 제기하는 질문은 다음과 같다. 정부의 지원이 혁신주체의 자원 확보를 유인했는가 아니면 대체했는가? 정부의 개입으로 혁신주체의 행태나 루틴에 어떤 변화가 있었는가? 정부의 지원으로 혁신주체가 추가적인 기술적 혹은 경제적 성과를 얻었는가? 전통적인 과학기술정책은 연구개발투자나 인력과 같은 투입요소의 증대, 그리고 논문, 특허, 수익 등과 같은 산출의 증대를 정책의 초점으로 삼아 왔다. 투입 부가성과 산출 부가성을 정책기획과 평가의 중요한 기준으로 간주했던 것이다. 이에 반해 혁신체제론에 입각한 과학기술정책은 행동 부가성을 중시한다. 혁신주체의 기술기획 능력이 향상되는 정도, 조직 구성원들 사이에 커뮤니케이션이 촉진되는 정도, 산학연의 협동연구나 공동개발이 강화되는 정도 등이 정책의 주요 관심사가 되는 것이다.

둘째, 혁신체제론은 기술혁신은 물론 정책혁신(policy innovation)도 그 대상으로 삼고 있다. 기술이 진화해 가는 것처럼 정책도 진화하고, 혁신주체들이 학습을 통해 기술혁신을 전개하는 것처럼 정책결정자도 학습을 통해 정책혁신을 추구한다. 정책문제의 발견은 흔히 다른 국가와의 비교를 통해 이루어지는데, 이 경우에도 혁신체제의 관점이 필요하다. 다른 혁신체제와의 비교를 통해, 혁신체제를 구성하는 조직이나 제도가 없는 경우, 부적절하게 위치하는 경우, 연계가 부족한 경우 등을 발견할 수 있는 것이다. 더 나아가 혁신주체들이 네트워크를 형성하여 기술혁신활동을 수행하듯, 정책주체들도 네트워크를 형성해서 정책혁신활동을 전개하게 된다. 혁신체제의 성격에 따라 기술혁신의 속도, 방향, 성과가 달라지는 것처럼, 정책혁신 네트워크의 성격에 따라 정책의 대상, 과정, 효과가 달라지는 것이다.

특히 송위진(2010: 27-29)은 혁신체제를 구성하는 제도들 사이에 보완성을 확보하기 위해서는 정책통합(policy integration)이 적극적으로 고려되어야 한다고 지적하고 있다. 이전에는 과학기술정책이 다른 정책과 별다른 연계 없이 기획되고 집행되었지만, 혁신체제론의 등장을 배경으로 과거에 무관했던 정책들이 통합적으로 접근될 필요가 있다는 것이다. 한 분야에서 타당한 정책이 다른 분야에서는 부정적인 효과를 낳을 수도 있기 때문이다. 정책통합은 합의된 비전과 목표를 설정해서 분야별 정책들 사이의 연계성을 높이고 상승효과를 일으키기 위한 노력에 해당한다. 정책협력

과학기술의 경영과 정책

(policy cooperation)이나 정책조정(policy coordination)이 공통의 목표에 대한 설정 없이 정보를 교환하거나 갈등을 극복하는 것에 초점을 두고 있다면, 정책통합은 각 부처들이 수긍할만한 공동의 목표와 지식기반을 형성한 후 해당 정책들을 같은 방향으로 배열하려는 일련의 과정에 주목하고 있다.

표 8-3 정책통합, 정책조정, 정책협력의 개념도.

구분	정책의 상호작용 정도	정책의 배열
정책협력	- 부문간 정보교환과 의사소통	
정책조정	- 부문간 정책협력과 함께 정책갈등을 극복하려는 노력을 수반 - 각 부문 정책이 공통의 목표를 가질 필요는 없음.	
정책통합	- 다른 정책분야와의 연계를 통해 상승효과를 가져오기 위한 노력 - 정책형성을 위해 공동의 정책목표를 활용	

자료: 송위진(2010: 212).

▌총체적 혁신정책

유럽연합은 2002년에 발간한 『혁신의 내일(Innovation Tomorrow)』에서 '총체적 혁신정책(holistic innovation policy)'을 표방했다(송위진, 2010; 142-144; 이장재 외, 2011: 146-150). 그 보고서는 혁신정책의 진화과정을 제1세대(1980년대까지), 제2세대(1990년대), 제3세대(2000년대 이후)로 구분하면서 각 세대가 기반하고 있는 모형을 선형 모형, 상호작용 모형, 총체적 모형으로 명명했다. 제1세대의 혁신정책은 혁신을 선형적인 과정으로 인식하면서 중요한 분야를 선정해 자원을 집중적으로 투입하는 것을 중시했다. 제2세대 혁신정책은 혁신을 복잡한 상호작용으로 인식하고 혁신 과정의 피드백 고리를 고려하면서 과학기술 분야와 산업 분야를 중심으로 효과적인 혁신체제를 구축하는 것에 초점을 두었다. 제3세대 혁신정책에 해당하는 총체적 혁신정책은 제2세대의 경우와 마찬가지로 혁신을 시스템적 관점에서 접근하지만 정책 대상이 과학기술과 산업을 넘어 보건의료, 환경, 노동, 금융 등 광범위한 분야로 확장된다. 총체적 혁신정책에서는 거의 모든 정부부처로 혁신정책이 수평적으로 확산되면서 다양한 정책들 사이의 정합성을 확보하는 것과 이를 실현하기 위한 거버넌스를 구축하는 것이 관건으로 작용한다.

셋째, 혁신체제론은 '시스템 전환(system transition)'에 대한 논점을 본격적으로 제기하고 있다. 시스템 전환론은 어떻게 기존 상태에서 벗어나 새로운 시스템을 구축할 수 있는가, 그리고 시스템의 전환은 어떤 단계나 과정을 통해 이루어질 수 있는가 등에 주목한다. 새로운 시스템을 구축하는 과정은 기존 지식과 제도의 재편을 요구하기 때문에 상당한 갈등이 발생할 수 있다. 이러한 상황에서 새로운 시스템을 구현하기 위해서는 소규모의 시범사업이나 정책실험을 추진할 필요가 있는데, 그것은 기득권 집단의 문제제기를 비켜갈 수 있다는 점, 관련 변수들을 통제하는 것이 상대적으로 용이하다는 점, 향후 대규모 사업을 추진할 때 감수해야 하는 불확실성을 낮출 수 있다는 점 등의 장점을 가지고 있다. 혁신체제의 전환은 필요성도 느끼고 능력도 갖춘 선도적 조직으로부터 시작되며, 필요성은 느끼지만 부분적 능력을 갖춘 모방적 조직이 가세한 후 필요성도 느끼지 못하고 능력도 부족한 후진 조직이 동참하는 과정을 밟아 이루어진다. 이러한 단계를 밟아가는 동안 공공부문의 역할도 달라져야

과학기술의 경영과 정책

하는데, 첫 번째 단계에서는 인센티브의 제공과 지식기반의 구축이, 두 번째 단계에서는 지식의 공급과 수요의 창출이, 세 번째 단계에서는 기술지원 서비스의 확충이 중요한 과제가 된다.

1990년대 말부터는 우리나라의 혁신체제에 대해서도 전환의 필요성이 지속적으로 제기되어 왔다. 우리나라에서는 1970년대까지 정부출연연구기관이 혁신주체로 부상했으며, 1980년대에는 기업이, 1990년대부터는 대학이 주요한 혁신주체로 가세함으로써 혁신체제의 기본적인 골격이 완성되었다(송성수, 2011: 120-135). 현재 우리나라의 혁신체제는 모방적·폐쇄적 성격을 띠고 있는 것으로 평가할 수 있으며, 향후에는 창조적·협동적 혁신체제로 전환되어야 한다([그림 8-3] 참조).

그림 8-3 한국 혁신체제의 전환에 대한 개념도.

모방적·폐쇄적 혁신체제	⇒	창조적·협동적 혁신체제
선진기술의 모방·개량		핵심기술의 선도적 창출
단기적 문제의 해결		장기적 성장동력의 확보
혁신자원의 양적 확충		혁신자원의 질적 고도화
혁신주체의 개별적 육성	⇒	혁신주체의 연계 강화
국내 중심의 혁신활동		세계로 개방된 혁신활동
지역간 불균형 성장		지역의 균형적 발전
과학기술의 발전을 위한 사회적 지원		사회문제의 해결을 위한 과학기술

구체적으로는 선진기술의 모방개량에서 핵심기술의 선도적 창출로, 단기적 문제의 해결에서 장기적 성장동력의 확보로, 혁신자원의 양적 확충에서 혁신자원의 질적 고도화로, 혁신주체의 개별적 육성에서 혁신주체의 연계 강화로, 국내 중심의 혁신활동에서 세계로 개방된 혁신활동으로, 지역 간 불균형 성장에서 지역의 균형적 발전으로, 과학기술의 발전을 위한 사회적 지원에서 사회문제의 해결을 위한 과학기술로 전환되어야 하는 것이다. 특히, 대기업과 중소기업의 동반성장(shared growth), 각

지역의 내생적 성장(endogenous growth) 촉진, 사회문제 해결에 대한 과학기술의 기여도 강화 등은 우리나라 혁신체제가 매우 취약한 지점으로 볼 수 있다.

이처럼 혁신체제론은 상당한 의의를 가지고 있지만 아직 혁신체제론을 완성된 이론으로 보기는 어렵다. 이와 관련하여 이정동(2011: 107-109)은 혁신체제론에서 사용되는 주요 개념에 대한 정의가 모호한 상태로 남아있다는 점과 실증분석을 위한 방법론이 충분히 발달되어 있지 않다는 점을 지적하고 있다. 사실상 혁신체제의 경계를 산업으로 할 것인지, 지역으로 할 것인지, 국가로 할 것인지 하는 문제에 대해서는 아직 명확한 해답이 주어져 있지 않다. 또한 기술혁신에 직간접적으로 영향을 미치는 모든 유무형의 제도를 고려하다 보면 한 국가 전체의 특징과 제도를 모두 논의해야 하며, 반대로 기술혁신과 직접적으로 관련된 제도만을 고려하게 되면 혁신과정이 가진 복잡한 양상을 표현하는 것이 거의 불가능하게 된다. 이와 같은 개념적 모호함과 더불어 혁신체제론은 최적 상태(optimal state)를 상정하지 않기 때문에 신고전파 경제학에서 발달된 실증적 분석을 제약하는 경향을 보이고 있다. 혁신체제론은 혁신과정을 항상 변화하는 것으로 파악하고 있으며, 정지된 상태의 최적상태는 현실에 존재할 수 없는 이상에 불과하다고 본다. 이에 따라 혁신체제론에 대한 연구는 주로 벤치마킹을 통해 혁신체제 사이의 횡단면을 비교하거나 역사적 접근을 통해 혁신체제를 시계열적으로 비교하는 식으로 진행되는 경우가 많다.[139]

이와 함께 그동안의 혁신체제론에 대한 논의가 주로 경제적 측면에 국한되어 있다는 점도 지적되어야 할 것이다. 그것은 대부분의 혁신체제론이 명시적이든 암묵적이든 국가경쟁력의 향상을 목표로 삼고 있다는 점에서 확인할 수 있다. 그러나 최근에는 국가경쟁력뿐만 아니라 삶의 질 향상에 대한 관심과 요구가 본격화되면서 기술혁신의 사회적 측면을 고려한 종합적인 이론을 구상해야 할 지점에 이르렀다. 이에 대한 선구적인 시도로는 네덜란드 연구자들을 중심으로 제안된 사회기술시스템(socio-technical system) 이론을 들 수 있다(Geels, 2004; Geels and Schot, 2007). 그것은 혁신체제론과 유사하게 기술과 제도의 공진화에 주목하지만, 사회문제의 해결을 시스템의 일차적인 목표로 보면서 '지속가능성(sustainability)'과 같은 가치

---

139 이와 관련하여 이석민(2008)은 혁신체제론을 바탕으로 미국과 독일의 과학기술정책이 진화해 온 과정을 분석하고 있다.

과학기술의 경영과 정책

지향을 분명히 드러내는 특징을 보이고 있다. 사회기술시스템 이론이 제안하고 있는 기법이나 전략으로는 백캐스팅(backcasting)과 전략적 틈새 관리(strategic niche management)를 들 수 있다. 백캐스팅은 예측(forecasting)과 대비되는 개념으로 바람직한 미래를 먼저 설정한 뒤 이를 달성하기 위한 시나리오를 단계별로 강구하는 것을 의미한다. 전략적 틈새 관리는 새로운 사회기술시스템의 맹아를 지닌 지점을 교두보로 삼아 기존의 시스템을 점차적으로 대체해 가는 것을 지칭한다(송위진·성지은, 2013: 36-56).

▌네덜란드의 에너지 전환 정책

네덜란드의 경제부(현재의 경제기후부)는 2004년에 『에너지 정책의 혁신: 에너지 전환』을 발간하면서 지속가능한 사회기술시스템을 구축하기 위한 전략을 마련했다. 그것은 장기적 관점에 입각한 비전 형성, 정부와 이해당사자 간의 협력 플랫폼 마련, 단기 정책에 대한 실험적 접근 등을 주요 내용으로 삼고 있다. 이에 대한 후속조치로 네덜란드 정부는 각계 전문가와 일반 시민이 참여하는 에너지 전환 태스크포스팀을 구성해 2050년까지의 장기 비전을 수립했으며, 부처 간 정책조정을 위해 6개 부처 30여 명의 공무원으로 사무국을 설치했다. 또한 에너지 전환에 필요한 6개 기술 분야를 설정한 후 각 분야별로 정부, 산업계, 학계, 연구계, 시민사회 등 10~15명으로 구성된 플랫폼을 만들어 전략적 틈새 실험을 추진했다. 이러한 실험은 기업 컨소시엄을 중심으로 수행되며 사업관리는 별도의 독립적 기구가 담당하고 있다(송위진·성지은, 2013: 48-49).

이와 같은 비판에도 불구하고 혁신체제론은 1980년대 이후 많은 연구가 축적되어 기술혁신의 여러 측면을 포괄적으로 설명하고 세계 각국의 과학기술정책을 뒷받침하는 핵심 이론으로 자리를 잡았다. 특히, 과학기술정책의 시야를 과학기술에 국한된 것이 아니라 과학기술과 관련된 경제활동과 사회제도로 넓힌 것은 혁신체제론의 중대한 기여에 해당한다. 물론 혁신체제론이 이론적으로 치밀하지 못하고 앞으로 보완되어야 할 점도 많지만, 그것은 기술혁신이나 과학기술정책이 복잡하고 다양한

성격을 띠고 있어서 하나의 이론으로 포착하기 어렵다는 점을 반증하는 것으로도 볼 수 있다.[140]

---

140 이와 관련하여 이원영(2008: 179-180)은 혁신체제론의 이론적 완성도가 떨어지는 이유는 "이론에 대한 연구가 부진했기 때문이라기보다는 기술혁신의 속성이 워낙 복잡다기하기 때문인 것으로 판단된다"고 전제한 후, "혁신체제론은 기술혁신과 관련된 모든 이론의 종합판이라고 할 수 있으며, 역설적이기는 하지만 이런 이유 때문에 [다양한] 혁신체제[들]을 통합하는 하나의 멋진 이론은 존재하지 않는다고 할 수 있다"고 평가하고 있다.

과학기술의 경영과 정책

제9장

한국의 과학기술정책(1)

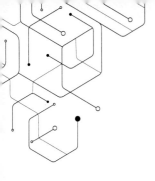

과학기술정책에는 국가별로 독특한 스타일이 존재한다. 한 국가의 과학기술정책은 해당 국가가 보유하고 있는 과학기술기반에 의해 조건 지어지며 그 구체적인 형태는 정부의 개입 정도나 의사결정의 구조와 같은 정치문화에 의해 발현되는 것이다. 이 장에서는 다음과 같은 질문을 바탕으로 한국 과학기술정책의 특성을 거시적 차원에서 분석하고자 한다. 한국의 과학기술정책은 어떤 단계를 거쳐 진화해 왔는가? 각 시기별로 한국의 과학기술정책이 보여준 특징은 무엇인가? 한국의 과학기술정책에서 지속적으로 유지되어 온 특징에는 어떤 것이 있는가? 한국의 과학기술정책에서 중요하게 고려된 영역과 그렇지 않은 영역은 무엇인가?[141]

1 한국 과학기술정책의 진화

한국 과학기술정책의 역사에 대한 기존의 논의는 대부분 별다른 시기 구분 없이 10년 단위의 서술방식을 취하고 있다(과학기술처, 1997; 김영우 외, 1997; 과학기술부, 2008). 이에 반해 필자는 한국 자본주의의 발전과정과 과학기술정책의 진화 패턴을 염두에 두고 한국 과학기술정책의 역사를 재구성하고자 한다. 이를 위해 필자는 한국의 과학기술정책에서 전환점으로 작용한 시기를 1962년, 1982년, 1997년으로 상정했으며, 1962~1981년을 형성기, 1982~1996년을 확대기, 1997년 이후를 전환기로 구분했다.

한국의 과학기술정책을 세 가지 시기로 구분할 수 있는 환경변수는 한국 자본주

---

141 이 장은 송성수(2002b)를 부분적으로 보완한 것이다.

의의 발전과정과 직결되어 있다. 1962년에는 정부 주도의 경제개발 5개년 계획이 시작되었고, 1980년대 초에는 국내외 경제침체를 배경으로 안정화와 구조조정에 초점을 둔 정책방향이 모색되었으며, 1997년에는 'IMF 사태'로 상징되는 위기의 국면을 맞이했던 것이다.

이러한 배경에서 한국에서는 1962년부터 과학기술의 진흥이 국가 장기발전계획의 일환으로 추진되었고, 1982년에는 기술드라이브정책이 천명되면서 국가연구개발사업이 전개되었으며, 1997년부터는 과학기술정책에 대한 새로운 이념이 모색되면서 관련 법령 및 계획이 정비되었다. 과학기술정책의 진화라는 측면에서는 형성기에는 과학기술활동에 필요한 기반을 조성하는 데 초점이 주어졌던 반면, 확대기의 과학기술정책은 연구개발활동을 본격적으로 지원하는 것을 중심으로 전개되었고, 전환기에는 과학기술정책의 새로운 패러다임을 모색하기 위한 다양한 시도들이 이루어졌다.

1) 형성기: 1962~1981년

선진국에서는 이미 과학기술활동에 필요한 자원이 어느 정도 확보된 상태에서 과학기술정책이 추진되었다. 이에 반해 한국의 경우에는 과학기술활동을 위한 물적·인적 자원이 절대적으로 부족했다. 이러한 배경에서 한국에서는 과학기술활동을 전개할 수 있는 기반을 구축하는 데 초점이 주어지면서 과학기술정책이 형성되었다. 한국에서는 비교적 빠른 시간 내에 과학기술의 진흥을 위한 기반이 구축되었고 정부 출연연구기관이라는 독특한 제도가 발전되었으며 과학기술이 전략산업을 육성하기 위한 수단으로 간주되었다.

우리나라에서 과학기술의 진흥을 위해 마련된 최초의 공식적 정책으로는 1962년 5월에 수립된 '제1차 기술진흥 5개년계획'을 들 수 있다. 동 계획은 제1차 경제개발 5개년계획의 부문 계획에 해당하는 것으로 기술인력의 양성과 과학기술제도의 정비를 주요 주제로 삼았다(경제기획원, 1962). 물론 그 이전에도 국방이나 원자력과 관련된 연구기관들이 과학기술 전반에 걸친 활동을 전개해 왔지만 그러한 활동이 국가 계획의 일환으로 추진된 것은 아니었다. 이어 1962년 6월에는 경제기획원 산하에 기술관리국이 설치되어 과학기술 예산이 독립적인 항목으로 집계되기 시작했다. 기술관리국은 첫 사업으로 우리나라 과학기술의 실태를 전반적으로 조사한 『과학기술백서』를

발간했으며, 1964년부터는 『과학기술연감』이 매년 발간되는 체제가 구축되었다.[142]

1966~1967년에는 한국 과학기술의 역사에서 괄목할 만한 사건들이 잇달아 발생했다. 1966년 2월에는 한국과학기술연구소(Korea Institute of Science and Technology, KIST)가 설립되었고 같은 해 9월에는 한국과학기술단체총연합회(Korean Federation of Science and Technology Societies, KOFST)가 결성되었다. 이어 1967년 1월에는 과학기술정책에 관한 최초의 종합적인 법률에 해당하는 과학기술진흥법이 제정되었고, 같은 해 4월에는 기술관리국과 원자력원(1959년 설립)을 모태로 하여 과학기술정책을 전담하는 부처인 과학기술처(Ministry of Science and Technology, MOST)가 발족되었던 것이다.[143] 1966~1967년에 이루어진 일련의 변화는 '과학기술 붐'으로 불리기도 하며 이를 통해 한국에서 현대적 과학기술체제가 형성되기 시작한 것으로 평가되고 있다(문만용, 2007).

▌한국과학기술연구소(KIST)의 초기 활동

KIST가 설립 초기에 수행한 연구과제의 유형에는 정부부처 및 산하기관의 요구에 의한 정부 위탁과제, 산업계의 요구에 의해 계약을 맺고 수행한 산업계 위탁과제, 정부가 제공하는 연구비를 바탕으로 자율적으로 추진한 출연금 과제가 있었다. 그중 정부 위탁과제에는 산업정책이나 과학기술정책의 수립에 필요한 조사연구가 많았는데, 특히 KIST는 기계공업, 철강공업, 조선공업, 자동차공업, 전자공업 등에 관한 조사를 실시하고 발전계획을 수립하는 데 크게 기여했다. KIST는 1975년까지 연구과제 300건, 논문 280편, 특허 80건 등 짧은 기간에 상당한 성과를 거둠으로써 우리나라를 대표하는 연구기관으로 성장했다. 그러나 KIST에 정부의 지원이 집중되면서 다른 기관의 연구 활동이 상대적으로 위축되고 기초과학을 비롯하여 KIST가 담당하지 않았던 분야의 발전이 지체되었다는 비판도 있다(문만용, 2017: 95-156).

---

[142] 제1차 기술진흥 5개년계획의 맥락과 내용에 관한 자세한 분석은 홍성주(2010: 85-103)를 참조.

[143] 과학기술처는 1998년에 과학기술부로 승격되었고 2004년에는 과학기술부총리제가 도입되었다. 과학기술 주무부처는 2008~2013년에 교육과학기술부, 2013~2017년에 미래창조과학부로 재편되었으며, 2017년에는 과학기술정보통신부로 변경되어 오늘에 이르고 있다.

그림 9-1 1969년에 종합제철사업계획 연구위원회의 위원들이 함께 한 모습. 동그라미 안에 있는 인물은 KIST의 김재관(오른쪽)과 윤여경(왼쪽)이다.

자료: 한국과학기술연구원(KIST) 제공

1970년대 한국 과학기술정책의 역사는 '기관 설립의 역사'라고 해도 과언이 아니다. 1966년에 한국 최초의 정부출연연구기관인 KIST가 설립된 후 1973년에는 특정연구기관육성법이 제정되어 KIST의 연구실을 모태로 하여 전문분야별로 독립적인 정부출연연구기관들이 잇따라 설립되었다. 또한 1973년에는 고급 과학기술인력의 효과적 양성을 위하여 한국과학원(Korea Advanced Institute of Science, KAIS)이 개교했으며, 1977년에는 대학의 과학연구 활동을 지원하기 위하여 한국과학재단(Korea Science and Engineering Foundation, KOSEF)이 설립되었다.[144] 이처럼 공업화의 초기 단계부터 한국이 과학기술의 진흥을 담당할 수 있는 정부기구, 연구기관, 교육기관, 지원기관을 동시에 갖추기 시작했다는 점은 특기할 만하다.

그 밖에 1970년대에 추진된 주요 과학기술정책으로는 기술개발촉진법(현재의 산업기술혁신촉진법)의 제정과 대덕연구단지의 조성을 들 수 있다. 1972년에는 민간 부

---

144 KAIS와 KIST는 1981년에 한국과학기술원(Korea Advanced Institute of Science and Technology, KAIST)으로 통합되었다. 이어 1989년에는 KIST가 KAIST에서 분리되는 가운데 KAIST가 한국과학기술대학(1985년 설립)을 흡수하여 학부-대학원 체제를 갖추게 되었다. 한국과학재단은 2009년에 한국학술진흥재단(1981년 설립)과 통합되어 한국연구재단(National Research Foundation, NRF)으로 확대되었다.

문의 기술개발을 지원하기 위해 기술개발준비금 제도를 중심으로 한 기술개발촉진법이 제정되었다. 기술개발준비금을 적립하여 사용하는 기업에 대해 자금지원과 조세감면의 혜택을 부여한다는 것이었다. 동 법은 1977년에 개정되면서 국산 신기술제품의 제조자 보호와 산업기술연구조합의 설립에 관한 사항이 추가되었고, 1981년 개정에서는 특정연구개발사업의 추진에 관한 조항이 신설되었다. 이와 함께 1968년부터 구상되어 온 연구단지 조성사업도 1973년부터 탄력을 받았다. 1973년 5월에는 입지가 충남 대덕으로 결정되었고, 같은 해 12월에는 건설 기본계획이 수립되었다. 대덕연구단지 조성사업은 1974년부터 본격적으로 추진된 후 몇 차례의 계획 변경을 거쳐 1992년에 일단락되기에 이르렀다(송성수, 2009b).

한국에서 과학기술활동을 위한 기반이 구축되는 과정에서 가장 두드러진 특징은 정부출연연구기관의 설립 및 육성에서 찾을 수 있다. 당시에 한국의 대학은 교육 기능을, 기업은 생산 활동을 내실화하는 데 초점을 두고 있었기 때문에 연구개발활동에 주력할 수 있는 여건이 형성되어 있지 않았다. 이러한 상황에서 한국은 정부 주도로 연구기관을 설립하는 전략을 취했는데 그것은 국공립연구기관이 아니라 특수법인에 해당하는 정부출연연구기관의 형태를 띠었다. 연구원에 대한 처우가 공무원과 동일하고 예산회계의 측면에서 상당한 제약을 받는 국공립연구소의 한계를 넘어서고자 했던 것이다. 정부출연연구기관은 다른 선진국에서는 찾아보기 어려운 독특한 제도로서 한국 정부가 과학기술정책을 추진하는 주요한 매개체로 작용해 왔다.[145]

한국에서 과학기술정책이 형성되던 시기에 나타난 또 다른 특징은 과학기술이 전략산업을 육성하기 위한 수단으로 간주되었다는 점에서 찾을 수 있다. 한국 정부는 1967~1971년에 섬유, 기계, 조선, 전자, 석유화학, 철강, 비철금속 등 특정 산업을 육성하기 위한 법률을 제정했으며, 1973~1979년에 철강, 비철금속, 기계, 조선, 전자, 화학 등의 6대 전략업종을 중심으로 중화학공업화 정책을 추진했다. 1970년대 한국의 과학기술정책은 이러한 전략산업의 육성에 필요한 기술개발을 촉진하는 데

---

145 한국의 정부출연연구기관은 정권의 교체 및 시대적 환경의 변화를 배경으로 계속적인 구조조정의 대상이 되어 왔다. 1981년에는 정부출연연구기관의 대통합이 단행되었고, 1991년에는 몇몇 정부출연연구기관의 기능이 재정립되었으며, 1999년에는 정부출연연구기관 등의 설립·운영 및 육성에 관한 법률이 제정되면서 연구회(research council) 체제가 출범했다.

초점이 주어졌다. 즉 정부에서 전략산업을 선정하면 그것을 육성하는 데 필요한 핵심 기술이 선택되고 이에 대한 연구개발활동이 전개되는 패턴을 보였던 것이다. 특히 한국은 선진국과 달리 기존의 분야 중에서 선택하는 것이 아니라 먼저 특정 분야를 선택한 후에 이를 집중적으로 지원하는 형태를 띠었다고 볼 수 있다.

2) 확대기: 1982~1996년

한국의 과학기술정책은 1970년대까지 과학기술활동에 필요한 기반을 조성하는 데 주력했던 반면 1980년대부터는 과학기술의 위상을 강화하면서 연구개발활동을 본격적으로 지원하는 것을 중심으로 추진되었다. 특히 1980년대 이후에는 국가연구개발사업을 통해 과학기술이 국가 차원에서 직접적인 방식으로 관리되기 시작했으며 정부출연연구기관 이외에 기업과 대학이 연구개발을 담당하는 중요한 주체로 부상했다. 한국은 선진국과 달리 국가연구개발사업이 분산적인 형태로 진화했으며 정부의 적극적인 개입에 의해 기업과 대학의 연구개발활동이 촉진되었다.

1980년대 이후에는 국가 정책에서 과학기술이 차지하는 위상이 대폭적으로 강화되었다. 즉 '기술입국(技術立國)'이란 용어가 사용되는 가운데 1982년에는 기술드라이브정책이 천명되면서 대통령이 주재하는 기술진흥확대회의가 신설되었다.[146] 기술드라이브정책은 "기술혁신이 경제발전을 뒷받침하는 역할에서 한 걸음 나아가 경제성장을 선도하는 능동적 역할을 담당"해야 하며(과학기술처, 1982: 17), "국가통치권자의 강력한 뒷받침으로 가용자원을 최대한 투자하여 우리의 기술수준을 선진국으로 끌어올림으로써 경제발전을 이룩"한다는 의미를 가지고 있었다(과학기술처, 1987: 32).

이를 위한 대표적인 정책수단으로는 국가연구개발사업을 들 수 있다. 1982년부터 과학기술처가 시작한 특정연구개발사업과 1987년부터 상공부(현재 산업통상자원부)가 시작한 공업기반기술개발사업(현재 산업기술혁신사업)은 그 대표적인 예다. 1970년대까지의 과학기술정책은 전략산업의 발전과정에서 발생하는 기술수요를 간접적으

---

[146] 이러한 어법에는 수출 중심의 경제성장을 도모해 왔던 기존의 정권과 차별화하려는 새로운 정권의 의도가 내포되어 있었다. 즉 기술입국은 수출입국과, 기술드라이브정책은 수출드라이브정책과, 기술진흥확대회의는 수출진흥확대회의와 대비되는 것이었다. 기술드라이브정책과 기술진흥확대회의에 관한 자세한 논의는 신향숙(2015)을 참조.

로 충족시키는 정도에 머물렀지만 1980년대부터는 핵심기술을 원활하게 개발하기 위해 정부가 국가연구개발사업을 통해 관리하는 보다 직접적인 형태를 띠었던 것이다. 반면 산업정책의 기조는 1986년에 공업발전법이 제정되는 것을 계기로 기존의 '선별적 산업정책' 혹은 '산업별 지원정책'은 '기능별 지원정책'으로 전환되기 시작했다. 특정한 산업이나 기업을 선별적으로 육성하던 방식에서 기술개발, 인력양성, 입지조성, 중소기업 육성 등을 통해 산업 전반을 간접적으로 지원하는 방식으로 바뀌었던 것이다(송성수, 2021a: 227-228).

▌특정연구개발사업의 출범

특정연구개발사업은 "과학기술과 산업기술의 고도화를 위해 정부가 대규모 연구비를 직접 지원한 최초의 국가연구개발사업으로, 중장기 과학기술발전계획과 전략에 따라 선진국과의 기술격차를 단시일 내에 단축하기 위한 목표지향적 연구개발사업"이었다(과학기술부, 2003: 18). 과거에는 연구기관들이 직접 예산을 확보한 후 자체적으로 연구과제를 선정하여 수행했으나, 특정연구개발사업의 경우에는 국가적 중요성이 높은 연구과제를 먼저 선정한 후 연구수행기관을 공모하는 식으로 추진되었다. 이를 통해 특정연구개발사업은 연구개발주체들 사이의 경쟁을 조성하고 연구개발의 임무지향성을 제고할 수 있었다. 또한 특정연구개발사업이 전개되면서 연구개발을 위한 물적·인적 자원이 크게 증가하는 추세에 들어섰다. 1982~1995년 동안 특정연구개발사업의 투자규모는 1조 9,048억 원으로 정부가 1조 1,496억 원, 민간이 7,552억 원을 담당했다. 10,450개의 과제에 71,646명의 연구원과 4,747개의 기업이 참여했으며, 분야별 비중은 정보 35.2%, 기계·설비 11.4%, 화학·공정 10.2%, 에너지·자원 8.7%, 소재 7.6%, 생명 5.6%, 기타 21.2%를 기록했다(과학기술처, 1997: 224-225).

1988~1995년에는 새로운 국가연구개발사업들이 정부부처별로 잇따라 추진되었다. 대체에너지기술개발사업(1988년), 원자력연구개발사업(1992년), 정보통신연구개발사업(1993년), 환경기술개발사업(1993년), 건설교통기술개발사업(1994년), 농림수산기술개발사업(1994년), 산업기술기반조성사업(1994년), 보건의료기술연구개발사업

(1995년) 등이 여기에 속한다. 그것은 국가의 모든 정책 분야에서 과학기술의 위상이 강화되었다는 점을 반영하는 동시에 과학기술과 관련된 국가의 정책이 분산적인 방향으로 전개되었다는 점을 의미했다. 선진국의 경우에는 1980년대부터 기술혁신을 위한 각종 프로그램을 추진하면서 이를 국가적 차원에서 조율하는 것이 강조되었지만(Elzinga and Jamison, 1995: 591-593), 한국의 국가연구개발사업은 상호조정의 과정을 충분히 거치지 않은 채 양적으로 팽창하는 경향을 보였던 것이다.

1991년 4월 30일에 노태우 대통령은 한국과학기자클럽이 주관한 간담회에서 21세기를 향한 과학기술정책의 방향을 밝혔다. 2000년까지 한국의 과학기술을 선진 7개국 수준으로 발전시키고, 과학기술투자를 획기적으로 확대하여 2001년까지 국민총생산의 5% 수준으로 제고한다는 의지를 표명했던 것이다. 이에 대한 후속조치로 1991년 5월에는 국가과학기술자문회의가 설치되었으며, 1992년 1월에는 선도기술개발사업이 실시되었다. 선도기술개발사업은 과학기술 선진 7개국 수준에 진입하기 위해 필요한 핵심기술을 계획적으로 개발하는 국가연구개발사업으로 일명 'G7 프로젝트'로 불린다. 다른 국가연구개발사업들이 특정한 정부부처에 의해 주도되고 3년 내외의 연구개발과제에 집중되었던 반면, 선도기술개발사업은 범부처 차원에서 관리되고 5~10년의 중장기적 과제를 대상으로 삼았다는 특징을 가지고 있었다.

1980년대 이후에는 민간 부문의 연구개발투자 및 기술혁신활동이 급격히 증가했다. 연구개발투자에서 정부와 민간이 차지하는 비중은 1983년부터 역전되기 시작했으며 기업부설연구소는 1981년에 53개에 불과했던 것이 1991년 4월에는 1,000개를 돌파했다.[147] 이러한 현상은 흔히 '민간 주도의 기술혁신체제'가 정립되기 시작한 것으로 평가되고 있다. 그러나 한국의 경우에는 다른 선진국과 달리 정부의 강력한 개입과 지원을 바탕으로 민간 기업의 연구개발활동이 촉진되었다. 한국 정부는 1980년대 이후에 민간 기업의 연구개발활동을 촉진하기 위해 금융, 세제, 인력 등에 대한 지원을 대폭적으로 강화해 왔으며, 한국의 기술혁신지원제도는 2001년을 기준으로 164종에 달했다. 특히 1981년에 한국 정부가 기업부설연구소 인정기준을 정하고 연구개발인력에 대한 병역특례제도를 실시한 것은 다른 선진국에서는 찾아볼 수

---

147 한국산업기술진흥협회의 집계에 따르면, 한국의 기업부설연구소는 1995년에 2,000개, 1997년에 3,000개, 2000년에 5,000개를 넘어섰으며 2004년 9월에는 기업연구소 1만개 시대를 맞이했다.

없는 독특한 조치였다고 평가할 수 있다.

1990년을 전후해서는 정부의 기초과학에 대한 투자 확대를 바탕으로 대학도 주요한 연구개발주체로 등장하기 시작했다. 한국에서는 1980년대 중반에 몇몇 대학을 중심으로 '연구중심대학'이라는 개념이 등장했지만 대부분의 대학들은 여전히 연구보다는 교육에 치중하고 있는 형편이었다. 한국 정부는 1989년을 '기초과학기술진흥의 원년'으로 선포하고 같은 해에 기초과학연구진흥법을 제정하는 것을 배경으로 기초연구진흥을 위한 투자확대, 연구활동에 대한 지원확대, 기초연구기반의 선진화, 산학연 연계강화, 경쟁적 연구풍토 조성 등 기초과학을 진흥하기 위한 다양한 시책을 개발했다. 한국 정부의 기초과학에 대한 지원은 대학의 연구단위를 육성하는 것을 중심으로 전개되었으며 한국과학재단의 우수연구센터 지원사업(2009년에 선도연구센터 지원사업의 일부로 재편됨)과 한국학술진흥재단의 대학부설연구소 지원사업은 그 대표적인 예이다(송충환, 1998).

▍우수연구센터 지원사업의 진화

우수연구센터 지원사업은 9년 동안 지원되는 특성을 가지고 있었으며, 과학연구센터(science research center, SRC)와 공학연구센터(engineering research center, ERC)를 육성하는 방향으로 진행되었다. 황혜란·윤정로(2003)는 우수연구센터 지원사업의 진화과정이 보여주는 특징을 다음과 같이 평가하고 있다. 첫째, 수월성의 원칙이 계속해서 관철되었다. 그것은 한정된 자원을 선택과 집중의 원칙에 따라 배분함으로써 잠재력이 많은 연구집단의 능력을 고양시켰다는 의미를 가지고 있다. 둘째, 연구분야의 측면에서는 모든 분야를 포괄하는 방향으로 추진되었다. 사업을 기획할 때에는 전략적 집중을 염두에 두었지만 대학 연구집단 사이의 이해조정이 어려워서 균형적인 지원이 이루어졌던 것이다. 셋째, 연구능력이 어느 정도 확보된 이후에야 학제적 연구와 산학연 연계가 가능해졌다. 학제적 연구와 산학연 연계는 기획 단계부터 강조되었지만 그것은 2차 사업이 시작된 1999년을 전후하여 현실화되기 시작했다.

기업과 대학의 연구개발 활동이 본격화되면서 정부출연연구기관의 기능을 재정립하기 위한 대책도 마련되었다. 1994년에는 특정연구개발사업의 일환으로 정부출연연구기관 연구개발사업이 신설되었고, 1995년에는 정부출연연구기관별로 간판연구사업(Star Project)의 개념이 도입되었다. 또한 정부출연연구기관의 운영 효율성과 연구 생산성을 제고하기 위해 1991년에는 기관운영평가제도, 1996년에는 연구과제 중심 운영제도(Project Based System, PBS)가 도입되었다. PBS는 연구과제 수행에서 연구기관 및 연구팀 사이의 경쟁을 촉진한다는 취지를 표방했지만, 수주한 연구비로 인건비의 상당 부분을 충당해야 했기 때문에 연구 수행의 안정성을 해친다는 문제점도 안고 있었다.

3) 전환기: 1997년 이후

1990년대 중반 이후에 한국의 과학기술정책은 전환기에 진입한 것으로 판단된다. 1997년에 한국 사회가 외환위기를 맞이하는 것을 전후하여 과학기술정책에 대한 새로운 이념이 모색되기 시작했으며 관련 법령 및 계획을 정비하는 작업이 전개되었다. 이후에 한국의 과학기술정책이 어느 정도 전환되었는가를 체계적으로 평가하기는 어렵지만, 과학기술정책에 대한 종합조정이 본격화되고 있다는 점, 모방을 넘어 창조를 지향하는 발전전략이 모색되고 있다는 점, 과학기술정책에 관한 이슈가 다변화되고 있다는 점 등에서 전환의 징후를 발견할 수 있다.

1990년대 중반 이후 한국 과학기술정책의 최대 화두는 국가혁신체제(national innovation system, NIS)라고 할 수 있다. 그것은 국가경쟁력의 원천을 혁신활동에서 찾고 있으며 기술혁신의 전 과정이 시스템의 차원에서 접근되어야 한다는 점을 강조하고 있다. 국가혁신체제는 한국의 과학기술정책을 종합적으로 진단하고 발전방향을 도출할 수 있는 주요 개념으로 정착했다(이공래·송위진 외, 1998). 또한 한국 사회가 경제위기를 극복하고 21세기를 대비하는 상황에 직면하면서 '지식기반경제(knowledge-based economy)'라는 용어가 널리 사용되었다(재정경제부·한국개발연구원, 1999). 현재 한국 과학기술정책의 주요 이념은 '지식기반경제의 정착을 위한 국가혁신체제의 선진화'라고 해도 과언이 아닐 것이다.

이러한 새로운 이념의 등장은 과학기술정책에 대한 주요 법률과 계획을 정비하는 것으로 이어졌다. 1967년 이후에 30여 년 동안 과학기술진흥법이 과학기술정책에 대한 종합적인 법률로 유지되어 왔지만 1997년에는 과학기술혁신을 위한 특별법이 제정되었고 1999년에는 같은 법이 개정되었으며 2000년에는 과학기술기본법이 제정되었던 것이다.[148] 이러한 법률에 의거하여 1997년, 1999년, 2001년에는 각각 과학기술혁신 5개년 계획(1997~2002년), 과학기술혁신 5개년 수정계획(2000~2002년), 과학기술기본계획(2002~2006년)이 수립되었고, 그것들은 국가혁신체제와 지식기반경제라는 용어를 채택함으로써 과학기술정책의 새로운 비전을 모색하고 있다(과학기술처 외, 1997; 과학기술부 외, 1999; 과학기술부 외, 2001).

1990년대 중반 이후의 한국 과학기술정책은 과거와는 다른 몇 가지 특징을 보여주고 있다. 첫째, 과학기술정책을 종합적으로 조정할 수 있는 제도적 장치가 구축되기 시작했다. 과학기술 관련 국가계획은 1990년대 중반까지 과학기술처가 주체가 되어 경제개발 5개년 계획(혹은 경제사회발전 5개년 계획)의 부문계획의 형태로 수립되었지만, 1997년 이후에는 독립적인 형태의 계획이 과학기술부는 물론 다른 부처들이 공동으로 참여하는 방식으로 수립되었던 것이다. 또한 1999년부터는 과학기술정책의 종합조정을 위한 기구로서 대통령이 위원장이 되는 국가과학기술위원회(National Science and Technology Council, NSTC)가 설치되었으며 국가연구개발사업을 조사·분석·평가하는 사업이 실시되었다.[149]

둘째, 모방형 발전전략 대신에 창조적 발전전략이 강조되기 시작했다. 과거에는 선진국이 밟았던 과학기술의 경로를 효과적으로 추격하는 데 초점이 주어졌던 반면 1990년대 중반 이후에는 미래 과학기술의 변화에 능동적으로 대비하면서 과학기술을 질적으로 발전시키는 것이 중요한 과제로 부상했던 것이다. 예를 들어 1997년에는 창의적인 연구개발 활동을 도모하기 위해 핵심 연구실을 배양하기 위한 창의적 연구진흥사업이 시작되었고, 1999년에는 선도기술개발사업의 후속 사업으로 우리나라의 강점기술을 개발하기 위한 21세기 프론티어 연구개발사업이 출범했다. 또한

---

148 과학기술기본법의 제정 과정과 전후 맥락에 대해서는 박정택(2003); 유상운(2019)을 참조.

149 1990년대에는 과학기술정책의 종합조정을 위한 기구에도 많은 변화가 있었다. 1972년에 설치되었던 종합과학기술심의회(의장 국무총리)가 1990년에 부활했으며 1996년에는 과학기술장관회의(의장 경제부총리)가 신설되었고 1999년에는 국가과학기술위원회(위원장 대통령)가 발족되었다.

2000년을 전후하여 정보기술(IT), 생명공학기술(BT), 나노기술(NT), 환경기술(ET), 우주항공기술(ST), 문화기술(CT)을 6대 핵심기술로 선정하여 각 분야별로 새로운 발전계획을 수립하거나 기존의 발전계획을 강화하는 작업도 추진되었다. 2002년에는 국가기술지도(national technology roadmap, NTRM)를 작성하는 작업이 추진되었는데, 그것은 창조적 기술혁신을 촉진하기 위해 수행된 국가 차원의 종합적인 기술기획에 해당했다(송위진, 2010: 52-53).

셋째, 과학기술정책 관련 이슈가 매우 다변화되었다. 과거에 상대적으로 소홀히 다루어져 왔거나 거의 부각되지 못했던 과학기술정책 분야가 새롭게 부상한 것이다. 벤처기업의 육성, 지역혁신체제의 구축, 과학기술문화의 창달 등은 그 대표적인 예이다. 1997년 8월에는 '벤처기업육성에 관한 특별조치법'이 제정되었고 같은 해 12월에 마련된 과학기술혁신 5개년 계획은 기업에 대한 기술개발지원에서 벤처기업의 육성을 중요하게 고려했다. 1997년 12월에는 테크노파크를 전국적으로 조성하는 사업이 추진되었고 1999년 12월에는 지방과학기술진흥종합계획(2000~2004년)이 수립되었다. 또한 1997년에는 '과학대중화 원년'이 선포되는 가운데 대한민국과학축전이 개최되었으며, 과학기술문화의 창달은 2001년 12월에 수립된 과학기술기본계획에서 독립적인 부문으로 격상되었다.

과학기술의 경영과 정책

▌테크노파크 조성사업의 전개

테크노파크 조성사업은 1995년 12월에 마련된 기술하부구조 확충 5개년 계획을 바탕으로 추진되기 시작했다. 1997년 12월에는 경기(안산), 인천, 경북, 충남, 광주, 대구 등 6개 지역이 시범 테크노파크로 선정되었다. 이어 2000년에는 부산과 포항에서 민간 테크노파크가 설립되었으며, 이에 대해서는 2003년부터 국비지원이 이루어졌다. 또한 강원, 충북, 전북, 전남 테크노파크가 2003년에, 경남, 울산 테크노파크가 2004년에, 경기대진, 대전, 서울 테크노파크가 2005년에 지정되었다. 이어 2010년에는 제주 테크노파크, 2019년에는 세종 테크노파크가 설립되어 전국적으로 19개의 테크노파크가 조성되기에 이르렀다. 산업기술단지 지원에 관한 특례법은 테크노파크의 기능을 다음과 같이 설정하고 있다. 지역 혁신주체 사이의 협력체계 구축, 산업 및 기술 분야의 지역발전전략 수립 지원, 공동 연구개발과 기술이전 및 사업화, 산업 및 기술 분야 인적자원의 교육 및 훈련, 산업 및 기술에 관한 정보의 유통, 신기술의 보호·육성 및 창업, 공동 연구개발 시설의 제공, 시험생산, 연구개발의 성과를 활용한 생산 및 판매 등이 그것이다.

2 한국 과학기술정책의 특성

한국의 과학기술정책은 시기별로 다른 양상을 보이면서 진화해왔지만 지금까지 계속해서 유지되어 온 공통적인 특성도 가지고 있다. 여기서 필자는 '정책레짐(policy regime)'이란 개념을 바탕으로 한국 과학기술정책의 전반적인 특징을 검토하고자 한다. 정책레짐은 정책의 윤곽을 규정짓는 거시적 질서로 정의할 수 있으며, 어떤 사안들이 정책적으로 다룰 만한 가치가 있는가, 실제로 사용가능한 정책수단들에는 어떤 것들이 있는가, 누가 정책결정에 참여할 권한을 가지고 있는가 등을 결정해 주는 역할을 담당한다(Stoker, 1989; 김정수, 1996: 67-75). 이러한 시각을 바탕으로 필자는 정책레짐의 구성요소를 정책목표, 정책수단, 정책문화로 구분하여 지금까지 한국의 과학기술정책이 보여주는 특징을 살펴보고자 한다.

이후의 논의를 통해 자세히 검토되겠지만, 한국 과학기술정책의 주된 목표는 산업발전에 있었고 정책수단은 외형적 투입요소를 증가시키는 성격을 띠고 있었으며 정책문화에서는 관료 문화가 지배적이었다. 그것은 과학기술이 산업발전을 위한 도구로 인식되었다는 점, 과학기술활동의 양적 규모를 증가시키는 것이 중시되었다는 점, 정부의 강력한 개입과 지시를 바탕으로 과학기술활동이 촉진되었다는 점을 반영하고 있다. 이러한 세 가지 요소들은 한국이 선진국을 급속히 추격한다는 측면에서 서로 유기적인 관계를 형성했다. 선진국의 산업구조가 변화하는 단계를 따라 해당 산업을 발전시키는 것이 중시되었고 이를 단기간에 달성하기 위해서는 임계 규모를 확보하는 것이 필요했으며 선진국의 모범사례를 수용·보완하여 효율적으로 집행하는 것이 강조되었던 것이다.

1) 정책목표: 산업발전

그동안 한국의 과학기술정책은 산업의 발전을 가장 중요한 목표로 삼아왔다. 한국이 발전시키고자 했던 산업 분야는 선진국의 산업발전 단계를 따라 경공업, 중화학공업, 첨단산업, 지식기반산업 등으로 변천해 왔다. 한국의 과학기술정책은 이러한 산업구조의 고도화에 필요한 기술개발에 초점이 주어져 있었다고 볼 수 있다.

이러한 점을 확인할 수 있는 유의미한 통계로는 정부 연구개발예산의 사회경제적 목표를 들 수 있다([표 9-1] 참조). 한국은 1999년에 정부 연구개발예산의 가장 많은 비율을 산업개발에 투자했으며 그것은 다른 선진국에 비해 상당히 높은 것으로 나타나고 있다.[150] 그 이전의 시기에는 신빙성 있는 통계를 구할 수 없지만 산업개발에 투자하는 비중이 더욱 높았을 것으로 추론할 수 있다.

---

150 [표 9-1]에서 한국의 1998년과 1999년 통계가 상당한 차이를 보이는 이유는 통계 작성의 방식이 변경되었기 때문이다. 정부 부문의 사회경제목적별 연구개발비중은 1998년까지는 국공립연구기관, 정부출연연구기관, 국공립대학, 국공립병원의 사용연구개발비를 기초로 산출되었지만 1999년부터는 정부의 연구개발예산을 근거로 작성되었다.

표 9-1 사회경제적 목적별 정부 부담 연구개발비의 구성.

단위: %

목적	한국 ('99)	한국 ('98)	미국 ('99)	일본 ('99)	독일 ('98)	프랑스 ('98)	영국 ('98)
농림수산	9.0	16.1	2.4	3.5	2.7	3.8	4.3
산업개발	22.7	14.0	0.6	7.1	12.2	5.7	0.9
에너지	5.6	10.9	2.0	19.1	3.6	5.1	0.6
기반구축	3.0	18.7	2.6	3.1	1.7	0.6	1.6
환경보호	3.3	3.2	0.8	0.7	3.5	2.2	2.3
보건의료	4.9	5.6	19.8	3.7	3.2	5.5	14.5
사회서비스	2.9	0.8	1.0	0.9	2.6	1.2	2.2
지구대기	1.6	1.7	1.1	1.5	1.9	0.9	1.4
지식증진	22.3	4.1	6.2	49.5	55.0	37.5	29.7
우주개발	2.1	2.6	10.7	6.3	4.7	10.9	2.6
국방	22.4	16.8	52.8	4.6	8.7	24.8	39.5
기타	-	5.4	-	-	0.2	1.8	0.4

자료: 과학기술부(2000: 66).

이처럼 한국의 과학기술정책은 산업발전을 주된 목표로 추진되었으며 이에 따라 기초연구에 대한 투자가 적다는 특징을 가지고 있다. 이와 관련하여 연구개발비의 단계별 비율을 살펴보면 한국에서 기초연구에 대한 지원이 급속히 증가했던 1990년 대 이후에도 한국의 기초연구에 대한 투자가 다른 선진국에 비해 낮다는 점을 알 수 있다([표 9-2] 참조).

표 9-2 주요국의 단계별 연구개발비 비교.

단위: %

구분	한국('95)	한국(2000)	미국(2000)	일본(2000)	프랑스(2000)	덴마크('99)
기초연구	12.5	12.6	18.1	15.0	23.5	23.1
응용연구	25.0	24.3	20.8	24.0	33.0	29.0
개발연구	62.5	63.1	61.1	61.0	43.5	47.9

자료: 과학기술부(2001: 24-26).

　　또한 한국의 과학기술정책은 오랫동안 경제성장이나 국가경쟁력 향상을 위한 도구로 간주되어 왔으며, 환경, 보건, 안전 등과 같이 국민의 삶의 질 향상과 직결된 문제를 상대적으로 경시해 왔다. 이를 확인할 수 있는 직접적인 통계를 구하기는 어렵지만[151], 수사적 차원에서도 국민의 삶의 질 향상을 위한 과학기술정책은 1990년대 말에 들어서야 본격적으로 고려되기 시작했다. 과학기술정책에 대한 주요 법률의 제1조에는 해당 법률의 목적이 표현되어 있는데, '국민의 삶의 질 향상'은 과학기술혁신을 위한 특별법이 수립되면서 거론되기 시작했던 것이다.

---

[151] 이와 관련하여 [표 9-1]에서는 한국이 다른 선진국에 비해 환경보호에 상대적으로 많은 관심을 기울이고 있는 것으로 나타나 있지만, 구체적인 차원에서는 오염물 처리에 비해 생물자원 보호나 환경오염 감시 등에 대한 투자가 매우 작은 것으로 분석되고 있다. 장회익 외(2001: 226-262)를 참조.

▌과학기술정책에 관한 주요 법률의 목적

우리나라에서 과학기술에 관한 최상위 법률은 1967년에 제정된 과학기술진흥법, 1997년에 제정된 과학기술혁신을 위한 특별법, 2001년에 제정된 과학기술기본법으로 변천해 왔다. 각 법률의 목적이 명시되어 있는 조항을 살펴보면 다음과 같다. ① 과학기술진흥법 제1조: 이 법은 과학기술진흥에 관한 기본시책 및 종합계획 수립과 그 시행을 위한 지원체제의 강화에 관한 사항을 규정함으로써 국민생활의 과학화와 경제·산업발전에 이바지함을 목적으로 한다. ② 과학기술혁신을 위한 특별법 제1조: 이 법은 과학기술혁신을 위하여 특별한 지원시책을 추진함으로써 국가경제의 발전과 국민의 삶의 질 향상에 이바지함을 목적으로 한다. ③ 과학기술기본법 제1조: 이 법은 과학기술발전을 위한 기반을 조성하여 과학기술을 혁신하고 국가경쟁력을 강화함으로써 국민경제의 발전을 도모하고 나아가 국민의 삶의 질 향상과 인류사회의 발전에 이바지함을 목적으로 한다.

2) 정책수단: 외형적 투입요소의 증가

한국의 과학기술정책은 외형적 투입요소를 증가시키는 방향으로 추진되어 왔다. 투입요소의 규모와 관련하여 외환위기의 영향권에 놓여 있었던 1998년을 제외하면, 한국의 연구개발비와 연구원 수는 지속적으로 증가해 왔다.[152] 더구나 국내총생산 (GDP) 대비 연구개발비의 비중과 인구 만 명당 연구원 수도 지속적으로 증가함으로써 국가 전체에서 연구개발활동이 차지하는 위상도 점차 강화되어 왔다고 볼 수 있다([표 9-3] 참조).

---

[152] 1997년과 1998년을 비교해 보면, 연구개발비는 12조 1,858억 원에서 11조 3,366억 원으로, 연구원 수는 138,438명에서 129,767명으로 감소했다.

표 9-3 한국의 연구개발비 및 연구원 수 추이(1970~2000년).

구분 \ 년도	1970년	1975년	1980년	1985년	1990년	1995년	2000년
연구개발비(억원)	105	427	2,117	11,552	33,499	94,406	138,485
국내총생산(GDP) 대비 연구개발비의 비중(%)	0.39	0.42	0.84	1.52	1.87	2.50	2.65
연구원 수(명)	5,628	10,275	18,434	41,473	70,503	128,315	159,973
인구 만 명당 연구원 수(명)	1.8	2.9	4.8	10.1	16.4	28.5	34.0

자료: 과학기술부(2008: 664-665).

한국에서는 1980년대부터 연구개발투자가 대폭적으로 확대되어 왔으며 1999년을 계기로 총 연구개발투자의 규모에서 세계 10위권으로 진입했다. 아직도 미국, 일본, 독일, 프랑스, 영국 등의 주요 선진국에 비해서는 열악하지만 선정된 분야에 집중할 경우에는 세계적 경쟁이 가능한 규모에 도달했다고 평가할 수 있다. 특히 1990년대부터는 연구개발투자의 누적효과가 가시화되기 시작하여 해외 특허 및 논문 건수가 빠르게 증가하고 있다. 예를 들어 1990~1996년에 한국의 미국특허 획득 증가율은 35.9%로 세계 최고이며, 1995~1999년의 해외논문 증가율도 19.4%로 세계 2위를 기록하고 있다(최영락 외, 2000: 75).

그러나 연구개발활동에 대한 투입요소의 증가는 주로 외형적인 측면에 국한되었던 것으로 판단된다. 이와 관련된 통계로는 연구개발비에서 자본적 지출이 차지하는 비중을 들 수 있다. [표 9-4]에서 보듯, 한국의 연구개발활동에 대한 투자는 인건비를 비롯한 경상적 지출에 비해 시설 및 장비와 같은 자본적 지출이 차지하는 비중이 높은 것으로 나타나고 있다. 그것은 그 동안 한국의 과학기술에 관한 지원정책이 조직의 신설이나 장비의 확충에 초점을 맞추어 왔기 때문에 발생한 현상으로 풀이된다.

표 9-4 연구개발비 사용 내역의 국가별 비교.

단위: %

구분	한국 (2000)	미국 (2000)	일본 ('99)	독일 ('99)	프랑스 ('99)	핀란드 ('99)
경상비 지출	79.0	99.7	87.6	90.1	90.0	93.6
자본적 지출	21.0	0.3	12.4	9.9	10.0	6.4

자료: 과학기술부(2000: 24, 104).

이러한 외형적 투입요소의 증가를 바탕으로 한국에서는 과학기술혁신주체들이 확대되었지만 아직까지 그들 사이에 생산적인 관계가 형성되지는 못했다. 1960~1990년대를 통해 정부출연연구기관, 기업, 대학 등의 과학기술혁신주체들이 빠르게 성장해 왔으나 그들 사이의 미약한 연계로 인하여 과학기술지식의 확산이 원활하지 못했던 것이다(이공래·송위진, 1998: 617). 즉 과학기술혁신주체들이 '각개약진'의 방식으로 활동함으로써 서로 보완적인 지식을 창출하지 못했고 이에 따라 상호협력이 어려운 상황이 구조화되고 있다. 특히 한국에서는 과학기술인력이 대학으로 귀착하려는 양상을 보이면서 물적 자원과 인적 자원의 불균형 배분이 심화되고 있다.[153]

3) 정책문화: 관료 중심의 문화

한국을 포함한 개발도상국의 과학기술정책은 중앙집권적이고 지시적인 성격을 띠고 있으며, 정책형성에서 정치권과 관료가 주된 역할을 담당하는 것으로 간주되고 있다(Sardar and Rosser-Owen, 1977; Shrum and Shenhav, 1995). 이러한 점은 과학기술정책에 영향력을 행사하는 집단에 대한 과학기술자의 인식을 조사한 결과에서 간접적으로 확인할 수 있다. 즉 과학기술관료, 정치인, 대통령 등이 현재의 과학기술정책에 큰 영향력을 미치는 집단으로 인식되고 있는 것이다. 반면 향후 과학기술정책에 영향력을 행사해야 할 집단으로는 과학기술자의 비율이 압도적으로 높게 나타나고 있다([표 9-5] 참조).

---

[153] 이와 관련하여 이공계 박사인력을 대상으로 삼은 한 설문조사에 따르면, 1998~2001년에 이직을 경험한 사람은 전체의 31%이었으며 그중에서 60%가 대학으로 이직했다(고상원·민철구 외, 2001: 80).

표 9-5 과학기술정책에 영향력을 행사하는 집단과 행사해야 할 집단.

단위: 명, %

구분	과학 기술자	과학 기술관료	정치인	대통령	기업가	합계
현재 과학기술정책에 영향력을 행사하는 집단	18 (4.6)	155 (39.7)	147 (37.7)	50 (12.8)	20 (5.2)	390 (100.0)
향후 과학기술정책에 영향력을 행사해야 할 집단	292 (73.6)	41 (10.3)	11 (2.8)	34 (8.6)	19 (4.8)	397 (100.0)

주: 대학 134명, 정부출연연구기관 112명, 기업연구소 144명을 대상으로 실시되었음.
자료: 이은경·민철구(2002: 113).

사실상 한국의 과학기술정책문화는 관료 중심으로 형성되어 왔으며 다른 영역은 충분히 발전하지 못했다고 평가할 수 있다. 선진국의 과학기술정책문화는 관료문화, 경제문화, 학문문화, 시민문화의 상호작용 속에서 변천해 왔지만(Elzinga and Jamison, 1995), 한국의 경우에는 다른 문화가 관료문화에 포섭되거나 이제 걸음마 단계에 있는 것이다. 즉, 정부출연연구기관, 기업, 대학 등과 같은 과학기술혁신주체들은 독자적인 문화를 형성하지 못한 채 관료문화에 의해 지배되고 있으며 시민문화는 최근에 형성되기 시작하여 그 영향력이 아직 본격화되지 않고 있다.

한국에서는 정부출연연구기관, 기업, 대학을 막론하고 거기에 속한 과학기술자들이 과학기술정책의 실현을 위해 동원되어야 할 대상으로 인식되어 왔다. 이러한 배경에서 정부는 과학기술자 집단을 통제함과 동시에 보호했으며 과학기술자 집단은 정부의 지원을 바탕으로 연구개발활동에만 전념하는 구조를 형성해 왔다. 선진국과 달리 한국의 경우에는 과학기술자 집단이 사회적 문제에 적극적으로 대처할 수 있는 능력을 갖춘 집단으로 성장하지 못한 채 과학기술이 정부로부터 당연히 지원을 받아야 하는 분야라는 자기변호적 입장을 가지고 있는 것이다. 과학기술자의 정책 참여에 대한 요구는 높아지고 있지만 그것이 현실화되지 못하는 이유 중의 하나도 여기에서 찾을 수 있다.

과학기술정책에 대한 시민참여와 관련하여 1997년에 시민단체를 대상으로 실시한 설문조사에 따르면 과학기술정책에 시민이 참여할 필요성은 높지만 실제적인 허

과학기술의 경영과 정책

용 정도는 낮은 것으로 인식되고 있다([표 9-6] 참조).[154] 한국에서는 1998년 이후에 생명공학기술을 중심으로 과학기술정책에 대한 시민참여를 확대하기 위한 시도들이 나타났다. 예를 들어 1998년과 1999년에는 시민단체의 주도로 각각 유전자변형식품과 생명복제기술에 관한 합의회의(consensus conference)가 개최되었고 2000년에는 다양한 사회집단의 대표들로 구성된 생명윤리자문위원회가 발족되었다.[155] 그러나 합의회의에 대한 정부의 공식적인 입장이 개진되지 않고 생명윤리자문위원회의 제안이 표류하는 등 시민사회의 과학기술정책에 대한 영향력은 취약한 편이었다.

표 9-6 시민단체가 본 과학기술정책에 대한 시민참여.

단위: 명, %

	매우 필요	어느 정도 필요	거의 필요 없음	전혀 필요 없음	합계
과학기술정책에 대한 시민참여의 필요성	121 (57.1)	89 (42.0)	2 (0.9)	0 (0.0)	212 (100.0)
	매우 많음	많은 편	적은 편	매우 적음	합계
과학기술정책에 대한 시민참여의 허용도	0 (0.0)	2 (1.0)	84 (40.2)	123 (58.9)	209 (100.0)

자료: 이영희(2000: 316).

---

[154] 과학기술정책에 시민이 참여할 필요성이 높다는 점은 다른 설문조사의 결과를 통해서도 확인할 수 있다. 1997년에 연구원 및 대학생 329명을 대상으로 실시한 설문조사에 따르면 "과학기술정책은 그 성격상 전문가들이 독자적으로 수립하는 편이 낫다"는 응답은 26.4%, "과학기술정책 수립과정에 이해당사자와 시민의 참여가 확대되어야 한다"는 응답은 68.4%, 기타 의견은 4.9%로 집계되었다(김명자 외, 1997: 371).

[155] 합의회의의 전개과정과 평가에 대해서는 이영희(2011: 263-291)를, 생명윤리자문위원회의 활동에 대해서는 홍욱희(2001)를 참조.

▋합의회의

　　합의회의는 일반인 패널(lay panel)이 전문가 패널(expert panel)과의 토론을 바탕으로 과학기술과 관련된 사회적 이슈에 대하여 합의된 의견을 도출하려는 일종의 포럼에 해당한다. 합의회의는 조정위원회 구성, 패널 구성, 예비모임, 본 회의의 단계를 밟으며 여기에는 총 6개월 정도가 소요된다. 조정위원회는 3~5명으로 구성되며 합의회의를 기획하고 관리하는 임무를 담당한다. 조정위원회는 합의회의에 대한 광고를 내고 인구통계학적 특성을 고려하여 15명 내외의 일반인 패널을 구성한다. 일반인 패널은 토의할 주제에 대하여 지속적으로 학습하면서 주말을 활용한 제1차 예비모임(본 회의 2~3개월 전)과 제2차 예비모임(본 회의 1개월 전)을 통해 본 회의 때 제기할 핵심적인 질문을 8~10개 정도로 작성한다. 이와 병행하여 조정위원회는 일반인 패널의 의견을 참조하여 본 회의에 참석할 10~15명의 전문가 패널을 조직한다. 이상의 준비가 끝나면 약 4일에 걸친 본 회의가 열리게 된다. 본 회의 첫째 날에는 일반인 패널에서 제기한 질문들에 대해 초청된 전문가들이 현재의 지식수준과 문제해결에 대한 견해 등에 관해 진술한다. 본 회의 둘째 날에 일반인 패널은 해당 전문가에게 질문을 던지고 전문가는 이에 답변하는데, 이 날의 질의는 반대심문적인 성격도 띠게 된다. 둘째 날의 남은 시간과 셋째 날에는 일반인 패널이 토론 주제에 대하여 15~30페이지 가량의 보고서를 작성한다. 보고서는 핵심적인 질문들을 출발점으로 하여 각 질문에 대해 일반인 패널이 도달한 결론과 정책적 권고사항, 그리고 향후에 연구되어야 할 내용 등을 담는다. 본 회의 마지막 날에는 작성된 보고서를 회의에 참석한 모든 사람들에게 배포하며 참여자들은 그 보고서를 놓고 토론을 벌이게 된다. 우리나라의 경우에는 유전자조작식품(1998년), 생명복제기술(1999년), 전력정책(2004년), 동물장기이식(2007년) 등을 주제로 합의회의가 추진된 바 있다.

그림 9-2 2004년에 개최된 '전력정책의 미래에 대한 합의회의'의 광경.

3 요약 및 함의

이상의 논의를 통하여 한국 과학기술정책의 시기별 특징과 전체적 특징을 검토
했다. 한국의 과학기술정책은 1970년대까지 과학기술활동의 기반을 구축하는 데 초
점이 주어졌고, 1980년대부터는 연구개발활동을 본격적으로 촉진하기 위한 제도가
정비되었으며, 1990년대 중반 이후에는 과학기술정책의 새로운 방향이 모색되기 시
작했다. 정책레짐의 측면에서 한국의 과학기술정책은 산업발전을 가장 중요한 목표
로 삼아왔고, 주로 외형적 투입요소를 증가시키기 위한 정책수단이 구사되어 왔으
며, 정책문화는 관료 중심으로 형성되어 다른 영역이 충분히 발전하지 못했다.

이러한 특징에 비추어 향후 한국의 과학기술정책이 지향해야 할 방향을 제안해
보면 다음과 같다.

첫째, 한국에서는 지난 30여 년 동안 빠른 시간 내에 과학기술혁신주체들이 형성
되었으며 이제는 그들 사이의 상호작용을 원활히 하는 것이 중요한 과제로 부상하고
있다. 이를 위해서는 과학기술인력의 교류 혹은 이동이 수반되는 산학연 공동연구
사업을 촉진함과 동시에 과학기술혁신주체들이 수용할 수 있는 합리적인 성과배분

시스템을 마련하는 것이 필수적이다.

둘째, 한국에서는 과학기술진흥을 위한 다양한 제도적 장치들이 개발되어 왔으며 이제는 그것을 종합적으로 조정하고 실질적 효과를 제고해야 할 단계에 이르렀다. 형식적으로 운영되거나 활용도가 낮은 제도는 축소 혹은 폐지하고 성과가 크고 실효성이 높은 제도는 확대·발전시켜야 하는 것이다. 아울러 과학기술혁신주체의 역량에 따라 차별화된 지원책을 설계하는 것도 필요하다.

셋째, 한국의 과학기술정책은 그 동안 산업발전을 위한 수단으로 간주되어 왔지만 이제는 국민의 삶의 질 향상을 비롯한 사회문화적 이슈를 적극 고려해야 하는 국면에 진입했다. 국가발전의 개념이 정치, 경제, 사회, 문화 등의 모든 영역을 포괄해야 하며 과학기술정책과 다른 부문의 정책을 연계하여 국가적 현안 이슈를 해결할 수 있는 종합적인 접근이 요구된다.

넷째, 한국의 과학기술정책은 관료 중심의 문화를 형성하면서 과학기술자 집단을 동원하는 특성을 보이고 있으며 앞으로는 다양한 사회집단의 의사를 반영하고 이를 조율하는 과제가 부여되고 있다. 이전에는 정책의 주체가 정부이고 민간 부문은 그 대상으로 인식되었지만 이제는 양자의 관계가 수평적인 의사소통과 상호학습을 촉진하는 방향으로 다시 정립되어야 할 것이다.

앞서 지적했듯, 한국의 과학기술정책이 일종의 정합적 시스템을 형성할 수 있었던 데에는 한국의 사회경제가 그 동안 선진국을 추격하는 단계에 있었다는 특수성이 존재한다. 그러한 상황에서는 국가발전의 목표와 방법이 명확했기 때문에 선진국의 경험을 바탕으로 과학기술정책을 계획하고 실행하는 것이 비교적 용이했다. 그러나 과학기술정책의 목표 자체가 변화하는 상황에서는 이에 조응하는 새로운 접근방식과 사회제도가 구성될 필요가 있다. 특히 과거에 계획과 지시에 의존했던 정부의 개입방식은 앞으로 탐색과 적응을 통해 끊임없이 문제를 해결하는 방향으로 변모되어야 할 것으로 보인다.

제10장

한국의 과학기술정책(2)

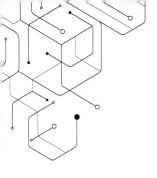

　이 장에서는 9장의 논의를 이어 2003년 이후 한국의 과학기술정책을 검토하고자 한다. 참여정부 혹은 노무현 정부(2003년 2월~2008년 2월), 이명박 정부(2008년 2월~2013년 2월), 박근혜 정부(2013년 2월~2017년 3월), 문재인 정부(2017년 5월~2022년 5월)가 그 대상이다. 네 정부의 모든 과학기술정책을 다루는 것은 가능하지도 않고 바람직하지도 않으므로 여기서는 과거와 불연속적인 성격을 띠는 경우와 법률, 사업, 조직 등에서 상당한 변화를 보인 경우에 초점을 두고자 한다. 이 책의 6장에서 소개한 정책변동론의 관점에서는 이전에 없던 정책을 새로 만들어가는 정책혁신과 특정 분야에서 기존 정책이 새로운 정책으로 대체되는 정책승계에 해당하는 셈이다.[156]

1　노무현 정부의 과학기술정책

　노무현 정부는 출범 3개월 뒤인 2003년 5월에 '참여정부의 과학기술기본계획(2003~2007년)'을 확정했다. 이에 앞서 2001년 1월에는 과학기술기본법이 제정되었고 12월에는 과학기술기본계획(2002~2006년)이 수립되었다. 노무현 정부는 과학기술기본계획의 기간을 대통령의 임기와 일치시키기 위해 기존의 계획을 보완하여 '참여정부의 과학기술기본계획'을 마련했던 것이다. 정책의 연속성 혹은 실효성이란 견지에서 볼 때 과학기술기본계획을 정부의 통치 기간과 연동한 것은 바람직한 조치로 판단된다.

　참여정부의 과학기술기본계획은 '과학기술중심사회 구축을 통한 제2의 과학기

---

156 이 장은 송성수(2022)를 부분적으로 보완한 것이다.

303

제10장　한국의 과학기술정책(2)

술입국 실현'을 비전으로, '과학기술 8대 강국 실현'을 목표로 삼았으며, 크게 2대 영역과 14개 부문으로 구성되었다([표 10-1] 참조). 동 계획의 특징으로는 '사회적 수요에 부응하는 과학기술의 역할 증대'가 별도의 항목으로 신설되었다는 점, 이전에 과학기술하부구조의 일환으로 다루어졌던 지방과학기술혁신이 독립적 항목으로 설정되었다는 점, 과학기술 국제화 부문에 동북아 R&D 허브 구축이 추가되었다는 점 등을 들 수 있다. 그것은 노무현 정부가 국정목표로 '국민과 함께 하는 민주주의', '더불어 사는 균형발전 사회', '평화와 번영의 동북아 시대'를 내걸었다는 점과 직결되어 있었다.[157]

표 10-1 참여정부의 과학기술기본계획의 정책범위.

영역	부문
국가전략 과학기술의 개발	① 지식-정보-지능화 사회구현을 위한 기술개발, ② 건강한 생명사회 지향을 위한 기술개발, ③ 지속가능한 사회구현을 위한 기술개발, ④ 고부가가치 창출 산업구조 실현을 위한 기술개발, ⑤ 국가 안전 및 위상제고를 위한 기술개발
과학기술 역량 제고 및 사회적 역할 강화	⑥ 창의적 혁신역량 제고를 위한 기초과학·연구 진흥, ⑦ 지식기반 사회를 선도할 과학기술인력 양성, ⑧ 과학기술의 국제화 및 동북아 R&D 허브 구축, ⑨ 국가균형발전을 위한 지방과학기술혁신, ⑩ 과학기술투자의 확충 및 효율성 제고, ⑪ 산업계 기술역량 제고를 위한 민간기술개발지원, ⑫ 과학기술 생산성 제고를 위한 하부구조 고도화, ⑬ 사회적 수요에 부응하는 과학기술의 역할 증대, ⑭ 국민과 함께 하는 과학기술문화 확산

자료: 재정경제부 외(2003).

노무현 정부는 출범과 함께 정보과학기술보좌관 직제를 신설했고, 과학기술중심사회의 구축을 위해 국가과학기술자문회의에 기획단을 설치했다. 2002년을 전후하여 불거진 이공계 위기 현상에 대처하여 2003년 8월에는 '이공계 전공자 공직진출 확대방안'을, 2004년 7월에는 '차세대 이공계 핵심인력 확보대책'을 수립했으며, 이

---

157 참여정부의 과학기술기본계획에 관한 자세한 논의는 송성수(2005: 148-164); 고용수 외(2005)를 참조.

러한 정책을 체계적으로 추진하기 위해 2004년 9월에는 '국가과학기술 경쟁력 강화를 위한 이공계지원 특별법'을 제정했다. 이 법은 우수 학생에 대한 장학 기회 확대, 연구중심대학의 육성·지원, 이공계인력의 공무원 임용 확대, 핵심 이공계인력에 대한 연구장려금 지원 등의 내용을 담고 있었다. 이에 대한 후속 조치로 2005년 8월에는 '제1차 이공계인력 육성·지원 기본계획(2006~2010년)'이 마련되었는데, 그 계획은 과학기술인력정책에서 '전(全)주기적 지원'에 대한 개념을 처음 도입한 것으로 평가되고 있다(과학기술정보통신부, 2017b: 117-120).

노무현 정부는 2003년 8월에 정보과학기술보좌관을 통해 차세대 성장동력을 도출하는 작업도 추진했다. 미래유망기술을 개발하여 신산업을 창출하고 주력산업을 고도화하는 것은 이전부터 중시되어 온 정책이었지만, 미래의 먹거리를 발굴하기 위해 차세대 성장동력을 별도로 선정하고 이에 대한 집중적인 투자를 실시한 것은 노무현 정부 때부터 시작된 일이었다. 차세대 성장동력으로는 ① 지능형 로봇, ② 미래형 자동차, ③ 차세대 반도체, ④ 디지털 TV/방송, ⑤ 차세대 이동통신, ⑥ 디스플레이, ⑦ 지능형 홈 네트워크, ⑧ 디지털 콘텐츠/SW솔루션, ⑨ 차세대 전지, ⑩ 바이오 신약/장기 등이 채택되었다.

차세대 성장동력을 선정하고 추진하는 과정에서는 정부부처 사이에 심각한 갈등과 대립이 발생했다. 이에 대처하여 노무현 대통령은 2004년 1월에 과학기술행정체제 개편에 관한 검토를 지시했고, 2004년 9월에는 과학기술부총리제의 신설, 과학기술혁신본부의 출범, 국가과학기술위원회(위원장 대통령)의 기능 강화 등을 골자로 하는 새로운 과학기술행정체제가 구축되었다. 과학기술부 장관은 부총리로 격상되어 미시경제정책을 총괄하는 지위에 올랐고, 국가과학기술위원회의 부위원장과 과학기술 관계 장관회의의 의장도 맡았다. 또한 과학기술부 내에 차관급의 과학기술혁신본부가 신설되어 국가과학기술위원회의 사무국 역할을 담당했는데, 과학기술혁신본부는 주요 보직을 관계 부처와 민간 전문가에게 개방함으로써 정책 기획과 조정에 관한 공정성과 전문성을 높이고자 했다. 특히 국가과학기술위원회는 국가연구개발사업에 관한 예산을 조정하고 배분하는 기능까지 확보하게 되었으며 국가재정운용계획의 수립, 연구개발예산 총액의 산출, 부처별 연구개발예산 지출한도 설정 등을 기획예산처와 협의해 결정할 수 있었다. 이와 함께 '과학기술분야 정부출연연구기관 등의 설립·운영 및 육성에 관한 법률'이 제정되어 기초기술연구회, 공공기술연구회, 산업기술연구회 등 과학기술분야의 3대 연구회는 기존의 국무총리실에서 과학기술부로 소속이 변경되었다.

과학기술부총리제를 비롯한 새로운 과학기술행정체제가 구축됨으로써 과학기술정책은 노무현 정부에서 한국 역사상 가장 높은 위상을 차지하게 되었다. 그러나 새로운 과학기술행정체제에 대한 비판이나 불만도 제법 있었다(천세봉, 2017: 184). 과학기술혁신본부가 과학기술부에 소속됨으로써 연구개발을 담당하는 부처와 이를 평가하는 부처가 사실상 동일하다는 문제가 있었는데, 그것은 소위 '선수-심판론'에 대한 논쟁으로 불거졌다. 또한 국가과학기술위원회가 연구개발에 대한 예산조정권을 가지게 됨으로써 기획예산처의 예산편성을 제약한다는 비판도 있었다. '예산 전문부처'와 '과학기술 전문부처' 중에 누가 연구개발예산을 조정하는 것이 효과적인가 하는 문제가 발생했던 셈이다. 이와 함께 과학기술분야의 연구회와 정부출연연구기관이 과학기술부로 배속된 것이 원래의 취지와 부합하지 않는다는 비판도 제기할 수 있다. 1999년에 연구회제도가 시행될 때는 정부출연연구기관이 특정 부처에 종속되지 않고 범부처적 수요에 대응할 수 있도록 국무총리실이 연구회를 관장하도록 했던 것이다.

2004년을 전후해서는 과학기술문화에 대한 정책적 노력도 대폭 강화되었다. 2003년 12월에는 과학기술문화에 대한 최초의 범부처 종합계획인 '과학기술문화창달 5개년 계획(2003~2007년)'이 마련되었다. 이어 2004년 4월 21일에는 사이언스 코리아(Science Korea) 운동이 제창되면서 흥미 유발 프로그램, 국민 참여 프로그램, 지역주민 체험 프로그램, 네트워크 구축 프로그램 등이 추진되었다. 특히 2004년 10월에는 과학문화도시를 육성하는 사업이 추진되면서 생활과학교실과 청소년 과학탐구반이 본격적으로 운영되었다. 이와 함께 과학기술의 사회적 이슈에 대응하기 위한 제도적 장치도 정비되기 시작했다. 예를 들어 기술영향평가는 2003~2004년에 시범사업이 추진된 후 2005년에는 RFID(Raido Frequency Identification)에 대한 본격적인 사업이 전개되었다. 이어 2006년에는 줄기세포를 이용한 치료기술, 나노소재, 유비쿼터스 컴퓨팅기술 등의 3개로 대상기술이 확대되었고 유비쿼터스 컴퓨팅기술의 경우에는 시민공개포럼이 실시되기도 했다.

과학기술행정체제의 개편이 한창 논의 중이던 2004년 7월에는 정보과학기술보좌관을 매개로 '국가기술혁신체계 구축방안'이 마련되었다. 국가기술혁신체계는 국가혁신체제(national innovation system, NIS)를 한국의 맥락에 맞게 차용한 것에 해당한다. 2004년의 NIS 구축방안은 기술개발, 성과확산, 재투자의 선순환을 목표로 삼았으며, 혁신성과로 신성장, 일자리 창출, 삶의 질 향상 등에 주목했다(교육인적자원부 외, 2007: 80). 1990년대 중반에 NIS가 한국에 처음 도입될 때에는 혁신에 관한 여러 현상을 종합적으로 분석하기 위한 서술적 개념에 지나지 않았지만, 노무현 정부 시절에는 과학기술, 산업, 인력양성, 금융, 노사관계 등을 시스템적으로 고려하여 혁신에 관한 문제를 해결하려는 정책적 틀로 활용되기에 이르렀다(송위진, 2009: 12). NIS 구축방안이 마련되는 것을 전후하여 과학기술정책 대신에 과학기술혁신정책(science, technology and innovation policy, STI policy)이라는 용어도 널리 사용되기 시작했다.[158]

국가혁신체제와 함께 정책적 틀로 활용된 것은 지역혁신체제(regional innovation system, RIS)였다. 사실상 노무현 정부는 한국 역사상 국가균형발전에 가장 많은 노력을 기울인 정부에 해당한다. 2004년 1월에는 국가균형발전특별법이 제정되면서 국가균형발전위원회가 구성되었으며 국가균형발전특별회계가 별도로 마련되었다. 지역전략산업 진흥사업과 테크노파크 조성사업이 지속적으로 전개되는 가운데 지방대학 혁신역량 강화사업(New University for Regional Innovation, NURI), 혁신클러스터 조성사업, 대덕연구개발특구 조성사업 등이 새롭게 추진되었다. 이러한 사업을 매개로 지방자치단체, 기업, 대학, 연구기관 등이 서로 협력하여 효과적인 지역혁신제체를 구축함으로써 내생적 성장(endogenous growth)을 도모하자는 것이었다. 정부 연구개발예산에서 지방에 대한 투자가 차지하는 비중은 2003년 27.0%에서 2007년 39.8%로, 지방자치단체의 총예산에서 연구개발투자가 차지하는 비중은 2002년 0.95%에서 2006년 2.3%로 대폭 증가했다(교육인적자원부 외, 2007: 462).

혁신체제의 관점이 부상하면서 산학협력과 기술이전사업화도 본격적인 주목을 받았다. 2003년 5월에는 산업교육진흥 및 산학협력촉진에 관한 법률(2011년 7월에 산업교육진흥 및 산학'연'협력촉진에 관한 법률로 변경됨)이 제정되면서 당시 우리나라 대학에

---

158 7장에서 소개한 국가 과학기술혁신 역량평가도 NIS의 관점을 바탕으로 구상되었다.

는 생소했던 산학협력단, 계약학과, 기술지주회사 등과 같은 제도가 속속 자리를 잡기 시작했다. 노무현 정부는 공급자 중심의 산학협력 대신에 수요자 중심의 '신(新)산학협력'을 표방하면서 교육인적자원부를 매개로 산학협력 중심대학(Hub University for Industrial Collaboration) 육성사업과 커넥트 코리아(Connect Korea) 사업을 포함한 새로운 형태의 대학지원 정책을 추진했다([표 10-2] 참조). 또한 2006년 12월에 기존의 '기술이전촉진법'이 '기술의 이전 및 사업화 촉진에 관한 법률'로 전면 개정되면서 공공연구기관에 이어 대학에도 기술이전전담조직(technology licensing office, TLO)이 설치되었고 사업화와 연계된 연구개발을 강조하는 R&BD(research and business development)에 대한 지원이 대폭 강화되었다. 이처럼 산학협력과 기술이전사업화가 강조되면서 대학이 기초연구를 상대적으로 경시하는 현상도 발생했다.[159]

표 10-2 기존의 산학협력과 참여정부의 신(新)산학협력.

구분	기존의 산학협력	새로운 산학협력
기본개념	공급자 중심	수요자 중심
목적	순수 R&D 중심	실용화/상품화 R&BD 중심
교육	이론/연구 중심	현장/실습 중심
지원범위	부분적 지원(프로젝트/학부/전공별)	대학 단위의 종합적 지원
참여범위	지협적(교수별/과제별 분산 방식)	총괄적(교수/기업체/연구원/학생 등)
평가	SCI 등 논문실적 중심	특허, 기술이전 및 사업화 실적 중심

자료: 성경륭 외(2007: 15).

　　노무현 정부는 국가연구개발사업의 기획과 평가를 체계화하는 데도 많은 공을 들였다. 노무현 정부는 '위원회 정부' 혹은 '로드맵 정부'라는 별명을 얻을 정도로 주

---

159 동서고금을 막론하고 기초연구의 주체로는 대학이 꼽히는데, 우리나라 대학에서는 기초연구, 응용연구, 개발의 비중이 2004년에 33.5: 34.6: 31.9를, 2006년에는 33.4: 32.2: 34.4를 기록한 바 있다. 대학이 기초연구보다 응용연구나 개발연구를 많이 수행하는 비정상적인 일이 발생한 것이다. 이후에 대학의 기초연구 비중은 2007년 47.1%, 2008년 49.3%, 2009년 52.5%로 상승하는 추세를 보였다.

요 정책을 기획하고 추진함에 있어 위원회와 로드맵을 적극 활용했다.[160] 국가연구개발사업의 경우에는 2006년 12월에 '토털 로드맵(total roadmap)'으로 불린 중장기 발전전략이 마련되었는데, 그것은 9대 기술 분야 간의 포트폴리오, 90개 중점과학기술, 국가연구개발사업 추진전략 등을 담고 있었다(송위진, 2011: 52). 이에 앞선 2005년 12월에는 '국가연구개발사업 등의 성과평가 및 성과관리에 관한 법률'을 제정하여 사전에 설정된 연구개발사업의 목표와 지표를 바탕으로 사업성과를 평가하고 그 결과를 예산 배분 및 조정에 반영하도록 했다. 또한 2007년에는 국가연구개발사업에 대한 타당성 검증을 강화하기 위해 총 사업비 500억 원 이상의 신규 사업을 대상으로 예비타당성조사(예타) 제도를 도입했다(과학기술정보통신부, 2017a: 94).

노무현 정부는 집권 후반기인 2006년 8월에 동반성장론에 입각한 '함께하는 희망한국 비전 2030'을 발표했다. 그것은 한국 사회가 당면하고 있던 저출산·고령화, 저성장, 양극화의 문제를 해결하기 위한 장기적 차원의 전략을 담았다. 이에 대한 후속 조치로 2007년 8월에는 '기술기반 삶의 질 향상 종합대책'이 마련되었다. 그 대책은 '2030년까지 삶의 질 세계 10위권의 선진복지 국가 실현'을 목표로 제시했으며, 건강한 삶, 안전한 삶, 편리한 삶, 즐거운 삶을 누리기 위한 22개의 중점추진과제를 선정했다. 이를 통해 이전에 수사적 차원에 머물렀던 삶의 질 제고를 위한 과학기술정책은 실제 예산이 배분되는 사업으로 자리 잡기 시작했으며, 삶의 질 향상에 관한 연구개발투자는 2003년 1,098억 원에서 2007년 3,853억 원으로 증가했다(교육인적자원부 외, 2007: 41). 이전의 과학기술정책이 과학기술의 발전을 위한 정책적 지원에 초점을 두었던 반면 이제는 과학기술이 사회문제를 해결하는 데 기여해야 한다는 주

---

160 노무현 정부는 집권 1년 만에 적어도 6개의 로드맵을 작성했던 것으로 확인된다. 동북아 물류허브 로드맵(2003년 8월 27일), 자유무역협정(Free Trade Agreement, FTA) 로드맵(2003년 9월 2일), 노사관계 로드맵(2003년 9월 4일), 동북아 금융허브 로드맵(2003년 12월 11일), 시장개혁 3개년 로드맵(2003년 12월 30일), 산업자본의 금융지배에 따른 부작용방지 로드맵(2004년 1월 2일) 등이 그것이다(국정브리핑 특별기획팀, 2008: 363).

장이 탄력을 받기 시작했던 셈이다.[161]

　　노무현 정부의 과학기술정책은 '황우석 사태'를 매개로 홍역을 앓기도 했다(김환석, 2006: 268-286; 이영희, 2011: 166-183). 노무현 정부는 정보기술(IT)의 뒤를 이을 미래 유망기술로 생명공학기술(BT)에 주목하면서 집중적으로 지원했는데, 그것은 연구개발예산에서 정보기술이 차지하는 비중이 2003년 21.2%에서 2007년 21.8%로 큰 변화가 없었던 반면 생명공학기술의 비중은 2003년 10.9%에서 2007년 17.2%로 대폭 증가했다는 점에서 잘 드러난다. 이러한 배경에서 정부의 핵심 관계자들과 황우석은 매우 돈독한 관계를 유지했지만, 황우석 연구팀이 2004년과 2005년에『사이언스(Science)』에 게재한 논문은 모두 조작된 것으로 드러났다. 연구윤리에 관한 관심이 증가하는 가운데 과학기술부는 '연구윤리 확보를 위한 지침'을 마련한 후 2007년 2월에 공포했다. 동 지침은 연구부정행위(research misconduct)에 위조, 변조, 표절, 부당한 저자 표시, 부정행위 조사를 방해하거나 제보자에게 위해를 가하는 행위, 통상적으로 용인되는 범위를 심각하게 벗어난 행위를 포함시켰다. 연구윤리 확보를 위한 지침은 이후에도 여러 차례 개정되었는데, 2015년 11월에는 부당한 중복게재도 연구부정행위에 추가되어 오늘에 이르고 있다.

　　이상의 논의에서 보듯, 노무현 정부는 이전의 정부에서 찾아보기 어려운 다양한 과학기술정책을 기획하고 추진했다. 참여정부의 과학기술기본계획은 '과학기술중심사회'를 표방하면서 지역의 과학기술혁신과 과학기술의 사회적 역할 등을 강조했다. 노무현 정부 시기에는 과학기술부총리제와 과학기술혁신본부를 포함한 강력한 과학기술행정체제가 구축됨으로써 과학기술정책의 위상이 절정기를 구가했다. 국가혁신체제가 과학기술활동을 진단하고 조정하는 정책적 틀로 활용되는 가운데 이공계인력에 관한 지원 강화, 차세대 성장동력의 확충, 과학기술문화의 창달, 지역혁신체제의 구축, 산학협력과 기술이전사업화의 촉진, 사회문제 해결에 대한 과학기술의 기여도 강화, 연구윤리의 확립 등에서 상당한 정책변동이 있었다.

---

161 이와 관련하여 2003년에 마련된 참여정부의 과학기술기본계획은 '공익적 기술개발촉진을 위한 기반구축'이란 항목에서 사회적 약자를 위한 '사회적으로 유용한 연구개발사업(socially useful R&D program)'의 추진을, '과학기술의 사회적 이슈에 대한 대응능력 강화'라는 항목에서 환경, 고령화, 재해 등의 사회문제 해결에 기여할 수 있는 국가연구개발사업의 추진을 제안한 바 있다(재정경제부 외, 2003: 236).

과학기술의 경영과 정책

2 이명박 정부의 과학기술정책

이명박 정부는 2008년 2월 출범과 함께 '대(大)부처주의'에 입각한 정부조직 개편을 단행했다. 과학기술부와 교육인적자원부는 교육과학기술부로 통합되었고, 산업자원부는 과학기술부의 일부 업무와 정보통신부의 기술진흥에 관한 업무를 흡수하여 지식경제부로 확대되었다. 과학기술부총리제와 과학기술혁신본부가 폐지되는 가운데 연구개발예산의 조정·배분권은 기획재정부로 이관되었으며, 과학기술분야의 연구회는 기초기술연구회와 산업기술연구회를 재편되면서 각각 교육과학기술부와 지식경제부의 소관으로 자리 잡았다. 국가과학기술위원회는 교육과학기술부 장관이 부위원장을, 청와대 교육과학문화수석이 간사를 맡는 가운데 민간 중심의 전문위원회 체제로 변모했다. 교육과학기술부의 출범을 배경으로 2008년 5월에 한국과학문화재단은 한국과학창의재단으로 재편되었고, 2009년 6월에는 한국학술진흥재단, 한국과학재단, 국제과학기술협력재단이 통합되어 한국연구재단으로 거듭났다.

교육과학기술부의 출범은 인력 양성과 과학기술 지원을 연계하는 데 의의를 두었지만, 과학기술계의 입장에서는 과학기술정책의 축소를 의미하는 것으로 받아들여졌다. 이에 대해 2017년에 발간된『과학기술 50년사』는 "교육과학기술부는 사회적 이슈가 되는 교육 문제에 정책적 관심이 집중되면서 과학기술 이슈가 부각되지 못하고 과학기술 문제에 대한 정책 대응력도 약해졌다"라고 평가한 바 있다(과학기술정보통신부, 2017a: 86). 물론 일본의 문부과학성, 독일의 연방교육연구부, 스웨덴의 교육과학부와 같이 몇몇 선진국들은 교육과 과학을 함께 관장하는 정부부처를 운영하고 있다. 그러나 교육에 대한 국민적 관심이 지대하고 민감한 우리나라의 경우에는 교육정책과 과학기술정책의 관계를 보다 신중하게 설계할 필요가 있었다. 가령 초등교육과 중등교육에 관한 업무를 지방교육청으로 이관한 후 고등교육과 기초과학을 연계하는 것도 하나의 방법이 될 수 있었지만, 이러한 사전 조치 없이 기존의 교육인적자원부와 과학기술부를 기계적으로 통합했기 때문에 과학기술정책은 홀대를 받을 가능성이 커질 수밖에 없었다. 게다가 지식경제부가 산업기술 전반을 관장하게 되면서 교육과학기술부보다 더 많은 연구개발예산을 사용하는 사태가 빚어졌고, 과학기술정책의 전반적인 방향이 단기적인 사업의 성과에 치중되는 경향도 나타났다(과학기술정보통신부, 2017a: 86).

2008년 8월에는 제2차 과학기술기본계획에 해당하는 '선진일류국가를 향한 이명박 정부의 과학기술기본계획(2007~2013년)'이 마련되었다. 동 계획은 '577 Initiative'라는 부제를 달고 있는데, 그것은 GDP 대비 연구개발투자 5% 달성, 7대 R&D 분야의 중점육성과 7대 시스템의 선진화, 그리고 7대 과학기술강국의 실현을 의미했다([표 10-3] 참조).[162]

표 10-3 이명박 정부의 과학기술기본계획이 표방한 577 전략.

영역	부문
투입(5)	국가 총 연구개발투자 GDP 대비 5% 달성
과정(7)	[R&D 7대 중점분야] ① 주력기간산업, ② 신산업창출, ③ 지식기반서비스, ④ 국가주도기술, ⑤ 현안 관련 분야, ⑥ 글로벌 이슈 대응, ⑦ 기초·기반·융합 [시스템 7대 중점분야] ① 세계적 과학기술인재, ② 기초·원천연구 진흥, ③ 중소·벤처 기술혁신, ④ 과학기술 국제화, ⑤ 지역 기술혁신, ⑥ 과학기술 하부구조, ⑦ 과학기술문화
성과(7)	7대 과학기술강국 실현

자료: 기획재정부 외(2008: 23).

이명박 정부의 과학기술기본계획은 정책범위의 측면에서 참여정부의 과학기술기본계획과 큰 차이를 보이지 않지만, 내용상으로는 과거와 달리 기초·원천연구에 본격적으로 주목한 특징을 보이고 있다. 정부연구개발비 중에 기초연구가 차지하는 비중은 2008년에 25.6%를 기록했는데, 동 계획은 2012년까지 기초연구의 비중을 35%로, 기초·원천연구의 비중을 50%로 증가시킨다는 점을 표방하고 있다. 또한 개인·소규모 연구의 비중을 2007년 13%에서 2012년 35%로 확대하기로 계획했다. 그

---

[162] 이명박 정부의 과학기술기본계획의 기획, 집행, 평가에 관한 자세한 논의는 이장재 외(2011: 231-254)를 참조.

과학기술의 경영과 정책

밖에 이명박 정부의 과학기술기본계획은 세계적 수준의 연구중심대학 육성, 국제과학비즈니스벨트의 조성, 과학관의 전국적 확충 등에 주의를 기울이고 있다.

이명박 정부는 제1차 기초연구진흥 종합계획(2006~2010년)을 조기에 중단시키고 제2차 기초연구진흥 종합계획(2008~2012년)을 새롭게 수립하면서 기초연구에 대한 지원을 대대적으로 강화했다. 그 결과 2012년에는 정부연구개발예산에서 기초연구가 차지하는 비중이 35.2%, 기초·원천연구의 비중이 50.3%가 되어 목표치를 상회하는 결과를 보였고, 개인·소규모 연구의 비중은 30.3%를 기록했다. SCI 논문 수는 2008년 34,352편에서 2012년 49,897편으로, 같은 기간에 세계 점유율은 3.04%에서 3.64%로, 세계 순위는 12위에서 10위로 향상되었다. 이와 함께 이명박 정부는 2010년에 최선을 다한 성실한 실패라면 다시 연구비를 지원받을 수 있도록 하는 '성실실패용인 제도'를 도입하기도 했다. 그러나 과학기술계 일각에서는 기초연구 예산을 집계하는 방식이 변경되었다는 점, 핵심기술의 개발을 겨냥하는 원천연구의 범위가 애매하다는 점, 성실실패용인 제도에 대한 체감도가 떨어진다는 점 등과 같은 비판이 제기되기도 했다.

이명박 정부의 기초연구정책에서 빼놓을 수 없는 것으로는 국제과학비즈니스벨트 조성사업을 들 수 있다(이주호 외, 2011: 408-412). 그것은 창의적인 연구 환경을 조성하여 세계적인 과학자를 육성하고, 기초과학과 비즈니스가 융합된 국가성장네트워크를 구축하기 위한 사업에 해당한다. 국제과학비즈니스벨트 조성사업은 대선공약사항으로 인수위원회 시절부터 준비되어 왔지만 상당한 우여곡절을 겪었다.[163] 결국 2011년 1월에는 '국제과학비즈니스벨트 조성 및 지원에 관한 특별법'이 제정되었고 같은 해 5월에는 추진체계가 정립될 수 있었다. 거점지구인 대전에는 기초과학연구원(Institute for Basic Science, IBS) 본원과 중이온가속기가 들어서고, 기초과학연구

---

[163] 국제과학비즈니스벨트는 처음에 세종시를 거점으로 구축될 예정이었지만 행정수도가 위헌으로 결정되고 그 위상이 행정중심복합도시로 바뀌면서 정쟁(政爭)의 대상이 되고 말았다. 이명박 대통령이 "세종시에 국제과학비즈니스벨트를 줄 터이니 행정중심복합도시를 포기하라"는 거래를 성사시키려고 했던 것이다. 정치권 안팎에서 숱한 논란이 계속되는 가운데 2010년 말에는 세종시를 행정 중심의 특별자치시로 지정하기 위한 특별법이 마련되었다(최성우, 2022: 31-32). 이와 관련하여 제2차 과학기술기본계획에서는 국제과학비즈니스벨트의 조성이 기초연구정책이 아니라 지역기술혁신정책의 일환으로 간주되고 있다(기획재정부 외, 2008: 151).

원 소속 연구단은 대전, 대구·경북·울산, 그리고 광주를 중심으로 설치한다는 것이었다. 이러한 의사결정에는 연구개발특구와 과학기술특성화대학이 중요하게 고려되었다. 세 지역에는 대덕연구개발특구(2005년 9월), 광주연구개발특구(2011년 1월), 대구연구개발특구(2011년 3월)가 조성되어 있었고, 한국과학기술원, 광주과학기술원, 대구경북과학기술원, 포항공과대학교, 울산과학기술원과 같은 과학기술특성화 대학이 존재했던 것이다. 이에 따라 다른 지역에서는 이후의 유사한 사업에서도 불이익을 당할까봐 연구개발특구로 지정받고 과학기술특성화대학을 유치하기 위해 고심하는 상황이 연출되기도 했다. 2011년 11월에는 국가 차원의 장기적, 대형, 집단적 기초과학연구를 표방한 기초과학연구원이 출범했다. 기초과학연구원은 2022년 6월을 기준으로 33개의 연구단을 운영하고 있는데, 연구단장의 수월성을 최우선 가치로 두고 연구단장에게 연구사업 관리에 관한 전권을 부여하고 있다.[164]

2008년 6월에는 '세계수준의 연구중심대학(World Class University, WCU) 육성사업'이 시작되었다. WCU 사업의 골자는 연구역량이 탁월한 해외 학자를 유치하거나 활용하여 국내 대학의 연구경쟁력을 세계적 수준으로 높이는 데 있었다. 그것은 융복합 전공·학과 개설, 개별학자 초빙(전일제), 해외석학 초빙(비전일제) 등의 세 가지 유형으로 추진되었다(이주호 외, 2011: 300-325). 또한 2011년 9월에는 산학협력에 관한 기존 사업을 종합하고 개편한 '산학협력 선도대학(Leaders in INdustry-university Cooperation, LINC) 육성사업'이 시행되었다. LINC 사업은 선도대학 50개를 육성하여 다양한 산학협력 모델을 창출, 확산함으로써 지역 대학과 지역 산업의 공생적 발전을 도모하는 것을 목표로 삼았다(과학기술정보통신부(2017b: 150). 이명박 정부 시절에는 교육과 과학기술의 연계가 표방되면서 과학교육에 대한 관심도 높아졌는데, 대표적인 예로는 과학, 기술, 공학, 예술, 수학의 연계를 지향하는 융합인재교육(STEAM)을 들 수 있다. 융합인재교육은 융합형 교과서의 개발, 교사연수프로그램의 운영, 융합문화사업의 전개 등을 통해 추진되었으며, 특정 주제에 관한 종합적 이해, 실생활과 연계된 스토리텔링, 창의적 문제해결능력 등에 초점을 두었다(이주호 외, 2011: 442-463).

광우병 논란이 한창이던 2008년 8월 15일에 이명박 대통령은 '저탄소 녹색성장'

---

164 국제과학비즈니스 조성사업의 맥락과 전개과정에 대한 자세한 논의는 박범순 외(2016)를 참조.

을 화두로 꺼냈다. 2009년 2월에는 대통령 직속 녹색성장위원회가 발족되었고, 3월에는 녹색기술 연구개발 종합대책이 발표되었다. 녹색성장위원회는 새로운 국정운영 철학으로 녹색성장을 부각시키면서 경제적 가치와 환경적 가치를 동시에 추구하는 성장으로 정의했다. 종합대책에서는 27개 중점 녹색기술에 대한 연구개발투자를 2008년 1조 원에서 2012년 2조 원으로 확대한다는 내용과 함께 녹색기술의 융합화 촉진, 기초·원천연구 확대, 기존 산업의 그린화 및 성장동력화 등의 전략이 제시되었다. 녹색성장의 정의에서는 경제와 환경의 조화가 강조되었던 반면 실제적인 정책 수단에서는 성장동력의 창출에 중점이 주어졌던 셈이다. 이명박 정부는 녹색성장이 새로운 국가전략으로 부상하고 있던 2009년 1월에 3대 분야 17개 사업으로 구성된 신(新)성장동력을 선정하기도 했다([표 10-4] 참조).

표 10-4 이명박 정부의 신성장동력 사업.

분야	사업
녹색기술산업	① 신재생에너지, ② 탄소저감에너지, ③ 고도 물처리, ④ LED 응용, ⑤ 그린수송시스템, ⑥ 첨단그린도시
첨단융합산업	⑦ 방송통신융합산업, ⑧ IT융합시스템, ⑨ 로봇 응용, ⑩ 신소재·나노융합, ⑪ 바이오제약·의료기기, ⑫ 고부가 식품산업
고부가가치산업	⑬ 글로벌 헬스케어, ⑭ 글로벌 교육서비스, ⑮ 녹색 금융, ⑯ 콘텐츠·소프트웨어, ⑰ MICE·관광

주: MICE는 기업회의(meeting), 포상관광(incentives), 컨벤션(convention), 전시(exhibition)의 앞 글자를 딴 서비스산업에 해당함.
자료: 과학기술정보통신부(2017a: 92).

이명박 정부가 이전 정부에 비해 소홀히 한 정책으로는 지역혁신정책을 들 수 있다. 그것은 지방자치단체의 총예산에서 연구개발투자가 차지하는 비중이 2008년에 4.19%로 정점을 찍은 후 하락세에 접어들어 2010년 1.57%, 2012년 1.29%, 2014년 0.78%를 기록한 데서 단적으로 드러난다(과학기술정보통신부, 2017b: 303). 지방자치단체의 연구개발투자는 상당 부분 국가연구개발사업의 대응자금(matching fund)으로 투입되고 있는 형편이므로 지방자치단체의 연구개발투자 비중이 감소한 것은 그만큼 중앙정부의 지역에 대한 투자가 감소했다는 점을 방증하고 있는 셈이다.

여기서 이명박 정부의 과학기술기본계획을 다시 살펴보자. 동 계획은 노무현 정부 시절에 전체 연구개발비에서 지방이 차지하는 비중은 증가했던 반면 지방의 연구원 수 증가율은 떨어지고 있다고 진단하고 있으며, 이를 바탕으로 연구개발투자의 증가 대신에 과학기술인력의 확보를 지역혁신정책의 핵심적인 과제로 내세우고 있다(기획재정부 외, 2008: 148). 그러나 지역혁신정책의 역사가 길지 않고 연구개발투자가 상당한 회임기간을 가진다는 점을 상기한다면 당시로서는 중앙정부의 지속적인 투자 증대가 필요한 시점이었다고 볼 수 있다. 또한 이전의 투자는 주로 기반조성의 측면에 초점이 주어졌으므로, 이명박 정부는 실질적인 연구개발투자를 강화해야 하는 시대적 임무를 띠고 있었는데 이를 놓쳐버린 셈이 되는 것이다. 게다가 이명박 정부의 지역혁신정책은 소위 '5+2 광역경제권'의 개념을 바탕으로 추진되는 바람에 지역 일선에서는 '옥상옥'이라는 비판도 받았다.[165]

2011년 3월에는 과학기술행정체제를 선진화한다는 명목하에 국가과학기술위원회가 대통령 직속 상설 행정위원회로 개편되었다. 새로운 위원회는 장관급 위원장 1인과 차관급 상임위원 2인을 포함하여 10명의 위원으로 구성되었고, 자체 직제 및 예산을 갖는 독립 사무처도 설치했다. 비상설 기구에서 상설 조직으로 바뀐 것은 이전보다 강화된 조치로 보이지만, 위원장이 대통령에서 장관급으로 변경됨으로써 정책리더십을 확보하는 것은 쉽지 않았다. 새로운 국가과학기술위원회는 정부연구개발예산에 대한 조정 기능을 다시 확보했지만 실제적인 정책집행 수단이 뒷받침되지 않아 컨트롤 타워의 역할을 수행하는 데 한계를 보였다.

이상의 논의에서 보듯, 이명박 정부에서는 교육과학기술부가 출범하는 가운데 기초연구와 녹색성장에 초점을 둔 과학기술정책이 추진되었다. 교육과학기술부의 출범으로 교육과 과학기술이 연계될 수 있는 통로가 마련되었지만, 과학기술이 교육

---

165 정책에서는 내용에 못지않게 타이밍이 중요한데, 광역경제권은 타이밍이 잘 맞지 않았던 정책적 개념이라고 볼 수 있다. 결국 이명박 정부의 광역경제권 정책은 실질적 효과를 거두지 못했고 2013년에 제4차 지방과학기술진흥 종합계획이 마련되면서 광역경제권 대신에 지방자치단체가 주도하는 '지역희망(HOPE) 프로젝트'가 추진되는 것으로 이어졌다. 최근에는 몇몇 지방자치단체들을 아우르는 '메가시티'라는 개념이 자발적으로 제기되고 있으므로 광역경제권에 입각한 지역혁신정책이 필요한 시점으로 판단된다.

과학기술의 경영과 정책

에 묻혀 홀대를 받는다는 비판이 계속해서 제기되었다. 이명박 정부 시절에는 기초연구의 비중이 크게 확대되고 기초과학연구원이 설립되는 등 기초연구정책에서 상당한 성과를 보였다. 녹색성장은 경제와 환경의 선순환을 지향했지만 실질적으로는 성장동력의 창출에 초점을 맞추어 진행되었다. 이명박 정부는 지역혁신정책을 효과적으로 추진하지 못했으며, 그것은 이후의 정부에서도 계속되는 경향을 보였다.

3 박근혜 정부와 문재인 정부의 과학기술정책

박근혜 정부는 출범 직후인 2013년 3월에 정부조직을 개편하면서 미래창조과학부(Ministry of Science, ICT and Future Planning, MSIP)를 새로 조직했다. 미래창조과학부는 미래기획을 강조하고 창조경제를 표방하는 상징적 의미를 가졌지만, 영문명에서 보듯 실제적 기능은 노무현 정부 시절의 과학기술부와 정보통신부를 합친 것에 해당했다. 또한 기존의 국가과학기술위원회가 폐지되면서 이를 대체하는 조직으로 국가과학기술심의회가 설치되었는데, 국무총리와 민간 전문가가 공동위원장을, 미래창조과학부장관이 간사를 맡았다. 과학기술 컨트롤 타워의 위상이 약화되었다는 비판이 계속 제기되는 가운데 2016년 5월에는 대통령이 주재하는 과학기술전략회의가 설치되었지만, 그 회의는 3번 개최되는 것으로 그쳤다. 이와 함께 기초기술연구회와 산업기술연구회는 2013년 3월에 미래창조과학부 산하로 이관되었으며, 2014년 6월에는 국가과학기술연구회(National Research Council of Science and Technology, NST)라는 단일 연구회로 통합되었다.[166] 국가과학기술연구회는 정부출연연구기관들

---

166 2020년 11월을 기준으로 국가과학기술연구회에 소속된 정부출연연구기관은 모두 25개이다. 한국과학기술연구원, (부설)국가녹색기술연구소, 한국기초과학지원연구원, 한국천문연구원, 한국생명공학연구원, 한국과학기술정보연구원, 한국한의학연구원, 한국생산기술연구원, 한국전자통신연구원, (부설)국가보안기술연구소, 한국건설기술연구원, 한국철도기술연구원, 한국표준과학연구원, 한국식품연구원, (부설)세계김치연구소, 한국지질자원연구원, 한국기계연구원, 한국항공우주연구원, 한국에너지기술연구원, 한국전기연구원, 한국화학연구원, (부설)안전성평가연구소, 한국원자력연구원, 한국재료연구원, 한국핵융합에너지연구원 등이 그것이다(https://www.nst.re.kr/).

의 융합연구를 활성화하고 공통애로사항을 해결한다는 취지를 표방했지만 실질적인 권한과 자체 역량이 부족하다는 비판에서 자유롭지 못했다.

2013년 7월에는 제3차 과학기술기본계획(2013~2018년)이 마련되었다. 동 계획은 '창조적 과학기술로 여는 희망의 새 시대'를 비전으로 삼았고, 성과지표로는 연구개발의 경제성장 기여율 40%, 신규 일자리 64만 개 창출, 과학기술혁신역량 세계 7위 달성 등을 제시했으며, '하이파이브'로 명명된 5대 전략을 고도화하고 19개 분야 78개 과제를 추진한다는 내용을 담고 있었다([표 10-5] 참조). 이전의 계획에 비해 제3차 과학기술기본계획은 창업 촉진과 일자리 확대에 관한 사항을 부각시키는 특성을 보였다. 창업의 경우에는 생계형 창업(necessity entrepreneurship) 대신에 기회형 창업(opportunity entrepreneurship)을 중시하는 가운데 '대학의 창업기지화'를 표방했으며, 과학기술 일자리로는 신산업 분야 이외에도 연구개발장비, 과학기술문화, 연구개발 서비스 분야에 주목했다.[167]

표 10-5 제3차 과학기술기본계획의 하이파이브 전략과 해당 분야.

추진전략	분야
High 1 국가연구개발 투자 확대 및 효율화	① 국가연구개발 투자 확대 및 효율화
High 2 국가전략기술 개발	② ICT 융합 신산업 창출, ③ 미래성장동력 확충, ④ 깨끗하고 편리한 환경 조성, ⑤ 건강장수시대 구현, ⑥ 걱정 없는 안전사회 구축
High 3 중장기 창의역량 강화	⑦ 창의적 기초연구 진흥, ⑧ 창의·융합형 인재 양성·활용, ⑨ 국가발전의 중추거점으로 출연(연) 육성, ⑩ 과학기술 글로벌화, ⑪ 새로운 지역혁신체계 구축, ⑫ 창의적 과학문화 조성
High 4 신산업 창출 지원	⑬ 중소·벤처기업 기술혁신 지원, ⑭ 지식재산 생태계 조성, ⑮ 기술이전·사업화 촉진, ⑯ 신시장 개척 지원

---

167 제3차 과학기술기본계획은 이전의 계획에 없었던 새로운 정책과제를 대거 포괄하고 있었지만, 면밀하게 기획된 과제라기보다는 문제를 제기하는 수준에 그치는 경향을 보였다.

| High 5
과학기술 일자리 확대 | ⑰ 창업주체별 지원체계 구축, ⑱ 기술창업 생태계 조성,
⑲ 새로운 과학기술 일자리 창출 |

자료: 기획재정부 외(2013: 32-35)를 바탕으로 작성함.

박근혜 정부는 이명박 정부에 이어 기초연구와 도전적 연구를 강조했다. 정부연구개발예산에서 기초연구가 차지하는 비중은 2016년 39.0%까지 증가했으며, 새로운 분야에 관한 탐색적 연구를 지원하기 위한 SGER(Small Grants for Exploratory Research) 사업이 신설되었다. 그동안 지원 대상과 역량 단계에 따라 세분화되었던 개인연구 사업의 구조가 단순화되는 가운데 연구자가 자신의 필요에 따라 연구비와 연구기간을 탄력적으로 신청할 수 있는 통로를 열어주었다. 연구비 3억 원 이하의 과제는 온라인 평가로 선정하도록 간소화했으며, 성실실패용인 제도의 적용 범위를 더욱 확대했다(과학기술정보통신부, 2017a: 98-99).

2014년 3월에는 '국민소득 4만 달러 실현을 위한 미래성장동력 발굴·육성 계획'이 마련되었다. 박근혜 정부의 미래성장동력은 4대 분야 19개 사업으로 구성되었다. 미래신산업(지능형 로봇, 착용형 스마트기기, 실감형 콘텐츠, 스마트바이오생산시스템, 가상훈련시스템), 주력산업(스마트 자동차, 심해저 해양플랜트, 5G 이동통신, 수륙이착륙무인기), 공공복지·에너지산업(맞춤형 웰니스케어, 신재생 하이브리드, 재난안전시스템, 직류송배전시스템, 초소형 발전시스템), 기반산업(융복합소재, 지능형 반도체, 사물인터넷, 빅데이터, 첨단가공시스템) 등이 그것이다. 세계경제포럼에서 '4차 산업혁명'이 거론된 직후인 2016년 8월에는 자율주행차, 경량소재, 스마트시티, 인공지능, 가상증강현실, 미세먼지, 탄소자원화, 정밀의료, 바이오신약 등 9개 사업이 국가전략프로젝트로 선정되었다.

박근혜 정부는 창조경제의 실현을 위한 핵심 조직으로 창조경제혁신센터를 지역별로 설치했다. 2014년 3월에 창조경제민관협의회가 구성된 후 같은 해 9월부터 이듬해 7월까지 전국적으로 18개의 창조경제혁신센터가 문을 열었다. 박근혜 정부는 2013년 5월의 '벤처·창업 자금 생태계 선순환 방안'에서 2014년 3월의 '벤처·창업 규제 개선방안'에 이르는 창업촉진을 위한 대책을 지속적으로 마련했다. 대표적인 대책으로는 '민간투자주도형 기술창업지원(Tech Incubator Program for Startup, TIPS)' 사업을 들 수 있는데, 그것은 민간 투자회사가 스타트업을 발굴해 투자하면 정부가 최대 10억 원을 지원하고 있다. 우리나라의 벤처기업 수는 2013년 29,135개였던 것이 2016년 33,360개로 증가했으며, 2016년에는 벤처펀드 조성액이 3조 원을 돌파하는 가운데 투자액도 2조 원을 넘어섰다.

삶의 질 향상을 위한 과학기술정책은 '사회문제 해결형 연구개발사업'으로 제도화되는 양상을 보였다.[168] 이명박 정부의 말기인 2012년 12월에는 '신(新)과학기술 프로그램 전략'이 마련되었는데, 그것은 사회문제 해결을 지향점으로 설정하면서 'R&SD(Research and Solution Development)'라는 개념을 내세웠다([표 10-6] 참조). 이를 보완하여 박근혜 정부는 2013년 12월에 '과학기술기반 사회문제 해결 종합실천계획'을 발표하면서 사회문제 해결형 연구개발사업을 신설했다. 이 사업의 특징으로는 시민 패널과 빅데이터를 활용해 수요자 중심의 사전 기획을 실시한다는 점, 기술개발만이 아니라 제도개선, 인력양성, 서비스 전달체계 구축 등을 포함한 토털 솔루션을 마련한다는 점, 과학기술과 인문사회를 포괄하는 다양한 전문가가 참여하는 개방형 평가를 지향한다는 점 등을 들 수 있다(홍성주·송위진, 2017: 229-230).[169]

표 10-6 사회문제 해결을 지향하는 신과학기술 프로그램의 특징.

구분		AS-IS 기술획득형	TO-BE 신과학기술 프로그램
목적		국가의 경제발전에 초점을 둔 성장 중심(R&D 혹은 R&BD)	경제발전과 함께 삶의 질 향상을 추구하는 인간 중심(R&SD)
일차적 목표		과학기술경쟁력 확보	사회문제 해결
특징		기술융합에 입각한 공급자 위주 연구개발	문제해결형 융합(기술+인문사회+법제도)에 입각한 수요자 위주 연구개발
단계별 특징	기획	연구개발부서 중심	연구개발부서와 정책부서 협업 중심
	관리	연구개발 진도 중심 관리 (Program Manager)	문제해결 및 변화 관리 (Solution Consultant)

---

168 사회문제 해결을 위한 과학기술정책의 논점과 사례는 송위진 외(2018)를 참조.

169 이와 관련하여 2014년 5월에 과학기술기본법이 개정되면서 제16조 6항에 '과학기술을 활용한 사회문제의 해결'이, 7항에 '과학기술의 역기능 방지'가 신설되었다는 점도 주목할 만하다.

	평가	논문, 특허 등 연구산출물과 연구성과 실증 확인	재화나 서비스의 생산·전달, 인식변화, 제도개선 등을 통한 사회문제 해결 정도
중점추진단계		기술개발	사회문제 탐색 및 서비스 전달 시스템화

자료: 과학기술정보통신부(2017b: 237).

문재인 정부는 소위 '촛불 민심'을 바탕으로 2017년 5월 10일에 출범했다. 과학기술행정체제의 경우에는 미래창조과학부가 과학기술정보통신부로 변경되는 가운데 과학기술혁신본부가 부활했으며, 중소기업청이 중소벤처기업부로 격상되었다. 국가과학기술심의회는 국가과학기술자문회의(의장 대통령)에 흡수되었고 부의장은 민간 전문가가 맡게 되었다. 문재인 정부는 2017년 6월에 고리 1호기 영구정지 선포식을 거행하는 등 '에너지 전환'을 강력하게 표방했다. 2017년 8~10월에는 신고리 5·6호기 공론화위원회가 구성되어 시민참여단 471명의 숙의를 바탕으로 신고리 5·6호기의 건설을 재개하되 원자력발전은 점점 축소해야 한다는 합의가 도출되기도 했다.[170] 2021년 8월에 문재인 정부는 '기후위기 대응을 위한 탄소중립·녹색성장 기본법(약칭 탄소중립기본법)'을 제정하여 2050 탄소중립 비전을 제시하고 이행체계를 마련했다.

2018년 2월에 수립된 제4차 과학기술기본계획(2018~2022년)은 "과학기술로 국민 삶의 질을 높이고 인류사회 발전에 기여"한다는 점을 비전으로 삼으면서 [표 10-7]과 같은 4대 전략과 19개 중점추진과제를 제시했다.[171] 19개의 중점추진과제는 제3차 과학기술기본계획의 19개 분야와 큰 차이를 보이진 않았으나 4차 산업혁명과 포용적 사회를 명시적으로 표현했다는 특징을 가지고 있다. 4차 산업혁명은 허술한 담론에 지나지 않았지만 한국 사회에서는 열광에 가까운 주목을 받았으며, '포용적 성장 (inclusive growth)'은 문재인 정부 후반기에 들어서 기존의 소득주도성장을 대신한 새로운 정책기조로 자리 잡았다.

---

[170] 최종조사의 결과는 신고리 5·6호기의 건설 재개 59.5%, 건설 중단 40.5%, 원자력발전의 축소 53.2%, 유지 35.5%, 확대 9.7%로 집계되었다.

[171] 문재인 정부의 경우에는 대통령직인수위원회의 설치 없이 선거결과 확정 직후에 임기가 시작되었다. 이 때문인지 제4차 과학기술기본계획의 내용은 간략하다. 동 계획의 전체 분량은 126쪽으로 이전의 과학기술기본계획에 비해 절반 정도에 불과하다.

표 10-7 제4차 과학기술기본계획의 전략과 중점추진과제.

전략	중점추진과제
미래도전을 위한 과학기술역량 확충	① 과학적 지식탐구 및 창의·도전적인 연구 진흥, ② 연구자 중심의 연구몰입 환경 조성, ③ 창의·융합형 인재 양성, ④ 국민과 함께 하는 과학문화 확산, ⑤ 과학기술외교의 전략성 강화
혁신이 활발하게 일어나는 과학기술 생태계 조성	⑥ 주체·분야 간 협력·융합 활성화, ⑦ 기술혁신형 창업·벤처 활성화, ⑧ 경쟁력 있는 지식재산 창출, ⑨ 지역주도적 지역혁신 시스템 확립, ⑩ 국민참여 확대 및 컨트롤타워 강화
과학기술이 선도하는 신산업·일자리 창출	⑪ 4차 산업혁명 대응기반 강화, ⑫ 국민이 체감하는 혁신성장동력 육성, ⑬ 제조업 재도약 및 서비스업 육성, ⑭ 혁신성장 중추인 중소기업 육성, ⑮ 과학기술 기반 일자리 창출 강화
과학기술로 모두가 행복한 삶 구현	⑯ 건강하고 활기찬 삶 구현, ⑰ 안심하고 살 수 있는 안전한 사회 구현, ⑱ 쾌적하고 편안한 생활환경 조성, ⑲ 따뜻하고 포용적인 사회 실현

자료: 기획재정부 외(2018: 43).

문재인 정부 시절에는 중소벤처기업부의 출범을 매개로 중소기업과 창업을 지원하는 예산이 대폭 확대되었다. 중소기업 전용 연구개발예산은 2017년 1조 1,700억 원에서 2021년 2조 4,700억 원으로, 중앙부처의 창업지원 예산은 2017년 6천억 원에서 2021년 1조 4천억 원으로 크게 증가했다. 또한 문재인 정부는 '사람 중심 과학기술정책'을 표방하면서 연구자 주도의 기초연구비를 2배 정도 확대하는 가운데 이공계 신임 전임교원을 대상으로 하는 생애 첫 연구 사업과 박사후 연구원의 인건비를 지원하는 세종과학펠로우십을 신설했다. 2019년에 들어서는 그 동안 복잡다기하게 추진되어 왔던 교육부의 대학재정 지원사업을 [그림 10-1]과 같이 재구조화했다. 이와 함께 2020년 6월에는 '국가연구개발혁신법'을 제정함으로써 기존에 정부부처별로 운영되던 국가연구개발사업에 관한 규정을 일원화했으며 연구비 관리시스템의 통합을 추진했다.

그림 10-1 대학재정 지원사업의 재구조화(2019년).

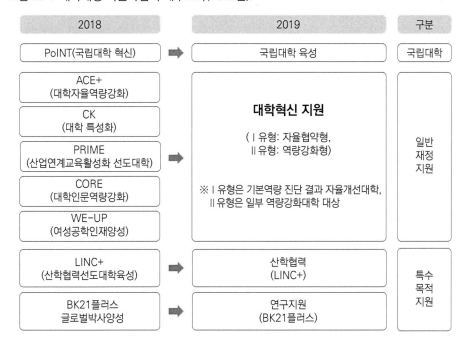

그림 10-1 대학재정 지원사업의 재구조화(2019년).

2017년 12월에는 3대 분야 17개의 혁신성장동력이 선정되었는데, 그것은 지능화 인프라 분야(빅데이터, 차세대통신, 인공지능), 스마트이동체 분야(자율주행차, 드론무인기), 융합서비스 분야(맞춤형 헬스케어, 스마트시티, 가상증강현실, 지능형로봇), 산업기반 분야(지능형반도체, 첨단소재, 혁신신약, 신재생에너지)를 포괄했다. 2018년 7월에는 노무현 정부 시절에 정립된 국가기술혁신체계를 고도화하는 작업을 추진하여 'NIS 2.0'으로 불린 새로운 국가기술혁신모델을 제시했는데, 그것은 혁신성장, 일자리, 삶의 질과 같은 현안문제의 해결을 기본방향으로 삼으면서 양적 투입·산출 중심에서 정책의 질적 효과 중심으로 전환한다는 점을 강조했다.

문재인 정부 시절에는 일본의 수출규제, 코로나 사태 등과 같이 예기치 않은 상황에 대한 대응력이 도마에 오르기도 했다. 2019년 7월에 시작된 일본의 수출규제에 대응해서는 소위 '소부장'으로 불린 소재, 부품, 장비의 국산화에서 상당한 성과를 거두었으며(최성우, 2022: 77-89), 2020년 1월부터 지속되고 있는 코로나 사태와 관련해서는 우리나라의 기술능력이 진단키트에서는 우수하지만 신약개발에서는 미흡한 것으로 평가되고 있다.

4 결론적 고찰

이상의 논의를 통해 정책변동의 시각에서 2003년 이후 주요 과학기술정책의 기획과 전개에 대해 검토했다. 노무현 정부, 이명박 정부, 박근혜 정부, 문재인 정부는 모두 과학기술기본계획의 수립, 과학기술행정체제의 재편성, 성장동력의 발굴·육성 등을 꾸준히 추진했다. 노무현 정부는 과학기술중심사회를 표방하면서 혁신체제론에 입각한 과학기술정책을 도모했으며, 이공계인력에 관한 지원 강화, 지역혁신체제의 구축, 산학협력과 기술이전사업화의 촉진 등을 강조했다. 이명박 정부에서는 기초연구와 녹색성장에 초점을 둔 과학기술정책이 추진되었던 반면 지역혁신에 관한 사업은 축소되는 경향을 보였다. 박근혜 정부에서는 창조경제의 기치하에 창업 촉진을 위한 각종 대책이 마련되는 가운데 사회문제 해결형 연구개발이 제도화되는 양상을 보였다. 문재인 정부가 추진했던 주요 과제로는 4차 산업혁명에의 대응, 에너지 전환, 중소벤처기업에 대한 지원 확대 등을 들 수 있다.

2003년 이후에 과학기술정책에 관한 통계지표는 점차적으로 개선되는 경향을 보이고 있지만([표 7-6] 참조), 아직 해결되지 않은 과제도 산적해 있다. 과학기술행정체제의 경우에는 주무부처의 명칭과 기능은 변경된다 하더라도 컨트롤 타워의 경우에는 대통령이 주관하는 가운데 특정 부처가 과도한 영향력을 발휘하지 않는 구조를 마련해야 할 것으로 판단된다. 연구회 제도에서도 특정 부처의 종속에서 탈피한다는 원래의 취지를 살리는 것이 합당해 보인다. 성장동력과 관련해서는 차세대 성장동력, 신성장동력, 미래성장동력, 혁신성장동력 등으로 그 명칭이 계속 바뀌어 왔는데, 5년 사이에 미래 먹거리의 지형도가 획기적으로 달라지지 않는다는 점을 감안한다면 이전 정부의 성장동력을 계승·보완하는 정책을 마련하는 것이 요구된다. 사실상 2003년 이후에는 정부가 정책의 내용에 못지않게 상징이나 수사에 상당한 주의를 기울이는 양상이 뚜렷해지고 있는데, 이에 대해 과학기술계 현장에서는 내용이 유사한 연구계획서를 준비하면서도 해당 정부에 따라 과학기술중심사회, 녹색성장, 창조경제, 4차 산업혁명 등으로 포장하는 데 필요 이상의 에너지를 소모한다는 비판도 제기되고 있다.

한국의 국가혁신체제가 취약한 지점으로는 대기업과 중소기업의 동반 성장, 지역의 내생적 성장 촉진, 사회문제 해결에 대한 과학기술의 기여도 강화 등이 거론되고 있다. 최근에는 일본의 수출규제를 배경으로 대기업과 중소기업의 협력이 소기의 성과를 거두기도 했지만, 아직까지 대기업이 중소기업과 중장기적인 기술협력 관계를 구축하고 있는 사례를 찾기는 쉽지 않다. 지역의 내생적 성장을 촉진하기 위한 방안으로 '포괄예산(lump-sum budget)'이 자주 거론되어 왔지만, 중앙정부는 여전히 지방자치단체의 체계적 기획과 공정한 집행에 의문을 제기하고 있다. 과학기술이 경제성장을 넘어 삶의 질 향상에 기여해야 한다는 점도 오래전부터 지적되어 왔지만, 사회문제 해결형 연구개발은 이제 초보적인 걸음을 떼고 있는 상황에 불과하다. 한국 사회의 중요한 화두인 양극화를 해소하기 위해서라도 이와 같은 과제들에 본격적인 주의를 기울이는 정책설계가 요망된다.

그림 10-2 고갱(Paul Gauguin)의 1897년 작품. 우리는 어디에서 왔는가? 우리는 누구인가? 우리는 어디로 가는가?

한국 과학기술계의 행태와 구조에 대한 성찰도 필요하다. 우리나라의 연구개발 투자와 연구개발인력은 지속적으로 증가해 왔고 최근에는 연구자 중심의 연구환경 조성도 본격적으로 추진되고 있다. 이러한 상황에서 과학기술계는 많은 연구개발사업이 국민의 세금으로 수행되고 있다는 점과 자율에는 책임이 따른다는 점을 명심하고 이에 상응하는 자구적 노력을 기울여야 할 것이다. 이와 함께 과학기술계가 수평적 협력채널을 적극 구축하여 의제설정과 정책결정에 집합적으로 참여하는 것이 필요하다. 홍성주(2017)가 적절히 지적했듯, 한국의 과학기술정책 거버넌스는 최고위층, 정부부처, 중간조직, 연구개발주체로 이어지는 수직적 구조를 이루고 있으며, 각 층위 사이의 수평적 협력은 거의 발달되어 있지 않다. 연구개발을 수행하는 주체들이 상부 조직과의 수직적 관계에 주의를 기울이는 것을 넘어 상호 간의 수평적 소통을 강화하여 연구현장의 의견을 정책에 반영하는 통로를 확보해야 하는 것이다.

과학기술의 경영과 정책

제11장

과학기술인력정책의 쟁점

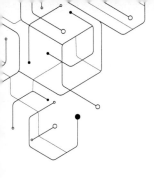

"모든 일은 사람이 하는 법이다"라는 말이 있다. 물적 자원이 부족한 한국의 경우에는 인적 자원이 중요성이 더욱 커진다. 우리나라가 어려운 여건 속에서도 경제대국으로 성장할 수 있었던 것도 결국은 사람에게 투자했기 때문으로 풀이된다. 특히 혁신적이고 도전적인 과제의 경우에는 그것을 담당할 사람이 없으면 결실을 맺기 어렵다. 이런 맥락에서 이 장에서는 과학기술인력정책에 대해 다룬다. 과학기술인력과 과학기술인력정책의 범위를 고찰한 후 우리나라 과학기술인력정책의 전개과정을 검토하면서 각 시기별로 어떤 주제가 부각되었는지 살펴본다. 또한 비교적 최근에 과학기술인력정책에서 중요한 쟁점으로 부상한 여성과학기술인에 대한 지원과 과학기술자의 사회적 책임에 대해 논의한다.

1 과학기술인력의 개념과 정책

과학기술인력은 어떻게 정의할 수 있는가? 과학기술인력과 관련하여 세계적으로 통용되는 개념으로는 OECD 캔버라 매뉴얼의 과학기술인적자원(human resources in science and technology, HRST), 유네스코(United Nations Educational, Scientific and Cultural Organization, UNESCO)의 과학기술인력(scientific and technical personnel), OECD 프라스카티 매뉴얼의 연구개발인력(research and development personnel) 등을 들 수 있다(엄미정, 2007).

OECD의 캔버라 매뉴얼은 과학기술인적자원을 ① 과학기술 분야에서 3수준의 교육(고등교육)을 성공적으로 마쳤거나 ② 과학기술 분야에서 3수준의 교육을 마치지는 못했지만 해당 자격 요건을 갖춘 사람이 취업하는 직종에 종사하고 있는 인적자원으로 정의하고 있다. 여기서 ①은 교육(education)에 의한 과학기술인적자원(HRSTe), ②는 직종(occupation)에 의한 과학기술인적자원(HRSTo)에 해당한다. 캔버라 매뉴얼은 교육수준과 직종 중 어느 한 가지만 충족하더라도 과학기술인적자원의 범위에 포함시키고 있는 셈이다. 또한 캔버라 매뉴얼은 교육수준과 직종을 모두 만족시키는 경우를 '핵심(core) 과학기술인적자원(HRSTc)'으로 규정하고 있다. 교육수준과 직종을 분류하는 기준으로는 유네스코의 국제표준교육분류(International Standard Classification of Education, ISCED)와 국제노동기구의 국제표준직업분류(International Standard Classification of Occupation, ISCO)가 활용되고 있다.[172]

그림 11-1 OECD 캔버라 매뉴얼의 과학기술인적자원에 관한 정의.

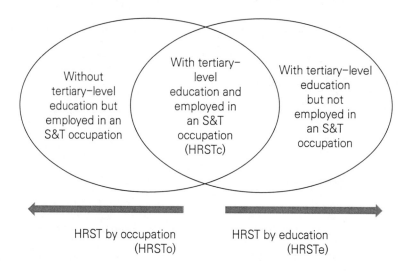

유네스코는 과학기술인력을 '특정 기관 및 부문에서 직접 과학기술 활동에 참여하거나 혹은 이에 대한 용역을 통해 보수를 받고 있는 인력'으로 정의하고 있다. 여기에 과학기술 활동은 모든 과학기술 분야에서 과학기술 지식의 도출, 진보, 확산, 적

---

172 이와 관련하여 미국 국립과학재단(NSF)의 SESTAT(Scientists and Engineers Statistical Data System)은 학사 이상의 학위를 보유한 인력 중에 과학이나 공학을 전공했거나 과학자나 공학자로 활동하고 있는 75세 이하의 사람을 대상으로 삼고 있다.

용과 밀접하게 연관된 체계적 행위로 연구개발 활동, 과학기술 교육 및 훈련, 과학기술 분야의 서비스 등이 포함된다. 유네스코는 교육에 따른 자격요건에 상관없이 과학기술 활동에 종사하는 사람을 과학기술인력으로 정의하고 있는 셈이다. 또한 유네스코는 과학기술인력을 과학자 및 공학자(scientists and engineers), 기술자(technician), 보조인력(auxiliary personnel)으로 구분하고 있다. 과학자 및 공학자는 과학기술 활동에 전문적으로 참여할 수 있도록 과학적, 기술적 훈련을 받은 인력이나 과학기술 활동의 직접적 실행과 관련한 상위수준의 관리자나 인력을 의미한다. 기술자는 지식 및 기술의 한 분야에서 직업적 혹은 기술적 훈련을 받은 인력이며, 보조인력은 과학기술 수행과 직접적으로 관련된 행정인력이나 보조적 역할을 수행하는 숙련 및 반(半)숙련 인력이다.

OECD의 프라스카티 매뉴얼은 과학기술인력 중에서 연구개발인력에 초점을 두고 있다. 여기서 연구개발인력은 연구개발 활동에 직접 고용된 사람뿐만 아니라 이러한 활동에 대한 서비스를 제공하는 연구개발 관리자, 행정직, 사무원까지 포괄한다. 프라스카티 매뉴얼에서 주목할 부분은 연구개발인력의 측정하는 방법으로 '인원수(head count, HC)'와 '상근상당(full-time equivalence, FTE)'을 제시하고 있다는 점이다. 상근상당은 연구개발인력의 국제비교에서 널리 사용되고 있으며, 우리나라의 『연구개발활동 조사보고서』도 이를 채택하고 있다.

과학기술인력과 연구개발인력 이외에 우리나라에서 종종 사용되고 있는 유사 개념으로는 이공계인력, 산업기술인력, IT전문인력 등을 들 수 있다. 이공계인력은 과학기술분야를 전공한 인력 전체를 지칭하기도 하고, 대학에서 이학과 공학을 전공한 인력으로 국한되기도 한다. 가령 '이공계 기피'라는 화두에는 우수한 학생들이 이학과 공학을 피하고 의학 계열로 이동하는 것이 문제가 되는 셈이다. 산업기술인력은 '전문대학 이상의 학력을 가지고 있는 이공계 전공자로서 사업체에서 연구개발 및 기술업무에 종사하는 인력'으로 정의되고 있다. IT전문인력은 관련 학과 졸업자 중 IT전문직업 분야의 경제활동인구(취업자와 실업자를 포함)와 비관련 학과 졸업자 중 IT

전문직업 분야의 경제활동 참여인력을 포함한다.[173]

　그렇다면 과학기술인력정책은 어떤 주제를 다루는가? 과학기술인력정책에 관한 과학기술기본법의 조항으로는 제23조 '과학기술인력의 양성·활용'을 들 수 있다. 그 내역에는 ① 과학기술인력의 중장기 수요·공급 전망의 수립, ② 과학기술인력의 양성·공급계획 수립, ③ 과학기술인력에 대한 기술훈련 및 재교육의 촉진, ④ 과학기술교육의 질적 강화방안 수립, ⑤ 고급 과학기술인력 양성을 위한 고등교육기관의 확충 등이 포함된다. 이와 함께 과학기술기본법 제24조는 '여성 과학기술인의 양성', 제25조는 '과학영재의 발굴 및 육성'에 주목하고 있다.

　과학기술기본법 이외에 주목할 만한 법률은 2004년에 제정된 '국가과학기술 경쟁력 강화를 위한 이공계지원 특별법'이다. 동 법 제4조는 정부가 5년마다 이공계인력을 육성·지원하는 기본계획을 수립해야 한다고 규정하면서 그 내역으로 다음의 일곱 가지를 들고 있다. ① 이공계인력의 육성·지원 및 전(全)주기적 활용체제의 구축, ② 이공계인력의 공직 진출 기회 확대 및 처우 개선, ③ 연구개발 성과 및 기술이전 성과에 대한 지원, ④ 이공계인력의 기업·대학·연구기관·정부 및 지방자치단체 상호 간 교류 확대, ⑤ 이공계인력의 정보체계 구축 및 활용, ⑥ 이공계 대학 및 대학원 교육의 질적 수준 향상과 산·학·연의 연계체제 강화, ⑦ 그 밖에 대통령령으로 정하는 이공계인력의 육성 및 지원에 관한 중요한 사항 등이 그것이다.

　이공계지원 특별법에 의거하여 최근에 수립된 계획으로는 제4차 과학기술인재 육성·지원 기본계획(2021~2025년)을 들 수 있다. 동 계획은 '대전환의 시대, 혁신을 선도하는 과학기술 인재강국'을 비전으로, ① 미래변화 대응역량을 갖춘 인재 확보, ② 과학기술인재 규모의 지속 유지·확대, ③ 인재유입국가로의 전환을 위한 생태계 고도화 등을 목표로 표방하고 있다. 이에 관한 핵심적인 성과지표는 IMD 평가 순위를 통해 제시되고 있는데, ①에서는 대학교육의 경제사회 요구 부합도를 2000년 48위에서 2025년 35위로, ③에서는 두뇌활용지수를 같은 기간에 28위에서 20위로 증가시키는 한편, ②의 경우에는 인구 천 명당 연구원 수를 2위로 유지하는 것을 목표

---

[173] 2005년을 기준으로 전체적인 과학기술인적자원은 약 531만 명, 과학기술 전공자는 약 480만 명, 과학기술분야 종사자는 169만 명, 과학기술분야 종사자 중 비전공자는 약 51만 명, 산업기술인력은 약 57만 명, IT전문인력은 약 13만 명 등으로 집계되고 있다(엄미정, 2007: 18-19).

로 삼고 있다. 이러한 목표를 달성하기 위해 동 계획은 4대 추진전략과 14개 추진과제를 제시하고 있으며, 그 내용은 [표 11-1]과 같다.

표 11-1 제4차 과학기술인재 육성·지원 기본계획(2021~2025년)의 개요.

추진전략	추진과제
기초가 탄탄한 미래인재 양성	① 초·중등 수·과학 및 디지털 기초역량 제고 ② 미래사회를 선도할 우수 인재 발굴 및 유입 촉진 ③ 이공계 대학생의 변화대응 역량 강화
청년 연구자가 핵심인재로 성장하는 환경 조성	④ 청년 연구자의 안정적 연구기반 구축 ⑤ 청년 과학기술인의 성장 지원 강화 ⑥ 미래유망 분야 혁신인재 양성
과학기술인의 지속 활약 기반 구축	⑦ 과학기술인 평생학습 지원체계 강화 ⑧ 현장 수요 기반 디지털전문역량 제고 ⑨ 여성 과학기술인의 성장·진출 활성화 체계 마련 ⑩ 고경력·핵심 과학기술인 역량 활용 고도화
인재생태계 개방성·역동성 강화	⑪ 해외 인재의 국내 유입 활성화 ⑫ 산학연 간 인재 유동성 확대 ⑬ 과학과 사회 간 소통 강화 ⑭ 이공계 법·제도 인프라 선진화

자료: 관계부처 합동(2021).

과학기술인력정책은 크게 양성정책과 활용정책으로 구분되고 있다. 과학기술인력 양성정책은 공급 측면의 정책으로 인력양성 기관의 확충, 과학영재의 발굴 및 육성, 우수 학생의 이공계 진학 유도, 이공계 대학(원)의 교육수준 제고, 특정 분야의 연구인력 양성, 재교육 및 전환교육의 촉진, 기술자격제도의 정비 등을 포괄한다. 과학기술인력 활용정책은 수요 측면의 정책으로 과학기술인력의 처우 개선, 고(高)경력 과학기술인의 활용, 기업의 연구개발인력 지원, 과학기술인력의 유동성 제고, 해외 과학기술자의 유치 및 활용, 기술사업화 및 기술창업의 촉진, 과학기술 일자리의 창출 등을 주제로 삼고 있다. 이와 함께 여성 과학기술인의 양성과 활용, 과학기술자의 윤리와 책임 등도 과학기술인력정책의 중요한 쟁점으로 자리 잡고 있다. 이와 같은 여러 과제를 적절히 해결하여 과학기술인력의 양적·질적 수급이 원활한 선순환 구조를 구축하는 것이 과학기술인력정책의 지향점에 해당한다고 볼 수 있다.[174]

인력양성체제의 유형

OECD(1995: 259-260)는 교육방식, 노동시장, 훈련기관의 특성에 따라 인력양성체제에 관한 전략을 인적자원 집약적 전략(human resource intensive strategy), 유동성 전략(mobility strategy), 양극화 전략(polarization strategy) 등으로 구분하고 있다. 인적자원 집약적 전략은 중등교육에서 폭넓은 일반교육을 강조하고 기업이 중등교육을 마친 학생들을 대상으로 집중적인 현장훈련과 직무순환 등을 통해 작업조직에 유연하게 적응할 수 있는 인력을 양성하는 체제에 해당한다. 유동성 전략의 경우에는 기업의 인력에 대한 교육·훈련보다는 매우 경쟁적인 대학이 양질의 인력을 양성하는 것을 강조하며, 이러한 인력의 높은 유동성에 의해 경제활동의 부가가치를 제고한다. 양극화 전략은 대학이 경쟁력을 갖추지도 못하고 직업교육의 발달도 미비한 국가에서 활용되고 있다. 기업이 소수의 핵심집단에 대한 인적자원개발에만 집중하고 나머지에 대해서는 전혀 투자를 하지 않고 외부화시키는 인력양성체제에 해당한다. 인적자원 집약적 전략은 독일과 일본, 유동성 전략은 미국이 주로 채택하고 있는 것으로 평가된다.

---

[174] 이와 관련하여 최석식(2011: 73)은 과학기술인력정책의 핵심 과제를 "① 미래 수요를 정확하게 예측하여 ② 수요에 맞도록 학생을 선발하고 ③ 그들에게 우수한 교육을 실시하여 ④ 우수한 인재로 양성 및 배출하고 ⑤ 그들의 취업을 지원하고 ⑥ 우수한 근무여건을 제공하는 동시에 ⑦ 파격적인 사기진작 방안을 강구하여 ⑧ 우수한 연구성과를 창출하도록 지원한 후 ⑨ 우수한 연구성과에 대하여 파격적인 인센티브를 제공함으로써 ⑩ 우수한 학생이 과학기술계로 유입하는 선순환을 반복하는 것"에서 찾고 있다.

2 한국의 과학기술인력정책

일제강점기에 과학기술을 대학 학부 수준 이상으로 공부한 사람의 수는 400여 명으로 추산되고 있다. 일제가 조선인 과학기술자의 배출을 억제했기 때문에 일본을 비롯한 외국에서 과학기술을 공부한 사람이 대부분이었다. 이공계 박사 학위를 소지한 사람의 수는 10명 정도에 지나지 않았다(김근배, 2005: 498).

1945년 광복 당시에 국내에서 운영되고 있던 이공계 고등교육기관은 5개뿐이었다. 경성제국대학 이공학부, 경성공업전문학교, 경성광산전문학교, 대동공업전문학교, 연희전문학교 수리과가 그것이다. 이러한 상황은 1946년 7월에 '국립 서울대학교 개편안(일명 국대안)'에 따라 서울대학교에 문리과대학 이학부와 공과대학이 설치되면서 개선되기 시작했다. 서울대학교에 이어 연희대학교와 단국대학교가 이학부를 설치했고, 1950년대 말에는 거의 모든 종합대학교가 수학, 물리학, 화학, 생물학, 지질학 등을 포괄하는 이학부를 운영하게 되었다. 공학의 경우에는 서울대학교 공과대학에 이어 1948년에 한양공과대학이 토목, 건축, 전기, 기계의 4개 학과로 설립되었으며 1950년에는 연희대학교가 이학부에 전기공학과를 추가하여 이공대학을 출범시켰다.

1940년대 말과 1950년대 초에 상당수의 남한 과학기술자들이 월북했다는 점에도 주목할 필요가 있다. 월북한 과학기술자는 대학 출신만 80여 명에 달하는 것으로 조사되고 있는데, 당시에 남한의 대졸 이상 과학기술자가 200명 정도였던 것으로 추산되므로 그 비율은 무려 40%에 해당한다. 이에 비해 월남 과학기술자는 10여 명이 존재했던 것으로 추정된다. 월북 과학기술자가 많았던 것은 기본적으로 북한이 대학교수, 기사장, 소련 유학 등과 같은 최고의 대우를 약속했기 때문이었다. 남과 북으로 나누어진 과학기술자들은 상호교류가 완전히 끊긴 채 다른 정치체제하에서 활동을 했다. 남한에서는 과학기술자들이 정치적 문제를 외면하게 되었고 북한에서는 과학기술이 더욱 정치화되는 경향을 보였다(김근배·송성수, 2005: 97-98).

1950년 6·25 전쟁은 경제와 산업은 물론 교육과 과학기술에도 커다란 타격을 입혔다. 서울대학교의 경우 문리과대학 이학부의 건물과 설비가 완전히 불타 버렸고 공과대학의 시설도 상당 부분 파손되었다. 전쟁 기간 동안 서울대학교는 다른 대학과 공동으로 부산을 비롯한 몇몇 지역에서 전시연합대학을 운영했다. 그러나 건물, 설비, 교수, 재원 등 모든 것들이 부족하여 교육이 충실히 이루어질 리는 만무했다. 군대에서 학교를 비롯한 주요 건물을 모두 차지했기 때문에 학생들은 부실하고 비좁은 교실에 대거 수용되는 실정이었다. 교수 인력은 워낙 적은데다 낮은 보수 때문에 다른 일을 겸하는 경우가 많았다.

그림 11-2 부산전시연합대학의 제1회 졸업식(1952년).

한국전쟁이 끝난 후에는 각종 원조기관의 후원을 받아 재건사업이 추진되기 시작했다. 여기에는 기술자 해외 파견, 외국 기술자 초청, 용역계약, 물자도입 등과 같은 기술원조도 포함되었다. 기술원조 중에서 가장 큰 규모로 시행된 것은 1955~1961년에 추진된 서울대학교 재건 사업이었다. 이 사업은 미국의 미네소타대학교가 모든 사무를 실질적으로 관장했기 때문에 '미네소타 프로젝트'로 불리기도 한다. 미네소타 프로젝트는 인사교류, 기구구입, 건물복구, 도서구입 등으로 나뉘어 추진되었다. 특히 미네소타 프로젝트를 통해 219명의 교수들이 미국으로 유학을 갔는데, 그들이 1959년 이후에 귀국함으로써 서울대학교의 교육이 활성화될 수 있었다. 그러나 미네소타 프로젝트는 실용성이 강한 공학, 농학, 의학 분야에 집중되었기 때문에 한국의 기초과학 분야는 더욱 낙후된 상태에 머물러 있었다.

자발적으로 유학의 길을 선택하는 경우도 많아졌다. 1951~1960년에 해외로 유학을 떠난 사람들의 숫자는 학생 5,600여 명, 교수 요원 1,100여 명 등으로 모두 6,700여 명으로 집계되고 있다. 미국으로의 유학이 전체의 85%를 차지했으며 서독, 프랑스, 대만 등으로의 유학은 2~3%로서 이를 뒤따랐다. 특히 자연계의 유학이 급증하여 일제강점기에는 20% 내외에 불과했지만 1950년대에는 50% 이상으로 증가했다. 전쟁을 거치면서 사회적으로 과학기술의 중요성이 널리 인식되었고 정부도 자연계 분야로의 유학을 장려했기 때문이었다(김근배·송성수, 2005: 98-102). 이와 함께 1959년에 원자력연구소가 설립되는 것을 전후하여 '원자력 유학'으로 불렸던 해외 유학 지원사업이 적극적으로 전개되었다. 1956~1963년의 7년 동안에 원자력 유학생은 모두 189명에 이르렀다.

1960년대에 들어서는 과학기술인력정책이 보다 체계적인 틀을 갖추기 시작했다. 1961년과 1962년에는 한국 역사상 처음으로 '취업 과학기술계 인적자원 조사'가 실시되었다. 또한 1962년에 마련된 제1차 기술진흥 5개년계획(1962~1966년)은 '기술수급'의 문제를 중점적으로 다루었는데, 여기서 기술수급은 기술계 인적자원의 수급을 의미했다. 동 계획은 기술자(engineer), 기술공(technician), 기능공(craftsman)의 구성비를 1961년의 1: 1.3: 33에서 1966년에는 1: 5: 25로 개선하는 것을 목표로 삼았다. 기술자는 이공계 대학을 졸업하고 전공 부문에 종사하는 자, 기술공은 현업에 다년간 취업하여 실기 면에서 능숙하고 기술적 이론을 이해하는 자, 기능공은 기술면(技術面)에 종사하는 자 중에서 기술자, 기술공을 제외한 자(단, 단순 육체노동자는 제외)로 규정되었다(경제기획원, 1962: 14).[175]

1960년대 후반에는 해외에서 활동 중인 과학기술자를 유치하는 정책도 추진되었다. 그것은 한국과학기술연구소(KIST)의 설립을 계기로 시작되었으며 1968년부터는 '재외 한국인 과학기술자 유치사업'이 공식적으로 출범했다. 해외 과학기술자에게는 최신의 연구시설, 적정 수준의 급여, 연구개발 활동의 자율성 등이 유인책으로 제공되었다. 1968~1979년에 238명의 해외 과학기술자가 영구적으로 유치되었고 255명은 일시적으로 유치되었다(김영우·최영락 외, 1997: 150-152).

---

[175] 이후에 한국의 과학기술인력에 관한 범주는 과학기술자(scientist and engineer), 기술공, 기능공을 거쳐 과학기술자, 현장기술자, 기능자로 바뀌는 경향을 보였다.

1971년에는 고급 과학기술인력을 효과적으로 양성하기 위해 한국과학원(KAIS)이 설립되었다. 정부는 한국과학원의 설립과 운영을 매우 적극적으로 지원했다. 우수한 교수를 유치하기 위하여 교수 전용 아파트를 신축했고 국립대학 교수의 3~4배에 달하는 급여를 제공했다. 학생들에게는 등록금 면제와 함께 2인 1실의 기숙사가 제공되었으며 병역 특례의 혜택도 주어졌다. 한국과학원은 설립 초기부터 활발한 활동을 전개했고 이론과 실제를 겸비한 고급 과학기술인력을 양성했다. 한국과학원은 1975~1981년에 석사 918명, 전문석사 120명, 박사 32명 등 총 1,070명의 졸업생을 배출했는데, 그것은 같은 기간에 우리나라 전체에서 양성된 이공계 석·박사의 30%에 이르는 수치였다(Kim and Leslie, 1998).

실리콘밸리의 아버지, 프리데릭 터먼

한국과학원의 설립에 '실리콘밸리의 아버지'로 불리는 터먼(Frederick Terman)이 기여했다는 점도 흥미롭다. 1970년에 미국조사단의 단장으로 한국에 파견되어 한국과학원의 목적, 규모, 운영방식 등에 관한 보고서를 제출했던 것이다. 터먼은 MIT에서 부시(Vannevar Bush)의 지도로 박사학위를 받은 후 1925년에 스탠퍼드 대학의 전기공학과 교수로 부임했으며, 1945~1953년에 공과대학 학장, 1955~1965년에는 교무처장을 맡았다. 터먼은 자신의 학생들에게 동부 지역의 업체에 취업하는 대신 스탠퍼드 대학 부근에 창업할 것을 독려했다. 이에 부응하여 휴렛과 패커드는 세계 최초의 음향발진기를 개발한 후 1939년에 휴렛패커드 회사(Hewlett-Packard Company, HP)를 설립했다. 터먼은 1951년에 스탠퍼드 산업단지(현재의 스탠퍼드 연구단지)를 조성하여 첨단기술 분야의 기업을 유치하는 데도 적극적으로 나섰다. 1955년에 쇼클리(William Shockley)를 팔로알토로 데려온 인물도 터먼이었다. 1957년에는 쇼클리 반도체 회사 출신인 소위 '8인의 배신자들'이 페어차일드(Fairchild)를 설립했고, 이후에 스탠퍼드 산업단지는 반도체업체가 집적된 실리콘밸리로 발전하게 되었다. '실리콘밸리'라는 용어는 1971년 1월 11일자 『마이크로일렉트로닉스 뉴스』에 실린 "미국의 실리콘밸리"라는 칼럼을 통해 널리 확산되었다.

그림 11-3 한국과학원의 설립을 논의하고 있는 정근모 박사, 터먼 박사, 김기형과학기술처 장관
(1970년).

자료: https://horizon.kias.re.kr/23204/

1970년대에는 중화학공업화 정책의 원활한 추진을 위해 이를 담당할 수 있는 인적자원의 확보가 중요한 과제로 부상했다. 한국 정부는 1971년에 향후 10년을 기간으로 하는 '장기 인력수급계획 및 정책방향'을 수립하면서 인력양성체제를 정비하기 시작했다. 그것의 특징은 과학기술자, 현장기술자, 기능자의 수준별로 특성화된 인력을 계획적으로 공급한다는 데 있었다. 이공계 대학이 확충되면서 공과대학 특성화 정책이 추진되었는데, 특성화 공대로는 1973년에 부산대(기계공학), 경북대(전자공학), 전남대(화학공학), 1977년에 충남대(공업교육), 1979년에 전북대(금속·정밀기계), 충북대(토목·건축) 등이 선정되었다. 또한 실업고등전문학교, 전문학교, 초급대학 등 다양한 형태의 직업기술교육기관이 모두 2년제 전문대학으로 개편되었다. 공업계 고등학교의 경우에는 기계공고, 특성화공고, 시범공고, 일반공고로 구분하여 육성하는 유형화 정책이 실시되었다(이은경, 2007: 435-437). 이와 함께 1975년에는 국가기술자격법이 시행되어 기존의 기술자격제도가 체계적으로 종합되었는데, 그 법은 박사, 기술사(技術士), 기능장을 동일하게 대우한다는 철학을 담고 있었다.

1980년대 이후에는 산업구조가 고도화되면서 고급 과학기술인력의 확보가 중요한 과제로 부상했다. 이에 따라 대학과 대학원은 팽창, 전문대학은 정비, 실업계 고등학교는 내실화의 경향을 보였다. 이공계 석사는 1983년 3,505명에서 1990년 5,932

명으로, 이공계 박사는 같은 기간에 293명에서 886명으로 크게 증가했다. 그러나 대학원생의 증가에 비해 교수요원과 연구시설의 확보가 충분히 병행되지 못했고, 소수의 대학을 제외하고는 이공계 대학원의 질적 수준은 매우 미흡한 상태에 머물러 있었다. 게다가 대학(원)생의 수는 인문사회계가 이공계보다 훨씬 큰 폭으로 팽창했는데, 대학 졸업자 중에 이공계의 비중은 1983년 52.8%에서 1990년 37.2%로, 대학원 입학자 중에 이공계의 비중은 같은 기간에 46.9%에서 42.0%로 감소했다(김영우·최영락 외, 1997: 246-247).

1980년대에는 고급 과학기술인력 양성에서 몇몇 주목할 만한 시도도 이루어졌다. 당시에 과학기술처는 한국과학기술원(KAIST)의 사례를 인력양성의 전반적인 단계로 확장하는 방안을 추진했다. 그 결과 1983년부터 전국의 각 지역에 과학고등학교가 설립되었고 1985년에는 한국과학기술대학(현재의 한국과학기술원 학사과정)이 설립되었다. 이로써 과학영재를 위한 별도의 과학기술인력 양성체제가 구축되었고, 월반이나 조기졸업제도를 통해 20대 박사의 배출도 가능해졌다. 또한 1986년에는 포항제철(현재의 포스코)의 전폭적인 지원을 바탕으로 포항공과대학이 설립되었다. 포항공대는 우수한 교수, 시설, 학생을 확보하여 짧은 기간 내에 우리나라를 대표하는 이공계 대학으로 성장했다. 포항공대가 설립된 이후에 국내의 다른 대학들도 '연구중심대학'을 표방하면서 경쟁적으로 연구개발 활동을 촉진하기 시작했다.

그림 11-4 포항공과대학 착공식에서 악수하고 있는 김호길과 박태준(1985년).

과학기술의 경영과 정책

[표 11-2]에서 보듯, 1980년대를 통해 연구개발인력의 규모는 크게 확대되었다. 연구개발인력의 전체 규모는 1980년 18,434명에서 1990년 70,503명으로 약 3.8배 증가했다. 특히 기업체의 연구개발인력은 기업부설연구소의 팽창을 배경으로 1980년 5,141명에서 1990년 38,220명으로 약 7.4배 증가했다. 이에 따라 대학과 정부출연연구기관에 이어 기업체에 근무하는 연구개발인력이 한국의 과학기술자사회에서 중요한 집단으로 성장했다. 그러나 기업체 연구원의 양적 규모는 지속적으로 증가했지만 질적 수준은 이에 미치지 못했다. 예를 들어 1990년을 기준으로 기업체 연구원의 약 70%가 학사 출신이었으며 박사학위 소지자는 한국 전체의 약 4%에 불과했다 (김영우·최영락 외, 1997: 227). 이러한 배경에서 첨단기술 분야의 연구개발활동은 극히 소수의 연구소에서만 수행될 수 있었고 대부분의 기업부설연구소에서는 현장에서 발생한 문제를 해결하거나 기존의 기술을 개량하는 활동이 주를 이루었다.

표 11-2 한국의 연구개발인력 추이(1980~1990년).

단위: 명

연도	대학	공공연구기관	기업체	계
1980년	8,695	4,598	5,141	18,434
1981년	8,488	5,065	7,165	20,718
1982년	12,360	6,129	9,959	28,448
1983년	13,137	6,394	12,586	32,117
1984년	13,696	6,961	15,914	37,103
1985년	14,935	7,154	18,996	41,473
1986년	16,035	7,653	22,915	47,042
1987년	17,495	9,184	26,104	52,783
1988년	18,665	9,581	28,299	56,545
1989년	20,849	10,204	35,167	66,220
1990년	21,849	10,434	38,220	70,503

자료: 이은경(2007: 441).

대학의 연구개발 활동이 본격적으로 강화된 것은 1990년을 전후하여 발생한 일이었다. 정부의 기초연구에 대한 투자가 확대되는 것을 배경으로 대학도 주요한 연구개발 주체로 등장하기 시작했던 것이다. 정부의 기초연구에 대한 지원은 대학의 연구단위를 육성하는 것을 중심으로 전개되었는데, 대표적인 예로는 한국과학재단의 우수연구센터 지원사업을 들 수 있다. 이 사업은 매년 10억 원 내외의 연구비를 9년 동안 지원하는 특성을 가지고 있었으며, 특정 분야의 선도 연구자집단을 형성하여 학제 간, 산학 간 협동연구를 활성화하고 국제적인 연구 수준을 달성하는 것을 목표로 삼았다. 우수연구센터는 과학연구센터(SRC)와 공학연구센터(ERC)를 육성하는 방향으로 진행되었고, 1995년에는 지방의 우수 연구집단을 육성하기 위해 지역협력연구센터(Regional Research Center, RRC) 사업이 신설되었다. SRC/ERC 사업은 1990년에 13개 센터를 선정하는 것을 시작으로 연평균 7.5개씩을 추가해 2000년에는 83개 센터를 지원했다. 이 사업을 통해 1990~2000년에 배출된 인력 규모는 박사 3,471명, 석사 12,866명으로 집계되고 있다(이은경, 2007: 445-446).

대학의 연구개발활동이 촉진되는 것과 병행하여 대학원도 크게 확대되었다. 『교육통계연보』에 집계된 대학원 수는 1990년에 303개에 불과했지만 2000년에는 905개로 늘어났고, 이학과 공학 분야의 박사학위 취득자는 1990년의 1,167명에서 2000년에는 3,043명으로 증가했다. 이와 별도로 1991년에는 한국기술교육대학교, 1993년에는 광주과학기술원, 1997년에는 한국산업기술대학교(2022년에 한국공학대학교로 변경됨), 1998년에는 한국정보통신대학원(2009년에 한국과학기술원으로 통합됨)이 설립되었다.[176] 또한 1997년부터는 전국의 주요 대학에 과학영재교육센터(현재의 과학영재교육원)가 설립되어 우수한 초·중학생을 대상으로 별도의 과학교육을 실시하고 있다. 이로써 과학영재교육원, 과학고등학교, 이공계 대학(원)으로 이어지는 과학영재교육시스템이 구축되었다. 그러나 대학입시 위주의 교육환경으로 인하여 과학영재교육이 충분한 역할을 다하고 있는지는 의문이다.

1990년대 후반에 들어서는 정부 주도의 인력양성 정책이 한계를 보이기 시작했

---

176 한국과학기술원(KAIST), 광주과학기술원(GIST), 대구경북과학기술원(DGIST, 2004년 설립), 울산과학기술원(UNIST, 2009년 설립), 포항공과대학교(POSTECH) 등의 5개 대학은 '과학기술특성화대학'으로 불리고 있다.

과학기술의 경영과 정책

다. 이전처럼 한국 경제가 빠른 속도로 성장하던 시기에는 예상보다 많은 과학기술인력이 배출되더라도 이들을 수용하는 데 큰 문제가 없었다. 그러나 경제 성장세가 둔화되고 산업구조가 빠르게 개편되면서 과학기술인력에 대한 수급예측 혹은 수급전망이 점점 어려워졌으며, 과학기술인력의 분야별, 수준별 수급 불일치 문제가 가시화되는 가운데 몇몇 분야와 수준에서는 공급과잉 현상이 나타나기 시작했다.[177] 게다가 1997년에 발생한 IMF 외환위기는 '이공계 취업난'이란 새로운 문제를 유발했다. 가령 우리나라의 연구원 수는 1997년 138,438명에서 1998년 129,767명으로 감소했다. 과학기술정책에 대한 통계가 작성된 이래 역사상 처음으로 연구원 수가 감소되는 사태를 맞이했던 것이다.

1999년에는 교육부를 중심으로 '두뇌한국(Brain Korea, BK) 21 사업'이 시작되었다. BK21 사업은 지식기반사회에 대비하여 고등교육체계를 개혁한다는 취지를 내걸면서 향후 7년 동안 신규 예산 2,000억 원을 추가적으로 투입하는 것으로 기획되었다. 세부 사업은 ① 과학기술분야, ② 인문사회분야, ③ 지역대학분야, ④ 특화분야(5년), ⑤ 핵심분야(3년) 등으로 구성되었다. ①과 ②는 세계적 수준의 대학원 육성, ③은 지역 우수대학의 육성, ④는 신산업 분야의 전문인력 양성, ⑤는 학문 전반의 연구수준 제고를 목표로 삼았다. 특히 BK21 사업은 '창의적 학문후속세대의 양성'이란 기치하에 과거와 달리 대학원생, 박사후과정, 신진연구자 등을 직접적으로 지원하는 특징을 가지고 있었다. 또한 BK21 사업은 교육정책에서 선택과 집중의 원칙이 적용되고 재정지원과 대학개혁을 연계하는 계기로 작용했다(교육인적자원부, 2002). BK21 사업은 1단계(1999~2005년)와 2단계(2006~2012년)로 나누어 진행되었으며, 각각 1조 3,000억 원, 2조 300억 원의 예산이 투입되었다. 2013년에는 BK21 사업과 세계수준의 연구중심대학(WCU) 사업이 통합된 'BK21플러스 사업'이 출범했다.

2001년에 공학교육인증제도가 도입되었다는 점도 주목할 만하다. 그것은 공과대학의 교육과정에 대한 평가를 통해 해당 과정을 이수한 졸업생이 산업체의 수요

---

[177] 과학기술인력 수급전망의 현황과 과제에 대해서는 박기범(2014)을 참조. 과학기술인력의 공급과잉 현상은 학사 수준에서 두드러지게 나타나고 있는데, 이는 대학진학률의 증가와 상관성이 크다고 볼 수 있다. 우리나라의 대학진학률은 1980년 23.7%에서 1985년 36.4%로 급증한 후 1990년 33.2%, 1995년 51.4%, 2000년 68.0%를 거쳐 2005년에는 82.1%로 늘어났다.

와 글로벌 스탠더드를 충족하는 역량을 갖추게 된 것을 인증하는 제도에 해당한다. 미국에서는 오래전부터 공학기술인증위원회(Accreditation Board for Engineering and Technology, ABET)를 중심으로 공학교육인증제를 실시해 왔으며, 우리나라는 1999년에 한국공학교육인증원(Accreditation Board for Engineering Education of Korea, ABEEK)을 설립하면서 이를 뒤따르고 있다. 공학교육인증제도는 공학교육을 공학소양 혹은 전문교양, 전공기초, 전공심화로 구분하고 있는데, 그 중에서 눈에 띄는 것은 공학소양교육이다. 공학소양교육의 범위에는 기술과 역사, 기술과 사회, 공학윤리, 기술경제, 기술경영, 과학기술정책, 공학커뮤니케이션, 팀워크, 리더십 등이 포함된다.[178]

공과대학 졸업생이 갖추어야 할 능력

미국의 공학기술인증위원회는 2000년에 공학교육에 대한 평가기준인 'ABET 2000'을 도출한 바 있다. ABET 2000에 따르면, 공과대학 졸업생들은 다음과 같은 11가지의 능력을 확보해야 한다. ① 수학, 과학, 공학의 지식을 응용하는 능력, ② 자료를 분석·해석할 분만 아니라 실험을 설계하고 수행할 수 있는 능력, ③ 시스템, 부품, 공정을 설계하는 능력, ④ 여러 분야의 사람들로 구성된 팀에서 일하는 능력, ⑤ 공학적 문제를 정의하고 정식화해서 풀 수 있는 능력, ⑥ 전문직업적 의무와 윤리적 책임을 이해하는 능력; ⑦ 효과적인 의사소통을 할 수 있는 능력, ⑧ 세계적 혹은 사회적 맥락에서 공학적 해결책의 영향을 이해하는 데 필요한 폭넓은 교육, ⑨ 일생 동안 학습할 필요가 있다는 것을 인지하고 참여할 수 있는 능력, ⑩ 당대의 사회적 쟁점에 대한 지식, ⑪ 현장에서 필요한 기술, 숙련, 도구를 이용할 수 있는 능력.

그러던 중 2002년을 전후해서는 소위 '이공계 기피론' 혹은 '이공계 위기론'이 불거졌다.[179] 그것은 이공계 대학을 지원하는 학생의 수가 지속적으로 감소함으로써 가시화되기 시작했다. 대학입학 수학능력시험에서 자연계 응시자 수가 1997년의 34만 5천명(43.4%)에서 2002년 19만 9천명(26.9%)으로 5년간 16.5%가 감소했던 것이

---

178 공학소양교육의 구성과 과제에 대해서는 한국공학교육학회(2005); 송성수(2012)를 참조.

179 이공계 기피론에 관한 자세한 분석은 이은경(2006); 이은경(2022: 89-113)을 참조.

과학기술의 경영과 정책

다. 이를 배경으로 이공계 위기에 대한 논의가 폭증하는 가운데 초·중등학교의 과학교육이 흥미롭지 않다는 점, 과학기술에 대한 직업적 전망이 불투명하다는 점, 과학기술인에 대한 사회경제적 보상체계가 미비하다는 점, 세계화의 촉진에 따라 우수인력의 해외진출이 증가하고 있다는 점 등이 지적되었다. 이에 대처하여 정부는 과학기술부를 중심으로 이공계 전공자 공직진출 확대방안과 차세대 이공계 핵심인력 확보대책을 마련했으며, 2004년 9월에는 '국가과학기술 경쟁력 강화를 위한 이공계지원 특별법'을 제정했다.

이공계지원 특별법에 따라 2005년 8월에는 '제1차 이공계인력 육성·지원 종합계획(2006~2010년)'이 마련되었다. 동 계획은 과학기술인력정책에서 '전(全)주기적 지원'에 대한 개념을 처음 도입했다. 과학기술인력의 교육단계, 취업단계, 연구단계, 은퇴단계에 따라 세부적인 지원정책의 방향을 제시했던 것이다.[180] 2011년 이후에는 이공계지원 특별법에 의한 계획의 명칭이 '과학기술 인재 육성·지원 기본계획'으로 바뀌었고, 신산업 분야의 고급 연구인력 확보, 산학협력 및 기술창업의 촉진, 이공계 분야의 일자리 확대 등이 강조되고 있다. 특히 제3차 과학기술 인재 육성·지원 기본계획(2016~2020년)은 저출산(저출생), 고령화의 진전과 청년 실업률의 심화에 주목하면서 과학기술인력의 취업·창업에 관한 역량을 제고하는 것을 최우선 과제로 삼았다. 이와 별도로 2004년부터는 여성과학기술인 육성·지원 기본계획이, 2008년부터는 과학영재 발굴·육성 종합계획이 5년 단위로 수립되고 있다.

최근의 과학기술인력정책에서 나타나고 있는 뚜렷한 경향 중의 하나는 산학협력과 고등교육의 연계에서 찾을 수 있다. 2004년에 시작된 산학협력 중심대학 육성사업은 2011년에 산학협력 선도대학 육성사업으로 확대·개편되었는데, 전자가 13개 대학을 지원했던 반면 후자의 경우에는 50개로 대폭 증가했다. 산학협력 선도대학 육성사업은 2012~2016년의 1단계 사업(LINC)과 2017~2021년의 2단계 사업(LINC+)을 거쳐 2022년에는 산학'연'협력 선도대학 육성사업(LINC 3.0)으로 거듭났

---

180 이와 관련하여 Dalton et al.(1997)은 전문가의 경력개발 단계를 다음의 네 가지로 구분한 바 있다. ① 다른 사람의 지도를 받는 팔로워십(followership) 단계, ② 다른 사람에 대한 의존을 탈피한 자기 리더십(self-leadership) 단계, ③ 다른 사람들과 팀을 이루어서 혁신에 기여하는 국소적 리더십(local leadership) 단계, ④ 혁신의 방향을 제시하면서 사업을 주도하는 사업 리더십(business leadership) 단계 등이 그것이다.

다. 또한 대학창업교육 5개년 계획(2013~2017년)과 산학협력 5개년 기본계획(2016~2020년)이 마련되는 것을 전후하여 산학협력과 창업교육은 대학의 필수적인 기능으로 자리 잡기 시작했다. 최근의 대학에서는 산학협력이나 취업지원을 위한 조직이 점검 확대되는 가운데 취업과 창업을 합성한 '취창업'이란 용어도 널리 사용되고 있다.

돌이켜 보면, 우리나라의 과학기술인력정책은 경제성장의 단계에 조응하여 지속적으로 진화해 왔다. 1960년대와 1970년대에는 경공업과 중화학공업의 육성에 필요한 현장 기술인력의 공급에 초점이 주어졌고, 1980년대와 1990년대에는 첨단기술의 개발이 강조되면서 전문성을 지닌 고급 과학기술인력의 양성이 중요한 과제가 되었다. 2000년대 이후에는 이공계지원 특별법이 제정되고 과학기술 인재 육성·지원 기본계획이 수립되면서 과학기술인력에 관한 전주기적 지원정책이 강구되고 있다. 그러나 우리나라의 과학기술인력정책이 해결 혹은 완화해야 할 과제는 산적해 있다. 이공계 기피 현상의 지속, 구직난과 구인난의 공존, 고급 인력의 지역별·부문별 불균형 등이 그러한 예에 속한다. 게다가 최근에는 학령인구 감소와 디지털 전환을 맞이하여 과학기술인력정책의 새로운 방향이 요구되고 있다.

█ 과학기술인력정책과 연구개발정책의 연계

미래유망기술 혹은 국가전략기술로 상징되는 중요한 연구개발정책은 과학기술인력의 양성과 병행되어 추진되어 왔다. 그러나 고급 인력의 노동시장이 과거와 같이 확대되는 것이 어려워지면서 연구개발정책이 과학기술인력정책과 상충되는 사례도 등장하고 있다. 가령 생명공학기술의 경우에는 해당 연구개발사업이 대대적으로 추진되면서 대학원생들이 급속히 증가했지만 그들이 졸업한 이후에 마땅한 일자리를 찾기가 쉽지 않은 상황이 빚어졌던 것이다(박기범, 2014: 6). 연구개발정책과 과학기술인력정책의 연계는 계속 강조될 필요가 있지만 과학기술인력정책이 연구개발정책의 하위 영역으로 간주되어서는 곤란하다. 또한 특정 분야의 과학기술인력에 대한 수급 불일치 문제를 완화하기 위해서는 과학기술인력의 구체적인 경력 경로를 미리 고려하여 해당 정책을 기획하고 추진하는 것이 필요하다.

3 과학기술과 여성

인류가 고민하고 해결해야 할 핵심적인 문제로는 계급(class), 인종(race), 성(sex)이 거론된다. 이러한 주제들을 생각해보면, 세상의 절반 혹은 그 이상이 되는 집단이 충분히 고려되거나 인정되지 않고 있다는 점을 알 수 있다. 그 동안 인류가 수많은 차별을 극복하기 위해 많은 노력을 기울여 왔지만, 성차별주의(sexism)는 다른 문제에 비해 가장 늦게 주목을 받은 영역에 해당한다. 그러나 최근에는 여성 문제에 대한 관심과 실천의 급증하면서 여성 문제가 사회문제나 사회적 쟁점의 차원을 넘어 정책의제로 급속히 부상하고 있다.[181]

여성의 사회활동은 지속적으로 증가해 왔지만, 여성은 실제보다 과소대표되는 (underrepresented) 경우가 많다. 예를 들어 음악이나 요리사의 경우에는 남성보다 여성이 훨씬 많지만 오케스트라의 지휘자나 특급 호텔의 주방장은 거의 남성이다. 과학기술자의 경우에는 상황이 더욱 심각하다. 현실 세계에서 여성 과학기술자를 만나기는 쉽지 않으며, 교과서나 대중매체에서 여성 과학기술자를 접하기는 더더욱 어렵다. 우리나라의 연구원 중에서 여성이 차지하는 비율은 2007년 14.9%, 2011년 17.3%, 2015년 18.9%, 2019년 21.0%로 집계되고 있다. 과학기술자 10명을 만나도 여성 과학기술자는 2명 정도에 불과한 것이다. 이와 관련하여 여성 집단이 지속적으로 재생산될 수 있는 임계규모(critical mass)가 30%라는 지적도 있다.

[그림 11-5]는 1927년에 개최된 제5차 솔베이 회의(Solvay Conference)를 기념하는 사진이다. 여기에는 아인슈타인을 비롯한 29명의 기라성 같은 과학자들이 등장하고 있다. 그중 17명이 노벨상 수상자라는 점에서 이 사진은 상당한 주목을 받아 왔다. 그런데 이 사진은 다른 각도에서도 볼 수도 있다. 29명의 과학자 중에서 여성은 마리 퀴리(Marie Curie)가 유일한 것이다. 마리 퀴리는 역사상 최초로 노벨상을 두 번이나 받은 사람이다. 그녀는 방사능 연구를 통해 라듐과 폴로늄을 발견한 공로로 1903년 노벨 물리학상을 수상했고, 1911년에는 금속 라듐을 순수하게 추출한 공로로 노벨 화학상을 받았다. 마리는 1911년에 과학아카데미에 입후보했지만 고배를 마셨으며,

---

181 이 절은 송성수·최경희(2017: 333-346)를 활용하면서 부분적으로 보완한 것이다.

그 이후로는 과학아카데미 회원 선거에 출마하지 않았다. 미국의 국립과학아카데미는 1925년, 영국의 왕립학회는 1945년, 프랑스의 과학아카데미는 1979년에 여성 회원을 선출하기 시작했다.

그림 11-5 제5차 솔베이 회의의 참석자를 찍은 사진(1927년).

마리 퀴리 이외에도 20세기에 노벨상을 받은 여성 과학자는 9명이 더 있다. 노벨 물리학상 수상자로는 마리아 마이어(Maria Mayer)가 있고, 노벨 화학상 수상자로는 이렌 퀴리(Irène Curie)와 도로시 호지킨(Dorothy Hodgkin)이 있다. 노벨 생리의학상 수상자가 6명으로 가장 많은데, 여기에는 거티 코리(Gerty Cory), 로잘린 앨로(Rosalyn Yalow), 바바라 맥클린톡(Barbara MacClintock), 리타 레비 몬탈치니(Rita Levi-Montalcini), 거트루드 엘리언(Gertrude Elion), 크리스티안네 뉘슬라인 폴하르트(Christiane Nüsslein-Volhard)가 포함된다. 노벨상을 받을 만한 자격이 충분한데도 수상의 영예를 누리지 못한 여성 과학자로는 리제 마이트너(Lise Meitner), 우젠슝(Chien-Shiung Wu), 로잘린드 프랭클린(Rosalind Franklin) 등이 거론되고 있다.

과학기술의 경영과 정책

표 11-3 20세기에 노벨상을 받은 여성 과학자들.

구분	년도	수상자	업적
노벨 물리학상	1903	마리 퀴리	방사능 연구
	1963	마리아 마이어	원자핵 구조의 이론에 관한 연구
노벨 화학상	1911	마리 퀴리	라듐 분리
	1835	이렌 퀴리	인공방사성 원소 연구
	1964	도로시 호지킨	X선에 의한 생화학 물질 구조 규명
노벨 생리의학상	1947	거티 코리	글리코겐의 촉매 변환 과정 발견
	1977	로잘린 앨로	펩티드 호르몬의 방사면역 검정 방법 개발
	1983	바바라 맥클린톡	옥수수의 반점 연구를 통한 움직이는 유전자 발견
	1986	리타 레비 몬탈치니	세포 및 기관의 성장인자 발견
	1988	거트루드 엘리언	암과 심장병 등 만성질환 치료약물 개발
	1995	크리스티안네 뉘슬라인 폴하르트	배자 발생의 유전자 조절에 관한 연구

과학기술과 여성의 문제를 연구해 온 학문분야는 '페미니스트 과학기술학'으로 불린다. 페미니스트 과학기술학자들은 역사 속의 여성 과학기술자들을 발굴하는 것 이외에도 다양한 주제들을 연구해 왔다. 그것은 과학기술활동에서 여성의 지위 분석, 남성중심적 과학관(科學觀)에 대한 도전, 기술의 개발과 사용에서 여성의 배제 등으로 구분할 수 있다.

과학기술 활동에서 여성의 지위는 '주변성(marginality)'이란 단어로 집약되고 있다. 여성은 과학기술에 대한 진입장벽(entry barrier)을 가지고 있으며, 과학기술계에 진입했다 할지라도 결혼과 출산으로 과학기술 활동을 계속하기가 어려워진다. 이와 관련하여 남성 노동자의 규모는 연령을 고려할 때 정규분포와 유사한 형태를 보이는 반면 여성의 경우에는 'M자형'이나 'L자형'을 그린다는 지적도 있다. 또한 여성 과학기술자는 상층부로 갈수록 숫자가 감소하는 일종의 누수(pipeline leakage) 현상을 보이고 있으며, 상층부에 진입한 이후에도 보이지 않은 장벽, 즉 유리천장(glass ceiling)의 존재를 느낀다.

▌과학자 사회와 누적 이익

　　지금은 여성의 과학기술계 진출을 가로막던 과거의 장벽이 공식적으로는 거의 사라졌다. 이제 여성이라는 이유로 대학에 입학할 수 없거나 학회의 회원 가입을 거부 당하는 사례는 거의 찾아볼 수 없게 되었다. 그러나 아직도 여성 과학기술자들은 남성 위주의 학계 메커니즘에서 알게 모르게 소외되고 불평등한 대우를 받고 있다. 이와 관련하여 과학자사회에 대한 연구들은 과학기술 활동이 특정한 집단에 유리 혹은 불리하게 전개되는 경향이 있다는 점을 보여주고 있다. 이를 설명하는 개념에는 마태 효과(Matthew effect), 후광 효과(halo effect), 마틸다 효과(Matilda effect) 등이 있다. 마태 효과는 경력 형성에 성공한 과학자일수록 사회적 인정과 자원의 획득에서 유리하다는 점을, 후광 효과는 우수한 기관이나 단체에 속한 과학자가 더 많은 이익을 얻는다는 점을, 마틸다 효과는 여성이 적절한 인정을 받지 못하면서 결과적으로 역사의 뒤편으로 사라지는 경향을 지칭한다. 이러한 효과들은 '누적 이익(cumulative advantage)' 혹은 불이익이 형성되는 메커니즘을 잘 포착하고 있다(Hess, 2004: 119-121).

　　남성중심적 과학관에 대한 도전에서는 '자연의 젠더화'가 중요한 논점이 되었다. 16~17세기의 과학혁명 이후에 객관성, 이성, 과학은 남성적 특성으로, 주관성, 감정, 자연은 여성적 특성으로 규정하는 일종의 신화(神話)가 만들어졌다. 예를 들어 베이컨(Francis Bacon)은 과학을 '정신과 자연의 순결하고 합법적인 결혼'으로 규정하면서 과학이란 진리를 추구하는 정신인 남성이 여성인 자연을 길들여서 지배하는 것으로 보았다. 이러한 과학관을 바탕으로 애매모호한 성차를 과학이라는 이름으로 격리시키고 차별하려는 시도가 지속적으로 전개되어 왔다. 두개골학(craniology)은 여성의 두뇌가 작고 가볍기 때문에 여성이 지적으로 열등하다고 간주했으며, 생리학은 여성의 지적 활동이 에너지를 고갈시켜 여성의 생식능력을 퇴화시킨다고 주장했다.

　　이러한 과학관은 정자와 난자의 수정과정에 대한 연구에서도 잘 드러난다. 20세기 전반에 출판된 대부분의 생물학 교과서에서는 난자가 '잠자는 공주'로 간주되는 반면, 정자는 '달려가는 왕자'의 역할을 맡는다. 정자는 말을 달려 성으로 들어가는 왕자처럼 힘차게 헤엄치며, 난자에 닿으면 난자의 막을 뚫고 들어가는 것으로 설명

과학기술의 경영과 정책

된다. 난자는 잠만 자는 공주처럼 가만히 있다가 정자에 의해 구멍이 뚫리면서 비로소 발생을 시작하는 것으로 묘사된다. 그러나 수정에 대한 이런 관점은 오류임이 밝혀졌다. 정자의 추진력은 난자의 막을 뚫을 만큼 강하지 않으며, 난자는 화학물질을 분비하여 능동적으로 정자를 포획하고 난자막을 녹여 정자가 쉽게 들어올 수 있도록 한다. 즉 정자는 난자를 공격하고 정복하는 것이 아니라 난자의 협조를 받아야만 수정에 성공할 수 있는 것이다. 더 나아가 정자는 남성이고 난자는 여성이라는 도식도 성립될 수 없으며 정자와 난자는 혼자서는 아무런 성도 지닐 수 없는 존재에 불과하다(Martin, 1991).

기술에 관한 여성학 연구는 생산기술, 생식기술, 가사기술 등의 개발과 사용에서 여성이 배제되어 왔다는 점에 주목하고 있다. 생산기술의 경우에는 노동과정에 대한 통제가 성에 따라 차별적으로 나타나며, 여성은 기술적으로 무능하거나 비숙련노동을 담당하는 존재로 각인되어 왔다는 점이 지적되고 있다. 생식기술의 경우에는 성공률이 그다지 높지 않으며 여성에 대한 부작용도 심하다는 점이 부각되었고, 남성이 여성의 몸을 통제하려는 의도가 반영되어 왔다는 주장이 제기되고 있다.

가사기술과 관련하여 코완(Ruth S. Cowan)은 20세기 전반에 등장한 진공청소기, 세탁기, 냉장고 등이 가정주부의 노동을 감소시킨 것이 아니라 오히려 증가시켰다고 주장한 바 있다. 산업화 이전에는 가사노동을 전 가족이 비교적 공평하게 분담했으며 경우에 따라 가정의 피고용인과 상업적 대리인의 도움을 받았다. 이에 반해 산업화 이후에는 생활표준의 상승으로 가사노동의 양은 증가한 반면 가정주부가 가사노동을 전적으로 혼자서 감내하게 되었다. 특히 코완은 새로운 형태의 가사노동의 출현이 가정주부에 관한 이데올로기의 변화와 결부되어 있었다는 점을 지적했다. 제1차 세계대전이 지난 후에 미국 사회에서는 가사노동이 더 이상 허드렛일이 아니라 가족에 대한 사랑의 표현으로 간주되었으며, 당시의 여성잡지들은 가정주부가 이렇게 고상한 노동을 제대로 수행하지 않거나 다른 사람에게 맡기는 것을 일종의 '죄'라고 표현했다(Cowan, 1983).

그렇다면 여성 과학기술자를 육성하고 지원하기 위해서 어떤 노력을 기울여야 할까? 여성계에서 널리 제기되고 있는 전략으로는 '성주류화(gender mainstreaming)'를 들 수 있다. 그것은 젠더의 관점(gender perspective)을 모든 정책 과정에 통합하는 것으로서 1995년 북경 세계여성대회에서 공식적인 행동강령으로 수용된 바 있다. 과학기술의 경우에는 유럽위원회(European Commission)가 2002년에 '과학기술에서 성주류화'를 정책 기조로 설정한 후 여성의 과학기술계 진출 촉진, 여성 과학기술자의 역량 제고, 여성 과학기술자 지원을 위한 기반 확충 등을 도모하고 있다.

여성의 과학기술계 진출을 촉진하기 위한 방안으로는 여학생들의 이공계 진입 유도, 여성 이공계 대학(원)생 지원, 교육과정 및 교육환경 개혁 등이 강조되고 있으며, 특히 여학생들의 이공계 진입을 촉진하기 위하여 다양한 형태의 WISE(Women into Science and Engineering) 프로그램이 실시되고 있다. 여성 과학기술자의 역량을 제고하기 위한 방안에는 과학기술 관련 직종으로의 진출 촉진, 연구 지원, 국제교류 지원, 네트워크의 활성화 등이 있는데, 특히 여성 과학기술자에 대한 '적극적 조치(affirmative action)'의 일환으로 채용목표제 혹은 할당제가 세계 각국에서 시도되고 있다. 여성 과학기술자의 지원을 위한 기반 확충과 관련해서는 법·제도 및 전담기구의 마련, 성인지적 통계자료의 구축, 가정생활과의 양립 지원 등이 강조되고 있다. 이상과 같은 조치는 현재의 과학기술 활동이 지속될 경우에는 여성과 같은 소수자집단이 참여할 기회가 계속해서 제한될 것이라는 판단에 기초하고 있다. 출발선상에서 이미 평등하지 않기 때문에 이를 시정하기 위한 조치인 셈이다.

우리나라의 경우에는 2000년부터 여성 과학기술자를 육성하고 지원하기 위한 정책적 노력이 본격화되었다. 2000년에는 여성과학자 연구개발 전담사업이 시작되었고, 2001년에는 여학생 친화적 과학교육 프로그램(WISE)의 실시, 올해의 여성과학자상 제정, 여성과학기술인력 데이터베이스 구축, 여성과학기술인력 채용목표제의 도입 등이 이루어졌다. 이어 2002년에는 여성과학기술인 육성 및 지원에 관한 법률이 제정되었고, 2004년에는 제1차 여성과학기술인 육성·지원에 관한 기본계획이 마련되었다. 이러한 법률과 계획을 바탕으로 여성과학기술인지원센터(Women in Science and Technology, WIST) 육성사업, 여학생 공학교육 선도대학(Women into Engineering, WIE) 지원사업, 여성 공학기술인력 양성사업(Women's Academy for Technology Changer in the 21st Century, WATCH21) 등이 속속 생겨났다. 2011년에는 흔히 '4W'로 불렸던 WIST, WISE, WIE, WATCH21이 통합되어 한국여성과학기술인지원센터(Women in Science, Engineering and Technology, WISET)가 출범했다. WISET

은 2012년부터 지역 여성과학기술인재 진출 및 활용 촉진사업(Regional-Women Empowerment in SET, R-WeSET)을 주관하고 있으며, 2021년에는 한국여성과학기술인 육성재단으로 거듭났다.[182]

최근에 수립된 계획에는 제4차 여성과학기술인 육성·지원 기본계획(2019~2023)이 있다(관계부처 합동, 2019). 동 계획은 '여성과학기술인의 창의적 역량 및 잠재가치가 발현되는 사회'를 비전으로, '여성과학기술인의 질적 성장과 과학기술 분야의 양성평등 실현'을 목표로 삼고 있다. 세부 목표는 ① 유입·성장 촉진, ② 활동·참여 확대, ③ 제도·문화 혁신으로 나누어 제시되고 있다. ①의 경우에는 여학생 공학계열 유입을 2017년 25%에서 2023년 30%로 확대하고 신산업 분야에서 전체의 30%에 해당하는 3,000명의 여성인재를 배출하는 것이 강조되고 있다. ②에서는 과학기술 연구개발 분야의 여성 일자리를 2017년 16%에서 2023년 30%로, 40대 여성과학기술인의 경제활동참가율을 2017년 60.8%에서 2023년 70%로 제고하는 것을 표방하고 있다. ③의 경우에는 여성과학기술인의 중간관리자 이상 보직자 비율을 2017년 9.5%에서 2023년 20%로 확대하고 양성, 활용, 하부구조 등에서 여성과학기술인 생태계 지표를 구축하는 것이 강조되고 있다.

 4 과학기술자의 윤리와 책임

'과학기술자의 사회적 책임'이라고 하면 무엇을 떠올리게 될까? 사회 발전의 기초는 과학기술에 있으므로 과학기술자들이 책임의식을 가지고 연구개발 활동에 총력을 기울여야 한다는 것을 의미할까? 아니면, 오늘날 과학기술은 수많은 사회적·윤리적 차원의 문제와 결부되어 있으므로 과학기술자들이 자신의 연구개발 활동과 그 결과물에 대해 일정한 책임을 져야 한다는 것을 의미할까? 여기서는 주로 후자(後者)를 중심으로 과학기술자의 사회적 책임에 관한 주요 쟁점을 살펴보고자 한다.[183]

---

[182] 여성과학기술인 지원정책의 전개와 평가에 대한 자세한 논의는 이은경(2012); 이은경(2022: 254-272)을 참조.

[183] 이 절은 송성수·최경희(2017: 303-317)를 활용하면서 부분적으로 보완한 것이다.

우리나라에서 과학기술자의 윤리와 책임에 관한 논의는 이미 1980년대부터 시작되었지만, 많은 사람들이 이러한 문제에 공감하게 된 시기는 소위 '황우석 사태'가 발생한 2005년 이후라고 할 수 있다. 그것은 연구 내용의 조작, 부당한 저자표시, 연구실의 비(非)민주적 운영, 생명윤리의 위반, 연구비의 부당한 사용, 무책임한 발언 등의 문제가 총체적으로 드러난 사건이었다. 황우석 사태는 우리나라 연구계의 실상을 되돌아 볼 수 있는 반면교사가 되었으며, 특히 연구윤리(research ethics)가 제도화되는 계기로 작용했다.[184]

연구윤리는 연구의 계획, 수행, 보고 등과 같은 연구의 모든 과정에서 책임 있는 태도로 바람직한 연구를 실천하기 위해 지켜야 할 윤리적 원칙이라 할 수 있다. 연구윤리의 키워드로는 '진실성'으로 번역되는 'integrity'를 들 수 있다. 연구진실성은 바람직한 연구가 무엇인지를 압축해서 표현한 단어로서 내용적 정직성과 절차적 투명성을 포괄하고 있다. 연구진실성과 유사한 의미를 가진 용어에는 '책임 있는 연구수행(responsible conduct of research, RCR)'과 '바람직한 연구실천(good research practice, GRP)'이 있다. 전자는 미국에서 후자는 유럽에서 널리 사용되고 있는데, 전자는 무책임한 연구에 대한 처벌에 초점을 두고 있는 반면 후자는 좋은 연구를 진작시키는 데 초점을 두고 있다.

그림 11-6 캐나다 워털루 대학의 연구윤리위원회 홈페이지에 있는 그림으로 연구윤리의 키워드인 진실성(integrity)을 강조하고 있다.

---

184 한국 사회에서 과학기술자의 윤리와 책임에 관한 논의가 전개된 과정은 송성수(2011: 247-271)를 참조. 연구윤리에 관한 다양한 정보는 국가과학기술인력개발원(KIRD)이 운영하는 연구윤리정보포털(www.cre.re.kr)에서 찾아볼 수 있다.

연구진실성과 대비되는 개념은 연구부정행위(research misconduct)이다. 현재 연구윤리가 제도화된 모든 국가에서 연구부정행위로 간주하고 있는 것은 'FFP'로 약칭되는 위조(fabrication), 변조(falsification), 표절(plagiarism)이다. 위조는 존재하지 않는 데이터나 연구결과를 인위적으로 만들어내서 그것을 기록하거나 보고하는 행위에 해당한다. 변조는 연구와 관련된 재료, 장비, 공정 등을 허위로 조작하는 것, 또는 데이터나 연구결과를 바꾸거나 삭제하는 것을 통해 연구의 내용이 정확하게 발표되지 않도록 하는 행위다. 표절은 다른 사람의 아이디어, 연구과정, 연구결과 등을 적절한 인용 없이 도용하는 행위에 해당한다.

우리나라에서 연구윤리를 규율하는 기준으로 사용되는 것은 '연구윤리 확보를 위한 지침'이다. 그것은 황우석 사태의 후속조치로 2007년 2월에 처음 마련된 후 2015년 11월의 개정을 통해 현재의 모양새를 갖추게 되었다. 동 지침은 연구부정행위의 범위로 ① 위조, ② 변조, ③ 표절과 함께 ④ 부당한 저자표시, ⑤ 부당한 중복게재, ⑥ 본인 또는 타인의 부정행위 혐의에 대한 조사를 고의로 방해하거나 제보자에게 위해를 가하는 행위, ⑦ 각 학문분야에서 통상적으로 용인되는 범위를 심각하게 벗어난 행위를 들고 있다.[185] 부당한 저자의 대표적인 유형에는 명예저자(honorary author)와 유령저자(ghost author)가 있는데, 명예저자는 학술적인 기여 없이 논문에 편승한 공짜저자를, 유령저자는 연구에 중요한 역할을 했지만 부당하게 배제된 저자를 의미한다. 중복게재는 동일하거나 거의 유사한 연구결과를 학술지에 다시 발표하여 연구업적을 부풀리는 경우를 지칭한다.

---

[185] 2020년 6월에 제정되고 2021년 1월부터 시행된 '국가연구개발혁신법'은 국가연구개발사업 관련 부정행위의 범위로 ① 연구개발자료 또는 연구개발성과를 위조·변조·표절(자기표절 포함)하거나 저자를 부당하게 표시하는 행위, ② 연구개발비의 사용 용도와 기준을 위반한 행위, ③ 규정을 위반하여 연구개발성과를 소유하거나 제3자에게 소유하게 한 행위, ④ 보안대책을 위반하거나 보안사항을 누설하거나 유출하는 행위, ⑤ 거짓이나 그 밖의 부정한 방법으로 연구개발과제를 신청하거나 이를 수행하는 행위 등을 들고 있다.

▌저자의 자격과 순서

저자의 자격에 대해서는 국제의학잡지편집인협의회(International Committee of Medical Journal Editors, ICMJE)가 제안한 기준이 널리 통용되고 있다. 첫째, 연구의 기획이나 자료의 획득, 분석, 해석 등에 상당 부분 기여해야 한다. 둘째, 원고의 초안을 작성하거나 주요 내용을 결정적으로 고치는 데 참여해야 한다. 셋째, 출판될 원고를 최종적으로 승인해야 한다. 넷째, 연구의 모든 부분에 책임을 진다는 데 동의해야 한다. 이중 네 번째 기준은 2018년에 신설되었다. 이상의 기준을 모두 만족하지 못한 경우에는 저자의 자격을 인정받기 어렵다. 단순히 자료를 제공한 사람, 기술적 도움을 준 사람, 연구장비를 제공한 사람, 연구과제를 지휘한 사람 등은 감사의 글이나 후기를 통해 그 성과를 인정해 주는 것이 바람직하다. 저자의 범위와 순서를 정하는 것은 연구분야의 특성, 연구가 진행된 과정, 시대적 상황 등에 따라 조금씩 달라질 수 있다. 과거에는 저자의 범위와 순서를 전적으로 연구책임자가 결정하는 것이 일반적인 관행이었다. 그러나 최근에 들어와서는 저자 결정에 대한 갈등의 소지를 줄이기 위하여 저자배분의 문제를 함께 논의하는 것이 권장되고 있다. 이와 관련하여 ICMJE는 저자목록에 실릴 저자의 순서는 공동저자 간의 합의로 결정해야 하며, 저자들이 저자 기재 순서에 대한 원칙을 설명할 수 있어야 한다는 점을 강조하고 있다(송성수, 2014b: 44-49).

연구윤리와 관련하여 종종 제기되는 개념에는 이해충돌(conflicts of interest, CoI)이 있다. 이해충돌은 진리탐구를 통해 인류복지에 기여한다는 연구의 일차적 이해관계(primary interest)가 개인이나 집단의 이익과 같은 이차적 이해관계(secondary interest)와 서로 충돌하는 상황을 뜻한다. 이해충돌은 다양한 형태로 나타난다. 이해충돌은 재정적 문제와 직접 관련된 경우와 친분관계를 비롯한 비금전적인 경우로 구분할 수 있다. 또한 이해충돌은 당사자가 개인 연구자인 경우와 대학, 기업, 국가 같은 집단인 경우로 나눌 수 있다. 이해충돌은 실제성 여부에 따라 실제적(actual) 이해충돌, 잠재적(potential) 이해충돌, 표면적(apparent) 이해충돌로 구분되기도 한다. 실제적 이해충돌은 이차적 이해관계에 의해 일차적 이해관계가 실제로 훼손된 것이며, 잠재적 이해충돌은 단기적으로는 별다른 문제가 없지만 장기적으로 일차적 이해관계의 훼손이 예상되는 경우를 말한다. 표면적 이해충돌은 실질적인 문제가 일어나지는 않았지만 다른 사람에게 의심을 받을 만한 행위를 한 경우에 해당한다. 이와 같은 이해충돌은 연구부정행위를 저지르게 할 수 있는 잠재적인 요소이자 연구의 신뢰성을 의심하게 하는 매개물로 작용할 수 있다. 이해충돌을 해결하는 기본적인 방법은 이해충돌의 상황을 피하거나 이해충돌의 가능성이 있는 상황을 명확하게 밝히는 데 있다. 최근에는 이해충돌의 문제에 대처하기 위해 주요 학술지들은 논문을 발표할 때 저자가 관련된 이해관계를 고지하도록 규정하고 있다(송성수, 2014b: 95-97).

과학기술자의 활동은 연구에 국한되어 있지 않다. 과학기술자는 일반 대중의 과학기술에 대한 이해를 촉진하기도 하고, 주요한 사회적 이슈에 대해 전문가로서 소정의 역할을 담당하기도 하며, 과학기술의 부정적 측면에 문제를 제기하기도 한다. 물론 모든 과학기술자가 모든 시기에 이러한 활동에 관여할 의무는 없지만, 연구실 밖에서 벌어지는 사회적 문제를 인식하고 이에 적극적으로 대처하는 것은 매우 중요하다. 그것은 과학기술자가 자신의 존재적 기반을 성찰하고 과학기술을 보다 바람직한 방향으로 개발하고 활용할 수 있는 출발점으로 작용할 것이다.

일반 사람들의 생활은 과학기술에 의해 많은 영향을 받고 있지만 과학기술이 고도로 전문화됨에 따라 일반 사람들이 과학기술에 대해 잘 모르게 되는 기이한 현상이 발생하고 있다. 여기에 과학기술자의 중요한 사회적 역할이 있다. 일반 대중에게 과학기술을 쉽게 설명해줌으로써 과학기술에 대한 관심과 이해를 촉진하고 과학기술을 잘 활용할 수 있도록 도와주어야 하는 것이다. 이러한 활동은 과학기술에 친화적인 이미지를 형성하고 과학기술자가 존경받을 수 있는 사회적 분위기를 조성하는 데도 기여할 수 있다.

오늘날 과학기술은 수많은 사회문제와 결부되어 있으며, 이러한 문제들이 발생할 때 과학기술자들은 전문가로서 증언할 기회를 가지게 된다. 전문가 증언(expert witness)은 전문가가 자신의 연구나 사회가 직면한 중요한 문제에 관해 책임 있게 발언하고 독립적인 조언을 제공하는 것을 의미한다. 전문가 증언은 활용 가능한 자료에 근거해야 하며 진솔하면서도 자세한 내용을 담고 있어야 한다. 어떤 것이 지금까지 알려져 있는 사실이고, 어떤 것이 아직 알려지지 않고 있으며, 지금 연구가 진행되고 있는 것은 무엇이며, 노력하면 알 수 있는 것은 무엇이고, 또 필요한 지식을 얼기 위해서는 어느 정도의 연구를 수행해야 하는가 등에 대해 전문적인 능력을 발휘해야 하는 것이다.

과학기술은 인식의 지평을 확장하고 일상생활을 편리하게 하고 있지만 한편으로는 전쟁무기, 환경오염, 안전사고, 생명윤리 등을 매개로 우리의 삶을 위협하고 있다. 과학기술에는 긍정적 측면과 부정적 측면이 공존하기 마련이다. 전자를 극대화하고 후자를 최소화함으로써 과학기술의 건전한 발전을 도모하는 것은 과학기술자의 중요한 책임이다. 과학기술자의 책임이 특별히 강조되는 이유는 과학기술자가 일반 대중과 달리 과학기술에 대한 전문적 지식을 보유하고 있거나 그것을 쉽게 확보할 수 있는 위치에 있기 때문이다.

무엇보다도 과학기술자는 자신의 양심에 벗어나는 부도덕한 행위에 대해서 문제를 제기할 줄 알아야 한다. 이와 관련하여 1981년 노벨화학상 수상자인 호프만(Roald Hoffmann)은 『같기도 하고 아니 같기도 하고』라는 수상록에서 과학자가 진짜와 가짜를 정확히 구별하지 못할 때에 엄청난 재난이 유발될 수 있다고 경고한 바 있다(Hoffmann, 1996: 181-197). 1950년대에 독일의 그뤼넨탈(Grünenthal) 사는 다른 진정최면제와 분자구조가 유사하다는 근거로 탈리도마이드(thalidomide)가 진정최면 효과를 가지고 있다고 주장했다. 당시 그뤼넨탈 사의 연구진은 진정최면 효과를 실제로 확인하지 못했음에도 불구하고 회사의 조처에 공개적으로 의문을 제기하지 않았다. 이후 10년 동안 널리 시판된 탈리도마이드는 유럽 지역에 약 8천명의 기형아를 유발한 주범으로 밝혀졌다. 미국 식품의약국(FDA)의 여성 심사관인 켈시(Frances Oldham Kelsey)가 탈리도마이드의 안전성에 대한 의구심을 가지고 시판 허가를 거절했다는 점도 주목할 만하다.

탈리도마이드는 가짜 약품이라 할 수 있는데, 이에 대한 호프만의 견해가 흥미롭다. 화학물질의 미세한 차이는 과학자만이 알 수 있는 것이기 때문에 과학자들은 자신의 창조물이 어떻게 이용 혹은 오용되는가에 대해서 책임을 져야 한다는 것이다. 이를 위한 기본적인 작업으로 호프만은 과학자들이 새로운 물질의 위험성과 오용가능성을 사회에 알려야 할 의무가 있다고 주장한다. 여기서 화학약품이 사람에게 해를 입히는 경우보다는 인명을 구하는 데 사용되는 경우가 훨씬 많다고 주장할 수도 있다. 하지만 호프만의 손익계산법에 따르면, 한 명의 기형아가 감내하는 손해의 크기가 구제된 수백 명의 생명이 가지는 이익의 크기를 훨씬 능가한다.

과학기술의 건전한 발전을 위하여 과학기술자들이 해야 할 일은 1948년에 세계 과학자연맹이 채택한 '과학자헌장(Charter for Scientific Workers)'에 잘 나타나 있다(조홍섭 편역, 1984: 279-288). 그 헌장은 "과학자라는 직업에는, 시민이 일반적인 의무에 대해 지는 책임 외에 특수한 책임이 따른다"는 점을 강조하면서 이러한 책임을 다하기 위해 과학자가 과학, 사회, 세계라는 세 가지 측면에서 적극적인 노력을 기울여야 한다고 권고하고 있다. ① 과학에 대해 과학자는 과학연구의 진실성을 유지하고, 과학적 지식의 억압과 왜곡에 저항하며, 과학적 성과를 완전히 공표해야 한다. ② 사회에 대해 과학자는 자신의 분야가 당면한 경제적·사회적·정치적 문제들이 지니는 의미를 연구하고, 모든 지역의 생활여건과 노동조건을 평등하게 개선하기 위한 연구를 진척시켜야 하며, 그러한 지식이 실행에 옮겨질 수 있도록 노력해야 한다. ③ 세계에 대해 과학자는 자신의 노력이 전쟁준비의 방향으로 전환되는 것을 반대해야 하며, 평화를 위해 안정된 기반을 구축하고자 하는 세력을 지원해야 한다.

▎세계과학회의

1999년 6월 26일부터 7월 1일까지 헝가리 부다페스트에서는 유네스코와 국제 과학협의회(International Council of Scientific Unions, ICSU)의 공동주최로 세계과학회의(World Conference on Science, WCS)가 개최되었다. 이 회의는 20세기의 마지막 시점에서 21세기의 과학에 대한 새로운 결의를 도출해 보자는 취지에서 '21세기를 위한 과학: 새로운 다짐'이란 기치를 표방했다. WCS는 권고문으로 〈과학과 과학지식의 이용에 관한 선언〉(이하 〈선언〉)과 〈과학의제: 행동강령〉(이하 〈의제〉)을 채택했다. 〈선언〉에는 WCS에서 합의된 기본 정신과 원칙에 대한 천명이 담겨져 있으며, 〈의제〉는 이를 구현하기 위해 실제로 어떤 일을 수행해야 할 것인지에 대해 논의하고 있다. 〈선언〉과 〈의제〉는 지식을 위한 과학과 진보를 위한 지식, 평화를 위한 과학과 발전을 위한 과학, 사회 속의 과학과 사회를 위한 과학 등으로 구성되어 있다(유네스코한국위원회 편, 2001: 246-292). WCS의 권고문은 일회성으로 그친 것이 아니라 이에 대한 후속작업이 지속적으로 이루어져 왔다. 유네스코와 ICSU는 〈의제〉의 마지막 조항인 96조를 통해 각국 정부가 분석보고서를 제출할 것을 권고했으며, 우리나라의 경우에는 유네스코한국위원회와 과학기술정책연구원이 〈선언〉과 〈의제〉의 조항을 바탕으로 과학기술활동을 모니터링하는 작업을 추진했다(장회익 외, 2001). 또한 2003년에는 WCS의 후속조치로 세계과학포럼(World Science Forum, WSF)이 결성되었으며, 2019년 11월 20~23일에 부다페스트에서 개최된 제9차 세계과학포럼은 〈과학, 윤리 및 책임〉이라는 선언문을 채택했다. 〈과학, 윤리 및 책임〉은 전문(前文, preamble), ① 글로벌 웰빙을 위한 과학, ② 연구진실성에서 글로벌 스탠더드의 강화, ③ 학문의 자유와 과학에 대한 인권의 실현, ④ 과학 커뮤니케이션의 책임과 윤리 등으로 구성되어 있다.

과학기술자의 사회적 책임에 관한 최근의 논의로는 '사회에 책임지는 연구와 혁신(responsible research and innovation, RRI)'을 들 수 있다(박희제·성지은, 2018). RRI는 과학기술을 경제성장의 도구로 보는 관점을 넘어 '더 나은 사회(a better society)'를 실현하기 위한 매개물로 자리매김하려는 프레임워크에 해당한다. RRI는 유럽을 중심으로 과학기술에 관한 정책과 거버넌스를 개선하기 위한 노력과 연계되면서 본격적으로 제기된 이력을 가지고 있다. 2008년에는 네덜란드 정부가 '책임지는 혁신

과학기술의 경영과 정책

(Maatschappelijk Verantwoord Innoveren, MVI) 사업'을 선도적으로 운영하면서 RRI에 관한 논의를 촉발했다. 2009년에는 과학연구의 목적이 과학 자체의 발전에 머물러 서는 안 되며 사회문제 해결에 실질적으로 기여해야 한다는 점이 공감대를 형성했으며, 이를 매개로 유럽 과학기술공동체의 경쟁력을 높이자는 '룬드 선언'이 발표되었다. 2013년에는 유럽연합의 제8차 프레임워크 프로그램(2014~2020년)인 '허라이즌 2020'이 RRI를 공식적인 전략으로 채택했는데, 유럽연합의 RRI는 '사회와 함께하고 사회를 위한 과학(science with and for society, SwafS)'을 천명하고 있다. RRI를 적용하여 국가연구개발사업을 추진한 사례로는 네덜란드의 MVI 사업, 미국의 STIR(Socio-Technical Integration Research) 프로그램, 영국의 SPICE(Stratospheric Particle Injection for Climate Engineering) 프로젝트 등을 들 수 있다.

RRI가 주목하는 책임의 의미는 ① 연구 활동의 목적과 동기에서의 책임, ② 연구와 혁신의 결과에 대한 책임, ③ 연구와 혁신의 과정에서의 책임 등의 세 가지 측면을 포괄하고 있다. RRI는 연구 활동의 목적과 동기에 대한 책임을 강조한다는 점에서 기존의 논의와 차별된다. 왜 연구를 하고 기술을 개발하는가? 해당 연구개발은 누구의 이익을 반영하고 있는가? 연구와 혁신의 이익과 비용은 사회 전반에 균등하게 배분되는가? 등을 중요한 질문으로 고려해야 한다는 것이다. 이와 같은 질문을 던지고 그것에 답하는 과정에서 연구와 혁신에 관한 사회적 수요와 기대가 무엇인지, 또 어떤 과학기술이 수행되지 않은 영역으로 남아있는지가 새롭게 부각될 수 있다는 것이다. 이와 함께 RRI는 연구와 혁신이 이루어졌을 때 발생할 수 있는 사회적 결과에 관한 책임도 요구한다. 연구와 혁신의 결과가 사회에 어떤 영향을 미칠지는 불확실하고 미래를 정확히 예측할 수는 없지만, 현재 개발되고 있는 과학기술이 미래 사회에 미칠 수 있는 영향의 가능성을 탐색하고 예견(anticipation)하는 작업은 충분히 가능하고 반드시 필요한 활동이라는 것이다. 그리고 RRI는 연구진실성뿐만 아니라 다양한 이해당사자의 참여를 연구와 혁신의 과정에서 요구되는 책임으로 간주한다. 그것은 과학기술이 소수 전문가의 전유물이 아니라 폭넓은 범위의 사회적 참여자들에 의해 이루어지는 활동이어야 한다는 과학기술의 민주적 거버넌스에 대한 논의와 부합하는 성격을 띠고 있다.

제12장

과학기술문화의 창달

문화를 넓게 정의하면 특정한 사회가 가진 생활양식의 총체라고 할 수 있다. 사실상 인간이 한 사회의 구성원으로 살아간다는 것은 이러한 문화 속으로 들어감으로써 다른 사람과 커뮤니케이션이 가능해진다는 의미를 가지고 있다. 오늘날 인간이 생활하는 방식에 가장 많은 영향을 미치는 요소로는 과학기술을 들 수 있다. 여기에 과학기술문화의 당위성이 존재한다. 문화에 과학기술을 스며들게 하고 과학기술에서 문화를 발견해야 하는 것이다. 과학기술을 제외한 문화는 공허하고, 문화가 없는 과학기술은 맹목이지 않을까?[186]

1 과학기술문화의 개념을 찾아서

과학기술과 문화를 논의할 때 종종 부딪히는 질문은 '과학문화'와 '과학기술문화' 중에 어느 것이 적절한 어법인가 하는 문제이다. 1장에서 살펴보았듯, 오늘날 과학과 기술의 밀접한 상호작용을 고려한다면 과학문화를 과학기술문화라고 칭하는데도 큰 무리는 없을 것으로 판단된다. 서양의 경우에는 과학기술과 대중의 상호작용에 주목하는 개념으로 대중의 과학이해(public understanding of science, PUS)와 과학커뮤니케이션(science communication, SC)이 자주 사용되고 있다. 두 용어는 외관상으로 과학만 거론하고 있지만 실제적인 내용의 측면에서는 과학과 기술을 모두 포괄하고 있다. 그것은 영국의 정부조직으로 PUSET(public understanding of science, engineering and technology) 팀이 운영된 바 있고, 국제적인 과학커뮤니케이션 조직으

---

186 이 장의 주요 내용은 송성수(2009a)에 의존하고 있다.

로 'PCST(public communication of science and technology) 네트워크'가 구성되어 있다는 점에서도 확인할 수 있다.

우리나라에서는 과학문화 혹은 과학기술문화의 개념을 규정하기 위한 작업이 지속적으로 이루어져 왔는데, 이러한 시도 자체가 다분히 한국적 현상에 해당한다고 볼 수 있다. 즉 서구에서는 대중과 과학기술을 연계하기 위한 활동이 몇백 년에 걸쳐 진화해 오면서 이와 관련된 다양한 개념이 제기되었던 반면, 우리나라의 경우에는 과학기술과 문화를 접목하기 위한 역사가 일천한 가운데 서구에서 나타난 다양한 활동이 압축적이고 중층적으로 나타나고 있기 때문에 이를 포괄하기 위한 개념적 도구로 과학문화 혹은 과학기술문화가 사용되고 있는 것이다.

다른 각도에서 보면, 우리나라에서도 과학기술이 본격적으로 제도화·일상화되면서 과학기술의 위상이 제고되었지만 이와 동시에 과학기술 활동을 사회적으로 정당화해야 하는 문제에 직면하고 있다. 또한 과학기술의 긍정적 측면과 함께 부정적 측면이 가시화됨에 따라 과학기술에 대한 지식을 확보하는 것을 넘어 과학기술의 두 가지 측면에 대해 종합적으로 사고하고 행위할 수 있는 자세와 능력이 요구되고 있다. 이를 위해서는 과학기술을 경제성장의 도구로 보는 관점을 넘어 사회문화적 현상으로 이해하려는 노력이 필수적이라 하겠다.

과학문화도 문화의 일종인 만큼 그 의미가 다면적이고 복합적이다. 이와 관련하여 김영식(2003)은 과학의 문화적 측면과 문화의 과학적 측면을 구분하고 있다. 전자는 과학문화를 전체 문화의 한 부분집합으로 간주하는 견해에 해당한다. 이때 과학문화는 종교문화, 예술문화, 교육문화, 음식문화 등과 같은 어법으로 논할 수 있다. 후자는 구석기문화, 청동기문화, 철기문화처럼 과학문화가 어떤 시대의 전체 문화를 대표하거나 총칭하는 의미로 사용된다. 현대사회를 '과학의 시대' 혹은 '과학기술의 시대'라고 한다면, 과학문화는 현대사회의 문화 전체를 의미한다는 것이다.

또한 정광수 외(2003)는 문화의 두 가지 의미를 규정한 후에 그것을 과학문화에 적용하고 있다. 문화는 생활양식의 총체를 뜻하는 기술적(descriptive) 의미의 문화와 가치나 교양을 뜻하는 평가적(prescriptive) 의미의 문화로 구분할 수 있다. 과학문화에도 기술적 의미와 평가적 의미가 있는데, 전자의 경우에는 과학문화가 과학을 중심으로 이루어지는 생활의 양식으로 규정되며, 후자의 경우에는 과학의 객관성과 합

과학기술의 경영과 정책

리성, 그리고 그러한 가치를 존중하는 태도와 관행이 중시된다. 정광수 외(2003)는 기술적 의미의 과학문화를 통해 과학의 범위가 과학적 지식을 넘어 과학적 실행과 태도를 포함하는 생활양식으로 확장된다는 점에 주목하고 있으며, 평가적 의미의 과학문화에서는 객관적 증거를 존중하는 합리적인 자세가 타인을 향한 열린 마음에서 출발한다는 점을 강조하고 있다.

과학문화는 그것을 다루는 사람이 어떤 문제의식을 깔고 있는가에 따라 매우 다양한 모습으로 나타난다. 오늘날 과학기술'문명'이 가진 부정적 측면을 극복하기 위해서 건전한 과학'문화'가 필요하다는 점을 역설하는 경우도 있고, 과학문화가 과학기술발전의 기반이 되기 때문에 과학기술 활동이 위기를 맞이할 때 과학문화의 역할이 더욱 부각된다고 주장하는 경우도 있다. 또한 새로운 과학문화를 내세우면서 '두 문화(two cultures)' 현상을 극복할 것을 요청하거나 과학기술에 대한 시민참여를 증진시킬 것을 강조하기도 한다. 사실상 우리나라에서는 문과(文科)와 이과(理科)가 매우 강고하게 구획되어 있으며, 과학기술은 일반인이 관여하기 어려운 전문가의 영역으로 간주되고 있다.

▮ 두 문화와 통섭

학문이 점점 전문화·세분화되면서 학문분야 사이의 대화가 어려워지고 있다. 특히 인문학과 과학은 '두 문화'라 불릴 정도로 심각한 갈등의 양상을 보이고 있다. 두 문화는 물리학자 출신의 작가인 스노(Charles P. Snow)가 1959년에 케임브리지 대학의 리드 강연에서 제기한 문제로서 상당한 파문을 일으킨 바 있다. 당시의 강연에서 스노는 유명한 과학자에게 "감명 깊게 읽은 책이 무엇인지"를 물었더니 그 과학자는 "무슨 책? 나는 책을 연장으로 쓰는 것을 좋아하지"라고 응답했다는 일화를 소개하기도 했다. 또한 스노는 인문학자 중에 열역학 제2법칙을 설명할 수 있는 사람이 거의 없는데 그것은 과학자가 셰익스피어를 읽지 않은 것과 마찬가지라고 꼬집었다.

그로부터 약 40년이 지난 1998년에 유명한 사회생물학자인 윌슨(Edward Wilson)은 『통섭: 지식의 대통합(Consilience: The Unity of Knowledge)』에서 "인간 지성의 가장 위대한 과업은 예전에도 그랬고 앞으로도 그럴 것이지만 과학과 인문학을 연결해 보려는 노력이다"라고 설파했다. 그러나 윌슨의 통섭은 많은 비판을 받았다. 왜냐하면 그가 모든 학문에 공통적으로 통하는 섭리를 생명과학에서 찾고자 했기 때문이다. 학문간 대화의 물꼬를 트자는 제안에는 누구나 공감할 수 있지만, 다양한 학문을 특정 분야로 환원하자는 주장에는 동의하기 어려웠던 것이다. 이에 반해 휴얼(William Whewell)은 1840년에 출간된 『귀납적 과학의 철학』에서 '통섭'이란 용어를 처음으로 사용하면서 통섭을 "더불어 넘나든다"는 의미로 규정하면서 과학을 비롯한 학문의 성장을 강에 비유한 바 있다. 윌슨의 통섭이 환원적 통섭(reductive consilience)이라면 휴얼의 통섭은 합류적 통섭(confluent consilience)인 셈이다.

이러한 생각을 더욱 발전시키면 통섭에도 여러 유형이 존재할 수 있다는 논점으로 나아갈 수 있다. 통섭의 세부적인 유형으로는 혼성(hybrid), 수렴(convergence), 복합(composition), 융합(fusion) 등을 들 수 있다. 하이브리드 자동차가 축전지와 가솔린을 교대로 사용하면서 달리듯, 한 분야와 다른 분야를 병행해서 탐구하는 것이 혼성에 해당한다. 수렴은 복수의 분야에서 공통된 문제를 발견하고 이를 해결하려는 노력을 의미한다. 복합의 경우에는 빼빼로 과자와 같이 복수의 재료가 결합되어 새로운 것이 만들어지지만 원재료의 속성은 그대로 남아 있다. 융합은 산소와 수소가 물로 합성되는 것처럼, 복수의 분야가 화학적으로 결합되어 완전히 새로운 것을 창출하려는 시도를 의미한다. 이처럼 통섭에는 매우 다양한 유형이 존재하며, 처음부터 복합이나 융합과 같은 높은 수준의 통섭을 요구하는 것은 무리한 발상으로 보인다(송성수·최경희, 2017: 3-15).

그림 12-1 아이패드2를 공개하면서 기술과 교양의 융합을 강조하고 있는 잡스(2011년).

그렇다면 우리나라의 과학기술정책은 과학기술문화에 어떤 식으로 접근하고 있을까? 여기서는 2001년에 제정된 과학기술기본법의 제30조에 해당하는 '과학기술문화의 창달'에 주목하고자 한다. 동 법 제30조 1항은 "정부는 과학기술에 대한 국민의 이해와 지식수준을 높이고 국민생활 및 사회전반에 과학기술이 널리 이용될 수 있도록 과학기술문화의 창달을 위한 시책을 세우고 추진하여야 한다"고 명기하고 있다. 최근의 과학기술기본법은 해당 조항을 '과학기술문화의 창달 및 창의적 인재 육성'으로 재구성하면서 "교육부장관과 과학기술정보통신부장관은 과학기술에 대한 국민의 이해와 지식수준을 높이고 과학기술이 국민생활 및 사회전반에 널리 이용되며 국민이 창의성을 발휘할 수 있도록 과학기술문화를 창달하고 창의적 인재를 육성하기 위한 시책을 세우고 추진하여야 한다"고 표현하고 있다. 과학기술기본법에서는 과학기술에 대한 국민의 이해와 지식을 높이는 것과 과학기술이 일상생활에서 널리 사용되는 것을 과학기술문화정책의 주요 목표로 간주하고 있는 셈이다.[187]

과학기술문화정책에 관한 통계지표 중에 널리 활용되는 것으로는 과학기술에 대

---

187 이와 관련하여 최석식(2011: 270)은 "국민이 과학기술을 어느 정도 이해하고 중요하게 여기느냐"를 '국민의 과학기술 친화성'으로 개념화하고 있다. 과학기술 친화성이 중요한 이유로는 국민이 과학기술 산물의 소비자라는 점, 국가 과학기술에 대한 최대 후원자라는 점, 과학기술인력의 공급원이라는 점이 거론되고 있다.

한 관심도와 이해도를 들 수 있다. 이를 기준으로 일반 국민은 주목(계)층(attentive public), 관심(계)층(interested public), 기타(계)층(residual public)으로 구분되고 있다. 주목층은 관심도와 이해도가 모두 높은 집단, 관심층은 관심도는 높지만 이해도가 높지 않은 집단, 기타층은 관심도가 낮은 집단을 의미한다. 우리나라의 경우에 과학기술에 대한 주목층은 2000년 4.0%, 2002년 4.1%, 2004년 6.0%를, 과학기술에 대한 관심층은 2000년 12.0%, 2002년 25.4%, 2004년 30.2%를 기록했다. 이처럼 우리나라는 2000년대 초반에 주목층이 5% 내외, 관심층이 30% 내외로 차지하고 있는 반면, 미국의 경우에는 이미 2001년에 10%와 48%를 기록한 바 있다(송성수, 2009a: 182-184). 2005년부터는 과학기술에 대한 주목층과 관심층의 비율이 성인과 청소년을 구분하여 조사되고 있는데, 그 결과를 종합하면 [표 12-1]과 같다.

표 12-1 과학기술에 대한 주목층과 관심층의 비중(2005~2018년).

단위: %

구 분		2005년	2006년	2008년	2010년	2012년	2014년	2016년	2018년
성인	주목층	5.3	4.3	3.6	4.5	3.3	5.8	6.8	6.7
	관심층	24.9	31.3	27.9	25.0	27.6	18.4	11.8	10.1
	기타층	69.8	64.4	68.5	70.5	69.1	75.8	81.4	83.2
청소년	주목층	4.3	6.5	5.8	6.7	4.6	9.0	13.2	6.4
	관심층	27.1	30.9	23.1	30.9	29.0	22.8	20.4	21.6
	기타층	68.5	62.6	66.1	62.4	66.4	68.2	66.4	72.0

자료: 한국과학창의재단(2018).

과학기술문화의 개념을 체계적으로 정립하기 위해서는 '과학문화' 혹은 '과학기술문화'라는 이름으로 실제로 수행되어 왔거나 수행되고 있는 활동에 주목할 필요가 있다. 과학문화를 고정된 형식과 내용을 가진 정태적인 활동으로 간주하지 않고 사회의 필요와 요구에 따라 변화하는 동태적인 활동으로 파악해야 하는 것이다. 이와 관련하여 2003년 12월에 범부처의 차원에서 수립된 '과학기술문화창달 5개년 계획(2003~2007년)'은 서구 및 우리나라의 역사적 경험과 당시에 수행 중이던 활동을 종합적으로 고려하여 과학기술문화가 다음과 같은 다섯 가지 영역을 포괄한다고 규정한 바 있다(과학기술부 외, 2003: 6-7).

첫째는 합리적이고 과학적인 마인드를 형성하기 위한 계몽활동이다. 그것은 과학기술지식이 객관적이고 합리적이라는 전제하에 과학기술지식의 습득을 통해 대중의 사고방식과 행동양식이 합리적이고 과학적으로 변모하도록 유도하는 활동에 해당한다. 둘째는 과학기술의 사회적 지지기반을 형성하기 위한 활동이다. 과학기술 혹은 과학기술자의 사회경제적 필요성과 기여도를 국민들에게 적극적으로 알리고, 이를 바탕으로 과학기술의 발전과 과학기술자사회의 성장을 위한 공공투자에 국민적 공감대가 형성되도록 한다는 것이다. 셋째는 국민의 '과학적 소양(scientific literacy)'을 제고하기 위한 활동이다. 그것은 모든 사회 구성원이 직업, 일상생활, 교양 증진에 필요한 과학기술을 쉽고 흥미롭게 습득할 수 있도록 하는 활동에 해당한다. 넷째는 과학기술의 사회적 책임성 강화와 신뢰도 제고를 위한 활동이다. 사회의 여러 주체들이 과학기술에 참여하여 사회적 요구와 필요가 과학기술에 반영될 수 있도록 하고, 과학기술자들이 국가와 사회의 경영에 참여함과 동시에 사회적 책임을 다하고 사회로부터 신뢰받을 수 있도록 한다는 것이다. 다섯째는 소비자 지향적인 과학기술문화 서비스 제공을 위한 활동이다. 그것은 과학기술을 문화의 차원에서 향유할 수 있도록 대중의 다양한 수요를 반영하는 내용과 형식을 개발하는 활동으로서 소비자들의 수요에 부응하는 적절한 정보와 서비스를 제공하기 위한 모든 상업적, 비상업적 활동을 포함한다.

과학적 소양

　　과학적 소양은 매우 다양하게 정의될 수 있으며, 여기서는 미국의 주요 단체가 표방한 과학적 소양의 내역을 살펴보고자 한다(송성수·최경희, 2017: 360-364). 국가과학교사협회(National Science Teachers Association, NSTA)는 과학적 소양을 갖춘 사람의 특성을 다음의 13가지로 정리하고 있다. ① 일상생활에서 책임 있는 의사결정을 내리기 위해 과학의 개념, 과정, 가치를 이용한다. ② 과학기술이 사회에 미치는 영향뿐만 아니라 사회가 과학기술에 미치는 영향도 이해한다. ③ 사회가 여러 가지 자원을 통해 과학기술을 통제한다는 것을 이해한다. ④ 인간의 복지 증진에 있어 과학기술의 유용성뿐만 아니라 그 한계도 이해한다. ⑤ 과학의 주요 개념, 가설, 이론을 알고 이를 활용할 수 있다. ⑥ 과학기술이 제공하는 지적 자극을 인식한다. ⑦ 과학지식의 창출이 탐구과정 및 개념적 틀에 근거한다는 것을 이해한다. ⑧ 과학적 증거와 개인적 견해를 구분할 수 있다. ⑨ 과학의 본성을 이해하고 과학지식이 잠정적이며 증거의 축적에 따라 변한다는 것을 이해한다. ⑩ 과학기술의 응용과 이에 따른 의사결정을 이해한다. ⑪ 과학연구의 가치와 기술적 발달을 인식할 수 있는 충분한 지식과 경험을 가진다. ⑫ 과학교육을 통해 세계에 대해 더 풍요롭고 긍정적인 견해를 가진다. ⑬ 신뢰할 수 있는 과학적, 기술적 정보의 출처를 알고 의사결정에 활용한다. 또한 미국과학진흥협회(AAAS)는 1985년부터 '프로젝트 2061'을 추진하면서 1989년에 발간한 『모든 미국인을 위한 과학(Science for All Americans)』에서 과학적 소양의 내역을 다음의 네 가지로 제시하고 있다. 첫째, 과학과 수학, 그리고 기술이 강점과 한계를 동시에 지니는 상호 연관된 인간의 활동임을 인식한다. 둘째, 과학의 주요 개념과 원리를 이해한다. 셋째, 자연세계에 친숙하고 그 세계의 다양성과 단일성을 모두 인식한다. 넷째, 과학지식과 과학적 사고방식을 개인 및 사회적 목적을 위해 활용할 수 있다.

　　과학기술문화창달 5개년 계획은 과학기술문화정책이 무엇을 지향하고 있는지, 과학기술문화정책은 어떤 범위를 포괄하고 있는지에 대해서도 유용한 정보를 제공하고 있다. 동 계획은 "사회문화로서의 과학기술 구현과 과학기술의 사회적 위상 제고를 통한 과학기술 중심사회의 문화적 기반 구축"을 비전으로 삼고 있다. 또한 ① 과학기술에 대한 국민의 이해제고 및 참여촉진, ② 생활의 과학화, 과학의 생활화 구현, ③ 과학기술문화의 발전잠재력 확충을 목표로 제시하고 있다. 이러한 목표를 바

탕으로 과학기술문화창달 5개년 계획은 6가지의 추진방향과 18가지의 중점추진과제를 도출하고 있다.[188]

그림 12-2 과학기술문화창달 5개년 계획의 개요.

목표	추진방향	중점추진과제
과학기술에 대한 국민의 이해제고 및 참여촉진	다양한 집단의 과학기술문화 참여 촉진	○ 과학기술계의 과학기술문화활동 참여 강화 ○ 과학기술문화활동가의 저변 확대 ○ 시민이 참여하는 과학기술문화 구현 ○ 과학기술의 사회적 이슈에 대한 이해 제고
	수요자 눈높이에 맞는 프로그램 개발	○ 청소년 친화형 과학체험활동 확대 ○ 청·장년층의 과학기술 마인드 제고 ○ 사회적 소수계층의 과학기술격차 해소
생활의 과학화, 과학의 생활화 구현	쉽고 유익한 과학기술문화 콘텐츠의 확충	○ 맞춤형 과학기술콘텐츠의 개발·보급 ○ 과학기술문화 이벤트의 내실화 및 다변화 ○ 우리 과학기술발굴을 통한 국민의 자긍심 고취
	매스미디어를 활용한 과학기술문화의 효과적 확산	○ 과학기술 방송매체 및 프로그램 확충 ○ 인터넷을 통한 과학기술문화의 확산 ○ 다양한 인쇄매체를 활용한 독자층의 저변 확대
과학기술문화의 발전잠재력 확충	생활 속의 과학기술문화 공간 확충	○ 과학관의 확충 및 활용도 제고 ○ 풀뿌리 과학기술문화의 확산
	과학기술문화의 제도·인프라 정비	○ 과학기술문화에 대한 조사·연구의 강화 ○ 과학기술문화창달을 위한 제도 정비 ○ 과학기술문화에 대한 투자 확대

자료: 과학기술부 외(2003).

[188] 제1차 과학기술문화창달 5개년 계획에 이어 제2차 과학기술문화창달 5개년 계획(2008~2012년)과 제3차 과학기술문화기본계획(2020~2025년)도 마련되었다. 제2차 계획의 내용은 제1차 계획의 내용과 크게 다르지 않으며, 제3차 계획은 "과학기술과 국민이 소통하며 함께하는 사회"를 비전으로, 국민의 과학문화 향유기회 확대, 고품질 과학문화 서비스 강화, 민간과 지역의 과학문화 활성화를 목표로 제시하고 있다.

2 과학기술과 대중을 보는 관점

과학기술과 대중을 둘러싼 논의는 과학기술이 제도화된 이래 오랜 역사를 가지고 있다(Gregory and Miller, 1998). 과학기술과 대중의 관계에 접근하는 시각은 과학대중화(popularization of science, PS), 대중의 과학이해(PUS), 대중의 과학참여(public engagement in science, PES) 등으로 대별할 수 있다.[189]

그림 12-3 과학기술과 대중에 관한 대표적인 세계적 학술저널인『PUS(Public Understanding of Science)』의 표지.

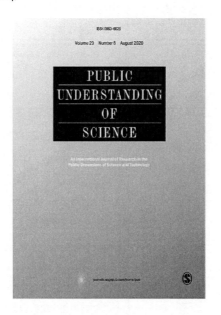

과학대중화(PS)는 과학과 대중의 관계에 대한 가장 전통적인 논의에 해당하는 것으로 계몽주의적 관점과 엘리트주의적 관점에 입각하고 있다. 과학대중화의 주요 논지는 대중이 과학에 대하여 무지하므로 전문가인 과학자가 대중을 계몽하여 과학의

---

[189] 이와 관련하여 Bauer et al(2007)은 과학기술과 대중에 대한 연구의 시각 혹은 키워드가 ① 과학적 소양(1960~1985년), ② 대중의 과학이해(1985~1990년), ③ 과학과 사회(1990년 이후)로 변경되어 왔다고 평가하고 있다.

지식과 방법을 체득하게 해야 한다는 것으로 요약할 수 있다. 비유적으로 "대중은 잠자는 숲 속의 미녀이고, 과학자라는 왕자가 나타나서 키스를 해주면, 대중은 무지라는 오랜 잠에서 깨어난다"고 표현할 수 있다(이영희, 2000: 196). 이러한 방식의 과학대중화는 대중과 과학 사이의 간격을 좁히는 것이 아니라 오히려 과학을 신비화 혹은 특권화시킬 수 있다. 즉 대중은 과학기술의 중요성에 대해서는 어느 정도 인식하면서도 과학기술이 자신의 문제가 아니며 전문가의 문제일 뿐이라는 이중적 태도를 가지게 되는 것이다.

윈(Brian Wynne)은 이러한 관점을 '결핍 모형(deficit model)'으로 부르면서 그것이 기반하고 있는 세 가지 전제를 명확히 했다. 첫 번째는 과학이 단일하고 보편적이면서도 자명한 것이라는 전제이고, 두 번째는 일반인들에게 그러한 과학이 결핍되어 있다는 전제이며, 세 번째는 더 많은 과학이 공급되면 사람들이 더욱 합리적으로 행동할 것이라는 전제이다(Wynne, 1991). 결핍 모형에 입각할 경우에 과학지식은 과학자사회에서 대중에게 일방향적(one-directional)으로 전달되며, 대중은 아무런 기반도 없는 진공 상태에서 과학지식을 수동적으로 수용할 뿐이다. 과학과 대중 사이에 간격이 생기게 된 책임은 대중에게 돌아가며 대중들은 '인지적 결핍(cognitive deficit)'이라는 질병을 치유 받아야 할 대상으로 간주된다.[190]

과학대중화에 대한 기존의 관점은 1970년대 이후에 대중과 과학기술을 둘러싼 상황이 크게 달라짐으로써 일종의 위기를 맞이하게 되었다(김명진, 2001). 첫 번째 배경으로는 환경오염과 원자력발전으로 대표되는 과학기술의 사회적 문제들이 점차 대중적 관심의 영역으로 자리 잡게 되었다는 점을 들 수 있다. 1960년대 이후에 미국을 비롯한 서구 사회에서는 과학기술과 관련된 다양한 쟁점을 둘러싸고 숱한 논쟁들이 벌어졌다(Nelkin, 1992). 이러한 논쟁 중에서 일부는 전문가들 사이의 의견대립의 형태를 띠는 기술적 차원의 논쟁으로 그치기도 했지만 많은 경우에는 이해당사자들이 직접 관여하는 사회적 차원의 논쟁으로 확대되었다. 그 결과 일반인들의 과학

---

[190] 과학대중화에 대한 전통적인 논의는 과학지식을 생산하는 과학자사회(scientific community)나 과학기술정책의 형성에 관여하는 정책결정자들의 관점을 기반으로 삼고 있다. 이와 관련하여 Hilgartner(1990)는 과학대중화가 궁극적으로 과학자들의 정치적 이해관계에 봉사하는 활동이라는 비판을 제기하고 있다.

기술에 대한 긍정적 관점과 낙관론이 흔들리기 시작했으며, 대중이 과학기술에 대해 갖고 있는 생각들을 탐구할 필요성이 본격적으로 제기되었다.

두 번째 배경으로는 '사회구성주의(social constructivism)'로 통칭되는 새로운 과학기술학의 출현과 정착을 들 수 있다(Jasanoff et al, 1995; 한국과학기술학회, 2014). 사회구성주의는 과학기술이 사회와 무관하게 발전하는 것이 아니라 다양한 사회적 요소와 끊임없이 상호작용하는 가운데 변화한다는 점을 잘 보여주고 있다. 과학기술의 방향과 내용은 미리 정해진 것이 아니라 과학기술의 변화에는 관련된 사회집단들의 갈등과 협상이 수반되는 복잡한 과정이 매개된다는 것이다. 이러한 진단을 바탕으로 사회구성주의자들은 이미 만들어진 과학(ready-made science) 대신에 만들어지고 있는 과학(science-in-the-making)에 주목할 것을 요구하고 있다(Latour, 1987). 어떤 과학기술이 특정한 시공간에서 개발 혹은 선택된 이유는 무엇이고 그러한 과학기술이 어떠한 조건에서 어떤 방식으로 변화하고 있는가를 탐구해야 한다는 것이다. 이와 같은 과학기술학의 새로운 흐름은 과학기술의 변화에서 과학기술자 혹은 과학기술자집단이 담당하는 역할을 상대화함으로써 일반 대중이 과학기술의 구성과정에 관여할 수 있는 가능성을 확장하는 효과를 유발했다.

이러한 변화의 흐름을 잘 보여주는 문건으로는 1985년에 영국의 왕립학회가 발간한 『대중의 과학이해』를 들 수 있다(Royal Society, 1985).[191] 그 보고서는 과학대중화에 대한 기존의 관점에서 완전히 벗어나지 못했지만, 생활과 문화로서의 과학을 강조하면서 과학과 관련된 의사결정에 대중의 관심이 고려되어야 한다는 점에 주목하고 있다. 예를 들어 대중의 과학이해가 필요한 새로운 근거로 공공 이슈에 대한 의사결정, 일상생활 속에서 과학적 이해의 중요성, 현대 사회의 위험과 불확실성에 대한 이해, 당대의 사상과 문화로서의 과학의 성격 등을 제시하고 있다.

PUS 연구자들은 결핍 모형 대신에 '맥락 모형(contextual model)'을 강조하면서 구체적인 상황 속에서 대중이 과학을 어떤 방식으로 이해하고 어떤 행동을 취하는가에 대해 탐구해 왔다. PUS에서 중요한 것은 "대중이 어떤 지식을 가지고 있는가"가 아니라 "대중이 무엇을 알고 싶어 하는가"에 있다. PUS는 대중에 대한 과학적 이해

---

[191] 『대중의 과학이해』의 결론 및 제언 부분은 박범순·김소영 엮음(2015: 156-169)에 번역되어 있다.

(scientific understanding of the public, SUP)를 전제로 삼고 있는 것이다(Irwin, 1995: ix).[192]

PUS를 표방한 맥락 모형이 주장하는 핵심적인 내용은 다음의 세 가지로 요약할 수 있다(김동광, 1999). 첫째, PUS에서 대중은 균일한 존재가 아니라 이질적인 집단'들'로 해석되고 있다. 사실상 대중은 성(性), 연령, 직업, 지역, 인종, 계층 등에 따른 나름대로의 역사성과 정체성을 갖는 무수한 존재로 이루어져 있다. 이에 따라 대중은 과학을 습득할 때 과학자와는 다른 준거 틀(frame of reference)을 동원하며, 과학자에 비해 과학을 훨씬 다양한 방식으로 이해한다.

둘째, 대중이 단일한 실체가 아니듯, '과학'이라는 개념도 단일한 것이 아니다. 과학은 특정한 과학지식을 의미할 수도 있지만 과학 활동이 전개되는 제도적 측면이나 과학이 사회 속에 자리 잡는 형태를 지칭할 수도 있다. 또한 전통적 관점에서는 과학이 공식적 지식(formal knowledge)으로 이루어져 있지만 PUS에서는 암묵지(tacit knowledge), 민간지(lay knowledge), 무지(ignorance) 등의 중요성에도 주의를 기울이고 있다.

---

192 PUS는 '대중'이란 단어에서 출발하는 반면 PS에서는 '과학'이 먼저 등장하고 있듯, 대중이 PUS에서는 주체이지만 PS에서는 대상으로 간주되고 있는 셈이다. 그러나 우리나라에서는 PUS가 가진 철학적 의미가 충분히 인지되지 않은 채, 1990년대에 PUS의 번역어로 '과학기술국민이해'가 사용되기도 했다.

민간지의 중요성을 보여준 컴브리아 목양농의 사례

Wynne(1989)은 컴브리아 목양농의 사례를 통해 민간지의 중요성을 드러내고 있다. 1986년의 체르노빌 사고가 발생한 이후에 영국 컴브리아 지역에서는 비에 방사성 세슘이 섞여 내리는 일이 발생했다. 과학자들은 토양 속에서 세슘이 어떻게 움직일 것인가에 대한 모형을 만들어 실험을 한 결과 양의 이동 및 도살에 대한 금지 기간을 3주로 설정했지만, 이후에도 토양 속의 방사능 수준은 안전 수위 아래로 떨어지지 않았다. 과학자들의 예측이 어긋난 이유는 과학자들이 저지대에 있는 토양을 바탕으로 설정한 모형을 고지대의 토양에 그대로 적용시켰기 때문이었다. 반면 목양농들은 경험적으로 이러한 사실을 이미 알고 있었기 때문에 과학자들이 안전하다고 주장한 지역에서 양을 사육하지 않았으며 지나치게 확신에 차 있는 과학자들의 말을 신뢰하지도 않았다. 이처럼 목양농들의 민간지는 나름대로의 합리성을 가지고 있었으며 그것은 전문과학자들의 주장에 이의를 제기하는 근거로 작용했던 것이다.

셋째, PUS에서 대중과 과학의 관계는 대중이 과학을 재구성하면서 이해하는 것으로 파악되고 있다. 대중은 자신의 경험에 입각한 구체적인 맥락 속에서 과학지식을 다른 지식들과 비교하고 그것의 신뢰성을 평가한다. 특히 공공 논쟁에서는 전문지식에 대한 집단적인 학습과 평가가 끊임없이 계속되며 이를 통해 전문지식의 지위와 효과가 규정된다. 이처럼 PUS에서는 과학, 대중, 이해의 각 측면을 대중이 처한 상황과 대중의 능동성을 바탕으로 새로운 각도에서 접근하고 있는 것이다([표 12-2] 참조).

표 12-2 과학대중화(PS)와 대중의 과학이해(PUS).

구분	과학대중화 (결핍 모형)	대중의 과학이해 (맥락 모형)
대중의 성격	- 단일한 집단으로서의 대중 - 대중의 인지적 결핍에 주목	- 이질적 집단으로서의 대중 - 대중은 특정한 지식을 보유

과학의 성격	- 과학의 보편성을 강조 - 공식적 지식으로서의 과학	- 사회적 과정으로서의 과학 - 암묵지, 민간지, 무지를 재평가
대중과 과학의 관계	- 과학의 일방적 전달을 강조 - 과학자가 대중을 계몽	- 대중이 과학을 재구성 - 공공 논쟁에서 전문지식을 평가

자료: 송성수(2009a: 60).

대중의 과학참여(PES)는 참여민주주의의 이념을 과학기술의 영역에도 확장한 것으로서 과학기술에도 대중의 참여가 필요하고 가능하며 바람직하다는 주장에 해당한다. 과학기술에 대중의 참여를 증진시켜야 하는 근거로는 과학기술이 일반인의 일상생활에 커다란 영향을 미친다는 점, 많은 연구개발 프로그램이 국민의 세금에 의존한다는 점, 과학기술이 사회적으로 구성되는 성격을 가진다는 점, 기존의 과학기술에 존재하는 편견을 제거하기 위해서 다양한 관점이 증진되어야 한다는 점, 모든 사람이 자유롭게 참여할 수 있는 권리를 가지고 있다는 점 등이 거론되어 왔다(Foltz, 1999). 또한 PES에서 대중은 과학기술에 대해서도 시민권을 발휘할 수 있는 존재로 재조명되고 있다. 과학기술 시민권의 구체적인 내용으로는 지식 혹은 정보에 대해서 접근할 수 있는 권리, 의사결정이 합의에 기초해야 한다고 주장할 수 있는 권리, 과학기술정책의 형성 과정에 참여할 권리, 집단이나 개인들을 위험에 빠지게 할 가능성을 제한시킬 권리 등을 들 수 있다(Frankenfeld, 1992).

PUS에서 PES로의 전환, 즉 참여적 전환(participatory turn)을 잘 보여주는 문건으로는 2000년에 영국 상원이 발간한 『과학과 사회(Science and Society)』를 들 수 있다(House of Lords Select Committee on Science and Technology, 2000).[193] 이 보고서는 1990년대의 광우병 파동으로 과학기술에 대한 신뢰가 위기의 국면을 맞이했다는 점을 지적하면서 과학기술과 사회의 대화를 촉진시킬 것을 강조하고 있다. 특히 과학기술의 불확실성을 기본적인 전제로 인정하고 있으며 과학기술과 관련된 의사결정에 대중이 직접적으로 참여하는 것이 일상적이고 필수불가결한 과정이라는 점에 주목하고 있다. 대중의 과학이해를 촉진하기 위해 적극적인 활동을 벌이는 것은 물론 과학기술의 불확실성과 그로 인해 발생할 수 있는 위험에 대한 커뮤니케이션을 강화

---

[193] 『과학과 사회』의 요약문은 박범순·김소영 엮음(2015: 170-182)에 번역되어 있다.

하고 정책결정의 문화를 변화시켜 과학기술 연구의 초기 단계에서부터 과학기술자와 대중의 대화를 일상화시켜야 한다는 것이다.

그림 12-4 영국 상원의 회의 광경.

사실상 서유럽을 비롯한 선진국들은 오래 전부터 과학기술시민권을 확보하기 위하여 다양한 형태의 제도를 개발하고 활용해 왔다(김환석, 2006: 125-146; 참여연대 시민과학센터, 2002). 일반인 패널이 전문가 패널과의 토론을 바탕으로 과학기술의 사회적 이슈에 대해 합의된 의견을 도출하려는 합의회의(consensus conference), 대학을 비롯한 연구기관이 지역 시민사회의 요구에 부응하는 과학기술에 대한 연구 활동을 담당하는 과학상점(science shop), 연구개발과 설계의 과정에 시민이 직접 참여하여 자신의 필요와 아이디어를 반영하는 참여설계(participatory design) 등은 그 대표적인 예에 해당한다. 이와 같은 시민참여제도를 통해 전문가와 대중 사이의 사회적 학습이 이루어짐으로써 대중의 과학에 대한 이해와 전문가의 대중에 대한 이해가 촉진될 수 있다(Durant, 1999).

위험커뮤니케이션에 대한 최근의 논의는 과학의 불확실성과 대중의 참여를 보다 적극적으로 제기하고 있다. 이와 관련하여 Funtowicz and Ravetz(1992)는 시스템의

과학기술의 경영과 정책

불확실성과 의사결정에 따르는 위험부담을 기준으로 응용과학(applied science), 전문가 자문(professional consultancy), 탈(脫)정상과학(post-normal science)과 같은 세 가지 유형의 문제해결방식을 구분하고 있다. 탈정상과학의 영역에서는 퍼즐을 풀이하는 식으로 과학을 응용하거나 다양한 전문가들에게 자문을 구해서 해결책을 마련하는 방식이 더 이상 효력을 발휘할 수 없다. 탈정상과학의 가장 중요한 특징은 과학의 주체가 과학자사회에서 시민과 이해집단을 포함하는 확장된 동료 공동체(extended peer community)로 바뀐다는 데 있으며, 과학적 사실의 경우에도 실험 결과뿐 아니라 관련 당사자의 경험, 지식, 역사 등을 포함하는 확장된 사실(extended facts)이 중시된다.

그림 12-5 위험에 관한 세 가지 문제해결방식.

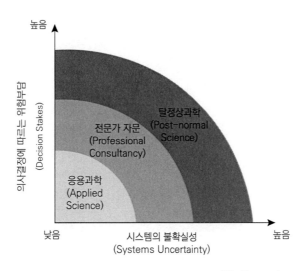

자료: Funtowicz and Ravetz(1992: 254).

더 나아가 1990년대 이후에 PES는 과학기술적 사안에 대한 의사결정에 시민들이 참여하는 수준을 넘어 그동안 전문가들의 영역으로 인식되었던 과학지식의 생산에 대중들이 직접 참여하는 새로운 단계로 진입하고 있다. 이러한 과학지식의 '공동생산(co-production)'은 미국의 AIDS 활동가들에 관한 연구나 프랑스의 근위축증 환자 단체에 관한 연구 등에서 잘 드러나고 있다(Epstein, 1995; Callon and Rabeharisoa, 2008). 이와 관련하여 Collins and Evans(2002)는 전문성을 기여적 전문성(contributory expertise)과 상호적 전문성(interactive expertise)으로 구분하고 있는데, 전자는 해당 분야의 전문지식에 직접 기여할 수 있는 전문성을 뜻하고, 후자는 전문 지식에 직접 기여하지는 못하지만 참여자들에게 영향을 미치고 소통을 매개할 수 있는 전문성을 의미한다.

▌대중의 능동적 역할을 보여준 AFM의 사례

오랫동안 근위축증에 걸린 환자는 아예 사람 취급을 받지 못했으며, 괴물이나 '자연의 실패작'으로 취급받았다. 소수의 전문가들만 관심을 가졌을 뿐, 이 질병에 대한 사회적 인식이 거의 없었기 때문에 환자들은 사회로부터 고립된 상황에 놓여 있었다. 그러던 중 아이들이 근위축증 진단을 받은 소수의 가족들은 사회의 무관심과 배제에 맞서 싸우기 위해 1958년에 프랑스 근질환협회(Association française contres myopathies, AFM)를 결성했다. AFM은 1987년부터 연례 TV 프로그램(Le Teléthon)을 활용하여 7억 유로라는 큰 자금을 모았다. 이 모금액의 약 70%는 생물학과 임상 연구를 위해 사용되었다. 더 나아가 AFM은 유전학과 유전체 연구에서 핵심적인 역할을 담당했다. AFM이 출자한 기술플랫폼인 제네통(Généthon)은 근위 축증과 같은 근신경계 질환분만 아니라 인간유전체 염기서열 분석 작업에도 관여했으며, 프랑스에 국한되지 않고 국제적인 연구에도 기여했다. 이와 같은 AFM의 사례는 새롭게 출현하는 우려 집단(emergent concerned group)이 과학 연구와 정치적 정체성 사이에 새로운 형태의 관계를 형성시킬 수 있다는 점을 보여주고 있다.

---

3 한국의 과학기술문화 활동

우리나라 과학기술문화 활동의 기원은 1930년대의 '과학운동'으로 거슬러 올라갈 수 있다. 김용관을 비롯한 당시 지식인들은 "과학의 생활화, 생활의 과학화"를 슬로건으로 내세우면서 과학기술의 발전과 과학기술 마인드의 확산이 조선 민족의 회생을 위한 관건이라고 인식했다. 발명학회가 1933년에 창간한 『과학조선』은 1944년까지 간행되었으며, 1934년에는 과학지식보급회가 결성되어 1938년까지 '과학데이' 행사를 개최했다.

우리나라에서 과학기술문화 활동이 본격적으로 형성되기 시작한 것은 1970년을 전후한 일이었다. 1967년에는 한국과학기술후원회가 결성되어 과학기술자지원사업과 과학기술보급사업을 전개했다. 1968년부터는 매년 4월 21일에 '과학의 날' 행사가 개최되면서 대한민국과학기술상을 비롯한 포상을 병행했다. 1971년에는 과학기술정책의 기본방향으로 과학기술기반의 조성·강화, 산업기술의 전략적 개발, 과학기술풍토조성이 제시되었으며 이러한 기조는 1970년대를 통하여 계속 유지되었다.

1972년에는 한국과학기술진흥재단이 설립되어 과학기술풍토조성사업을 주관하게 되었으며, 1973년에는 박정희 대통령이 연두기자회견을 통해 '전 국민의 과학화 운동'을 주창했다. 전 국민의 과학화 운동은 합리, 능률, 창의를 기본정신으로 설정하면서 과학적 생활풍토의 조성, 전 국민의 기술 및 기능화, 산업기술개발의 촉진 등을 주요 시책으로 삼았다.[194] 1970년대에는 민간부문에서도 과학기술문화 활동이 전개되기 시작했는데, 1973년부터 전파과학사는 '현대과학신서'를 발간했으며 1977년에는 한국과학저술인협회가 결성되었다.

___

그림 12-6 국립어린이과학관에 설치되어 있는 '전 국민의 과학화'에 관한 기념비.

---

194 전 국민의 과학화운동에 대한 자세한 논의는 송성수(2008a)를 참조.

▌과학의 노래

전 국민의 과학화운동을 선전하고 그 이념을 내재화하는 데에는 '과학의 노래'가 중요한 수단으로 활용되었다. 과학의 노래는 정진건이 작사하고 정세문이 작곡했으며, 1973년 3월에 제정된 후 악보, 테이프, 음반 등의 형태로 제작되어 학교와 방송을 통해 널리 보급되었다(송성수, 2009a: 145).

1. 과학 하는 마음으로 능률 있게 일하고, 사람마다 손에 손에 한 가지씩 기술 익혀,
   부지런한 하루하루 소복소복 부는 살림, 세상에 으뜸가는 복된 나라 이루세.
2. 과학 하는 이치 찾아 새로운 것 발명하고, 겨레의 슬기 모아 산업 크게 일으켜서,
   천불 소득 백억 수출 무럭무럭 크는 국력, 세상에 으뜸가는 힘센 나라 이루세.
3. 과학 하는 국민으로 기술 가진 국민으로, 살림살이 늘려가고 산업 크게 일으키면,
   나라의 힘 용솟음쳐 다가오는 평화통일, 세상에 으뜸가는 과학한국 이루세.

1980년대에는 청소년을 대상으로 한 과학기술문화 활동이 강화되었다는 특징을 보였다. 한국과학기술진흥재단은 전국 학생 과학책 읽기 운동, 전국 청소년 과학경진대회 등을 추진했으며, 국립과학관은 학생과학교실 운영, 과학강연회 개최 등을 담당했다. 민간부문에서는 교양과학도서가 확대되는 가운데 과학언론의 저변이 형성되기 시작했다. 1984년에는 한국과학기자클럽(2002년에 한국기자협회로 변경됨)이 결성되었으며, 1986년에는 『과학동아』가 창간되었다.

1990년대 전반에는 일반 국민의 과학기술에 대한 관심과 이해를 촉진하기 위해 '과학기술국민이해증진사업'이 전개되었다. 과학기술의 성취와 미래에 관한 홍보가 강화되는 가운데 '과학+예술전', 전국가족과학경연대회 등과 같은 행사가 시도되었다. 1990년에 대전에 개관된 국립중앙과학관은 과학캠프 프로그램을 시작했으며, 1993년에는 대전 EXPO를 매개로 각종 첨단기술에 관한 행사가 추진되었다. 민간부문에서는 1990년을 전후로 대중과학도서의 형태가 다양화되면서 출판의 한 영역으로 정착했으며, 과학교육과 과학기술운동 등을 매개로 과학기술과 관련된 NGO 활동도 활발히 전개되기 시작했다.

우리나라에서 '과학기술문화'라는 용어가 널리 사용되기 시작한 시기는 1990년

대 후반이었다. 1996년에 한국과학기술진흥재단은 한국과학문화재단으로 개편되었으며, 1997년에는 "과학대중화 원년"이 선포되는 가운데 과학기술문화확산사업이 전개되기 시작했다. 1997년부터는 우리나라의 대표적인 과학기술문화행사인 대한민국과학축전이 개최되었으며, 1999년에는 우수과학도서인증제가 실시되는 가운데 사이언스올(www.scienceall.com)이 서비스를 시작했다. 이와 함께 1990년대 후반에는 과학문화진흥회, 시민과학센터, 한국과학기술인연합 등 다양한 형태의 과학기술 NGO가 출현하여 민간 주도의 과학기술문화 활동을 활발히 전개했다. 특히 시민과학센터는 기술영향평가와 합의회의를 매개로 과학기술 시민참여의 초석을 놓는 데 크게 기여했다.

2000년대에 들어서는 과학기술문화에 대한 조사연구와 인력양성이 추진되었다. 2000년에는 전북대, 서울대, 포항공대에 과학문화연구센터가 설립되어 과학기술문화에 대한 학술적 연구를 담당했고, 2003년에는 서강대가 과학문화아카데미를 설립하여 과학기술문화 전문인력의 양성을 도모했다. 2001년에는 '이공계 위기'가 심각한 사회적 문제로 대두되면서 청소년 과학탐구반(youth science club, YSC) 지원사업이 실시되었고, 몇몇 대학에 청소년 과학기술진흥센터가 설치되었다. 2004년에는 범국민 과학문화 확산운동인 '사이언스 코리아 운동'이 전개되었는데, 대표적인 사업으로는 전국 읍면동 단위에 설치된 생활과학교실과 지역별 특성을 살린 과학기술문화 공간인 지방 테마과학관을 들 수 있다. 2007년에는 우리나라 최초의 과학방송 채널인 YTN 사이언스 TV가 개국했으며, 과학교육의 혁신을 위한 차세대 과학교과서 개발사업도 추진되었다.

2008년은 한국과학문화재단이 한국과학창의재단으로 개편되고 국립과천과학관이 설립된 연도에 해당한다. 한국과학창의재단은 2009년부터 융합 창작 공연, 과학 스토리텔링, 과학 시각화를 중심으로 융합문화 사업을 실시했으며, 2013년부터 상상, 도전, 창의의 문화를 확산하기 위해 전국의 과학관과 도서관에 '무한상상실'을 개설하는 사업을 전개했다. 또한 국립중앙과학관과 국립과천과학관에 이어 2013년에는 국립광주과학관과 국립대구과학관, 2015년에는 국립부산과학관이 개관함으로써 전국의 주요 권역별로 대형 국립과학관이 구축되기에 이르렀다. 2019년부터는 과학융합강연자, 과학만화가, 과학저술가, 과학스토리텔러, 과학크리에이터 등 과학기술문화 전문인력의 양성이 추진되었고, 2020년에는 지역별로 과학문화 지역거점센터 혹은 과학문화도시를 선정하여 각 지역의 특색에 맞는 프로그램을 운영하는 '지역과학문화 역량강화 사업'이 시작되었다.[195]

이상에서 살펴본 우리나라의 과학기술문화 활동을 시기별로 정리하면 [표 12-3]과 같다. 1970년대에 추진된 전 국민의 과학화 운동은 과학기술의 실용성을 강조하면서 국민에게 과학기술을 계몽·보급하려는 성격이 강했다. 1980년대에는 청소년의 이공계 진출을 촉진하기 위하여 청소년 과학화 사업이 집중적으로 전개되었다. 1990년대 전반에는 과학기술국민이해증진사업이 전개되었으며 여기에는 과학기술에 대한 이해를 제고하여 국민의 지지기반을 강화하려는 의도가 깔려 있었다. 1990년대 후반 이후에는 과학기술문화라는 용어가 널리 사용되면서 과학기술의 사회적 이슈에 대한 대응이 중시되고 과학기술을 즐기고 배우는 것이 강조되기 시작했다.

표 12-3 한국 과학기술문화 활동의 진화.

시기＼영역	과학기술의 계몽·보급	청소년의 이공계 진출 촉진	과학기술에 대한 지지기반 강화	과학기술의 사회적 이슈에 대한 대응	문화로서의 과학기술 향유
1970년대까지	○○○	○○	○		
1980년대	○○	○○○	○○		
1990년대 전반	○○	○○	○○○	○	
1990년대 후반 이후	○○	○○○	○○○	○○	○○

주: ○의 개수는 상대적인 중요도를 표현함.
자료: 송성수(2003: 151); 송성수(2008: 163).

우리나라에서는 대중을 '대상화'하려는 경향이 우세한 가운데 대중을 중요하게 '고려'하는 활동이 점차적으로 확대되어 왔다. 앞으로는 대중을 고려하는 것을 넘어 대중이 실질적으로 '참여'하는 방향으로 과학기술문화 활동이 추진되어야 할 것이

195 과학문화 지역거점센터는 2020년에 부산(부산과학기술협의회), 대전(대전관광공사), 충북(한국교통대학교), 경남(경남테크노파크), 2021년에 인천(인천대학교), 세종(세종테크노파크), 경기(경기도경제과학진흥원), 강원(강원연구원), 전남(전남테크노파크), 경북(경북테크노파크)에 설치되었다.

다. 전문가와 대중이 서로의 지식기반을 인정하는 가운데 실질적인 정보를 수용하고 부족한 부분을 보완하면서 과학기술문화를 만들어가는 것이 중요하다. 최근에는 과학기술문화와 관련된 자발적인 모임이나 단체가 증가하고 있으므로 이를 활용하여 공동체 기반의 과학기술문화를 확산시키는 방안도 검토될 필요가 있다.

또한 과학기술문화 활동을 추진함에 있어 모범 사례를 창출하는 데 주의를 기울여야 한다. 어떤 사업을 한꺼번에 전국적으로 확산시키는 것보다는 한 가지 사례라도 집중적이고 지속적으로 육성하는 것이 중요하다. 작더라도 내실 있는 과학기술문화 활동에 초점을 두면서 의지와 역량을 갖춘 주체를 중심으로 과학기술문화사업을 추진해야 하며 정부는 이러한 사업에 요구되는 하부구조를 내실 있게 확충하는 역할을 담당해야 한다. 특히 과학기술문화에 대한 전통이 부족한 한국의 경우에는 법·제도의 정비와 예산의 확보가 과학기술문화 활동의 효과성을 제고하기 위한 관건으로 작용할 것이다.

'과학커뮤니케이터(science communicator)'로 통칭할 수 있는 과학문화에 관한 전문인력을 양성하는 것도 중요한 과제이다.[196] 과학문화에 종사하는 사람들이 지속적으로 증가하고 있으며, 이러한 인력들에 대한 체계적인 교육과 활용이 필요한 것이다. 과학문화 종사자로는 ① 과학관, 각급 교육기관, 과학기술문화단체에서 전시, 교육, 행사 등을 매개로 청소년이나 일반인과 접촉하는 사람, ② 언론, 방송, 출판 등의 대중매체에서 과학기술을 담당하는 사람, ③ 연구기관, 기업, 대학 등에서 과학기술에 대한 홍보를 담당하는 사람, ④ 과학문화에 대한 정책을 기획하거나 사업을 지원하는 사람 등을 들 수 있다. 일정한 자격을 갖추고 소정의 교육과정을 수료한 과학문화 종사자에게 과학커뮤니케이터에 관한 자격증을 부여하고 신규 직업군에 등재하는 방안이 요구된다.

---

[196] 과학커뮤니케이터는 과학기술문화와 관련된 콘텐츠 개발, 교육, 홍보, 출판 등을 담당하는 전문인력으로 규정할 수 있다. 과학해설사(science interpretator)가 일방적인 정보전달을 전제하고 있다면, 과학커뮤니케이터는 다양한 주체들 사이의 쌍방향적 의사소통에 주목하는 개념에 해당한다. 우리나라의 경우에는 과학기술문화 전문인력이 과학해설사, 과학관 에듀케이터, 과학커뮤니케이터 등으로 복잡하게 분류되어 있는데, 이를 체계화하는 작업이 필요해 보인다.

4 과학관의 의미와 과제

과학관이 과학기술문화에서 담당하는 역할은 지대하다. "과학기술문화운동의 시작과 끝은 과학관에 있다"라는 말이 있을 정도이다. 특히 그동안의 과학기술문화 활동이 상당 부분 일회성 행사 위주로 전개되어 왔다는 점을 고려한다면, 과학관은 과학기술문화 활동을 보다 지속적이고 체계적으로 수행할 수 있는 최적의 공간이라 할 수 있다. 그러나 "평생 동안 과학관에 세 번 간다"와 같은 우스갯소리도 있다. 어릴 때 한 번 가고, 부모가 되어 아이 손을 잡고 또 가고, 조부모가 돼 손주와 함께 한 번 더 간다는 것이다.[197]

과학관은 과학박물관(science museum)과 과학센터(science center)로 대별할 수 있다. 과학박물관은 과학기술과 관련된 자료의 수집·연구·전시를 주요 기능으로 삼고 있으며, 과학센터는 각종 교육프로그램을 통해 과학기술의 원리에 대한 직접적인 체험을 중시하고 있다. 구미 국가의 경우에는 과학박물관과 과학센터를 엄밀히 구분하고 있지만, 일본이나 한국과 같은 동아시아권에서는 과학박물관과 과학센터를 포괄하는 개념으로 '과학관'을 사용하고 있다. 우리나라의 과학관의 설립·운영 및 육성에 관한 법률(일명 과학관법)은 과학관을 "과학기술자료를 수집·조사·연구하여 이를 보존·전시하며, 각종 과학기술교육프로그램을 개설하여 과학기술지식을 보급하는 시설"로 정의하고 있다.[198]

과학관은 신전(神殿)을 의미하는 박물관(museum)에 그 뿌리를 두고 있다. 박물관은 통상적으로 역사를 '신화화'하고 재구성하여 성공의 역사, 승자의 역사, 영웅의 역사를 전시해 왔다. 오늘날과 같은 과학관의 기원은 근대 초기에 출현한 '호기심의 방(cabinets of curiosities)'에서 찾을 수 있다. 호기심의 방에는 기묘하게 생긴 동식물

---

197 이 절의 주요 내용은 송성수(2010)에 의존하고 있다.

198 이와 관련하여 과학기술센터협회(Association of Science and Technology Centers, ASTC)는 회원 기관의 조건으로 ① 스스로를 과학센터 혹은 과학박물관으로 규정할 것, ② 대중의 과학이해 증진을 주된 미션으로 삼을 것, ③ 물리과학, 생명과학, 수학, 기술 등과 같은 광범위한 과학 분야와 주제를 다루는 전시물, 프로그램, 활동을 제공할 것, ④ 한 명 이상의 직원이 상주하는 물리적 공간을 운영하고 연간 1,800시간 이상을 대중에게 공개할 것 등을 들고 있다(Grinell, 2018: 25-26).

이나 희귀한 광물 등과 같은 전시품들이 가득 차 있었다. 귀족이나 부자들이 취미 삼아 만든 호기심의 방이 점차 대중에게 공개되는 과정을 통해 오늘날의 과학관이 등장하기 시작했다.

역사적으로 과학관은 세 단계를 거쳐 진화해 온 것으로 평가되고 있다(임소연·홍성욱, 2005). 제1세대 과학관은 과학박물관의 형태를 띠었고, 제2세대 과학관은 과학센터를 중심으로 발전했으며, 최근에는 과학박물관과 과학센터를 혼합한 형태가 모색되고 있다. 이러한 과정에서 과학관은 과학에 대해 다양한 개념을 표방해 왔는데, 눈으로 보는 과학(eyes-on science), 체험하는 과학(hands-on science), 이해하는 과학(minds-on science), 느끼는 과학(feels-on science) 등은 그 대표적인 예다.

대중을 위한 과학박물관은 18세기 말부터 구미 국가를 중심으로 등장했다. 1794년에 설립된 프랑스의 국립기술보존관은 당시에 유행하던 자동인형(automata)과 진자(pendulum)를 전시했다. 영국은 1851년 수정궁박람회에서 전시된 발명품을 보존·전시하기 위해 사우스 켄싱턴 박물관을 만들었고, 그것은 1893년에 런던 과학박물관으로 재탄생했다. 1933년에 문을 연 미국의 과학산업박물관은 1893년 시카고에서 열렸던 세계박람회의 전시물을 바탕으로 건립되었다. 초기의 과학박물관은 인류의 역사를 통해 나타난 위대한 과학적, 기술적, 산업적 발전과 진보의 역사를 발명품과 기기를 통해 전시했으며, "잘 전시된 물건에서 바로 과학의 원리를 알 수 있다"는 '오브제 인식론(object-based epistemology)'에 그 철학적 근거를 두고 있었다.

20세기에 들어와 몇몇 과학박물관은 과학에 대한 체험을 강조하기 시작했고, 1960년대 이후에는 과학센터가 속속 출현했다. 1925년에 개관한 도이체스 박물관은 전시물의 단순한 전시를 넘어 소규모의 실험을 통해 관람객이 스스로 과학적 원리를 배우고 즐길 수 있도록 했으며, 이러한 경험은 새로운 형태의 과학관인 과학센터의 설립을 유발했다. 특히 1969년에 샌프란시스코의 익스플로러토리움(Exploratorium)과 토론토의 온타리오 과학센터가 설립된 이래 과학센터는 전 세계적으로 확산되는 양상을 보였다.[199] 과학센터는 전시보다는 교육을, 주입식 교육보다는 상호작용과 조작을 통한 교육을 강조하면서 비형식 과학교육(informal science education)의 역할을 담당했다. 편안하고 개방적인 공간을 제공하여 관람객들의 참여를 유도했으며, 과학

---

199 익스플로러토리움의 설립과정과 초기 역사에 대해서는 신지은(2019)을 참조.

강연과 과학카페 등을 통해 과학자와 대중의 만남을 알선했고, 지역공동체와 네트워크를 구축하여 레저·관광 산업과 연계하거나 외부지원 프로그램(outreach program)을 운영했다.

그림 12-7 익스플로러토리움의 메인 플로어(main floor). 익스플로러토리움의 설립은 로버트 오펜하이머(J. Robert Oppenheimer)의 동생인 프랭크 오펜하이머(Frank Oppenheimer)가 주도했다.

　　1980년대 이후에는 과학센터와 과학박물관의 장점을 살린 복합형 과학관의 설립이 시도되고 있다. 관람객이 체험을 통해 과학적 원리를 터득하는 교육적 효과를 제고함과 동시에 과학의 역사라는 전체적 맥락에서 전시물의 의미와 중요성을 파악할 수 있도록 한다는 것이다. 특히 제3세대 과학관이 과학기술과 사회의 대화를 촉진하기 위한 '광장으로서의 과학관'을 표방하고 있다는 점은 주목할 만하다. 과학기술이 사회와 실타래처럼 얽혀있는 21세기를 적극적으로 살아갈 시민들은 과학기술과 정치, 과학기술과 경제, 과학기술과 문화, 과학기술과 예술, 과학기술과 환경 등이 시시각각으로 변하는 관계를 이해하는 안목이 필요한 것이다. 이와 관련하여 Koster(1999)는 과학센터의 최근 경향과 역할로 ① 과학-기술-사회의 접점에서 발생

과학기술의 경영과 정책

하는 문제를 공론화하고, ② 관람객의 범위를 확대하며, ③ 통합된 콘텍스트를 제공하고, ④ 멀티미디어를 이용하며, ⑤ 논쟁이 되는 주제들에 대한 중립적인 포럼을 제공하는 것을 들고 있다.

우리나라 최초의 과학관으로는 1927년 5월에 개관한 은사기념과학관(恩賜記念科學館)이 꼽힌다. 이를 모태로 1945년 10월에는 국립과학박물관이 설립되었으며, 그것은 1948년 8월에 미군정에서 한국 정부로 이관되었다. 이어 1949년 7월에는 대통령령 제146호로 '국립과학관직제'가 마련되면서 국립과학박물관이 국립과학관으로 개칭되었다. 국립과학관직제 제2조는 "국립과학관은 과학에 대한 연구와 조사 및 과학의 보급향상에 관한 사항을 관장한다"고 규정했다. 얼마 지나지 않아 한국전쟁이 발발하는 바람에 국립과학관의 시설은 모두 소실되었고, 1962년 8월이 되어서야 서울 종로구 와룡동에 국립과학관이 재건될 수 있었다. 1969년 8월에 개정된 국립과학관직제의 제1조는 "기초과학 및 기술분야에 관한 연구·전시·보급 및 과학의 생활화를 기하기 위하여 과학기술처장관 소속하에 국립과학관을 둔다"고 밝혔다(신향숙·문만용, 2021: 41-44).[200]

1970년대에 들어서는 학생과학관이나 어린이회관이 속속 들어섰다. 1970년 7월에는 육영재단이 서울어린이회관을, 1971년 4월에는 경상북도교육청이 경북학생과학관을 건립했다. 1973년에 시작된 전 국민의 과학화운동은 전국 시·도에 학생과학관이 신설되는 계기로 적극 활용되었다. 1974년에는 부산어린이회관, 전남학생과학관, 충남학생과학관이, 1975년에는 충북학생과학관, 경남학생과학관, 전북학생과학관, 강원학생과학관, 경기학생과학관이, 1978년에는 제주학생과학관이 잇달아 건립되었던 것이다(송성수, 2008a: 187-192). 이어 1990년 10월에는 국제적 수준의 과학관을 표방한 국립중앙과학관이 대전에 설립되었고, 기존의 국립과학관은 서울과학관(2017년에 국립어린이과학관으로 개편됨)으로 운영되기 시작했다. 국립중앙과학관은 사물 전시를 중심으로 하는 과학박물관과 체험을 강조하는 과학센터의 두 기능을 모두 포괄하는 성격을 띠고 있었다. 국립중앙과학관이 설립된 직후인 1991년 12월에는 과학

---

[200] 국립과학관직제는 1973년 9월에 개정되면서 제1조의 조문을 "이공학·산업기술 및 자연사에 관한 자료를 수집·보존·연구 및 전시하여 과학기술의 지식을 보급하고 생활의 과학화를 기하기 위하여 과학기술처장관 소속하에 국립과학관을 둔다"로 변경되었다.

관육성법이 제정되었고, 그것은 2013년 1월에 과학관의 설립·운영 및 육성에 관한 법률로 변경되었다(신향숙·문만용, 2021: 45-48).

1990년대 말 이후에는 우리나라에서 과학기술문화공간이 본격적으로 확충되었다. 1999년에 지방과학기술진흥계획이 수립되는 것을 전후하여 지역별로 과학기술문화공간을 확충하는 사업이 본격적으로 전개되었는데, 부산해양자연사박물관, 전남수산종합과학관, 대전시민천문대, 영월별마로천문대, 김해시민천문대 등은 그 대표적인 예다. 또한 2001년에는 수도권 국립과학관 건립구상이 발표되었고 이를 바탕으로 2002~2008년에는 경기도 과천에 새로운 국립과학관을 건립하는 사업이 전개되었다. 2008년 11월에는 국립과천과학관이 개관했으며, 이를 계기로 다른 지역에도 국립과학관을 조성하는 사업이 추진되었다. 2013년에는 국립광주과학관과 국립대구과학관이, 2015년에는 국립부산과학관이 완공되었고 이로써 우리나라는 5대 권역별로 1개씩의 대형 국립과학관을 보유하게 되었다. 이 중에서 국립부산과학관은 시민들의 자발적인 청원으로 성사된 사례에 해당하며, '과학의 바다를 향한 힘찬 항해'를 표방하고 있다.

표 12-4 한국의 5대 권역별 국립과학관.

과학관 명	소재지	개관 시기	별칭	홈페이지
국립중앙과학관	대전시 유성구	1990년 10월	-	www.science.go.kr
국립과천과학관	경기도 과천시	2008년 11월	Scientorium	www.sciencecenter.go.kr
국립광주과학관	광주시 북구	2013년 10월	Lucerium	www.sciencecenter.or.kr
국립대구과학관	대구시 달성군	2013년 12월	Scientry	www.dnsm.or.kr
국립부산과학관	부산시 기장군	2015년 12월	SciPort	www.sciport.or.kr

우리나라의 과학관은 국립과학관 건립사업과 지방과학문화시설 구축사업을 매개로 지속적으로 증가해 왔다. 우리나라의 과학관 수는 2007년만 해도 64개에 불과했지만 2014년에는 121개, 2018년에는 135개로 증가했다. 135개의 과학관 중에서 국립과학관은 9개, 공립과학관은 87개, 사립과학관은 39개로 집계되고 있다. 그러나 우리나라의 다른 문화기반시설이나 선진국의 과학관과 비교하면 아직 갈 길이 멀다.

과학관 135개는 박물관 873개의 15.5%, 미술관 251개의 53.8%에 해당하는 수치다. 또한 과학관 1개당 인구수는 주요 선진국인 독일의 5배, 미국의 3배, 일본의 1.4배에 달한다([표 12-5] 참조).

표 12-5 주요국의 과학관 수 비교.

항목	한국	미국	독일	일본
과학관수(개)	135	2,480	1,100	485
과학관 1개당 인구수(천명)	379	132	74	262
기준 연도	2018년	2018년	2016년	2015년

자료: 과학기술정보통신부(2019: 6).

과학관을 지속적으로 확충하는 것 이외에도 해결해야 할 과제가 산적해 있다. 그동안 과학관을 건립하는 하드웨어적 사업은 비교적 착실히 추진되어 왔지만, 과학관의 콘텐츠를 확보하기 위한 소프트웨어적 사업은 매우 간헐적으로 이루어졌을 뿐이다. 이제는 과학관 확충을 넘어 우수한 콘텐츠를 개발하고 확산하는 데 정책의 초점이 주어져야 한다. 가장 좋은 방법은 '(가칭)과학기술문화콘텐츠사업'과 같은 별도의 사업을 만들어 과학관을 비롯한 과학기술문화의 주체들의 적극적인 활동을 유도하는 데 있다. 과학관과 한국과학창의재단을 연계할 수 있는 사업구조와 추진체계를 마련하는 것도 필수적이다.

과학관 건립이나 운영을 지원하기 위한 제도를 제대로 구축하는 것도 중요한 과제이다. 현재 운영되고 있는 과학관에 대한 지원제도에는 입장수입에 대한 부가가치세 면제, 소유권 이전시 양도세 면제, 도시공원 내 건립 허용 등이 있다. 그러나 과학관의 경우에는 박물관 및 미술관과 달리 양도소득세 혹은 특별부과세, 농지전용부담금, 교통유발부담금을 부담하고 있으며, 수익사업에서 발생한 소득의 손금 산입이 적용되지 않고 있다.

과학관의 지속적 발전을 위해서는 공공부문의 지원과 함께 과학관 스스로가 경영을 합리화하는 것이 긴요하다. 조직의 측면에서는 과학관 직원 중에서 연구직의 비중을 제고하고 일반 업무에서 자원봉사자를 적극 활용해야 한다. 재정의 측면에서는 회원제와 후원제를 체계화하고 다양한 수익사업을 개발하여 과학관 운영의 내실화를 촉진해야 한다. 특히 국립과학관의 경우에는 명실상부한 기관장 책임경영제도를 정착시켜 해당 과학관이 전문적인 경영조직으로서 위상을 재정립하고 선순환 성장의 계기를 확보해야 할 것이다. 박물관 경영의 평가에 사용되는 항목을 감안하여 과학관 경영에 대한 체크 리스트를 작성하는 작업도 필요해 보인다.

박물관 경영에 대한 평가항목

박물관의 평가체제와 평가기준은 박물관이 처해진 상황이나 중요하게 여기는 가치에 따라 차이가 날 수 있지만, 일반적인 평가항목은 다음과 같이 정리할 수 있다 (Edson and Dean, 1996: 27-28; 이보아, 2002: 273-274). ① 박물관의 설립 취지와 그것의 한계는 무엇인가? ② 박물관의 설립 주체와 운영 주체는 구구이며, 운영 주체에는 이사회나 위원회(심의위원회·자문위원회·운영위원회)가 포함되어 구성되어 있는가? ③ 박물관의 소장품이 어떠한 유형과 내용으로 구성되어 있으며, 그것들은 과학관의 설립 취지를 달성하는 데 적합한가? ④ 어떠한 물리적 시설을 갖추고 있는가? ⑤ 박물관 경영의 책임과 권한은 누구에게 맡겨져 있는가? ⑥ 박물관 운영 지침에 대한 규정을 갖추고 있는가? ⑦ 직책별 업무 분장과 권한에 대한 직무 규정서가 있는가? ⑧ 직원의 전문성 및 직원 간의 원만한 업무 유기성은 어떻게 유지되고 있는가? ⑨ 소장품 관리와 관련된 업무 규정을 갖추고 있는가? ⑩ 소장품의 보존 상태에 대한 정기적인 조사를 하고 있는가? ⑪ 조사연구를 위한 프로그램을 정기적으로 평가하는가? ⑫ 박물관의 교육적인 기능을 수행하기 위한 프로그램을 자체적으로 갖고 있는가? ⑬ 장·중·단기 발전 계획서를 갖고 있는가? ⑭ 박물관의 운영과 발전을 위해 어떤 인력(피고용인 혹은 자원봉사자)이 필요한가? ⑮ 각각의 업무별 운영 예산은 얼마인가? ⑯ 운영 관리를 위한 재원 확보는 어떤 방법으로 이루어지는가? ⑰ 전시와 교육 프로그램에 관한 홍보 전략을 갖고 있는가? ⑱ 박물관에 대한 지속적인 계획은 어떤 방법으로 수립되는가? ⑲ 박물관 기능에 대한 평가지침 표를 갖고 있는가? ⑳ 박물관을 하나의 역동적인 유기체로 유지하기 위한 전략은 무엇인가?

무엇보다도 과학관의 성패는 수요자의 요구에 얼마나 부합하느냐에 달려 있다. '인체의 신비 특별전'은 과학관의 공간이 협소하더라도 유익한 프로그램에는 많은 사람들이 참여한다는 사실을 단적으로 보여주고 있다. 우리나라 국민의 생활수준이 높아지면서 문화 활동에 대한 수요는 점차 증가하고 있다. 과학관은 수요자의 요구를 파악하여 이를 뒷받침할 수 있는 유익한 프로그램을 확보하는 데 전력을 기울여야 한다. 이를 위해서는 과학관에 대한 만족도 조사를 주기적으로 실시하여 프로그램의 개발 혹은 선택에 적극적으로 반영하는 작업이 정착되어야 할 것이다.

경제기획원 (1962), 『제1차 기술진흥 5개년계획(1962~1966년)』.

고상원·민철구 외 (2001), 『고급 과학기술인력의 학연산 유동성 실태조사 및 제고방안』, 한국과학재단/과학기술정책연구원.

고석하·홍정유 (2013), 『R&D 프로젝트 관리』, 생능출판사.

고용수·윤진효·이장재 (2005), "한국의 과학기술정책 기획과정과 결정구조의 특성 분석: 참여정부의 과학기술기본계획 사례를 중심으로", 『정부학연구』 제11권 1호, 374-387쪽.

과학기술부 (2000), 『과학기술연구활동조사보고』.

과학기술부 (2001), 『과학기술연구활동조사보고』.

과학기술부 (2003), 『특정연구개발사업 20년사』.

과학기술부 (2008), 『과학기술 40년사』.

과학기술부 외 (1999), 『과학기술혁신5개년수정계획』.

과학기술부 외 (2001), 『과학기술기본계획』.

과학기술부 외 (2003), 『과학기술문화창달 5개년 계획』.

과학기술부·한국산업기술진흥협회 (2001), 『기술혁신지원제도』.

과학기술정보통신부 (2017a), 『과학기술 50년사 1편: 과학기술의 시대적 전개』.

과학기술정보통신부 (2017b), 『과학기술 50년사 2편: 과학기술 정책과 행정의 변천』.

과학기술정보통신부 (2019), 『제4차 과학관육성 기본계획(2019~2023)』.

과학기술처 (1982), 『제5차 경제사회발전 5개년 계획: 과학기술부문 계획』.

과학기술처 (1987), 『과학기술행정 20년사』.

과학기술처 (1997), 『과학기술 30년사』.

과학기술처 외 (1997), 『과학기술혁신5개년계획』.

곽기호 (2019), "자동차 아키텍처의 모듈화: 승용차 사례를 중심으로", 『기술혁신연구』 제27권 2호, 37-71쪽.

관계부처 합동 (2019), 『제4차 여성과학기술인 육성·지원 기본계획(2019~2023)』.

관계부처 합동 (2021), 『제4차 과학기술인재 육성·지원 기본계획(2021~2025)』.

교육인적자원부 (2002), 『세계 수준의 연구중심대학 육성 및 성과관리 방향: BK21 사업을 중심으로』.

교육인적자원부 외 (2007), 『참여정부 과학기술정책 백서(2003~2007)』.

국정브리핑 특별기획팀 (2008), 『참여정부 경제 5년』, 한스미디어.

권기헌 (2008), 『정책학: 현대 정책이론의 창조적 탐색』, 박영사.

기획재정부 외 (2008), 『선진일류국가를 향한 이명박 정부의 과학기술기본계획』.

기획재정부 외 (2013), 『제3차 과학기술기본계획(2013~2017)』.

기획재정부 외 (2018), 『제4차 과학기술기본계획(2018~2022)』.

김견 (1994), "1980년대 한국의 기술능력발전과정에 관한 연구: '기업내 혁신체제'의 발전을 중심으로", 서울대학교 박사학위논문.

김근배 (2005), 『한국 근대 과학기술인력의 출현』, 문학과 지성사.

김근배 (2016), 『한국 과학기술혁명의 구조』, 들녘.

김근배·송성수 (2005), "미완성에 그친 과학기술의 재건", 국사편찬위원회 편, 『근현대 과학기술과 삶의 변화』, 두산동아, 90-106쪽.

김동광 (1999), "과학대중화의 새로운 시각: 대중의 과학이해(PUS)를 중심으로", 참여연대 과학기술 민주화를 위한 모임, 『진보의 패러독스: 과학기술의 민주화를 위하여』, 42-61쪽.

김명자 외 (1997), 『국가경영의 과학화 기반 구축 방안』, 국가과학기술자문회의.

김명진 (2001), "대중의 과학이해: 이론적 흐름과 실천적 함의", 김명진 편저, 『대중과 과학기술: 무엇을 누구를 위한 과학기술인가』, 잉걸, 29-51쪽.

김명진 (2018), 『20세기 기술의 문화사』, 궁리.

김명진 (2022), 『모두를 위한 테크노사이언스 강의: 대학, 기업, 정부의 관계로 본 20세기 과학사』, 궁리.

김석관 (2009), "개방형 혁신은 새로운 혁신 방법론인가?: Chesbrough의 개방형 혁신 이론에 대한 비판적 평가", 『기술혁신연구』 특별호, 99-133쪽.

김순양 (1995), "의료보험 정책과정에서의 참여자의 특성 변화에 관한 연구", 『한국행정학보』 제29권 2호, 415-434쪽.

김신복 (1999), 『발전기획론』 수정증보판, 박영사.

김영식 (2001), 『과학혁명: 전통적 관점과 새로운 관점』, 아르케.

김영식 (2003), "과학문화에 대한 다각적 고찰", 김영식 외, 『한국의 과학문화: 그 현재와 미래』, 생각의 나무, 33-52쪽.

김영식·김근배 엮음 (1998), 『근현대 한국사회의 과학』, 창작과 비평사.

김영식·박성래·송상용 (2013), 『과학사』 개정판, 전파과학사.

김영우·최영락 외 (1997), 『한국 과학기술정책 50년의 발자취』, 과학기술정책관리연구소.

김영평 (2000), "Herbert A. Simon의 절차적 합리성이론", 오석홍·김영평 편저, 『정책의 주요 이론』 제2판, 법문사, 10-18쪽.

김은성 (2002), 『정책과 사회』, 한울.

김정수 (1996), 『미국 통상정책의 정치경제학』, 일신사.

김정홍 (2011), 『기술혁신의 경제학』 제4판, 시그마프레스.

김종범 (1993), 『과학기술정책론』, 대영문화사.

김창욱 (2002), "산업기술정책의 새로운 패러다임 모색", 『과학기술정책』 제12권 3호, 9-16쪽.

김해수 지음, 김진주 엮음 (2007), 『아버지의 라디오: 국산 라디오 1호를 만든 엔지니어 이야기』, 느린 걸음.

김형균·손은희 (2005), "조선 산업의 일본 추격과 중국 방어", 이근 외, 『한국 경제의 인프라와 산업별 경쟁력』, 나남출판, 251-282쪽.

김환석 (2006), 『과학사회학의 쟁점들』, 문학과 지성사.

김환석·홍성범·이영희 (1992), 『세계경제의 장기파동과 신기술의 국제확산』, 한국과학기술연구원 정책기획본부.

남궁근 (2008), 『정책학: 이론과 경험적 연구』, 법문사.

문만용 (2007), "1960년대 '과학기술 붐': 한국의 현대적 과학기술체제의 형성", 『한국과학사학회지』 제29권 1호, 67-96쪽.

문만용 (2017), 『한국 과학기술 연구체제의 진화』, 들녘.

미타니 고지, 김정환 옮김 (2013), 『경영전략 논쟁사: 100년의 혁신을 이끈 세계 최고 경영구루 50인의 경영전략』, 엔트리.

미타니 고지, 전경아 옮김 (2015), 『세상을 바꾼 비즈니스 모델 70』, 더난출판사.

박기범 (2014), "과학기술인력정책의 성과와 한계: 과학기술인력 수급전망을 중심으로", 『과학기술정책』 제24권 3/4호, 4-15쪽.

박범순·김소영 엮음 (2015), 『과학기술정책: 이론과 쟁점』, 한울.

박범순·우태민·신유정 (2016), 『사회 속의 기초과학: 기초과학연구원과 새로운 지식 생태계』, 한울.

박성래·신동원·오동훈 (2001), 『우리 과학 100년』, 현암사.

박용태 (2007), 『차세대 기술혁신을 위한 기술지식경영』, 생능출판사.

박용태 (2011), 『공학도를 위한 기술과 경영』 제2판, 생능출판사.

박우희·배용호 (1996), 『한국의 기술발전』, 경문사.

박정택 (2003), "부처간 정책갈등과 조정에 관한 연구: 과학기술기본법 제정과정을 중심으로", 『과학기술학연구』 제3권 1호, 105-156쪽.

박종복 (2008), "기술사업화 이론과 기술경영 적용방안: 졸리(Jolly)의 이론을 중심으로", 『KIET 산업경제』 2008년 2월호, 26-37쪽.

박희제 (2006), "과학의 상업화와 과학자사회 규범구조의 변화", 『한국사회학』 제40권 4호, 19-47쪽.

박희제·성지은 (2018), "사회에 책임지는 연구혁신(RRI) 연구의 배경과 동향", 『과학기술학연구』 제18권 3호, 101-151쪽.

성경륭 외 (2007), 『국부창출을 위한 신(新)산학협력과 제4세대 R&D』, 국가균형발전위원회.

성지은·정연진 (2013), "과학기술혁신정책 기획의 추진 현황과 실효성 제고 방안", 『한국정책학회보』 제22권 2호, 313-340쪽.

성지은·한규영·정서화 (2016), "지역문제 해결을 위한 국내 리빙랩 사례 분석", 『과학기술학연구』 제16권 2호, 65-98쪽.

소병희 (2007), 『정부실패』, 삼성경제연구소.

손화철 (2020), 『호모 파베르의 미래: 기술의 시대, 인간의 자리는 어디인가』, 아카넷.

송성수 엮음 (1995), 『우리에게 기술이란 무엇인가』, 녹두.

송성수 (2000), "철강산업의 기술혁신패턴과 발전과제", 『기술혁신학회지』 제3권 2호, 94-110쪽.

송성수 (2001), "연구개발활동에 관한 지표의 국제비교", 『과학기술정책』 제11권 1호,

66-76쪽.

송성수 (2002a), "기술능력 발전의 시기별 특성: 포항제철 사례연구", 『기술혁신연구』 제10권 1호, 174-200쪽.

송성수 (2002b), "한국 과학기술정책의 특성에 관한 시론적 고찰", 『과학기술학연구』 제2권 1호, 63-83쪽.

송성수 (2003), "대중과 과학기술: 이론적 흐름과 정책적 이슈", 『기술혁신학회지』 제6권 2호, 137-158쪽.

송성수 (2005), 『과학기술종합계획에 관한 내용분석: 5개년 계획을 중심으로』, 과학기술정책연구원.

송성수 (2007), "산업혁명기의 기술혁신에 미친 과학의 영향", 『서양사론』 제94호, 229-246쪽.

송성수 (2008a), "'전(全)국민의 과학화운동'의 출현과 쇠퇴", 『한국과학사학회지』 제30권 1호, 171-212쪽.

송성수 (2008b), "추격에서 선도로: 삼성 반도체의 기술발전 과정", 『한국과학사학회지』 제30권 2호, 517-544쪽.

송성수 (2009a), 『과학기술과 문화가 만날 때: 과학기술문화론 탐구』, 한울.

송성수 (2009b), "과학기술거점의 진화: 대덕연구단지의 사례", 『과학기술학연구』 제9권 1호, 33-55쪽.

송성수 (2010), 『과학관의 사례와 발전방향』, 과학기술정책연구원.

송성수 (2011), 『과학기술과 사회의 접점을 찾아서: 과학기술학 탐구』, 한울.

송성수 (2012), "통섭교육으로서 공학소양교육의 위상과 과제", 『공학교육연구』 제15권 1호, 18-25쪽.

송성수 (2014a), 『기술혁신이란 무엇인가』, 생각의 힘.

송성수 (2014b), 『연구윤리란 무엇인가』, 생각의 힘.

송성수 (2015), 『한 권으로 보는 인물과학사: 코페르니쿠스에서 왓슨까지』 제2판, 북스힐.

송성수 (2016), 『과학의 본성과 과학철학』, 생각의 힘.

송성수 (2017), "산업혁명의 역사적 전개와 4차 산업혁명론의 위상", 『과학기술학연구』 제17권 2호, 5-40쪽.

송성수 (2018), "한국의 기술발전에 관한 연구사적 검토와 제언", 『한국과학사학회지』 제

40권 1호, 91–113쪽.

송성수 (2019), 『사람의 역사, 기술의 역사』 제3판, 부산대학교출판문화원.

송성수 (2021a), 『한국의 산업화와 기술발전: 한국 경제의 진화와 주요 산업의 기술혁신』, 들녘 [중국어 번역: 李姍, 李瑩 譯(2023), 『韓國現代化之路: 工業化和技術革命』, 北京: 中國科學技術出版社].

송성수 (2021b), "현대자동차의 알파프로젝트 추진과정과 그 특성에 관한 역사적 분석", 『한국민족문화』 제78집, 351–382쪽.

송성수 (2022), "한국 과학기술정책의 기획과 전개: 노무현 정부부터 문재인 정부까지", 『과학기술과 사회』 제2호, 167–200쪽.

송성수·송위진 (2010), "코렉스에서 파이넥스로: 포스코의 경로실현형 기술혁신", 『기술혁신학회지』 제13권 4호, 700–716쪽.

송성수·최경희 (2017), 『과학기술로 세상 바로 읽기』 제2판, 북스힐.

송위진 (2006), 『기술혁신과 과학기술정책』, 르네상스.

송위진 (2010), 『창조와 통합을 지향하는 과학기술혁신정책』, 한울.

송위진 (2014), "기술혁신정책의 진화와 과제", 한국과학기술학회 편, 『과학기술학의 세계: 과학기술과 사회를 이해하기』, 휴먼사이언스, 363–392쪽.

송위진·성지은 (2013), 『사회문제 해결을 위한 과학기술혁신정책』, 한울.

송위진·성지은·김종선·강민정·박희제 (2018), 『사회문제 해결을 위한 과학기술과 사회혁신』, 한울.

송위진·성지은 (2019), "임무지향적 혁신정책의 관점에서 본 사회문제 해결형 연구개발 정책", 『기술혁신연구』 제27권 4호, 85–110쪽.

송위진·황혜란 (2009), "기술집약적 중소기업의 탈추격형 기술혁신 특성 분석", 『기술혁신연구』 제17권 1호, 49–67쪽.

송충환 (1998), "21세기 대비 기초과학정책의 방향", 『기술혁신학회지』 제1권 2호, 262–274쪽.

신지은 (2019), "흥미로운 조합: 프랭크 오펜하이머와 익스플로러토리움의 설립", 『한국과학사학회지』 제41권 3호, 247–272쪽.

신향숙 (2015), "제5공화국의 과학기술정책과 박정희 시대 유산의 변용: 기술드라이브 정책과 기술진흥확대회의를 중심으로", 『한국과학사학회지』 제37권 3호, 519–553쪽.

신향숙·문만용 (2021), "국가의 대표 과학문화기관으로서 국립중앙과학관의 이상과 현실", 『과학기술학연구』 제21권 3호, 38–65쪽.

아리모토 다테오, 김종회 옮김 (1997), 『과학기술의 흥망』, 한국경제신문사.

안두순 (2009), 『혁신의 경제학』, 아카넷.

엄미정 (2007), "과학기술인력의 의미와 현황", HRST 공동연구센터 편, 『한국의 과학기술인력』, 한국직업능력개발원/과학기술정책연구원, 9–32쪽.

염재호 (1990), "국가기획으로서의 과학기술정책", 『과학기술정책』 제2권 1/2호, 36–52쪽.

오진곤 편저 (1998), 『과학정책: 연구체제의 역사적 접근』, 전파과학사.

유네스코한국위원회 편 (2001), 『과학기술과 인권』, 당대.

유상운 (2019), "분열된 규정, 일관된 방향: 과학기술기본법의 제정과 그 결과, 1998-2015", 『과학기술학연구』 제19권 2호, 41–83쪽.

유순근 (2021), 『벤처창업과 경영』 제3판, 박영사.

유훈·김지원 (2002), 『정책학원론』, 한국방송통신대학교출판부.

윤진효 (2010), 『오픈 이노베이션 창업정책 경영론』, 북&월드.

이가종 (1990), 『기술혁신전략』, 나남.

이공래 (2000), 『기술혁신이론 개관』, 과학기술정책연구원.

이공래·송위진 외 (1998), 『한국의 국가혁신체제: 경제위기 극복을 위한 기술혁신정책의 방향』, 과학기술정책관리연구소.

이근 (2007), 『동아시아와 기술추격의 경제학: 신슘페터주의적 접근』, 박영사.

이근 외 (1997), 『한국 산업의 기술능력과 경쟁력』, 경문사.

이덕환 (2002), "우리 사회에서 과학자의 모습", 『과학사상』 제42호, 20–37쪽.

이마이 겐이찌 편, 김동열 옮김 (1992), 『기술혁신과 기업조직』, 비봉출판사.

이명석 (2002), "거버넌스의 개념화: '사회적 조정'으로서의 거버넌스", 『한국행정학보』 제36권 4호, 321–338쪽.

이보아 (2002), 『박물관학 개론』 개정판, 김영사.

이석민 (2008), "국가혁신체제와 국가의 역할: 미국과 독일의 과학기술정책을 중심으로", 서울대학교 박사학위논문.

이영희 (2000), 『과학기술의 사회학: 과학기술과 현대사회에 대한 성찰』, 한울.

이영희 (2011), 『과학기술과 민주주의』, 문학과 지성사.

이우성 (2005), 『혁신정책의 범위설정과 분석체계 정립에 관한 연구』, 과학기술정책연구원.

이원영 (2008), 『기술혁신의 경제학』, 생능출판사.

이은경 (2006), "이공계 기피 논의를 통해 본 한국 과학기술자 사회의 특성", 『과학기술학연구』 제6권 2호, 77–102쪽.

이은경 (2007), "과학기술인력정책의 전개", HRST 공동연구센터 편, 『한국의 과학기술인력』, 한국직업능력개발원/과학기술정책연구원, 427–453쪽.

이은경 (2012), "한국 여성과학기술인 지원정책의 성과와 한계", 『젠더와 문화』 제5권 2호, 7–35쪽.

이은경 (2022), 『한국의 과학기술과 시민사회』, 들녘.

이은경·민철구 (2002), "과학기술자의 연구환경과 직무만족에 대한 설문조사 분석", 『과학기술정책』 제12권 1호, 104–117쪽.

이장재 (2011), "국가 기술기획의 현상과 과제", 『과학과 기술』 2011년 10월호, 10–15쪽.

이장재·현병환·최영훈 (2011), 『과학기술정책론: 현상과 이론』, 경문사.

이정동 (2011), 『공학기술과 정책』, 지호.

이정동 (2017), 『축적의 길』, 지식노마드.

이주호 외 (2011), 『인재대국: 이명박 정부의 교육과학기술정책』, 한국경제신문.

이찬구 외(2018), 『한국 과학기술정책 연구: 성찰과 도전』, 임마누엘.

이토 미쓰하루 외, 민성원 옮김 (2004), 『조셉 슘페터: 고고한 경제학자』, 소화.

이혜영 (2003), "1950–70년대의 정책학의 역사", 『한국정책학회보』 제12권 2호, 259–282쪽.

임소연·홍성욱 (2005), "과학(박물)관의 새로운 변화와 우리의 과제: PUS와의 관련성을 중심으로", 『과학기술학연구』 제5권 2호, 97–127쪽.

장회익·최영락·송성수 외 (2001), 『세계과학회의 후속조치를 위한 국내 과학기술활동의 점검』, 과학기술정책연구원/유네스코한국위원회.

재정경제부·한국개발연구원 (1999), 『새 천년의 패러다임: 지식기반경제 발전전략』.

재정경제부 외 (2003), 『참여정부의 과학기술 기본계획』.

전상경 (2000), "Charles Wolf, Jr.의 비시장실패이론", 오석홍·김영평 편저, 『정책의 주요 이론』 제2판, 법문사, 28-37쪽.

정광수·이문규·박준호 (2003), "과학문화의 개념과 의의", 김영식 외, 『한국의 과학문화: 그 현재와 미래』, 생각의 나무, 92-105쪽.

정선양 (2006), 『기술과 경영』, 경문사.

정선양 (2011), 『전략적 기술경영』 제3판, 박영사.

정재용·황혜란·이병헌 (2006), 『공학기술과 경영』, 지호.

정정길 (1997), 『정책학원론』 개정판, 대명출판사.

정정길·최종원·이시원·정준금·정광호 (2010), 『정책학원론』 개정증보판, 대명출판사.

조일홍 (2000), "John W. Kingdon의 '정책의 창' 이론", 오석홍·김영평 편저, 『정책의 주요 이론』 제2판, 법문사, 415-422쪽.

조홍섭 편역 (1984), 『현대의 과학기술과 인간해방』, 한길사.

조황희·이은경·이춘근·김선우 (2002), 『한국의 과학기술인력정책』, 과학기술정책연구원.

참여연대 시민과학센터 (2002), 『과학기술·환경·시민참여』, 한울.

최석식 (2011), 『과학기술정책론』, 시그마프레스.

최성우 (2022), 『대통령을 위한 과학기술, 시대를 통찰하는 안목을 위하여』, 지노.

최영락 외 (2000), 『과학기술기본계획 수립을 위한 기획연구』, 과학기술부/과학기술정책연구원.

최영락·송위진·황혜란·송성수 (2008), 『차세대 기술혁신 시스템 구축을 위한 정부의 지원시책』, 한국공학한림원.

하연섭 (2003), 『제도분석: 이론과 쟁점』, 다산출판사.

한국공학교육학회 (2005), 『공학기술과 인간사회: 공학소양 종합교재』, 지호.

한국과학기술기획평가원 (2019), 『2019년 국가 과학기술혁신 역량평가』.

한국산업기술평가관리원 (2009), "산업원천 전략기술별 TRL 평가지표".

한국과학기술학회 (2014), 『과학기술학의 세계: 과학기술과 사회를 이해하기』, 휴먼사이언스.

한국과학창의재단 (2018), 『과학기술국민이해도조사』.

현병환·윤진효·서정해 (2006), 『신연구개발기획론』, 경문사.

현재환 (2016), "근거 중심 의학", 홍성욱 외, 『과학기술과 사회』, 나무나무, 313-323쪽.

홍성도·박노국·황정희 (2014), 『기술사업화 기술금융 길잡이』, 이프레스.

홍성욱 (1999), 『생산력과 문화로서의 과학기술』, 문학과 지성사.

홍성욱 (2004), 『과학은 얼마나』, 서울대학교 출판부.

홍성욱 외 (2002), 『선진국 대학연구체제의 발전과 현황에 대한 연구』, 과학기술정책연구원.

홍성주 (2010), "한국 과학기술 정책의 형성과 과학기술 행정체계의 등장, 1945~1967", 서울대학교 박사학위논문.

홍성주 (2017), "한국 과학계의 문화적 위기를 돌파할 수평적 채널의 활성화", 『과학기술정책』 제27권 4호, 40-43쪽.

홍성주·송위진 (2017), 『현대 한국의 과학기술정책: 추격의 성공과 탈추격 실험』, 들녘.

홍성주 외 (2022), 『임무중심 국가과학기술혁신정책 전환방안 연구 I』, 과학기술정책연구원.

홍영득 (2016), 『과학기술정책론: 거버넌스적 이해』, 대영문화사.

홍영표·오승훈·양상근 (2016), 『기술, 경영을 만나다』, 에이콘.

홍욱희 (2001), "생명윤리자문위원회 활동에 관한 소고", 『과학사상』 제38호, 2001년 가을, 52-103쪽.

홍형득 (2016), 『과학기술정책론: 거버넌스적 이해』, 대영문화사.

황용수 외 (2008), 『과학기술혁신활동 측정의 과학화와 대응과제』, 과학기술정책연구원.

황혜란 (1993), 『일본 혁신체제의 변화』, 과학기술정책관리연구소.

황혜란·윤정로 (2003), "한국의 기초연구능력 구축과정: 우수연구센터(SRC/ERC) 제도를 중심으로", 『기술혁신학회지』 제6권 1호, 1-19쪽.

황혜란·정재용·송위진 (2012), "탈추격 연구의 이론적 지향성과 과제", 『기술혁신연구』 제20권 1호, 75-114쪽.

후지모토 다카히로 외, 고기영 외 옮김 (2009), 『모노즈쿠리 경영학』, 대림인쇄.

Amable, B. (2003), *The Diversity of Modern Capitalism*, Oxford: Oxford University Press.

Amsden, A. H. (1989), *Asia's Next Giant: South Korea and Late Industrialization*, New York: Oxford University Press [국역: 이근달 옮김 (1989), 『아시아의 다

음 거인: 한국의 후발공업화』, 시사영어사].

Anderson, C. (2006), *The Long Tail*, 이노무브그룹 옮김 (2006), 『롱테일 경제학』, 알에이치코리아.

Anderson, P. and M. L. Tushman (1990), "Technological Discontinuities and Dominant Designs: A Cyclical Model of Technological Change", *Administrative Science Quarterly* 35(4), 604–633.

Arrow, K. J. (1962), "The Economic Implications of Learning by Doing", *The Review of Economic Studies* 29(3), 155–173.

Bahcall, S. (2019), *Loonshots: How to Nurture the Crazy Ideas That Win Wars, Cure Diseases, and Transform Industries*, 이지연 옮김 (2020), 『룬샷』, 흐름출판.

Baregheh, A., J. Rowley and S. Sambrook (2009), "Towards a Multidisciplinary Definition of Innovation", *Management Decision* 47(8), 1323–1339.

Barney, J. B. (1991), "Firm Resources and Sustained Competitive Advantage", *Journal of Management* 17(1), 99–120.

Barney, J. B. (1995), "Looking inside for Competitive Advantage", *Academy of Management Executive* 9(4), 49–61.

Barney, J. B. and D. N. Clark (2007), *Resource-Based Theory: Creating and Sustaining Competitive Advantages*, Oxford: Oxford University Press.

Barney, J. B. and W. S. Hesterly (2020), *Strategic Management and Competitive Advantage*, 6th ed., 신형덕 옮김 (2020), 『전략경영과 경쟁우위: 개념과 사례』 제6판, 시그마프레스.

Bassalla, G. (1988), *The Evolution of Technology*, Cambridge: Cambridge University Press [국역: 김동광 옮김 (1996), 『기술의 진화』, 까치].

Bator, F. M. (1958), "The Anatomy of Market Failure", *The Quarterly Journal of Economics* 72(3), 351–379.

Bauer, W. M., N. Allum and S. Miller (2007), "What Can We Learn from 25 Years of PUS Survey Research? Liberating and Expanding the Agenda", *Public Understanding of Science* 16(1), 79–95.

Ben-David, J. (1971), *The Scientists' Role in Society: A Comparative Study*,

Englewood Cliff, NJ: Prentice-Hall.

Bernal, J. D. (1939), *The Social Function of Science*, London: Routledge.

Boskin, M. J. and L. J. Lau (1992), "Capital, Technology and Economic Growth", N. Rosenberg et al. (eds.), *Technology and the Wealth of Nations*, Stanford: Stanford University Press, 17–56.

Branscomb, L. M. (1993), "The National Technology Policy Debate", L. M. Branscomb (ed.), *Empowering Technology: Implementing a U.S. Strategy*, Cambridge, MA: MIT Press, 1–35.

Brooks, H. (1964), "The Scientific Advisor," R. Gilpin and C. Wright (eds.), *Scientists and National Policy-Making*, New York: Columbia University Press, 73–96.

Brown, M. and Svenson, R. (1988), "Measuring R&D Productivity", *Research-Technology Management* 31(4), 11–15.

Burgelman, R. A., C. M. Christensen, and S. C. Wheelwright (eds.) (2009), *Strategic Management of Technology and Innovation*, 5th ed., Boston: McGraw-Hill Irwin.

Callon, M. and V. Rabeharisoa (2008), "The Growing Engagement of Emergent Concerned Groups in Political and Economic Life: Lessons from the French Association of Neuromuscular Disease Patients", *Science, Technology & Human Values* 33(2), 230–261 [국역: 김명진 옮김 (2014), "신생 우려 집단의 정치·경제생활 관여의 증가: 프랑스 신경근육계 질환 환자 단체의 교훈", 김환석 외, 『생명정치의 사회과학』, 알렙, 167–213쪽].

Caracostas, P. and U. Muldur (1998), *Society, the Endless Frontier: A European Vision of Research and Innovation Policies for the 21st Century*, European Communities.

Chesbrough, H. W. and R. S. Rosenbloom (2002), "The Role of the Business Model in Capturing Value from Innovation", *Industrial and Corporate Change* 11(3), 529–555.

Chesbrough, H. W. (2003), *Open Innovation*, 김기협 옮김 (2009), 『오픈 이노베이션』, 은행나무.

Choi, Y. (1996), *Dynamic Techno-Management Capability: The Case of Samsung Semiconductor Sector in Korea*, Aldershot, UK: Avebury.

Choi, Y. (2010), "Korean Innovation Model, Revisited", *STI Policy Review* 1(1), 93-109.

Christensen, C. M. (1997), *The Innovator's Dilemma*, 이진원 옮김 (2009), 『혁신기업의 딜레마』, 세종서적.

Christensen, C. M. and M. E. Raynor (2003), *The Innovator's Solution*, 딜로이트 컨설팅 고리아 옮김 (2005), 『성장과 혁신』, 세종서적.

Clark, B. R. (1995), *Places of Inquiry: Research and Advanced Education in Modern Universities*, 고용 외 옮김 (1999), 『연구중심대학의 형성과 발전』, 문음사.

Clark, K. B and S. Wheelwright (1992), "Organizing and Leading Heavyweight Development Teams", *California Management Review*. 34(3), 9-28.

Cohen, W. M. and D. A. Levinthal (1990), "Absorptive Capacity: A New Perspective on Learning and Innovation", *Administrative Science Quarterly* 35(1), 128-152.

Collins, H. M (1974), "The TEA Set: Tacit Knowledge and Scientific Networks", *Science Studies* 4, 165-186.

Collins, H. M. and R. Evans (2002), "The Third Wave of Science Studies: Studies of Expertise and Experience", *Social Studies of Science* 32(2), 235-296.

Constant, E. W., II (1981), *The Origins of the Turbojet Revolution*, Baltimore: Johns Hopkins University Press.

Coombs, R., P. Saviotti and V. Walsh (1987), *Economics and Technological Change*, London: Macmillan Education Ltd. [국역: 권원기 옮김 (1999), 『기술혁신의 경제학』, 겸지사].

Cooper, R. G. and E. J. Kleinschmidt (1991), "New Product Processes at Leading Industrial Firms", *Industrial Marketing Management* 10(2), 137-148.

Coriat, B. and O. Weinstein (2004), "National Institutional Frameworks, Institutional Complementarities and Sectoral Systems of Innovation", F. Malerba (ed.), *Sectoral Systems of Innovations*, Cambridge: Cambridge

University Press, 325–347.

Cowan, R. S. (1983), *More Work for Mother: The Ironies of Household Technology from the Open Hearth to the Microwave*, New York: Basic Books [국역: 김성희 외 옮김 (1997), 『과학기술과 가사노동』, 학지사].

Dalton, G. W., P. H. Thompson and R. L. Price (1997), "The Four Stages of Professional Careers: A New Look at Performance by Professionals", *Organizational Dynamics* 6(1), 19–42.

Davis, F. D., R. P. Bagozzi and P. R. Warshaw (1989), "User Acceptance of Computer Technology: A Comparison of Two Theoretical Models", *Management Science* 35(8), 982–1003.

Dror, Y. (1963), "The Planning Process: A Facet Design", *International Review of Administrative Sciences* 29(1), 46–58.

Durant, J. (1999), "Participatory Technology Assessment and the Democratic Model of Public Understanding of Science", *Science and Public Policy* 26(5), 313–320.

Edgerton, D. (1999), "From Innovation to Use: Ten Eclectic Theses on the Historiography of Technology", *History and Technology* 16(2), 111–136.

Edgerton, D. (2006), *The Shock of the Old*, 정동욱·박민아 옮김 (2015), 『낡고 오래된 것들의 세계사: 석탄, 자전거, 콘돔으로 보는 20세기 기술사』, 휴먼사이언스.

Edler, J. and J. Fagerberg (2017), "Innovation Policy: What, Why, and How", *Oxford Review of Economic Policy* 33(1), 2–23.

Edson, G. and D. Dean (1996), *The Handbook for the Museum*, London and New York: Routledge.

Elzinga, A. and A. Jamison (1995), "Changing Policy Agenda in Science and Technology", S. Jasanoff et al. (eds.), *Handbook of Science and Technology Studies*, London: Sage Publications, 572–597.

Epstein, S. (1995), "The Construction of Lay Expertise; Aids Activism and Forging of Credibility in the Reform of Clinical Trials", *Science, Technology & Human Values* 20(4), 408–437.

Ergas, H. (1987), "The Importance of Technology Policy", P. Dasgupta and

P. Stoneman (eds.), *Economic Policy and Technological Performance*, Cambridge: Cambridge University Press, 51–96.

Etzkowitz, H. and L. Leydesdorff (2000), "The Dynamics of Innovation: From National Systems and 'Mode 2' to a Triple Helix of University–Industry–Government Relations", *Research Policy* 29(2), 109–123.

Eyestone, R. (1978), *From Social Issues to Public Policy*, New York: Wiley.

Fagerberg, J., D. C. Mowery and R. R. Nelson (eds.) (2005), *The Oxford Handbook of Innovation*, New York: Oxford University Press.

Fagerberg, J., M. Fosaas and K. Sapprasert (2012), "Innovation: Exploring the Knowledge Base", *Research Policy* 41(7), 1132–1153.

Fenn, J. and M. Raskino (2007), *Mastering the Hype Cycle: How to Choose the Right Innovation at the Right Time*, Cambridge, MA: Harvard Business School Press.

Foltz, F. (1999), "Five Arguments for Increasing Public Participation in Making Science Policy", *Bulletin of Science, Technology & Society* 19(2), 117–127.

Ford, H. (1922), *My Life and Work*, 공병호·송은주 옮김 (2006), 『고객을 발명한 사람, 헨리 포드』, 21세기북스.

Foster, R. N. (1986), *Innovation: The Attacker's Advantage*, New York: McKinsey.

Frankenfeld, P. J. (1992), "Technological Citizenship: A Normative Framework for Risk Studies", *Science, Technology & Human Values* 17(4), 459–484.

Fransman, M. (1994), "The Japanese Innovation System: How It Works", *Prometheus: Critical Studies in Innovation* 12(1), 36–45.

Freeman, C. (1982), *The Economics of Industrial Innovation*, Cambridge, MA: MIT Press.

Freeman, C. (1987), *Technology and Economic Performance*, London: Pinter Publishers.

Freeman, C. and F. Louca (2001), *As Time Goes by: From the Industrial Revolution to the Information Revolution*, Oxford: Oxford University Press [국역: 김병근 외 옮김 (2021), 『혁신의 경제사: 산업혁명에서 정보혁명까지』,

박영사].

Freeman, C. and C. Perez (1988), "Structural Crisis of Adjustment: Business Cycles and Investment Behaviour", G. Dosi et al (eds.), *Technical Change and Economic Theory*, London: Pinter Publishers, 38–66.

Freeman, C. and L. Soete (1997), *The Economics of Industrial Innovation*, 3rd ed., Cambridge, MA: MIT Press.

Funtowicz, S. O. and J. R. Ravetz (1992), "Three Types of Risk Assessment and the Emergence of Post-normal Science", S. Krimsky and D. Golding (eds.), *Social Theories of Risk*, London: Praeger, 251–273.

Geels, F. (2004), "From Sectoral Systems of Innovation to Socio-technical Systems: Insights about Dynamics and Change from Sociology and Institutional Theory", *Research Policy* 33(6), 897–920.

Geels, F. and J. Schot (2007), "Typology of Sociotechnical Transition Pathways", *Research Policy* 36(3), 399–417.

Gibbons, M. and R. Johnston (1974), "The Roles of Science in Technological Innovation", *Research Policy* 4, 220–242.

Gibbons, M. et al. (1994), *The New Production of Knowledge: The Dynamics of Science and Research in Contemporary Societies*, London: Sage.

Gieryn, T. F. (1983), "Boundary-work and the Demarcation of Science from Non-science: Strains and Interests in Professional Ideologies of Scientists", *American Sociological Review* 48(6), 781–795.

Gladwell, M. (2000), *Tipping Point*, 임옥희 옮김 (2004), 『티핑 포인트』, 21세기북스.

Govindarajan, V. and C. Trimble (2012), *Reverse Innovation*, 이은경 옮김 (2013), 『리버스 이노베이션』, 정혜.

Gregory, J. and S. Miller (1998), *Science in Public: Communication, Culture and Credibility*, New York: Perseus Publishing [국역: 이원근·김희정 옮김 (2001), 『두 얼굴의 과학: 과학과 대중은 어떻게 커뮤니케이션하는가』, 지호].

Grinell, S. (2003), *A Place for Learning Science: Starting a Science Center and Keeping It Running*, 정기주 옮김 (2018), 『과학관의 건립과 운영』, 공주대학교 출판부.

Guston, D. (1996), "Principal-agent Theory and the Structure of Science Policy", *Science and Public Policy* 23(4), 229-240 [국역: "위임자-대리인 이론과 과학정책의 구조", 박범순·김소영 엮음 (2015), 『과학기술정책: 이론과 쟁점』, 한울, 59-85쪽].

Guston, D. and D. Sarewitz (2002), "Real-time Technology Assessment", *Technology in Society* 24(1/2), 93-109.

Hagendijk, R. and E. Kallerud (2003), "Changing Conceptions and Practices of Governance in Science and Technology in Europe: A Framework for Analysis", STAGE(Science, Technology and Governance in Europe) Discussion Paper 2.

Heder, M. (2017), "From NASA to EU: The Evolution of the TRL Scale in Public Sector Innovation", *The Innovation Journal* 22(2), 1-23.

Henderson, R. M. and K. B. Clark (1990), "Architectural Innovation: The Reconfiguration of Existing Product Technologies and the Failure of Established Firms", *Administrative Science Quarterly* 35(1), 9-30.

Henderson, R. M. and I. Cockburn (1994), "Measuring Competence Exploring Firm Effects in Pharmaceutical Research", *Strategic Management Journal* 15(S1), 63-84.

Hess, D. J. (1997), *Science Studies: An Advanced Introduction*, New York: New York University Press [국역: 김환석 외 옮김 (2004), 『과학학의 이해』, 당대].

Hilgartner, S. (1990), "The Dominant View of Popularization: Conceptual Problems, Political Uses", *Social Studies of Science* 20(3), 519-539.

Hill, C., G. R. Jones, and M. A. Schilling (2014), *Strategic Management Theory*, 11th ed., 김지대 외 옮김 (2015), 『경영전략』 제11판, 한티미디어.

Hobday, M. (1995), *Innovation in East Asia: The Challenge to Japan*, Aldershot: Edward Elgar.

Hoffmann, R. (1995), *The Same and Not the Same*, 이덕환 옮김 (1996), 『같기도 하고 아니 같기도 하고』, 까치.

Hogwood, B. W. and B. G. Peters (1983), *Policy Dynamics*, New York: St. Martin's Press.

Hounshell, D. (1996), "The Evolution of Industrial Research in the United States", R. S. Rosenbloom and W. J. Spencer (eds.), *Engines of Innovation: U.S. Industrial Research at the End of an Era*, Boston, MA: Harvard Business School Press, 13–85.

House of Lords Select Committee on Science and Technology (2000), *Third Report: Science and Society*, London.

Hughes, T. P. (1987), "The Evolution of Large Technological Systems", W. E. Bijker et al (eds.), *The Social Construction of Technological Systems*, Cambridge, MA: MIT Press, 51–82 [국역: "거대 기술시스템의 진화", 송성수 엮음 (1999), 『과학기술은 사회적으로 어떻게 구성되는가』, 새물결, 123–172쪽].

Irwin, A. (1995), *Citizen Science: A Study of People, Expertise and Sustainable Development*, London and New York: Routledge [국역: 김명진·김병수·김병윤 옮김 (2011), 『시민과학: 과학은 시민에게 복무하고 있는가』, 당대].

Irwin, A. (2008), "STS Perspectives on Scientific Governance", E. Hackett et al. (eds.), *The Handbook of Science and Technology Studies*, 3rd ed., Cambridge, MA: MIT Press, 583–607 [국역: 김명진 옮김 (2021), "과학 거버넌스에 대한 STS의 시각들", 『과학기술학 편람 3』, 아카넷, 274–316쪽].

Jasanoff, S., et al (eds.) (1995), *Handbook of Science and Technology Studies*, London: Sage Publications.

Jessop, B. (1998), "The Rise of Governance and the Risks of Failure: The Case of Economic Development", *International Social Science Journal* 50(155), 29–45.

Jolly, V. K. (1997), *Commercializing New Technologies: Getting from Mind to Market*, Boston, MA: Harvard Business School Press.

Jordan, G. and K. Schubert (1992), "A Preliminary Ordering of Policy Network Labels", *European Journal of Political Research* 21(1), 7–27.

Kim, D. W. and S. W. Leslie (1998), "Winning Markets or Winning Nobel Prizes? KAIST and the Challenges of Late Industrialization", *Osiris* 13, 154–185.

Kim, L. (1980), "Stages of Development of Industrial Technology in a

Developing Country: A Model", *Research Policy* 9(3), 254–277.

Kim, L. (1997), *Imitation to Innovation: The Dynamics of Korea's Technological Learning*, Boston, MA: Harvard Business School Press [국역: 임윤철·이호선 옮김 (2000), 『모방에서 혁신으로』, 시그마인사이트컴].

Kim, L. (1999), "Building Technological Capability for Industrialization: Analytical Frameworks and Korea's Experience", *Industrial and Corporate Change* 8(1), 111–136.

Kim, W. C. and R. Mauborgne (2005), *Blue Ocean Strategy*, 강혜구 옮김 (2005), 『블루오션 전략』, 교보문고.

Kim, W. C. and R. Mauborgne (2017), *Blue Ocean Shift*, 안세민 옮김 (2017), 『블루오션 시프트』, 비즈니스북스.

Kingdon, J. W. (1984), *Agendas, Alternatives and Public Policies*, Boston: Little, Brown & Co.

Kline, S. and N. Rosenberg (1986), "An Overview of Innovation", R. Landau and N. Rosenberg (eds.), *The Positive Sum Strategy*, Washington, DC: National Academy Press, 275–305 [국역: "혁신 과정의 이해", 송성수 엮음 (1995), 『우리에게 기술이란 무엇인가: 기술론 입문』, 녹두, 361–397.

Kodama, F. (1992), "Receiver-Active-Paradigm of Technology Transfer", S. Okamura, F. Sakauchi, and I. Nonaka (eds.), *New Perspectives on Global Science and Technology Policy*, Tokyo: MITA Press, 229–245.

Koster, E. H. (1999), "In Search of Relevance: Science Centers as Innovators in the Evolution of Museums", *Daedalus* 128(3), 277–296.

Kranzberg, M. (1986), "Technology and History: Kranzberg's Law", *Technology and Culture* 27(3), 544–560.

Kuczmarski, T. D. (2000), "Measuring Your Return on Innovation", *Marketing Management* 9(1), 24–32.

Kuhn, T. S. (1977), *The Essential Tension*, Chicago: University of Chicago Press.

Lasswell, H. (1951), "The Policy Orientation", D. Lerner and H. Lasswell (eds.), *The Policy Sciences: Recent Developments in Scope and Method*, Stanford: Stanford University Press, 3–15.

Latour, B. (1987), *Science in Action: How to Follow Scientists and Engineers through Society*, Cambridge, MA: Harvard University Press [국역: 황희숙 옮김 (2016), 『젊은 과학의 전선: 테크노사이언스와 행위자-연결망의 구축』, 아카넷].

Lee, J., Z. Bae and D. Choi (1988), "Technology Development Process: A Model for a Developing Countries with a Global Perspective", *R&D Management* 18(3), 235-250.

Lee, K. and C. Lim (2001), "Technological Regimes, Catching-up and Leapfrogging: Findings from the Korean Industries", *Research Policy* 30(3), 459-483.

Leonard-Barton, D. (1992), "Core Capabilities and Core Rigidities: A Paradox in Managing New Product Development", *Strategic Management Journal* 13, 111-125.

Lindblom, C. E. (1959), "The Science of Muddling Through", *Public Administration Review* 19(2), 79-88

Lundvall, B. (ed.) (1992), *National Systems of Innovation: Toward a Theory of Innovation and Interactive Learning*, London: Pinter Publishers.

Lundvall, B. and S. Borras (2005), "Science, Technology, and Innovation Policy", J. Fagerberg, D. C. Mowery and R. R. Nelson (eds.), *The Oxford Handbook of Innovation*, New York: Oxford University Press, 599-631.

MacKenzie, D. and J. Wajcman (1985), "Introductory Essay", D. MacKenzie and J. Wajcman (eds.), *The Social Shaping of Technology: How the Refrigerator Got Its Hum*, Milton Keynes and Philadelphia: Open University Press, 2-25 [국역: "무엇이 기술을 형성하는가", 송성수 엮음 (1995), 『우리에게 기술이란 무엇인가』, 녹두, 111-149쪽].

Maidique, M. A. and P. Patch (1988), "Corporate Strategy and Technological Policy", M. L. Tushman and W. L. Moore (eds.), *Readings in the Management of Innovation*, 2nd ed., New York: Ballinger, 236-248.

Malerba, F. (2002), "Sectoral Systems of Innovation and Production", *Research Policy* 31(2), 247-264.

Malerba, F. and L. Orsenigo (1997), "Technological Regimes and Sectoral

Patterns of Innovative Activities", *Industrial and Corporate Change* 6(1), 83–117.

Mansfield, E. (1991), "Academic Research and Industrial Innovation", *Research Policy* 20(1), 1–12.

Martin, B. (2016), "Twenty Challenges for Innovation Studies", *Science and Public Policy* 43(3), 432–450.

Martin, E. (1991), "The Egg and the Sperm: How Science Has Constructed a Romance Based on Stereotypical Male–Female Roles", *Signs: Journal of Women in Culture and Society* 16(3), 485–501.

Mazzucato, M. (2013), *The Entrepreneurial State*, 김광래 감역 (2015), 『기업가형 국가: 공공경제부문의 한계 극복 대안』, 매일경제신문사.

Mazzucato, M. (2018), "Mission-oriented Innovation Policies: Challenges and Opportunities", *Industrial and Corporate Change* 27(5), 803–815.

Miller, W. L. and L. Morris (1999), *Fourth Generation R&D: Managing Knowledge, Technology, and Innovation*, New York: John Wiley [국역: 손욱 옮김, 『4세대 혁신』 (모색, 2000)].

Mirowski, P. and E. Sent (2008), "The Commercialization of Science and the Response of STS", E. Hackett et al. (eds.), *The Handbook of Science and Technology Studies*, 3rd ed., Cambridge, MA: MIT Press, 635–689 [국역: 김명진 옮김 (2021), "과학의 상업화와 STS의 대응", 『과학기술학 편람 4』, 아카넷, 18–113쪽].

Moore, G. A. (1991), *Crossing the Chasm*, 유승삼·김기원 옮김 (2002), 『캐즘 마케팅』, 세종서적.

Moore, G. A. (1998), *Inside the Tornado*, 유승삼·김영태 옮김 (2001), 『토네이도 마케팅』, 세종서적.

Morris-Suzuki, T. (1994), *The Technological Transformation of Japan*, Cambridge: Cambridge University Press [국역: 박영무 옮김 (1998), 『일본 기술의 변천』, 한승].

Mowery, D. C. (1995), "The Practice of Technology Policy", P. Stoneman (ed.), *Handbook of the Economics of Innovation and Technological Change*,

참고문헌

Oxford: Wiley-Blackwell, 513–557.

Mulgan, G. (2012), "The Theoretical Foundations of Social Innovation", A. Nicholls and A. Murdock (eds.), *Social Innovation: Blurring Boundaries to Reconfigure Markets*, Hampshire, UK and New York, Palgrave Macmillan, 33–65.

Nakamura, R. and F. Smallwood (1980), *The Politics of Policy Implementation*, New York: St. Martin's Press.

Nelkin, D. (ed.) (1992), *Controversy: Politics of Technical Decisions*, 3rd ed., Beverly Hills, CA: Sage.

Nelson, R. (ed.) (1993), *National Innovation Systems: A Comparative Analysis*, Oxford: Oxford University Press.

Nonaka, I. (1994), "A Dynamic Theory of Organizational Knowledge Creation", *Organization Science* 5(1), 14–37.

Nonaka, I. and H. Takeuchi (1995), *The Knowledge-Creation Company*, 장은영 옮김 (2002), 『지식창조기업』, 세종서적.

OECD (1991), *Choosing Priorities in Science and Technology*, Paris: OECD.

OECD (1992), *Technology and the Economy: The Key Relationships*, Paris: OECD [국역: 이근 외 옮김 (1995), 『과학과 기술의 경제학』, 경문사].

OECD (1996), *Reviews of National Science and Technology Policy: Republic of Korea*, Paris: OECD.

OECD (1999), *Managing National Innovation Systems*, Paris: OECD.

OECD (2000), *Basic Science and Technology Statistics,* Paris: OECD.

OECD (2002), *Frascati Manual: Proposed Standard Practice for Surveys on Research and Experimental Development*, 6th ed., Paris: OECD.

OECD (2006), *Governmental R&D Funding and Company Behavior*, Paris: OECD.

OECD (2018), *Oslo Manual: Guidelines for Collecting, Reporting and Using Data on Innovation*, 4th ed., Paris: OECD [국역: 이정우 외 (2020), 『오슬로 매뉴얼 2018 (제4판): 혁신 관련 데이터의 수집·보고·활용을 위한 지침』, 과학기술정책연구원].

Oudshoorn N. and T. Pinch (2008), "User-Technology Relationships: Some Recent Developments", E. Hackett et al. (eds.), *The Handbook of Science and Technology Studies*, 3rd ed., Cambridge, MA: MIT Press, 541-565 [국역: 김명진 옮김 (2021), "사용자-기술 관계: 최근의 발전들", 『과학기술학 편람 3』, 아카넷, 203-246쪽].

Pavitt, K. (1984), "Sectoral Patterns of Technical Change: Towards a Taxonomy and a Theory", *Research Policy* 13(4), 343-373.

Pavitt, K. and P. Patel (1988), "The International Distribution and Determinants of Technological Activities", *Oxford Review of Economic Policy* 4, 35-55.

Perez, C. and L. Soete (1988), "Catching up in Technology: Entry Barriers and Windows of Opportunity", G. Dosi et al (eds.), *Technical Change and Economic Theory*, London: Pinter Publishers, 458-479.

Pinch, T. J. and W. E. Bijker (1987), "The Social Construction of Facts and Artefacts: Or How the Sociology of Science and the Sociology of Technology Might Benefit Each Other", W. E. Bijker, T. P. Hughes and T. J. Pinch (eds.), *The Social Construction of Technological System*, Cambridge, MA: MIT Press, 17-50 [국역: "자전거의 변천과정에 대한 사회구성주의적 해석", 송성수 편저 (1999), 『과학기술은 사회적으로 어떻게 구성되는가』, 새물결, 39-80쪽].

Porter, M. E. (1979), "How Competitive Forces Shape Strategy", *Harvard Business Review* 57(2), 137-145.

Porter, M. E. (1990), *The Competitive Advantage of Nation*, 문휘창 옮김 (2009), 『마이클 포터의 국가 경쟁우위』, 21세기북스.

Porter, M. E. (2001), "Strategy and the Internet", *Harvard Business Review* 79(3), 62-78.

Porter, M. E. et al. (2011), *HBR's 10 Must Reads on Strategy*, 오재현·김재진 옮김 (2015), 『차별화로 핵심역량을 높이는 경영전략』, 매일경제신문사.

Prahalad, C. K. and G. Hamel (1990), "The Core Competence of the Corporation", *Harvard Business Review* 68(3), 79-87.

Rhodes, R. and D. Marsh (1992) "New Directions in the Study of Policy

Networks", *European Journal of Political Research* 21(1/2), 181–205.

Rogers, E. M. (2003), *Diffusion of Innovations*, 5th ed., New York: Free Press [국역: 김영석 외 옮김 (2005), 『개혁의 확산』, 커뮤니케이션북스].

Romer, P. (1986), "Increasing Returns and Long Run Growth", *Journal of Political Economy* 94(5), 1002–1037.

Romer, P. (1990), "Endogenous Technological Change", *Journal of Political Economy* 98(5), S71–S102.

Root-Bernstein, R. (1989), "Who Discovers and Invents", *Research-Technology Management* 32(1), 43–50.

Rosenberg, N. (1982), *Inside the Black Box: Technology and Economics*, 이근 외 옮김 (2001), 『인사이드 더 블랙박스: 기술혁신과 경제적 분석』, 아카넷.

Rothwell, R. (1994), "Towards the Fifth-Generation Innovation Process", *International Marketing Review* 11(1), 7–31.

Rothwell, R. and W. Zegveld (1985), *Re-industrialization and Technology*, Harlow: Longman.

Royal Society (1985), *The Public Understanding of Science*, London.

Saaty, T. L. (1995), *Decision Making For Leaders*, 조근태 외 옮김 (2000), 『리더를 위한 의사결정』, 동현출판사.

Salomon, J. (1977), "Science Policy Studies and the Development of Science Policy", I. Spiegel-Rösing and D. S. Price (eds.), *Science, Technology and Society: A Cross-Disciplinary Perspective*, London: Sage, 43–70.

Salter, A. J. and B. R. Martin (2001), "The Economic Benefits of Publicly Funded Basic Research: A Critical Review", *Research Policy* 30(3), 509–532.

Sardar, Z. and D. G. Rosser-Owen (1977), "Science Policy and Developing Countries", I. Spiegel-Rösing and D. S. Price (eds.), *Science, Technology and Society: A Cross-Disciplinary Perspective*, London: Sage, 535–575.

Schilling, M. A. (2020), *Strategic Management of Technological Innovation*, 6th ed., 김길선 옮김 (2020), 『기술경영과 혁신전략』 제6판, 한경사.

Schiebinger, L. (1993), "Why Mammals Are Called Mammals: Gender Politics in Eighteenth-century Natural History", *The American Historical Review*

98(2), 382-411.

Schiebinger, L. (ed.) (2008), *Gendered Innovations in Science and Engineering*, 김혜련 옮김 (2010), 『젠더분석: 과학과 기술을 바꾼다』, 연세대학교출판부.

Servos, J. W. (1980), "The Industrial Relations of Science: Chemical Engineering at MIT, 1900-1939", *Isis* 71, 531-549.

Sharif, N. (2006), "Emergence and Development of the National Innovation Systems Concept", *Research Policy* 35(5), 745-766.

Shrum, W. and Y. Shenhav (1995), "Science and Technology in Less Developed Countries", S. Jasanoff et al. (eds.), *Handbook of Science and Technology Studies*, London: Sage, 627-651.

Simon, H. A. (1955), "A Behavioral Model of Rational Choice", *The Quarterly Journal of Economics* 69(1), 99-188.

Simon, H. A. (1978), "Rationality as Process and as Product of Thought", *American Economic Review* 68(3), 1-16.

Slaughter, S. and L. Leslie (1997), *Academic Capitalism: Politics, Policies, and the Entrepreneurial University*, Baltimore: Johns Hopkins University Press.

Smilor, R. W., G. Dietrich, and D. Gibson (1993), "The Entrepreneurial University: The Role of Higher Education in the United States in Technology Commercialization and Economic Development", *International Social Science Journal* 45, 1-11.

Smith, K. (1999), "Innovation as a Systemic Phenomenon: Rethinking the Role of Policy", K. Bryant and A. Wells (eds.), *A New Economic Paradigm? Innovation-Based Evolutionary Systems*, Canberra: Commonwealth of Australia, 10-47.

Solow, R. M. (1957), "Technical Change and the Aggregate Production Function", *The Review of Economics and Statistics* 39(3), 312-320.

Staudenmaier, J. M. (1985), *Technology's Storytellers: Reweaving the Human Fabric*, Cambridge, MA: MIT Press.

Stevens, G. A. and J. Burley (1997), "3,000 Raw Ideas Equals 1 Commercial Success!", *Journal of Research Technology Management* 40(3), 16-27.

Stoker, R. P. (1989), "A Regime Framework for Implementation Analysis", *Policy Studies Review* 9(1), 29–49.

Stokes, D. E. (1997), *Pasteur's Quadrant: Basic Science and Technological Innovation*, 윤진효 외 옮김 (2007), 『파스퇴르 쿼드런트』, 북앤월드.

Stoneman, P. (ed.) (1995), *Handbook of the Economics of Innovation and Technological Change*, Oxford: Wiley–Blackwell.

Teece, D. J. and G. P. Pisano (1994), "The Dynamic Capabilities of Firms: An Introduction", *Industrial and Corporate Change* 3(3), 537–556.

Teece, D. J., G. P. Pisano, and A. Shuen (1997), "Dynamic Capabilities and Strategic Management", *Strategic Management Journal* 18(7), 509–533.

Thomas, T. K. (2007), *Prophet of Innovation: Joseph Schumpeter and Creative Destruction*, 김형근, 전석헌 옮김 (2012), 『혁신의 예언자: 우리가 경제학자 슘페터에게 오해하고 있었던 모든 것』, 글항아리.

Tidd, J., J. Bessant and K. Pavitt (2005), *Managing Innovation: Integrating Technological, Market and Organizational Change*, 3rd ed., Chichester: John Wiley & Sons.

Tidd, J. and J. Bessant (2021), *Managing Innovation: Integrating Technological, Market and Organizational Change*, 7th ed., Chichester: John Wiley & Sons.

Tisdall, C. A. (1981), *Science and Technology Policy: Priorities of Governments*, London and New York: Chapman and Hall.

Turner, S. R. (1971), "The Growth of Professorial Research in Prussia, 1818–1848: Causes and Context", *Historical Studies in the Physical Sciences* 3, 137–182.

UNDP (1997), *Governance for Sustainable Human Development*, United Nations Development Programme.

Utterback, J. M. and W. J. Abernathy (1975), "A Dynamic Model of Process and Product Innovation", *Omega* 3(6), 639–656.

Utterback, J. M. (1994), *Mastering the Dynamics of Innovation*, 김인수 외 옮김 (1997), 『기술변화와 혁신전략』, 경문사.

von Hippel, E. (2005), *Democratizing Innovation*, 배성주 옮김 (2012), 『소셜 이노베이션』, 디플BIZ.

Webster, A. (1991), *Science, Technology and Society: New Directions*, London: Macmillan Education Ltd. [국역: 김환석·송성수 옮김, 『과학기술과 사회: 새로운 방향』 보론증보판 (한울, 2002)].

Wheelwright, S. C. and K. B. Clark (1992), "Creating Project Plans to Focus Product Development", *Harvard Business Review* 70(2), 70-82.

White, M. A. and G. D. Bruton (2007), *Management of Technology and Innovation*, 이청호 외 옮김 (2010), 『기술경영』, 한경사.

Whitley, R. D. (2001), "National Innovation Systems", N. J. Smelser and P. B. Baltes (eds.), *International Encyclopedia of the Social & Behavioral Sciences*, Oxford: Elsevier Science Ltd., 10305-10311.

Wise, G. (1980), "A New Role for Professional Scientists in Industry: Industrial Research at General Electric, 1900-1916", *Technology and Culture* 21(3), 408-429 [국역: "산업에서의 전문과학자의 새로운 역할: 제네랄 일렉트릭에서의 산업적 연구", 김영식 편, 『근대사회와 과학』 (창작과 비평사, 1989), 263-288쪽].

Wolf, C., Jr. (1988), *Markets or Governments: Choosing between Imperfect Alternatives*, Cambridge, MA: MIT Press. [국역: 전상경 옮김 (1991), 『시장과 정부: 불완전한 선택대안』, 교문사].

Wynne, B. (1989), "Sheep Farming after Chernobyl: A Case Study in Communicating Scientific Information", *Environment Magazine* 31(2), 10-15, 33-39. [국역: "체르노빌 사고 이후의 목양: 과학정보의 커뮤니케이션에 대한 사례연구", 브루스 르윈스타인 외, 김동광 옮김 (2003), 『과학과 대중이 만날 때』, 궁리, 89-119쪽].

Wynne, B. (1991), "Knowledges in Context", *Science, Technology & Human Values* 16(1), 111-121.

Yishai, Y. (1992), "From an Iron Triangle to an Iron Duet?: Health Policy Making in Israel", *European Journal of Political Research* 21(1/2), 91-108.

Zahra, S. A., R. S. Sisodia and S. R. Das (1994), "Technological Choices within Competitive Strategy Type: A Conceptual Integration", *International Journal of Technology Management* 9(2), 172-195.

색인

▍저자 소개 ▍

송성수(triple@pusan.ac.kr)

1967년에 태어나 서울대학교 무기재료공학과를 졸업한 뒤 서울대 대학원 과학사 및 과학철학 협동과정(현재 과학학과)에서 석사학위와 박사학위를 받았다. 한국산업기술평가원(ITEP) 연구원, 과학기술정책연구원(STEPI) 부연구위원, 부산대학교 물리교육과 교수를 거쳤다. 현재 부산대학교 교양교육원 교수로 재직 중이며, 부산대 대학원의 융합학부 과학기술혁신 전공에 겸직하고 있다. 한국과학기술학회 회장, 부산대 교양교육원 원장 등을 지냈으며, 현재 한국혁신학회 부회장과 한국과학사학회 부회장을 맡고 있다.

저서로는 『우리에게 기술이란 무엇인가』, 『과학기술은 사회적으로 어떻게 구성되는가』, 『나는 과학자의 길을 갈 테야』, 『소리 없이 세상을 움직인다, 철강』, 『과학기술과 문화가 만날 때』, 『과학기술과 사회의 접점을 찾아서』, 『한 권으로 보는 인물과학사』, 『과학의 본성과 과학철학』, 『과학기술로 세상 바로 읽기』, 『사람의 역사, 기술의 역사』, 『발명과 혁신으로 읽는 하루 10분 세계사』, 『한국의 산업화와 기술발전』, 『세상을 바꾼 발명과 혁신』 등이 있다.

과학기술의 경영과 정책

초판발행	2024년 1월 17일
지은이	송성수
펴낸이	안종만·안상준
편 집	소다인
기획/마케팅	박부하
표지디자인	BEN STORY
제 작	고철민·조영환
펴낸곳	㈜ **박영사**
	서울특별시 금천구 가산디지털2로 53, 210호(가산동, 한라시그마밸리)
	등록 1959.3.11. 제300-1959-1호(倫)
전 화	02)733-6771
f a x	02)736-4818
e-mail	pys@pybook.co.kr
homepage	www.pybook.co.kr
ISBN	979-11-303-1897-4 93320

정 가   27,000원